# MÉMOIRES

### COMPLETS ET AUTHENTIQUES

## DU DUC

# DE SAINT-SIMON

### SUR LE SIÈCLE DE LOUIS XIV ET LA RÉGENCE

COLLATIONNÉS SUR LE MANUSCRIT ORIGINAL PAR M. CHÉRUEL

ET PRÉCÉDÉS D'UNE NOTICE

PAR M. SAINTE-BEUVE DE L'ACADÉMIE FRANÇAISE

### TOME QUATRIÈME

## PARIS
### LIBRAIRIE DE L. HACHETTE ET Cie
RUE PIERRE-SARRAZIN, N° 14

1856

# MÉMOIRES
## DU DUC
# DE SAINT-SIMON
### IV

TYPOGRAPHIE DE CH. LAHURE
IMPRIMEUR DU SÉNAT ET DE LA COUR DE CASSATION
RUE DE VAUGIRARD, 9, A PARIS

# MÉMOIRES

COMPLETS ET AUTHENTIQUES

DU DUC

# DE SAINT-SIMON

SUR LE SIÈCLE DE LOUIS XIV ET LA RÉGENCE

COLLATIONNÉS SUR LE MANUSCRIT ORIGINAL PAR M. CHÉRUEL

ET PRÉCÉDÉS D'UNE NOTICE

PAR M. SAINTE-BEUVE DE L'ACADÉMIE FRANÇAISE

TOME QUATRIÈME

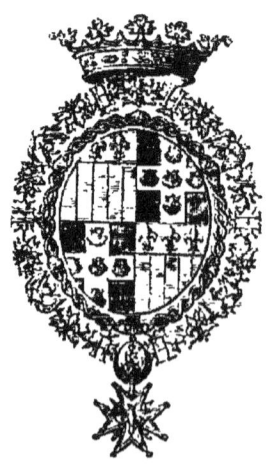

PARIS

LIBRAIRIE DE L. HACHETTE ET C$^{ie}$

RUE PIERRE-SARRAZIN, N° 14

1856

# MÉMOIRES
## DE
# SAINT-SIMON

### CHAPITRE PREMIER.

Le roi de Pologne défait par le roi de Suède, qui y perd le duc d'Holstein-Gottorp, son beau-frère. — Landau investi par les Impériaux. — Désertion du prince d'Auvergne, pendu en Grève en effigie. — Artifices inutiles des Bouillon. — Siége de Landau par le prince Louis de Bade, défendu par Mélac, où le roi des Romains arrive et le prend. — Électeur de Bavière se déclare pour la France et l'Espagne. — Mort du comte de Soissons; son caractère et sa famille. — Canaples et son mariage avec Mlle de Vivonne. — Mort du duc de Coislin; son caractère; ses singularités. — Duc de Coislin et Novion, premier président du parlement, à une thèse. — Novion premier président. — Mélac; sa récompense; son caractère; sa fin. — Mort de Petit, médecin de Monseigneur; Boudin en sa place. — Maréchal de Villeroy libre sans rançon. — Madame à la comédie publique.

Il y avoit longtemps que la Pologne étoit le théâtre des plus fâcheux troubles. Les succès du roi de Suède, à qui le czar, allié du roi de Pologne, n'avoit pu résister, firent naître à ce jeune conquérant le dessein de détrôner son ennemi. Il remporta sur lui une victoire complète, vers la mi-août, à dix lieues de Cracovie, qui achemina fort ce grand dessein, et le roi de Pologne ne s'y croyant plus en sûreté, se hâta de gagner la Saxe avec peu de suite. La victoire fut sanglante, et acheva d'irriter le roi de Suède par la mort du duc d'Holstein-Gottorp, son beau-frère, tué à ses côtés, qu'il aimoit uniquement, et dont, dans le transport de sa douleur, il jura de tirer la plus grande vengeance.

Le roi ne recevoit pas de meilleures nouvelles du Rhin que de Flandre. Brisach, Fribourg, le fort de Kehl, Philippsbourg, rendus par la paix de Ryswick, resserroient extrêmement notre armée, et le palatin, beau-frère de l'empereur, intimement lié à lui et mal avec le roi, qui avoit protégé hautement contre lui les droits de Madame, avoit farci son pays deçà le Rhin de troupes, et favorisé les retranchements du Spirebach qu'on a vus si glorieux au maréchal de Choiseul, et qui présentement nous arrêtoient tout court, et ôtoient à notre armée la communication de Landau et la subsistance des vastes et fertiles plaines qui de là s'étendent jusqu'à Mayence. Le marquis d'Huxelles et Mélac, gouverneur de Landau, en avoient écrit tout l'hiver voyant ces préparatifs. Landau ne valoit rien; on l'avoit augmenté, par l'avis de M. le maréchal de Lorges d'un ouvrage sur une hauteur qui commandoit, mais avec cela la place étoit encore mauvaise. Huxelles vint lui-même remontrer le danger de laisser accommoder le Spirebach aux ennemis, et de ne pas mieux garnir Landau, dont la garnison n'étoit presque que de régiments nouveaux. On étoit encore dans ce désir effréné de paix qui en donnoit espérance contre toute raison, et, pour le Rhin comme pour la Flandre, dans cette léthargie qui devint sitôt après funeste. On répondit au marquis d'Huxelles qu'on n'étoit en peine de rien de ce côté-là, et qu'on étoit bien assuré que le siége de Landau étoit une chimère à laquelle il ne seroit seulement pas songé. On s'y trompa comme sur la Flandre.

Catinat n'eut pas plutôt assemblé sa médiocre armée sous

Strasbourg, que sur la fin de juin il apprit que Landau étoit investi, et qu'il sut que le Spirebach étoit une barrière qui de la montagne au Rhin lui ôtoit toute communication avec cette place, et ne lui laissoit d'espace à se promener que le court espace depuis Strasbourg jusqu'à ce retranchement accommodé et garni à ne rien craindre. Ce fut donc à y pirouetter, et à subsister aux dépens de la basse Alsace, que Catinat passa la campagne.

Le prince d'Auvergne servoit dans cette armée avec son régiment de cavalerie : c'étoit un gros garçon fort épais et fort désagréable, extrêmement rempli de sa naissance et des chimères nouvelles de sa famille. De quatre frères, il étoit, pour ainsi dire, le seul par l'exhérédation, et tout à l'heure par la mort de l'aîné, et par la prêtrise des deux autres. Son père avoit avec lui des procédés fort durs, et bien que juridiquement condamné en plusieurs tribunaux de faire raison à ses enfants des biens de leur mère, ils n'en pouvoient rien arracher. Une visite que le prince d'Auvergne alla faire au cardinal de Bouillon dans son exil, en entrant en campagne, lui tourna apparemment la tête. Un beau jour qu'il étoit de piquet, il alla visiter les gardes du camp, et quand il y fut, piqua des deux et déserta aux ennemis comme un cavalier. Il avoit laissé sur sa table une lettre pour Chamillart, par laquelle d'un style haut et troublé il lui marquoit que, ne pouvant obtenir de quoi vivre, il s'en alloit en chercher en Bavière, auprès de la sœur de son père, veuve sans enfants d'un oncle paternel de l'électeur. Ce n'étoit pas pourtant qu'il n'eût six mille livres de pension du roi. Il alla en effet à Munich; il y fut peu, passa en Hollande, et dans le cours de l'hiver fut fait major général dans les troupes de la république.

S'il ne se fût agi que de subsistance, il auroit pu représenter sa situation au roi, lui en demander, ou la permission d'aller vivre à Berg-op-Zoom sans servir contre lui. Mais les chimères de son oncle l'avoient séduit. Il voyoit

trois fils au duc de Bouillon. Il pouvoit être dangereux de
trop multiplier une suite de cadets, dont le rang de prince
étranger pourroit fatiguer, et qui seroit mal soutenu par des
établissements. Celui de Berg-op-Zoom, qui n'étoit rien en
France qu'un revenu en temps de paix, avoit une décoration
en Hollande, par l'étendue et la dignité de ce marquisat. Le
prince d'Auvergne l'illustroit encore par le rang que sa maison avoit en France, et par les établissements de son père et
de ses oncles. Il se flattoit surtout d'y être distingué par sa
parenté avec le feu roi Guillaume et le prince de Nassau,
gouverneur héréditaire de Frise, étant arrière-petit-fils de
la maréchale de Bouillon, fille du célèbre prince d'Orange,
fondateur de la république des Provinces-Unies. Enfin il
comptoit de rassembler en sa faveur les créatures du roi
Guillaume dans les troupes et dans l'État, et d'y pouvoir
être aidé et décoré par les nombreux parents de la maison
de Hohenzollern, dont étoit sa mère, répandus dans la basse
Allemagne. Il espéra de faire aisément une figure considérable avec tous ces appuis, et pour se concilier la faveur
du pensionnaire Heinsius, maître en Hollande, et des autres
principales créatures du roi Guillaume, qui lui étoient unies,
et qui comme Heinsius avoient hérité de la haine de leur
stathouder pour le roi et pour la France, et ôter de plus
toute sorte d'ombrage, il préféra la voie de la désertion à
toute autre de s'aller établir en Hollande.

J'avance ici de près d'une année la suite de cette désertion, pour n'avoir plus à y revenir. Elle fit grand bruit; les
Bouillon la blâmèrent, mais plaignirent son malheur. Ils
appuyèrent sur sa retraite à Munich, pour la rendre moins
criminelle; ils trouvèrent que la manière n'étoit que sottise
sans mauvaise intention. Le roi, qui ne crut pas y perdre
grand'chose, et qui aimoit M. de Bouillon, laissa tomber
la chose, et le monde, séduit par cet exemple et par les amis
des Bouillon, se tourna à la compassion et bientôt au silence. Il se rompit quand on le vit au service de Hol-

lande; le roi en fut piqué. Cette démarche lui fut présentée par M. de Bouillon, comme le comble de leur douleur, mais en même temps comme l'effet d'une jeunesse brave, et honteuse de l'oisiveté au milieu des feux de la guerre, et toujours parmi des gens de guerre. Avec ce tour adroit, la colère du roi fut émoussée; mais bientôt après, le prince d'Auvergne se lâcha en propos fort licencieux pour plaire à ses nouveaux maîtres, se montra plus cruel qu'aucun des ennemis au sac de Venloo, qu'ils reprirent cette même campagne, et alloit partout montrant son épée, qu'il crioit être celle de M. de Turenne, et qu'il rendroit aussi fatale à la France qu'elle y avoit été victorieuse. Ce coup ne put être paré, et le roi voulut que le procès fût fait et parfait à ce déserteur.

Les Bouillon hors d'espérance de l'empêcher, et accoutumés à tirer des honneurs et des distinctions des félonies et des ignominies, osèrent travailler à obtenir que ce procès fût fait en forme de pairie, ou au moins avec des différences d'un particulier. C'est ce qui étoit inconnu au parlement et contre toutes ses règles. Le rang de prince étranger, accordé par l'échange de Sedan, étoit le principal obstacle qui en avoit jusqu'alors empêché l'enregistrement au parlement, qui ne reconnoît la qualité de prince que dans les princes du sang, ni de rang et de distinction que ceux du royaume. Cette barrière n'ayant pu s'enfreindre, MM. de Bouillon se rabattirent à faire pitié au roi par leur douleur, et par celle qui se renouvelleroit longtemps tous les jours, si l'affaire, d'abord instruite et jugée au Châtelet, puis portée au parlement, leur en faisoit essuyer toutes les longueurs, et firent si bien par leur artifice qu'elle alla droit au parlement. Elle n'y dura pas : il y fut rendu un arrêt qui condamna ce déserteur, dans les termes les plus communs à tous les plus simples particuliers, à être pendu, et, en attendant qu'il pût être appréhendé au corps, à être pendu en effigie, ce qui fut exécuté en place de Grève, en plein jour; et le tableau inscrit de son nom et de l'arrêt y demeura trois jours à la potence. Mais pour que MM. de Bouillon ne pussent tirer avantage d'avoir évité le Châtelet, le premier président, avisé par ses amis les Noailles, de longue main en procès et ennemis des Bouillon, fit écrire sur les registres du parlement, que ce procès criminel avoit été directement porté à la grand'chambre, et jugé par elle et la Tournelle[1] assemblées seulement, ce qui se pratique à l'égard de tout noble accusé de crime, non par aucune distinction particulière, mais eu égard à la qualité du crime, comme on en use aussi pour celui de duel : tellement que MM. de Bouillon n'eurent que les deux potences des deux fils du comte d'Auvergne, à peu d'années de distance l'une de l'autre, sans que leur hardiesse et leur intrigue en ait pu tirer aucun fruit.

Le siége de Landau n'avançoit pas autant que le prince Louis de Bade qui le faisoit l'avoit espéré, et Mélac, gouverneur de la place, profitoit de tout pour en allonger la défense. On se repentit trop tard de n'y avoir pas pourvu à temps. On voulut le réparer. Villars eut ordre de mener un très-gros détachement de l'armée de Flandre à Catinat, et celui-ci de tout tenter pour secourir la place. Le roi des Romains y étoit arrivé pour faire à ce siége ses premières armes, et, suivant la coutume allemande, la reine son épouse l'avoit accompagné et alla tenir sa cour à Heidelberg, en attendant la fin de la campagne. Catinat et Villars cherchèrent tous les moyens possibles de pénétrer jusqu'à Landau, mais le Spirebach, de longue main bien retranché et garni du Rhin jusqu'aux montagnes, leur parut impénétrable. Ils ne trouvèrent pas plus de facilité par derrière les montagnes; tellement qu'ils mandèrent à la cour qu'il n'y falloit pas songer. Là-dessus Catinat reçut ordre d'envoyer Villars vers Huningue avec la plus grande partie de son

---

1. La Tournelle était une chambre criminelle du parlement de Paris, qui tirait son nom de ce que les membres qui la composaient étaient fournis à tour de rôle par les autres chambres du parlement de Paris.

armée, pour donner de la jalousie aux Impériaux et entreprendre même ce que l'occasion lui pourroit offrir. L'électeur de Bavière venoit de se déclarer : il offroit d'amener vingt-cinq mille hommes sur les bords du Rhin; on vouloit le favoriser et le joindre; ce fut l'objet de cette division de l'armée de Catinat vers le haut Rhin. Cependant Landau, à bout de tout, et ouvert de toutes parts, capitula le 10 septembre, ayant tenu plus d'un mois au delà de toute espérance. Les conditions furent telles que Mélac les proposa, et les plus honorables et avantageuses en considération de son admirable défense. Le roi des Romains lui fit l'honneur de le faire manger à sa table, et voulut qu'il vît son armée et qu'elle lui rendît tous ceux des feld-maréchaux. Peu de jours après, il retourna à Vienne avec la reine sa femme.

De part et d'autre le siége fut meurtrier, et le comte de Soissons y mourut en peu de jours d'une blessure qu'il y reçut. Il étoit frère aîné du prince Eugène et neveu paternel et cadet de ce fameux muet le prince de Carignan; le prince Louis de Bade et le comte de Soissons étoient enfants du frère et de la sœur. Le comte de Soissons père étoit fils du prince Thomas, qui a fait tant de bruit et de mouvements en France et en Savoie, fils et frère de ses ducs, et mari de la dernière princesse du sang de la branche de Soissons, sœur du comte de Soissons tué à la bataille de la Marfée, dite de Sedan, qu'il venoit de gagner. Le comte de Soissons-Savoie, neveu de ce prince du sang, attiré en France par les biens de sa mère et les établissements que son père y avoit eus, y avoit épousé une Mancini, nièce du cardinal Mazarin, pour laquelle, au mariage du roi, il inventa la charge de surintendante de la maison de la reine; et en même temps de la reine mère qui, non plus que toutes les autres reines, n'en avoit jamais eu, pour son autre nièce Martinozzi, femme du prince de Conti. La brillante faveur, les disgrâces, les étranges aventures de la comtesse de Soissons qui la firent fuir à Bruxelles ne sont pas de mon sujet. Elle fut fort accusée d'avoir fait empoisonner son mari à l'armée, en 1673. Il étoit gouverneur de Champagne et colonel général des Suisses et Grisons. Sa sœur la princesse de Bade fut longtemps dame du palais de la reine, qui n'eut et ne prétendit jamais aucune préférence sur les duchesses et les princesses de la maison de Lorraine, qui étoient aussi dames du palais, et qui toutes rouloient ensemble sans distinction entre elles et faisoient le même service. Elle eut part à la disgrâce de la princesse de Carignan sa mère, et fut remerciée. Le prince Louis de Bade, si connu à la tête des armées de l'empereur, étoit filleul du roi, et avoit passé en France sa première jeunesse.

Le comte de Soissons, sans père et ayant sa mère en situation de n'oser jamais revenir en France, y fut élevé par la princesse de Carignan, sa grand'mère, avec le prince Eugène et d'autres frères qu'il perdit, et ses sœurs dont j'ai parlé lors du mariage de Mme la duchesse de Bourgogne. C'étoit un homme de peu de génie, fort adonné à ses plaisirs, panier percé qui empruntoit volontiers et ne rendoit guère. Sa naissance le mettoit en bonne compagnie, son goût en mauvaise. A vingt-cinq ans, amoureux fou de la fille bâtarde de La Cropte-Beauvais[1], écuyer de M. le Prince le héros, il l'épousa au désespoir de la princesse de Carignan, sa grand'mère, et de toute sa parenté. Elle étoit belle comme le plus beau jour, et vertueuse, brune, avec ces grands traits qu'on peint aux sultanes et à ces beautés romaines, grande, l'air noble, doux, engageant, avec peu ou point d'esprit. Elle surprit à la cour par l'éclat de ses charmes qui firent en quelque manière pardonner presque au comte de Soissons; l'un et l'autre doux et fort polis.

Elle étoit si bien bâtarde, que M. le Prince, sachant son

1. Voy., à la fin de ce volume, la note rectificative remise à M. le duc de Saint-Simon par M. le comte de Chantérac. Elle établit qu'Uranie de La Cropte-Beauvais était fille légitime de l'écuyer de M. le Prince et de Charlotte-Martel.

père à l'extrémité, à qui on alloit porter les sacrements, monta à sa chambre dans l'hôtel de Condé pour le presser d'en épouser la mère; il eut beau dire et avec autorité et avec prières, et lui représenter l'état où, faute de ce mariage, il laissoit une aussi belle créature que la fille qu'il en avoit eue, Beauvais fut inexorable, maintint qu'il n'avoit jamais promis mariage à cette créature, qu'il ne l'avoit point trompée, et qu'il ne l'épouseroit point; il mourut ainsi. Je ne sais où, dans la suite, elle fut élevée ni où le comte de Soissons la vit. La passion de l'un et la vertu inébranlable de l'autre fit cet étrange mariage.

On a vu en son temps comment le comte de Soissons étoit sorti de France, et comment il avoit été rebuté partout où il avoit offert ses services. Ne sachant plus où donner de la tête, il eut recours à son cadet le prince Eugène et à son cousin le prince Louis de Bade, qui le firent entrer au service de l'empereur, où il fut tué presque aussitôt après. Sa femme, qui fut inconsolable et qui étoit encore belle à surprendre, se retira en Savoie dans un couvent éloigné de Turin où M. de Savoie enfin voulut bien la souffrir. Leurs enfants, dont le prince Eugène vouloit faire les siens, sont tous morts à la fleur de leur âge, en sorte que le prince Eugène, qui avoit deux abbayes et n'a point été marié, a fini cette branche sortie du fameux duc Charles-Emmanuel, vaincu par Louis XIII en personne au célèbre pas de Suse.

Canaples, frère du feu duc et maréchal de Créqui, étoit le dernier de cette branche de la maison de Blanchefort depuis la mort du marquis de Créqui son neveu. Son père étoit puîné des ducs de Lesdiguières et frère du grand-père du duc de Lesdiguières, resté aussi seul de cette branche, et neveu à la mode de Bretagne de Canaples. Le duc de Créqui n'avoit laissé que la duchesse de La Trémoille, et son duché-pairie, érigé pour lui en 1663, auquel ses frères n'avoient point été appelés, éteint, celui de Lesdiguières passoit à toute la branche de Créqui qui en sortoit, et

Canaples en assurant ses biens aux enfants du maréchal de Créqui son frère, s'étoit opiniâtrément réservé ses droits à cet égard. Il étoit cadet du duc de Créqui, et aîné du maréchal; il avoit soixante-quinze ans lorsque la branche du maréchal de Créqui fut éteinte par la mort du marquis de Créqui à Luzzara. Tout aussitôt Canaples, plus riche qu'il n'étoit par cette succession, et ayant toujours le duché de Lesdiguières en tête, malgré la jeunesse et la santé de celui qui en étoit revêtu, et de sa femme, fille du maréchal de Duras, qui n'avoient point encore d'enfants, voulut se marier pour continuer la race. C'étoit un homme si borné que jamais ses frères n'en avoient pu rien faire. Le maréchal de Villeroy, fils d'une Créqui de la branche de Lesdiguières et son cousin germain, lui procura le commandement de son gouvernement de Lyon à la mort de l'archevêque son oncle qui l'avoit eu toute sa vie. Canaples n'y sut jamais ce qu'il faisoit, jusque-là que les dames qui allèrent audevant de Mme la duchesse de Bourgogne au pont Beauvoisin, et qui séjournèrent quelque temps à Lyon, me contèrent au retour qu'elles y avoient rencontré Canaples dans les rues allant au pas et donnant des bénédictions à droite et à gauche. Il l'avoit vu faire ainsi à l'archevêque Saint-Georges qui y étoit lors, et avoit succédé à l'oncle de Villeroy. Canaples croyoit de son droit d'en faire autant, et prétendoit aussi donner les dimissoires et se mêler de la discipline intérieure du clergé. Il fit enfin tant de sottises, quoique le meilleur homme du monde, qu'il fallut bien l'en retirer. Il revint donc ennuyer la cour et la ville et toujours fort paré.

Il songea, voulant se marier sur la mort de son neveu, à Mlle de Vivonne, qui n'étoit plus jeune, et qui n'avoit que beaucoup d'esprit, de vertu et de naissance, et pas un denier vaillant. Le maréchal de Vivonne, frère de Mme de Montespan, étoit mort, tellement ruiné que sa veuve, dont il avoit eu des biens immenses, et qui avoit aussi bien mangé de son côté, vivoit à grand'peine dans la maison de son intendant. Mlle de Vivonne, sœur du feu duc de Mortemart gendre de M. Colbert, et sœur de la duchesse d'Elbœuf et de Mme de Castries, étoit auprès de Mme de Montespan qui l'avoit retirée chez elle, et qui lui donnoit jusqu'à ses habits; elle la trouva trop heureuse d'épouser ce vieillard pour avoir du pain, et fit le mariage. Comme il commençoit à s'ébruiter, le cardinal de Coislin en parla à Canaples qu'il trouvoit bien vieux pour se marier. Il lui dit qu'il vouloit avoir des enfants. « Des enfants! monsieur, lui répliqua le cardinal; mais elle est si vertueuse! » La compagnie éclata de rire, d'autant plus que le cardinal, très-pur dans ses mœurs, l'étoit singulièrement aussi dans ses discours. Le sien fut vrai, et le mariage fut stérile.

Le duc de Coislin mourut fort peu après, qui fut une grande affliction pour le cardinal son frère, et une perte pour tous les honnêtes gens. C'étoit un très-petit homme sans mine, mais l'honneur, la vertu, la probité même et la valeur même, qui, avec de l'esprit, étoit un répertoire exact et fidèle avec lequel il y avoit infiniment et très-curieusement à apprendre, d'une politesse si excessive qu'elle désoloit, mais qui laissoit place entière à la dignité. Il avoit été lieutenant général avec réputation et mestre de camp général de la cavalerie après Bussy-Rabutin, de la disgrâce duquel il ne voulut pas profiter pour la fixation du prix, et qu'il vendit et quitta le service brouillé avec M. de Louvois. C'étoit, avec tant de bonnes qualités qui lui conservèrent toujours une véritable considération et de la distinction du roi, un homme si singulier que je ne puis me refuser d'en rapporter quelques traits.

Un des rhingraves, prisonnier à un combat où se trouva le duc de Coislin, lui échut; il lui voulut donner son lit, par composition un matelas. Tous deux se complimentèrent tant et si bien qu'ils couchèrent tous deux par terre des deux côtés du matelas. Revenu à Paris, le rhingrave, qui

avoit eu liberté d'y venir, le fut voir. Grands compliments
à la reconduite; le rhingrave, poussé à bout, sort de la
chambre et ferme la porte par dehors à double tour. M. de
Coislin n'en fait point à deux fois; son appartement n'étoit
qu'à quelques marches du rez-de-chaussée; il ouvre la
fenêtre, saute dans la cour et se trouve à la portière du
rhingrave avant lui, qui crut que le diable l'avoit porté là.
Il étoit vrai pourtant qu'il s'en démit le pouce; Félix, premier chirurgien du roi, le lui remit. Étant guéri, Félix
retourna voir comment cela alloit, et trouva la guérison
parfaite. Comme il sortoit, voilà M. de Coislin à vouloir lui
ouvrir la porte, Félix à se confondre et à se défendre. Dans
ce conflit, tirant tous deux la porte, le duc quitta prise
subitement et remue sa main; c'est que son pouce s'étoit
redémis; et il fallut que Félix y travaillât sur-le-champ. On
peut croire qu'il en fit le conte au roi, et qu'on en rit beaucoup.

On ne tariroit point sur ses civilités outrées. Nous le ren-
contrâmes à un retour de Fontainebleau, Mme de Saint-
Simon et moi, à pied avec M. de Metz, son fils, sur le pavé
de Ponthierry, où son carrosse s'étoit rompu; nous envoyâ-
mes les prier de monter avec nous. Les messages ne finis-
sant point, je fus contraint de mettre pied à terre malgré
la boue, et de l'aller prier de monter dans mon carrosse.
M. de Metz rageoit de ses compliments, et enfin le détermina. Quand il eut consenti, et qu'il n'y eut plus qu'à gagner mon carrosse, il se mit à capituler et à protester qu'il
n'ôteroit point la place à ces demoiselles; je lui dis que ces
demoiselles étoient deux femmes de chambre, bonnes de
reste à attendre que son carrosse fût raccommodé, et à
venir dedans; nous eûmes beau faire, M. de Metz et moi, il
lui fallut promettre qu'il en demeureroit une avec nous.
Arrivés au carrosse, ces femmes de chambre descendirent,
et pendant les compliments, qui ne furent pas courts, je
dis au laquais qui tenoit la portière de la fermer dès que je

serois monté, et d'avertir le cocher de marcher sur-le-champ. Cela fut fort bien exécuté; mais à l'instant voilà M. de Coislin à crier qu'il s'alloit jeter si on n'arrêtoit pour prendre cette demoiselle, et tout aussitôt à l'exécuter si étrangement que j'eus peine à me jeter à temps à la ceinture de ses chausses pour le retenir ; et lui, le visage contre le panneau de la portière en dehors, crioit qu'il se jetteroit, et tiroit contre moi. A cette folie, je criai d'arrêter ; il se remit à peine et maintint qu'il se seroit jeté. La demoiselle femme de chambre fut rappelée, qui, en allant au carrosse rompu, avoit amassé force crotte qu'elle nous apporta et qui pensa nous écraser, M. de Metz et moi, dans ce carrosse à quatre.

Son frère, le chevalier de Coislin, rustre, cynique et chagrin, tout opposé à lui, se vengea bien un jour de l'ennui de ses compliments. Les trois frères, avec un quatrième de leurs amis, étoient à un voyage du roi. A chaque logis les compliments ne finissoient point, et le chevalier s'en désespéroit. Il se trouva à une couchée une hôtesse de bel air et jolie, chez qui ils furent marqués. La maison bien meublée, et la chambre d'une grande propreté. Grands compliments en arrivant, plus encore en partant. M. de Coislin alla voir son hôtesse dans la chambre où elle s'étoit mise. Ils crurent qu'ils ne partiroient point. Enfin les voilà en carrosse et le chevalier de Coislin beaucoup moins impatient qu'à son ordinaire. Ses frères crurent que la gentillesse de l'hôtesse et l'agrément du gîte lui avoient pour cette fois adouci les mœurs. A trois lieues de là et qu'il pleuvoit bien fort, voilà tout à coup le chevalier de Coislin qui se met à respirer au large et à rire. La compagnie, qui n'étoit pas accoutumée à sa belle humeur, demande à qui il en a; lui à rire encore plus fort. A la fin il déclare à son frère qu'au désespoir de tous ses compliments à tous les gîtes, et poussé à bout par ceux du dernier, il s'étoit donné la satisfaction de se bien venger, et que, pendant qu'il étoit chez leur hôtesse, il s'en étoit allé dans la chambre où son frère avoit couché et y avoit tout au beau milieu poussé une magnifique selle, qui l'avoit d'autant plus soulagé qu'on ne pouvoit douter dans la maison qu'elle ne fût de celui qui avoit occupé cette chambre. Voilà le duc de Coislin outré de colère, les autres morts de rire. Mais le duc furieux, après avoir dit tout ce que le désespoir peut inspirer, crie au cocher d'arrêter, et au valet de chambre d'approcher, veut monter son cheval et retourner à l'hôtesse se laver du forfait ou accuser et déceler le coupable. Ils virent longtemps l'heure qu'ils ne pourroient l'empêcher, et il en fut plusieurs jours tout à fait mal avec son frère [1].

A un voyage que le roi fit à Nancy, il lui arriva deux aventures d'une autre espèce. Le duc de Créqui, qui n'étoit point en année, se trouva mal logé en arrivant à Nancy. Il étoit brutal et accoutumé à l'être bien davantage par l'air de faveur et d'autorité où il s'étoit mis à la cour; il s'en alla déloger le duc de Coislin, qui, en arrivant un moment après, trouva ses gens sur le pavé, dont il apprit la cause. Les choses alors étoient sur un autre pied : M. de Créqui étoit son ancien, il ne dit mot; mais de ce pas, il s'en va avec tous ses gens à la maison marquée pour le maréchal de Créqui, lui fait le même trait qu'il venoit d'essuyer de son frère et s'établit; arrive le maréchal de Créqui, dont l'impétuosité s'alla jeter sur la maison de Cavoye, qu'il délogea à son tour, pour lui apprendre à faire les logements de manière à éviter ces cascades.

Le duc de Coislin avoit la fantaisie de ne pouvoir souffrir qu'on lui donnât le dernier, plaisanterie qui fait courre après celui qui l'a donné et qui ne passe guère la première jeunesse. M. de Longueville, en ce même lieu de Nancy où la cour séjourna quelque temps, donna le mot à deux de ses

1. Quoique Saint-Simon ait déjà raconté cette anecdote (t. II, p. 255), nous n'avons pas cru devoir supprimer, comme les anciens éditeurs, un récit qui présente des variantes nombreuses avec le précédent.

[1702] DUC DE COISLIN ET NOVION À UNE THÈSE.  15

pages qui lui portoient des flambeaux ; et, comme chacun se retiroit là à pied du coucher du roi, touche le duc de Coislin, lui dit qu'il a le dernier et se met à courir, et le duc de Coislin après. Le devant un peu gagné, M. de Longueville se jette dans une porte, voit passer devant M. de Coislin courant tant qu'il pouvoit, et s'en va tranquillement se coucher, tandis que les pages avec leurs flambeaux menèrent M. de Coislin aux quatre coins et au milieu de la ville, tant que n'en pouvant plus il quitta prise et s'en alla chez lui tout en eau ; ce fut une plaisanterie dont il fallut bien rire, mais qui ne lui plut pas trop.

Une aventure plus sérieuse, et à laquelle il n'y avoit pas moyen de s'attendre, montra qu'il savoit bien prendre son parti. Le second fils de M. de Bouillon, qui par la mort de son aîné fut duc de Bouillon après son père, et avoit en attendant porté le nom du duc d'Albret, père du duc de Bouillon d'aujourd'hui, étoit élevé pour l'Église et soutenoit une thèse en Sorbonne en grand apparat. En ces temps-là les princes du sang alloient aux cérémonies des personnes distinguées. M. le Prince, M. le Duc, depuis prince de Condé, et MM. les princes de Conti, les deux frères enfants, étoient à cette thèse. M. de Coislin y arriva incontinent après, et, comme il étoit alors tout à la queue des ducs, il laissa plusieurs fauteuils entre lui et le coin aboutissant à celui des prélats. Les princes du sang avoient les leurs hors de rang, en face de la chaire de celui qui présidoit à la thèse. Arrive Novion, premier président, avec plusieurs présidents à mortier, qui, complimentant les princes du sang, se glisse au premier fauteuil joignant le coin susdit. Le duc de Coislin, bien étonné de cette folie, le laisse asseoir, et comme en s'asseyant il tourne la tête vers le cardinal de Bouillon, assis dans le fauteuil joignant ce même coin à la tête du côté des prélats, M. de Coislin se lève, prend un fauteuil, le plante devant le premier président et s'assied ; cela se fit si brusquement qu'il fut plus tôt exécuté qu'aperçu. Aussitôt grande rumeur, et M. de Coislin à serrer le premier président du derrière de sa chaise à l'empêcher de remuer, et se tenant bien ferme dans le sien. Le cardinal de Bouillon essaya de s'entremettre; M. de Coislin répondit qu'il étoit où il devoit être, puisque le premier président oublioit ce qu'il lui devoit, qui, interdit de l'affront et de la rage de l'essuyer sans pouvoir branler, ne savoit que faire. Les présidents à mortier, bien effarouchés, murmuroient fort entre eux; enfin le cardinal de Bouillon d'un côté, et ses frères par le bas bout où ils faisoient les honneurs, allèrent à M. le Prince le supplier de vouloir bien faire en sorte de terminer cette scène, qui cependant faisoit taire l'argument. M. le Prince alla au duc de Coislin qui lui fit excuse de ce qu'il ne se levoit point, mais qui ne vouloit point désemparer son homme. M. le Prince blâma fort le premier président ainsi en présence, puis proposa à M. de Coislin de se lever pour laisser au premier président la liberté de se lever aussi et de sortir. M. de Coislin résista et ne menaçoit pas moins que de le tenir là toute la thèse. Vaincu enfin par les prières de M. le Prince et des Bouillon, il consentit à se lever, à condition que M. le Prince se rendroit garant que le premier président sortiroit à l'instant, et qu'en se levant il n'auroit point quelque autre tour de passe-passe à en craindre, ce fut le terme dont il se servit. Novion balbutiant en donna sa parole; le duc dit qu'il la méprisoit trop et lui aussi pour la recevoir et qu'il vouloit celle de M. le Prince; il la donna. Aussitôt M. de Coislin se lève, range son fauteuil en disant au premier président : « Allez-vous-en, monsieur, allez-vous-en; » qui sortit aussi dans la dernière confusion, et alla regagner son carrosse avec les présidents à mortier, en même temps M. de Coislin prit sa chaise, la porta où elle étoit d'abord et s'y remit.

M. le Prince aussitôt lui vint faire compliment, les trois autres princes du sang aussi, et tout ce qu'il y avoit là de plus considérable à leur exemple. J'oubliois que d'abord

MM. de Bouillon avoient employé la ruse et fait avertir M. de Coislin qu'on le demandoit à la porte pour quelque chose de pressé, et qu'il répondit, en montrant le premier président derrière lui : « Rien de si pressé que d'apprendre à M. le premier président ce qu'il me doit, et rien ne me fera sortir d'ici, que M. le premier président que voilà derrière moi n'en sorte le premier. » Le duc de Coislin demeura là encore un argument entier, puis s'en alla chez lui. Les quatre princes du sang l'allèrent voir le jour même, et la plupart de tout ce qui avoit vu ou su son aventure, en sorte que sa maison fut pleine jusque fort tard.

Le lendemain il alla au lever du roi, qui, par des gens revenus de Paris après la thèse, avoit su ce qui s'étoit passé. Dès qu'il vit le duc de Coislin, il lui en parla, et, devant toute la cour, le loua de ce qu'il avoit fait, et blâma le premier président en le taxant d'impertinent qui s'oublioit, terme fort éloigné de la mesure des paroles du roi. Son lever fini, il fit entrer le duc dans son cabinet, et se fit non-seulement conter, mais figurer la chose ; cela finit par dire au duc de Coislin qu'il lui feroit justice ; puis manda le premier président à qui il lava la tête, lui demanda où il avoit pris qu'il pût disputer quoi que ce fût aux ducs hors la séance du parlement, sur quoi il ne décidoit rien encore, et lui ordonna d'aller chez le duc de Coislin à Paris lui demander pardon, et le trouver, non pas aller simplement à sa porte. Il est aisé de comprendre la honte et le désespoir où se sentit Novion d'avoir à faire une démarche si humiliante et après ce qui venoit de lui arriver ; il fit parler au duc de Coislin par le duc de Gesvres et par d'autres, et fit si bien en vingt-quatre heures que le duc de Coislin, content de son avantage et d'être le maître de faire subir au premier président toute la rigueur du commandement qu'il avoit reçu à son égard, eut la générosité de l'en dispenser et de se charger encore envers le roi d'avoir fermé sa porte au premier président, qui, sûr de n'être pas reçu, alla chez lui avec moins de répugnance. Le roi loua fort le duc de Coislin de ce procédé, qui [fut cause] que le premier président n'osa se plaindre.

C'étoit la vérité même que le duc de Coislin. Il étoit fort des amis de mon père, il me recevoit avec bonté, amitié, et parloit volontiers devant moi. Je lui ai ouï faire ce récit entre beaucoup d'autres anecdotes curieuses, et ce récit même plusieurs fois à moi, puis devant moi à d'autres personnes. C'étoit un homme tellement sensible, que le cardinal son frère obtint sa survivance de premier aumônier pour l'abbé de Coislin, sans avoir jamais laissé apercevoir à son frère qu'il songeât à la demander, dans la crainte que, s'il étoit refusé, il n'en fût trop fortement touché; et qu'il avoit aussi obtenu du roi, par la même raison, de ne jamais refuser son frère pour Marly, en sorte qu'il ne demandoit jamais sans y aller. La vérité est qu'il n'en abusoit pas. Il n'étoit pas fort vieux, mais perdu de goutte, qu'il avoit quelquefois jusqu'aux yeux, au nez et à la langue, et dans cet état sa chambre ne désemplissoit pas de la meilleure compagnie de la cour et de la ville, et dès qu'il pouvoit marcher, il alloit à la ville et à la cour, où il étoit aimé généralement et considéré et compté. Il étoit fort pauvre, sa mère très-riche l'ayant survécu. Il ne laissa que deux fils et la duchesse de Sully, et il vit toute la fortune de son frère et de son second fils.

Ce premier président de Novion étoit un homme vendu à l'iniquité, à qui l'argent et les maîtresses obscures faisoient tout faire. On gémit longtemps au palais de ses caprices, et les plaideurs de ses injustices. Devenu plus hardi, il se mit à changer les arrêts en les signant, et à prononcer autrement qu'il n'avoit été opiné à l'audience. A la fin, des conseillers, surpris que tout un côté eût opiné comme ils avoient ouï prononcer, en demandèrent raison à leurs confrères. Ceux-ci à leur tour furent étrangement surpris ayant cru que ce côté avoit pris l'opinion qui avoit formé l'arrêt, lequel se trouva ainsi de la seule voix du premier président; leur attention se réveilla, et ils trouvèrent que la même chose n'étoit plus rare. Ils s'informèrent aux rapporteurs et aux greffiers. Ces derniers s'étoient bien souvent aperçus de quelque chose, mais ils n'avoient osé parler. Enfin, encouragés par les conseillers, ils revirent les arrêts des procès par écrit, signés par le premier président, ils les montrèrent aux rapporteurs; il s'en trouva plusieurs d'extrêmement altérés. Les plaintes en furent portées au roi, et si bien prouvées, qu'il commanda à Novion de se retirer, et tout à la fin de 1689 Harlay fut mis en sa place. Il avoit succédé à Lamoignon en 1678, de la femme duquel il étoit cousin germain. Il vécut encore quatre ans dans l'abandon et dans l'ignominie, et mourut à sa campagne sur la fin de 1693, à soixante-treize ans. Nous verrons son petit-fils en la même place, très-indigne de toutes celles par lesquelles il passa.

La cour étoit à Fontainebleau du 19 septembre. Mélac y arriva et salua le roi le 4 octobre, et, le lendemain au soir, fut longtemps avec le roi et Chamillart chez Mme de Maintenon. Chamillart le mena de là chez lui, et lui détailla ce que le roi lui donnoit, qui avec la continuation de ses appointements de gouverneur de Landau, et quinze mille livres de pension pour l'avoir si bien défendu, montoit à trente-huit mille livres de rente. Mélac, loué et caressé du roi, applaudi de tout le monde, crut avoir mérité des honneurs. Il insista encore plus lorsqu'il les vit donner incontinent après, comme je vais le rapporter, à qui n'eût pas eu le temps de les aller chercher de l'autre côté du Rhin, si Landau n'eût tenu plus de six semaines au delà de toute espérance. Mélac outré de douleur se retira à Paris. Il n'avoit ni femme ni enfants. Il s'y retira avec quatre ou cinq valets, et s'y consuma bientôt de chagrin dans une obscurité qu'il ne voulut adoucir par aucun commerce.

C'étoit un gentilhomme de Guyenne, de beaucoup d'esprit, même fort orné, de beaucoup d'imagination, et dont le trop de feu nuisoit quelquefois à ses talents pour la guerre, et souvent à sa conduite particulière, bon partisan, hardi dans ses projets, et concerté dans son exécution, surtout fort désintéressé. Il n'avoit de patrie que l'armée et les frontières, et toute sa vie avoit fait la guerre, été et hiver, presque toujours en Allemagne. La manie de se rendre terrible aux ennemis l'avoit rendu singulier; il avoit réussi à faire peur de son nom par ses fréquentes entreprises, et à tenir alerte vingt lieues à sa portée de pays ennemi. Il se divertissoit à se faire croire sorcier à ces peuples, et il en plaisantoit le premier. Il étoit assez épineux et très-fâcheux à ceux qu'il soupçonnoit de ne lui vouloir pas de bien, et trop facile à croire qu'on manquoit d'égards pour lui. D'ailleurs, doux et très-bon homme, et qui souffroit tout de ses amis; fort commode et jamais incommode à un général et à tous ses supérieurs, mais fort peu aux intendants; sans intrigue et sans commerce avec le secrétaire d'État de la guerre, et comme il avoit les mains fort nettes, fort libre sur ce qui ne les avoit pas; sobre, simple et particulier; toujours ruminant ou parlant guerre avec une éloquence naturelle, et un choix de termes qui surprenoit, sans en chercher aucun. Il étoit particulièrement attaché à MM. de Duras et de Lorges, surtout à mon beau-père, qui me le recommanda autant que je le pourrois, quand il ne seroit plus. Il prit de travers une politesse du chevalier d'Asfeld chez le maréchal de Choiseul, contre lequel il s'emporta étrangement en présence de plusieurs officiers généraux. M. de Chamilly m'en vint avertir. J'allai trouver le maréchal, qui auroit pu le punir et de la chose et du manque de respect chez lui, mais qui voulut bien ne pas songer à ce qui le regardoit. Je vis après Mélac, et je ne puis mieux témoigner combien il étoit endurant pour ses amis que de dire que je ne le ménageai point, jusqu'à en être honteux à mon âge et seulement colonel, et lui lieutenant général ancien et en grande réputation. Il m'avoua son tort et fit tout ce que je voulus. Chamilly, le marquis d'Huxelles et plusieurs autres continrent le chevalier d'Asfeld, depuis maréchal de France comme eux, et parvinrent à faire embrasser Mélac et lui, et jamais depuis il n'en a été mention entre eux. A tout prendre, Mélac étoit un excellent homme de guerre, et un bon et honnête homme; pauvre, sobre et frugal, et passionné pour le bien public.

Pelletier de Sousy, tiercelet de ministre par sa direction des fortifications qui lui donnoit un logement partout, jusqu'à Marly, pour son travail réglé seul avec le roi, le devint encore davantage par la place distinguée d'un des deux conseillers au conseil royal des finances, qui vaqua par la mort de Pomereu de l'opération de la taille. Ce dernier étoit fort considéré, fort droit, et celui des conseillers d'État qui avoit le plus d'esprit et de capacité, d'ailleurs grand travailleur, bon homme et honnête homme. Il étoit extrêmement des amis de mon père et étoit demeuré des miens. C'étoit un feu qui animoit tout ce qu'il faisoit, mais alloit quelquefois trop loin, et il y avoit des temps où sa famille faisoit en sorte qu'il ne voyoit personne. Après cela il n'y paroissoit pas. C'est le premier intendant qu'on ait hasardé d'envoyer en Bretagne et qui trouva moyen d'y apprivoiser la province.

Une autre mort seroit ridicule à mettre ici sans des raisons qui y engagent. C'est celle de Petit, qui étoit fort vieux, et depuis grand nombre d'années médecin de Monseigneur. Il avoit de l'esprit, du savoir, de la pratique et de la probité, et cependant il est mort sans avoir jamais voulu admettre la circulation du sang. Cela m'a paru assez singulier pour ne le pas omettre. L'autre raison est que sa charge fut donnée à Boudin, duquel il n'est pas temps de rien dire, mais dont il n'y aura que trop à parler, et pour des choses très-importantes.

Le roi reçut à Fontainebleau la nouvelle de la liberté du

maréchal de Villeroy. Peu après que l'empereur fut informé du cartel réglé en Italie, il lui fit mander qu'il étoit libre et ne voulut point galamment qu'il payât sa rançon, qui alloit à cinquante mille livres. Cette liberté coûta cher doublement à la France, mais elle fut très-agréable au roi. Le maréchal eut ordre d'attendre un officier chargé de le conduire de la part de l'empereur à travers l'armée du prince Eugène.

On vit à Fontainebleau une nouveauté assez étrange : Madame à la comédie publique dans la deuxième année de son deuil de Monsieur. Elle en fit d'abord quelque façon; mais le roi lui dit que ce qui se passoit chez lui ne devoit pas être considéré comme le sont les spectacles publics.

## CHAPITRE II.

Situation de Catinat. — Dispositions de Villars. — Bataille de Friedlingen. — Villars fait seul maréchal de France. — Retour de Catinat et sa retraite. — Caractère de Villars. — Mort de M. le maréchal de Lorges. — Son éloge.

Catinat avoit eu grande occasion de s'apercevoir, à la tête de l'armée du Rhin, des suites d'un éclaircissement qui lui avoit mérité les plus grandes louanges du roi, mais qui avoit convaincu son ministre et commis Mme de Maintenon. Tous les moyens lui manquèrent, et le dépit de faire malgré lui une campagne honteuse le rendit mystérieux et chagrin jusqu'à mécontenter les officiers généraux, et les plus distingués d'entre les particuliers de son armée. La nécessité de secourir l'électeur de Bavière déclaré et molesté par les Impériaux, celle aussi d'en être secouru, fit résoudre de tenter le passage du Rhin; il fut proposé à Catinat, peut-être avec peu de moyens et de troupes, je dis peut-être, parce que je ne le sais pas, et que je ne fais que le soupçonner, sur le refus qu'il fit de s'en charger. A son défaut, Villars, qui vit la fortune au bout de ce passage, l'accepta, sûr de ne rien risquer, en manquant même ce que Catinat avoit refusé de tenter; mais en habile homme, il voulut être en force, et outre ce qui étoit venu de Flandre qu'il avoit été recevoir de Chamarande à mi-chemin, Blainville lui amena encore un gros détachement de la même armée de Flandre. Il y joignit ce qu'il voulut de l'armée du Rhin, qui devenue par là un détachement elle-même, se retrancha sous Strasbourg, et peu à peu s'y trouva réduite à dix bataillons et à fort peu d'escadrons, en sorte que Catinat se mit dans Strasbourg, en attendant tristement le succès du passage que Villars alloit tenter, le départ du roi des Romains pour retourner à Vienne, et ce que deviendroit son armée après la prise de Landau.

Villars marcha droit à Huningue, visita les bords du Rhin, et choisit l'établissement de son pont vis-à-vis d'Huningue, à l'endroit d'une île assez spacieuse pour s'en servir utilement, le grand bras du Rhin entre lui et l'île, et le plus petit entre elle et l'autre côté du Rhin où étoit la petite ville de Neubourg, retranchée et tenue par les Impériaux qui avoient là un camp volant, et qui avoient donné pendant toute la campagne, l'inquiétude à Catinat de passer le Rhin et de faire le siége d'Huningue, sans toutefois avoir songé à l'exécuter, pour ne rien détacher de celui de Landau. Ce parti pris, Villars fit travailler tout à son aise, mais fort diligemment, à son pont jusqu'à l'île. Il étoit arrivé le 30 septembre; ce pont fut l'affaire de moins de vingt-quatre heures. Le 1er octobre, à midi, il fit passer dessus quarante pièces de canon avec Champagne et Bourbonnois qu'il établit dans l'île, et fit travailler à son autre pont. Dès qu'il fut achevé, il fit passer des travailleurs soutenus par ses grenadiers qui tirèrent une ligne parallèle au Rhin à la tête du pont, malgré les foibles efforts des ennemis pour l'empêcher, incommodés du feu de l'artillerie et des quinze cents hommes qui étoient dans l'île, et de force petits bateaux chargés de grenadiers. Dans cette posture, Villars, maître d'achever de passer le Rhin, voulut attendre des nouvelles de l'électeur de Bavière, et cependant le prince Louis de Bade et la plupart de ses officiers généraux vinrent se retrancher à Friedlingen. Le 12 octobre Laubanie, avec un détachement de la garnison du Neuf-Brisach, passa le Rhin dans de petits bateaux, et emporta la petite ville de Neubourg l'épée à la main, s'y établit et y fut suivi par notre pont de M. de Guiscard avec vingt escadrons et dix bataillons. Le prince Louis sur cette nouvelle ne douta pas que Villars ne voulût faire là son passage, quitta Friedlingen et marcha à Neubourg le 14 au matin. Ce même matin, à sept heures, Villars, averti de cette marche, sortit de Huningue, fit diligemment passer tout ce qu'il avoit de troupes en deçà par son pont dans l'île. La cavalerie passa à gué l'autre petit bras du Rhin et l'infanterie sur le second pont, qu'il avoit remué à temps et porté vis-à-vis Friedlingen avec son artillerie.

Là-dessus le prince Louis, qui étoit en marche, fit retourner toutes ses troupes, qui étoient quarante-deux escadrons avec son infanterie; cinq de ses escadrons firent le tour d'une petite montagne escarpée de notre côté, pour en gagner la crête par derrière, et les trente-sept autres marchèrent à Villars plus tôt qu'il ne s'attendoit à les voir. Il n'avoit que trente-quatre escadrons, parce qu'il en avoit détaché six pour aller joindre Guiscard à Neubourg. Trois charges mirent en désordre la cavalerie impériale, qui fut reçue par six bataillons frais qui la soutinrent. Leurs autres bataillons s'étoient postés sur la montagne, dont il fallut les déloger en allant à eux par les vignes et l'escarpement qui étoit de notre côté. Ainsi ce fut un combat bizarre ou la cavalerie et l'infanterie de part et d'autre agit tout à fait séparément.

Cette attaque de la montagne, conduite par Desbordes, lieutenant général, qui avoit été gouverneur de Philippsbourg, et qui y fut tué, ne put l'être qu'avec quelque désordre par les coupures et la roideur de la montagne, tellement que les troupes, essoufflées et un peu rompues en arrivant, ne purent soutenir une infanterie ensemble et reposée, qui leur fit perdre du terrain et regagner le bas avec plus de désordre qu'elles n'avoient monté. Avec les dispositions tout cela prit du temps, de manière que Villars, qui étoit demeuré au bas de la montagne et avoit perdu de vue sa cavalerie entière qui étoit alors à demi-lieue de lui après celle de l'empereur, crut la bataille perdue, et perdit lui-même la tramontane, sous un arbre où il s'arrachoit les cheveux de désespoir, lorsqu'il vit arriver Magnac, premier lieutenant général de cette armée, qui accouroit seul au galop avec un aide de camp après lui. Alors Villars, ne doutant plus que tout ne fût perdu, lui cria : « Eh bien! Magnac, nous sommes donc perdus? » A sa voix, Magnac poussa à l'arbre, et bien étonné de voir Villars en cet état : « Eh, lui dit-il, que faites-vous donc là et où en êtes-vous? ils sont battus et tout est à nous. » Villars à l'instant recogne ses larmes, court avec Magnac à l'infanterie qui combattoit celle des ennemis qui l'avoit suivie du haut de cette petite montagne, criant tous deux victoire. Magnac avoit mené la cavalerie, avoit battu et poursuivi l'impériale près de demi-lieue jusqu'à ces six bataillons frais qui l'avoient protégée, mais qui n'ayant pu soutenir la furie de nos escadrons, s'étoient retirés peu à peu avec les débris de la cavalerie impériale, et Magnac alors, n'ayant plus à les pousser dans les défilés qui se présentoient, inquiet de notre infanterie dont il n'avoit ni vent ni nouvelles, étoit revenu de sa personne la chercher et voir ce qu'il s'y passoit, enragé de ne l'avoir pas à portée de ces défilés pour achever sa victoire, et d'y voir échapper les débris de la cavalerie impériale et ces six bataillons qui l'avoient sauvée. Lui et Villars avec leurs cris de victoire rendirent un nouveau courage à notre infanterie, devant laquelle, après plusieurs charges, celle des ennemis se retira et fut assez longtemps poursuivie. Villars paya d'effronterie; et Magnac n'osa conter leur bizarre aventure que tout bas; mais quand il vit que Villars se donnoit tout l'honneur, et plus encore quand il lui en vit recevoir la récompense sans y participer en rien, il éclata à l'armée, puis à la cour, où il fit un étrange bruit; mais Villars, qui avoit le prix de la victoire et Mme de Maintenon pour lui, n'en fit que secouer l'oreille. On verra parmi les Pièces le compte qu'il en rendit au roi, aussitôt après l'action, qui s'appela la bataille de Friedlingen, qu'il ajuste comme il peut[1]. Outre Desbordes, lieutenant général tué, Chavanne, brigadier d'infanterie, le fut aussi; et parmi les blessés, le duc d'Estrées, Polignac, Chamarande, lieutenant général, Coetquen et le fils du comte du Bourg, la plupart légèrement.

Villars, qui sentit le besoin qu'il avoit d'appui, fit un trait de courtisan. Le lendemain de la bataille, il fut joint par quelques régiments de cavalerie de ce qui restoit autour de Strasbourg, que Catinat lui envoyoit encore. De ce nombre étoit le comte d'Ayen; Villars lui proposa de porter au roi les drapeaux et les étendards, et le comte d'Ayen l'accepta, malgré tout ce que Biron lui put dire du ridicule de porter les dépouilles d'un combat où il ne s'étoit point trouvé. Mais tout étoit bon et permis au neveu de Mme de Maintenon, dont la faveur n'empêcha pas la huée de toute l'armée, dont les lettres à Paris se trouvèrent pleines de l'aventure de Magnac et de moqueries sur le comte d'Ayen. Mais elles arrivèrent trop tard, leur affaire étoit faite. Choiseul, qui avoit

---

1. Voy. page 11, parmi les Pièces, la lettre de Villars au roi. (*Note de Saint-Simon.*) On trouvera cette lettre à la fin du volume.

épousé une sœur de Villars, fut chargé de la nouvelle et de sa lettre pour le roi ; il arriva le matin du mardi 17 octobre à Fontainebleau, et combla le roi de joie de sa victoire, d'avoir un passage sur le Rhin, et de pouvoir compter sur une prompte jonction avec l'électeur de Bavière. Le lendemain matin le comte d'Ayen arriva aussi, et par le détail, les drapeaux et les étendards augmenta fort la joie. Mais quand on sut qu'il ne s'étoit point trouvé à l'action, le ridicule fut grand, et sa faveur contraignit peu les brocards. Choiseul eut force louanges du roi du compte qu'il avoit rendu. Il eut le régiment qu'avoit le chevalier de Scève et mille pistoles. Il n'étoit que capitaine de cavalerie.

Le 20 octobre un courrier de Villars soutint habilement la bonne humeur du roi. Il lui manda la perte des ennemis bien plus grande qu'on ne la croyoit, tous les villages des environs de Friedlingen pleins de leurs blessés, sept pièces de canon trouvées abandonnées, le prince d'Anspach, deux princes de Saxe, et le fils de l'administrateur de Wurtemberg blessés et prisonniers, enfin leur armée tellement dispersée qu'elle n'avoit pas mille hommes ensemble. Biron détaché avec trois mille chevaux au-devant de l'électeur de Bavière, et Villars occupé à établir des forts et des postes au delà du Rhin, et à y rétablir la redoute vis-à-vis d'Huningue détruite par la paix de Ryswick.

Le samedi matin, 21 octobre, le comte de Choiseul fut redépêché à Villars avec un paquet du roi. On a vu en son lieu la source impure mais puissante de la protection de Mme de Maintenon pour lui. Le roi à son dîner le même jour le déclara seul maréchal de France. Il y voulut ajouter du retour. Le dessus du paquet fut suscrit : *A M. le marquis de Villars*, et dedans une lettre de la propre main du roi, fermée et suscrite : *A mon cousin le maréchal de Villars*. Choiseul en eut la confidence avec défense de la faire à personne, pas même à son beau-frère en lui remettant le paquet. Le roi voulut qu'il ne sût l'honneur qu'il lui faisoit que par l'inspection du second dessus. On peut juger de sa joie.

Celle de Catinat relaissé et délaissé dans Strasbourg ne fut pas la même. N'ayant plus rien à faire, ou plutôt n'étant plus rien, il obtint son congé et revint dans son carrosse à fort petites journées, comme un homme qui craint d'arriver. Il salua le roi le 17 novembre, qui le reçut médiocrement, lui demanda des nouvelles de sa santé, et ne le vit point en particulier. Il n'alla point chez Chamillart. Il demeura un jour à Versailles et fort peu à Paris. Il se retira sagement en sa maison de Saint-Gratien, près Saint-Denis, où il ne vit plus que quelques amis particuliers, et ne sortit presque point de cette retraite; heureux s'il n'en étoit point sorti et qu'il eût su résister aux cajoleries du roi, pour reprendre le commandement d'une armée et se défier des suites d'un éclaircissement d'autant plus dangereux qu'il fut victorieux.

Le prince Louis, fort éloigné de la dissipation où Villars l'avoit représenté, reparut incontinent avec une armée qui donna souvent de l'inquiétude de passer en deçà du Rhin. Le reste de la campagne se passa à s'observer et à chercher ses avantages. Parmi ceux du nouveau maréchal la jonction ne se fit point avec l'électeur de Bavière : ce prince avoit pris Memmingen et plusieurs petites places pour s'élargir et se donner des contributions et des subsistances. Les armées se retirèrent dans leurs quartiers d'hiver; la nôtre repassa le Rhin, et bientôt après Villars eut ordre de demeurer à Strasbourg à veiller sur le Rhin.

Cet enfant de la fortune va si continuellement faire désormais un personnage si considérable qu'il est à propos de le faire connoître. J'ai parlé de sa naissance à propos de son père : on y a vu que ce n'est pas un fonds sur lequel il pût bâtir. Le bonheur et un bonheur inouï y suppléa pendant toute sa longue vie. C'étoit un assez grand homme, brun, bien fait, devenu gros en vieillissant, sans en être appesanti, avec une physionomie vive, ouverte, sortante, et véritablement un peu folle, à quoi la contenance et les gestes répondoient. Une ambition démesurée qui ne s'arrêtoit pas pour les moyens; une grande opinion de soi, qu'il n'a jamais guère communiquée qu'au roi; une galanterie dont l'écorce étoit toujours romanesque; grande bassesse et grande souplesse auprès de qui le pouvoit servir, étant luimême incapable d'aimer ni de servir personne, ni d'aucune sorte de reconnoissance. Une valeur brillante, une grande activité, une audace sans pareille, une effronterie qui soutenoit tout et ne s'arrêtoit pour rien, avec une fanfaronnerie poussée aux derniers excès et qui ne le quittoit jamais. Assez d'esprit pour imposer aux sots par sa propre confiance; de la facilité à parler, mais avec une abondance et une continuité d'autant plus rebutante, que c'étoit toujours avec l'art de revenir à soi, de se vanter, de se louer, d'avoir tout prévu, tout conseillé, tout fait, sans jamais, tant qu'il put, en laisser de part à personne. Sous une magnificence de Gascon, une avarice extrême, une avidité de harpie, qui lui a valu des monts d'or pillés à la guerre, et quand il vint à la tête des armées, pillés haut à la main et en faisant lui-même des plaisanteries, sans pudeur d'y employer des détachements exprès, et de diriger à cette fin les mouvements de son armée. Incapable d'aucun détail de subsistance, de convoi, de fourrage, de marche qu'il abandonnoit à qui de ses officiers généraux en vouloit prendre la peine; mais s'en donnant toujours l'honneur. Son adresse consistoit à faire valoir les moindres choses et tous les hasards. Les compliments suppléoient chez lui à tout. Mais il n'en falloit rien attendre de plus solide. Lui-même n'étoit rien moins. Toujours occupé de futilités quand il n'en étoit pas arraché par la nécessité imminente des affaires. C'étoit un répertoire de romans, de comédies et d'opéras dont il citoit à tout propos des bribes, même aux conférences les plus sérieuses. Il ne bougea tant qu'il put des spectacles avec une indécence de filles de ces lieux et du commerce de leur vie et de leurs galants qu'il poussa publiquement jusqu'à sa dernière vieillesse, déshonorée publiquement par ses honteux propos.

Son ignorance, et s'il en faut dire le mot, son ineptie en affaires, étoit inconcevable dans un homme qui y fut si grandement et si longtemps employé ; il s'égaroit et ne se retrouvoit plus ; la conception manquoit, il y disoit tout le contraire de ce qu'on voyoit qu'il vouloit dire. J'en suis demeuré souvent dans le plus profond étonnement et obligé à le remettre et à parler pour lui plusieurs fois, depuis que je fus avec lui dans les affaires pendant la régence ; aucune, tant qu'il lui étoit possible, ne le détournoit du jeu, qu'il aimoit parce qu'il y avoit toujours été heureux et y avoit gagné très-gros, ni des spectacles. Il n'étoit occupé que de se maintenir en autorité et laisser faire tout ce qu'il auroit dû faire ou voir lui-même. Un tel homme n'étoit guère aimable, aussi n'eut-il jamais ni amis ni créatures, et jamais homme ne séjourna dans de si grands emplois avec moins de considération.

Le nom qu'un infatigable bonheur lui a acquis pour des temps à venir m'a souvent dégoûté de l'histoire, et j'ai trouvé une infinité de gens dans cette même réflexion. Les siens ont eu l'imprudence de laisser paroître fort tôt après lui des Mémoires qu'on ne peut méconnoître de lui ; il n'y a qu'à voir sa lettre au roi sur sa bataille de Friedlingen. Un récit embarrassé, mal écrit, sans exactitude, sans précision, expressément confus, voile tant qu'il peut le désordre qui pensa perdre son infanterie ; son ignorance de ce que fit sa cavalerie ; ne peint ni la situation, ni les mouvements, ni l'action, encore moins ce qui en fit la décision et la fin ; et ses louanges générales et universelles, qui ne louent personne en ne marquant rien de particulier de personne, données au besoin qu'il se sentoit de tous, n'en peuvent flatter aucun. Ses Mémoires ont la même confusion, et s'ils ont plus de détail, c'est pour faire plus de mensonges dont il se donne sans cesse pour le héros. J'étois bien jeune, et seulement mestre de camp d'un régiment de cavalerie en 1694 et les années suivantes; mais à la première, j'étois gendre du général de l'armée, et les autres dans la plus intime confiance du maréchal de Choiseul, qui succéda à mon beau-père. C'en est assez pour avoir très-distinctement vu que les vanteries de ses Mémoires sur ces campagnes-là n'ont pas seulement la moindre apparence, et que tout ce qu'il y dit de lui est un roman. J'ai su des officiers principaux qui ont servi avec lui et sous lui dans les autres campagnes qu'il raconte, que tout y est mensonge, la plupart des faits entièrement controuvés, ou avec un fondement dont tout le reste est ajusté à ses louanges, et au blâme de ceux qui y ont le plus mérité pour leur dérober le mérite et se l'approprier. Il s'y trouve même des traits dont la hardiesse pue tellement la fausseté, qu'on est indigné de l'audace pour soi-même et que le héros prétendu ait osé espérer de se faire si grossièrement des dupes et des admirateurs. La soif d'en avoir l'a rendu coupable des plus noirs larcins de la gloire des maîtres, devant qui je l'ai vu ramper, et des calomnies les plus audacieuses et les plus follement hasardées.

A l'égard de ses négociations en Bavière et à Vienne, qu'il y décrit avec de si belles couleurs, j'en ai demandé des nouvelles à M. de Torcy, à qui lors il en rendoit compte, et sur les ordres et les instructions duquel il avoit uniquement à se régler. Torcy m'a protesté qu'il en avoit admiré le roman, que tout y est mensonge, et qu'aucun fait et aucun mot n'en est véritable; il étoit lors ministre et secrétaire d'État des affaires étrangères, par qui elles passoient toutes, et le seul qui se fût préservé de partager, ou plutôt de soumettre son département à Mme de Maintenon. Sa droiture, sa probité, sa vérité n'ont jamais été douteuses en France ni dans les pays étrangers, et sa mémoire toujours exacte et nette.

Telle a été la vanité de Villars d'avoir voulu être un héros en tout genre dans la postérité, aux dépens des mensonges et des calomnies qui font tout le tissu du roman de ses Mémoires, et la folie de ceux qui se sont hâtés de les donner avant la mort des témoins des choses et des spectateurs d'un homme si merveilleux, qui avec tout son art, son bonheur sans exemple, les plus grandes dignités et les premières places de l'État, n'y a jamais été qu'un comédien de campagne, et plus ordinaire encore qu'un bateleur monté sur des tréteaux.

Tel fut en gros Villars, à qui ses succès de guerre et de cour acquerront dans la suite un grand nom dans l'histoire, quand le temps l'aura fait perdre de vue lui-même et que l'oubli aura effacé ce qui n'est guère connu qu'aux contemporains. Il se retrouvera si souvent dans la suite de ces Mémoires qu'il y aura lieu de le reconnoître à divers traits de ce portrait, plus fidèle que la gloire qu'il a dérobée, et qu'à l'exemple du roi il a transmise à la postérité, non par des médailles et des statues, il étoit trop avare, mais par des tableaux dont il a tapissé sa maison, et où il n'a pas même oublié les choses les plus simples et jusqu'à sa séance tenant les états de Languedoc, lorsqu'il a commandé dans cette province. Je ne dis rien du ridicule extrême de ses jalousies, et des voyages de sa femme traînée sur les frontières. Il faut voiler ces misères, mais il est triste qu'elles influent sur l'État et sur les plus importantes opérations de la guerre, comme la Bavière le lui reprochera à jamais.

Parmi tant et de tels défauts, il ne seroit pas juste de lui nier des parties. Il en avoit de capitaine. Ses projets étoient hardis, vastes, presque toujours bons, et nul autre plus propre à l'exécution et aux divers maniements des troupes, de loin pour cacher son dessein et les faire arriver juste, de près pour se poster et attaquer. Le coup d'œil, quoique bon, n'avoit pas toujours une égale justesse, et dans l'action la tête étoit nette, mais sujette à trop d'ardeur, et par là même à s'embarrasser. L'inconvénient de ses ordres étoit extrême, presque jamais par écrit, et toujours vagues, généraux, et sous prétexte d'estime et de confiance, avec des propos ampoulés se réservant toujours des moyens de s'attribuer tout le succès, et de jeter les mauvais sur les exécuteurs. Depuis qu'il fut arrivé à la tête des armées, son audace ne fut plus qu'en paroles. Toujours le même en valeur personnelle, mais tout différent en courage d'esprit. Étant particulier, rien de trop chaud pour briller et pour percer. Ses projets étoient quelquefois plus pour soi que pour la chose, et par là même suspects; ce qui ne fut pas depuis pour ceux dont il devoit être chargé de l'exécution, qu'il n'étoit pas fâché de rendre douteuse aux autres, quand c'étoit sur ceux qu'elle devoit rouler. A Friedlingen il y alloit de tout pour lui, peu à perdre, ou même à différer si le succès ne répondoit pas à son audace, dans une exécution refusée par Catinat; le bâton à espérer s'il réussissoit; mais quand il l'eut obtenu, le matamore fut plus réservé, dans la crainte des revers de fortune, laquelle il se promettoit de pousser au plus haut, et il lui a été reproché depuis, plus d'une fois, d'avoir manqué des occasions uniques, sûres et qui se présentoient d'elles-mêmes. Il se sentoit alors d'autres ressources.

Parvenu au suprême honneur militaire, il craignoit d'en abuser à son malheur; il en voyoit des exemples. Il voulut conserver la verdeur des lauriers qu'il avoit dérobés par la main de la fortune, et se réserver ainsi l'opinion de faire la ressource des malheurs, ou des fautes des autres généraux. Les intrigues ne lui étoient pas inconnues; il savoit prendre le roi par l'adoration, et se conserver Mme de Maintenon par un abandon à ses volontés sans réserve et sans répugnance; il sut se servir du cabinet dont elle lui avoit ouvert la porte; il y ménagea les valets les plus accrédités; hardiesse auprès du roi, souplesse et bassesse avec cet intérieur, adresse avec les ministres; et porté par Chamillart, dévoué à Mme de Maintenon, cette conduite suivie en présence, et suppléée par lettres, il se la crut plus utile que les hasards des événements de la guerre, comme aussi plus sûre. Il osa dès lors prétendre aux plus grands honneurs où les souterrains conduisent mieux que tout autre chemin, quand on est arrivé à persuader les distributeurs qu'on en est susceptible. Je ne puis mieux finir ce trop long portrait, où je crois pourtant n'avoir rien dit d'inutile, et dans lequel j'ai scrupuleusement respecté le joug de la vérité; je ne puis, dis-je, l'achever mieux que par cet apophthegme de la mère de Villars, qui, dans l'éclat de sa nouvelle fortune, lui disoit toujours : « Mon fils, parlez toujours de vous au roi, et n'en parlez jamais à d'autres. » Il profita utilement de la première partie de cette grande leçon, mais non pas de l'autre, et il ne cessa jamais d'étourdir et de fatiguer tout le monde de soi.

L'époque de cette bataille de Friedlingen me fut celle d'une des plus sensibles afflictions que je pusse recevoir, par la perte que je fis de mon beau-père, à soixante-quatorze ans. Au milieu d'une santé d'ailleurs parfaite, il fut attaqué de la pierre, aux symptômes de laquelle on se méprit d'abord, ou plutôt on voulut bien se méprendre, dans le désir que ce ne la fût pas. Les derniers six mois de sa vie il ne put plus sortir de chez lui, où l'affection publique lui forma toujours plutôt une cour, par le nombre et la distinction des personnes, qu'une compagnie assidue. Le mal venu au point de ne le pouvoir méconnoître, la réputation d'un certain frère Jacques séduisit et le fit préférer aux chirurgiens pour l'opération. Ce n'étoit ni un moine ni un ermite, mais un homme bizarrement encapuchonné de gris, qui avoit inventé une manière de faire la taille par à côté de l'endroit ordinaire, qui avoit l'avantage d'être plus promptement faite et de ne laisser après aucune des fâcheuses incommodités qui sont très-souvent les suites de cette opération faite à l'ordinaire. Tout est mode en France; cet homme-là y étoit lors tellement qu'on ne parloit que de lui.

On fit suivre ses opérations pendant trois mois, et sur vingt personnes qu'il tailla il en mourut fort peu.

Pendant ce temps-là M. le maréchal de Lorges se déroboit au monde, et se préparoit avec une grande fermeté et une résignation vraiment chrétienne. Le désir de sa famille et de conserver sa charge de capitaine des gardes du corps à son fils eurent plus de part que lui-même à cette résolution. Elle fut exécutée le jeudi 19 octobre à huit heures du matin, ayant la veille fait ses dévotions. Frère Jacques ne voulut ni conseil ni secours, que Milet, chirurgien-major de la compagnie des gardes du corps de M. le maréchal de Lorges, auquel il étoit fort attaché. Il se trouva une petite pierre, puis de gros champignons, et, dessous, une fort grosse pierre. Un chirurgien qui eût su autre chose qu'opérer de la main auroit tiré la petite pierre et en seroit demeuré là pour lors. Il auroit fondu par des onguents ces excroissances de chair adhérentes à la vessie, qui s'en seroient allées par les suppurations, après quoi il auroit tiré la grosse pierre. La tête tourna au frère Jacques, qui n'étoit que bon opérateur de la main. Il arracha ces champignons. L'opération dura trois quarts d'heure, et fut si cruelle, que frère Jacques n'osa aller plus loin et remit à tirer la grosse pierre. M. le maréchal de Lorges la soutint avec un courage qui fut toujours tranquille. Fort peu après, Mme sa femme, qui fut la seule qu'on lui laissa voir de sa famille, s'étant approchée de lui, il lui tendit la main : « Me voilà, lui dit-il, dans l'état où on m'a voulu, » et, sur sa réponse pleine d'espérance : « Il en sera, ajouta-t-il, tout ce qu'il plaira à Dieu. » Toute la famille et quelques amis étoient dans la maison, qui augurèrent mal d'une opération si étrange. Le duc de Grammont, qui avoit été depuis peu taillé par Maréchal, força la porte, annonça les accidents qui arriveroient coup sur coup, où il n'y auroit point de remède, et insista inutilement pour qu'on fît venir Maréchal ou d'autres chirurgiens. Jamais frère Jacques ne voulut, et la maréchale, qui craignoit de le troubler, n'osa appeler personne. Le duc de Grammont ne fut que trop bon prophète ; bientôt après frère Jacques lui-même demanda du secours. Il l'eut à l'instant, mais tout fut inutile. M. le maréchal de Lorges mourut le samedi 22 octobre, sur les quatre heures du matin, ayant toujours eu auprès de lui l'abbé Anselme, alors directeur et prédicateur fameux.

Le spectacle de cette maison fut terrible ; jamais homme si tendrement et si universellement regretté, ni si véritablement regrettable. Outre ma vive douleur, j'eus à soutenir celle de Mme de Saint-Simon, que je crus perdre bien des fois ; rien de comparable à son attachement pour son père, et à la tendresse qu'il avoit pour elle ; rien aussi de plus parfaitement semblable que leur âme et leur cœur. Il m'aimoit comme son véritable fils, et je l'aimois et le respectois comme le meilleur père, avec la plus entière et la plus douce confiance.

Né troisième cadet d'une nombreuse famille, ayant perdu son père à l'âge de cinq ans, il porta les armes à quatorze. M. de Turenne, frère de sa mère, prit soin de lui comme de son fils, et dans la suite lui donna tous ses soins et toute sa confiance. L'attachement du neveu répondit tellement à l'amitié de l'oncle, qu'ils vécurent toujours ensemble, et furent considérés de tout le monde comme un père et un fils les plus étroitement unis. Des malheurs de temps et des engagements de famille entraînèrent M. de Lorges dans le parti de M. le Prince. Il le suivit même aux Pays-Bas ; il servit sous lui de lieutenant général avec de grandes distinctions et s'acquit entièrement son estime. Instruit déjà par M. de Turenne, il se perfectionna sous M. le Prince et revint sous son oncle, qui se fit un plaisir et une étude de le rendre capable de commander dignement les armées, en l'employant dans les siennes à tout ce qu'il y avoit de plus difficile et de plus important.

M. de Lorges, jeune et bien fait, galant, fort dans le

grand monde, pensoit néanmoins sérieusement. Élevé dans le sein des protestants où il étoit né, et lié de la plus proche parenté et amitié avec leurs principaux personnages, il passa la moitié de sa vie sans se défier qu'ils pussent être trompés et pratiquant exactement leur religion. Mais à force de la pratiquer les réflexions vinrent, puis les doutes. Les préjugés de l'éducation et de l'habitude le retenoient : il étoit encore maîtrisé par l'autorité de sa mère qui en étoit une de l'Église protestante et par celle de M. de Turenne plus forte qu'aucune. Il étoit intimement lié d'amitié avec la duchesse de Rohan, l'âme du parti et le reste de ses derniers chefs, et avec ses célèbres filles, et son extrême tendresse pour la comtesse de Roye sa sœur, qui étoit infiniment attachée à sa religion, le contraignit extrêmement. Mais, parmi ces combats, il voulut être éclairci. Il trouva un grand secours dans un homme médiocre qui lui étoit attaché d'amitié, et qui, en étant fort estimé, s'étoit fait catholique. Mais M. de Lorges voulut voir par lui-même, quand il fut parvenu au point de se défier tout à fait de ce qu'il avoit cru jusqu'alors.

Il prit donc le parti de feuilleter lui-même et de proposer ses doutes au célèbre Bossuet, depuis évêque de Meaux, et à M. Claude, ministre de Charenton et le plus compté parmi eux. Il ne les consultoit que séparément, à l'insu l'un de l'autre, et leur portoit comme de soi-même leurs réciproques réponses, pour démêler mieux la vérité. Il passa de la sorte toute une année à Paris, tellement occupé à cette étude qu'il avoit comme disparu du monde, et que ses plus intimes, jusqu'à M. de Turenne, en étoient inquiets, et lui faisoient des reproches de ce qu'ils ne pouvoient parvenir à le voir. Sa bonne foi et la sincérité de sa recherche mérita un rayon de lumière. M. de Meaux lui prouva l'antiquité de la prière pour les morts, et lui montra dans saint Augustin que ce docteur de l'Église avoit prié pour sainte Monique sa mère. M. Claude ne le satisfit point là-dessus, et ne s'en tira que par des défaites qui choquèrent la droiture du prosélyte et achevèrent de le déterminer. Alors il s'ouvrit au prélat et au ministre, du commerce qu'il avoit depuis longtemps avec eux à l'insu l'un de l'autre; il les voulut voir aux mains, mais toujours dans le plus profond secret. Cette lutte acheva de convaincre son esprit par la lumière, et son cœur par les échappatoires peu droites qu'il remarqua souvent dans M. Claude, sur lesquelles après, tête à tête, il n'en put tirer de meilleures solutions.

Convaincu alors, il prit son parti, mais les considérations de ses proches l'arrêtèrent encore. Il sentoit qu'il alloit plonger le poignard dans le cœur des trois personnes qui lui étoient les plus chères, sa mère, sa sœur et M. de Turenne à qui il devoit tout, et de qui il tenoit tout jusqu'à sa subsistance. Cependant ce fut par lui qu'il crut devoir commencer. Il lui parla avec toute la tendresse, toute la reconnoissance, tout le respect du meilleur fils au meilleur père; et, après un préambule dont il sentit tout l'embarras, il lui fit toute la confidence de cette longue retraite dont il lui avoua enfin le fruit, et il assaisonna cette déclaration de tout ce qui en pouvoit adoucir l'amertume. M. de Turenne l'écouta sans l'interrompre d'un seul mot, puis, l'embrassant tendrement, lui rendit confidence pour confidence, et l'assura qu'il avoit d'autant plus de joie de sa résolution, que lui-même en avoit pris une pareille après y avoir travaillé longtemps avec le même prélat que lui. On ne peut exprimer la surprise, le soulagement, la joie de M. de Lorges. M. de Meaux lui avoit fidèlement caché qu'il instruisoit M. de Turenne depuis longtemps, et à M. de Turenne ce qu'il faisoit avec M. de Lorges. Fort peu de temps après, la conversion de M. de Turenne éclata. La délicatesse de M. de Lorges ne lui permit pas de se déclarer sitôt. Le respect du monde le contint encore cinq ou six mois dans la crainte qu'on ne le crut entraîné par l'exemple d'un homme de ce poids auquel tant de liens l'attachoient. Sans avoir jamais fait une profession particulière de piété distinguée, M. de Lorges regarda tout le reste de sa vie sa conversion comme son plus précieux bonheur. Il redoubla d'estime, d'amitié et de commerce avec M. Cotton qui en avoit été la première cause; il vit tant qu'il vécut M. de Meaux très-familièrement, et avec vénération et grande reconnoissance. Il abhorroit la contrainte sur la religion, mais il se portoit avec zèle à persuader les protestants à qui il pouvoit parler, et fut jusqu'à la mort régulier et même religieux dans sa conduite et dans la pratique de la religion qu'il avoit embrassée, et ami des gens de bien. Il eut la douleur que la comtesse de Roye en pensa mourir de regret. Il n'y avoit que la religion que tous deux se préférassent. Elle fut si outrée de ce changement, qu'elle ne le voulut voir qu'à [la] condition, qu'ils tinrent, de ne s'en parler jamais.

M. de Lorges porté par l'estime de M. le Prince et de M. de Turenne, et par son propre mérite, eut après les maréchaux de France les commandements les plus importants de la guerre de Hollande; il ne tint qu'à lui après le retour du roi de l'avoir en chef. Il en reçut la patente et l'ordre de faire arrêter le maréchal de Bellefonds, dont l'opiniâtreté étoit tombée en plusieurs désobéissances formelles coup sur coup aux ordres qu'il avoit eus de la cour. M. de Lorges évita l'un et sauva l'autre, qui ne le sut que long-temps après, et d'ailleurs, et qui ne l'a jamais oublié. Je ne rougirai point de dire que toute l'Europe admira et célébra le combat et la savante retraite d'Altenheim, et la gloire de M. de Lorges qui y commandoit en chef; en même temps qu'elle retentit de la mort de M. de Turenne. C'est un fait attesté par toutes les histoires, les Mémoires et les lettres de ce temps-là. M. le Prince voulut bien la rehausser encore. « J'ose avouer, dit-il alors au milieu de l'armée de Flandre qu'il commandoit, et d'où il eut ordre d'aller prendre la place de M. de Turenne, j'ose avouer que j'ai quelques actions, mais je dis avec vérité que j'en donnerois plusieurs de celles-là, et avoir fait celle que le comte de Lorges vient de faire à Altenheim. » Après un aussi grand témoignage, et qui fait autant d'honneur à M. le Prince qu'à M. de Lorges, ce seroit affoiblir l'action d'Altenheim que s'y étendre ; mais je ne puis m'empêcher de remarquer le grand homme en laissant le capitaine, et le grand homme que les Romains eussent également admiré. On trouvera que je ne dis pas trop, si on se représente la situation, l'étonnement, la désertion de l'armée de M. de Turenne au coup de canon qui l'emporta, la douleur extrême et subite de la perte de ce grand homme, dont M. de Lorges fut pénétré, et dont la sensibilité le devoit rendre l'homme de toute l'armée le plus stupide et le plus incapable de penser et d'agir. Qu'on ajoute à tout ce que l'amitié, la tendresse, la reconnoissance, la confiance, la vénération fit d'impression à l'excellent cœur de ce neveu si chéri, ce qu'y durent opérer après les réflexions les plus tristes de la privation d'un tel appui à la porte de la fortune dont M. de Lorges n'avoit pas reçu encore la moindre faveur et sans nul patrimoine, avec la perspective de la toute-puissance de Louvois, ennemi déclaré de M. de Turenne, et le sien particulier à cause de lui, il n'y en avoit que trop sans doute pour terrasser le cœur et l'esprit d'un homme ordinaire, et pour confondre même les opérations d'un homme au-dessus du commun, devenu général tout à coup dans de si cruelles conjonctures.

Comblé d'honneur et de gloire, et l'étonnement de Montécuculli, M. de Lorges vit peu de jours après faire plusieurs maréchaux de France sans en être, et arriver quelques-uns d'eux à la suite de M. le Prince, à qui il remit le commandement de l'armée. On peut imaginer quelle fut pour lui cette amertume. Il eut la consolation que les armées et la cour crièrent publiquement à l'iniquité, et qu'aucun des nouveaux maréchaux, venus avec M. le Prince, n'osa lui donner l'ordre, ni prendre aucun commandement sur lui.

Le bruit extrême que fit cette injustice inquiéta Louvois qui en étoit l'auteur. Vaubrun, lieutenant général, avoit été tué au combat d'Altenheim, et laissoit vacant le commandement en chef d'Alsace, de plus de cinquante mille livres de rente. Louvois ne douta pas que ce morceau ne fût du goût d'un homme qui n'avoit rien vaillant, et l'envoya à M. de Lorges; mais il fut étonné de se le voir rapporter par le même courrier, avec cette courte réponse, que ce qui étoit bon pour un cadet de Nogent ne l'étoit pas pour un cadet de Duras. Avec ce refus M. de Lorges avoit pris son parti; c'étoit d'achever, comme il fit, la campagne dans l'éloignement, de ne s'y mêler de rien, avec hauteur, mais avec modestie, et dès qu'après son retour il auroit salué le roi et vu ses amis quelques jours, de se retirer à l'institution des pères de l'Oratoire, et là d'achever sa vie avec trois valets uniquement, dans une entière retraite et dans la piété. La campagne s'allongea jusque vers la fin de l'année. Il hâta peu son retour, et fut reçu comme le méritoit sa gloire et son malheur. M. de La Rochefoucauld, son ami intime, et lors dans le fort de sa faveur, en prit occasion d'en parler au roi avec tant de force, que Louvois ne put parer le coup, et que M. de Lorges, qui ne l'avoit pas voulu aller voir, fut fait maréchal de France seul, le 21 février 1676, presque aussitôt qu'il fut arrivé, avec un applaudissement qui n'a guère eu de semblable.

Alors il fallut changer de résolution, et se livrer à la fortune. Le bâton fut le premier bienfait qu'il en reçut; mais avec la gloire qui le lui procura il ne portoit que douze mille livres de rente : c'étoit tout l'avoir du nouveau maréchal, sans aucune autre ressource. Il fut nommé en même temps pour être un des maréchaux de France qui devoient commander l'armée sous le roi en personne, qui avoit résolu se rendre en Flandre, au commencement d'avril. Il falloit un équipage, et de quoi soutenir une dépense convenable et pressée. Cette nécessité le fit résoudre à un mariage étrangement inégal, mais dans lequel il trouvoit les ressources dont il ne se pouvoit passer pour le présent, et pour fonder une maison. Il y rencontra une épouse qui n'eut des yeux que pour lui malgré la différence d'âge, qui sentit toujours avec un extrême respect l'honneur que lui faisoit la naissance et la vertu de son époux, et qui y répondit par la sienne, sans soupçon et sans tache, et par le plus tendre attachement. Lui aussi oublia toute différence de ses parents aux siens, et donna toute sa vie le plus grand exemple du plus honnête homme du monde avec elle, et avec toute sa famille, dont il se fit adorer. Il trouva de plus dans ce mariage une femme adroite pour la cour et pour ses manéges, qui suppléa à la roideur de sa rectitude, et qui, avec une politesse qui montroit qu'elle n'oublioit point ce qu'elle étoit née, joignoit une dignité qui présentoit le souvenir de ce qu'elle étoit devenue, et un art de tenir une maison magnifique, les grâces d'y attirer sans cesse la meilleure et la plus nombreuse compagnie, et, avec cela, le savoir-faire de n'y souffrir ni mélange, ni de ces commodités qui déshonorent les meilleures maisons, sans toutefois cesser de rendre la sienne aimable, par le respect et la plus étroite bienséance qu'elle y sut toujours maintenir et mêler avec la liberté.

Incontinent après ce mariage, M. le maréchal de Lorges en sentit la salutaire utilité; la fortune qui l'avoit tant fait attendre sembla vouloir lui en payer l'intérêt. Le maréchal de Rochefort, capitaine des gardes du corps, mourut. Il étoit le favori de M. de Louvois, qui à la mort de M. de Turenne l'avoit fait faire maréchal de France avec les autres, dont le François, fertile en bons mots, disoit que le roi avoit changé une pièce d'or en monnoie. Quoique M. de Duras fût déjà capitaine des gardes du corps, M. son frère fut choisi pour la charge qui vaqua et qu'il n'auroit pu payer, ni même y songer sans son mariage. Ainsi les deux frères, maréchaux de France, furent aussi tous deux capitaines des gardes du corps, égalité et conformité de fortune sans exemple.

Ce n'étoit pas que M. le maréchal de Lorges l'eût méritée par sa complaisance. Le roi à la tête de son armée couvroit Monsieur qui assiégeoit Bouchain, et s'avança jusqu'à la cense [1] d'Hurtebise. Le prince d'Orange se trouva campé tout auprès, sans hauteur, ravin ni ruisseau qui séparât les deux armées. Celle du roi étoit supérieure, et reçut encore un renfort très à propos de l'armée devant Bouchain. Il sembloit qu'il n'y avoit qu'à marcher aux ennemis, pour orner le roi d'une importante victoire. On balança, on coucha en bataille, et le matin suivant, M. de Louvois fit tenir au roi un conseil de guerre, le cul sur la selle avec les maréchaux de France qui se trouvèrent présents, et deux ou trois des premiers et des plus distingués d'entre les lieutenants généraux; ils étoient en cercle, et toute la cour et les officiers généraux à une grande distance laissée vide. M. de Louvois exposa le sujet de la délibération à prendre, et opina pour se tenir en repos. Il savoit à qui il avoit affaire, et il s'étoit assuré des maréchaux de Bellefonds, d'Humières et de La Feuillade. M. le maréchal de Lorges opina pour aller donner la bataille au prince d'Orange, et il appuya ses raisons, de manière qu'aucun de ce conseil n'osa les combattre; mais regardant M. de Louvois dont ils prirent une seconde fois l'ordre de l'œil, ils persistèrent. M. le maréchal de Lorges insista, et de toutes ses forces représenta la facilité du succès, la grandeur des suites à une ouverture de campagne, et tout ce qui se pouvoit tirer d'utile et de glorieux de la présence du roi, et il réfuta aussi les inconvénients allégués, avec une solidité qui n'eut aucune réplique. Le résultat fut que le roi lui donna force louanges, mais [dit] qu'avec regret il se rendoit à la pluralité des avis. Il

---

1. Le mot *cense* désignait quelquefois une terre soumise à une certaine redevance appelée *cens*. Ces terres portaient aussi le nom de *censive*.

demeura donc là, sans rien entreprendre, tandis qu'il arriva du renfort au prince d'Orange.

Je ne sais quoi engagea à envoyer un trompette aux ennemis, et à préférer celui d'entre eux qui en avoit le plus d'habitude. Il ne fut pas vingt-quatre heures; il rapporta au roi que le prince d'Orange lui avoit fait voir son armée, et lui avoit dit qu'il n'avoit jamais eu si belle peur, ni plus de certitude d'être attaqué. Il se plut à lui expliquer les raisons de sa crainte, et de ce qu'il étoit perdu à coup sûr. Apparemment pour en donner plus de regret, et pour le plaisir de montrer à quel point il étoit tôt et bien informé, il le chargea de dire à M. le maréchal de Lorges de sa part qu'il savoit combien il avoit disputé pour engager la bataille, en peu de mots, les raisons qu'il en avoit apportées, que s'il avoit été cru, il étoit battu et perdu sans aucune ressource. Le trompette fut assez imprudent pour raconter tout cela au roi et à M. de Louvois, en présence de force généraux et seigneurs; et n'y ayant pas remarqué M. le maréchal de Lorges, il l'alla chercher, et s'acquitta de ce dont le prince d'Orange l'avoit chargé pour lui. Le maréchal, de plus en plus outré de n'avoir pas été cru, sentit le poids de ce témoignage. Il en commanda bien expressément le secret au trompette, mais il n'étoit plus temps; et une heure après, son rapport fut la nouvelle et l'entretien de toute l'armée; sur cela, Monsieur arriva venant de prendre Bouchain, et le roi laissa son armée à ses généraux, et partit avec Monsieur pour retourner à Versailles, où, à peine arrivés, Louvois qui le suivit eut la douleur d'apprendre la mort du maréchal de Rochefort, son ami, et le dépit de voir donner sa charge à M. le maréchal de Lorges.

Ce ministre n'étoit pas homme à pardonner, ni M. le maréchal de Lorges à se ployer à aucune recherche. Il demeura donc à faire sa charge auprès du roi. Il ne pouvoit se plaindre étant le dernier des maréchaux de France. La convenance du comte de Feversham, son frère, grand chambellan de la reine d'Angleterre, femme de Charles II, grand maître de la garde-robe, et capitaine des gardes du corps de ce prince, et alors du roi Jacques II, son frère et son successeur, et général de leurs armées, engagea le roi à envoyer M. le maréchal de Lorges complimenter le roi d'Angleterre Jacques II sur la victoire que le comte de Feversham venoit de remporter contre les rebelles, qui coûta la tête sur un échafaud au duc de Monmouth, bâtard de Charles II, qui n'aspiroit à rien moins qu'à la couronne d'Angleterre, dès lors l'objet des désirs et des espérances du prince d'Orange qui l'avoit poussé et aidé pour s'en préparer les voies à lui-même, dès cette année-là 1685. En 1688, M. le maréchal de Lorges, fait chevalier de l'ordre dans la grande promotion du dernier jour de cette année, eut le commandement en chef de Guyenne avec tous les appointements et l'autorité du gouverneur, jusqu'à ce que M. le comte de Toulouse qui l'étoit fût en âge. Les appointements lui demeurèrent jusqu'alors; mais à peine fut-il arrivé en Guyenne, qu'il fut rappelé pour le commandement de l'armée du Rhin, où il arriva comme Mayence venoit de se rendre.

Le dessein de Louvois n'étoit pas de terminer en peu de temps la guerre que son intérêt particulier venoit de rallumer, ni d'en procurer l'honneur à un général aussi peu à son gré que l'étoit M. le maréchal de Lorges. Aussi fut-ce en vain que celui-ci ne cessa de représenter l'impossibilité d'y parvenir par le côté de la Flandre, si coupé de rivières et si hérissé de places, et la facilité et l'utilité des progrès en portant le fort de la guerre de l'autre côté du Rhin, où les princes de l'empire se lasseroient bientôt de leurs pertes, et les alliés de voir les troupes du roi au milieu de l'Allemagne. Plus il avoit raison, moins étoit-il écouté. Louvois avoit tellement persuadé le roi de ne rien tenter en Allemagne, que ce même esprit régna après sa mort; on a vu sur l'année 1693 ce qu'il s'y passa en présence de Monseigneur, qui s'arrêta devant Heilbronn, après ses avantages que la facilité de celui-là auroit comblés en ouvrant l'Allemagne. Tout ce que le maréchal de Lorges employa fut inutile pour faire résoudre l'attaque de ce poste, et le désespoir qu'il ne put cacher de se voir arrêté en si beau chemin par l'avis de Beringhen, premier écuyer, et de Saint-Pouange, qui accompagnoient ce prince avec la confiance du roi auprès de lui. Ils n'osèrent se hasarder avec un général qui les auroit menés trop loin à leur gré, et qui l'année précédente avoit forcé par un combat le prince Louis de Bade à repasser le Rhin, l'y avoit suivi, défait et pris l'administrateur de Würtemberg, pris deux mille chevaux qui remontèrent sa cavalerie en partie, onze pièces de canon, Pfortzheim et quelques autres places, et qui fit ensuite lever au landgrave de Hesse le siége d'Eberbourg qu'il avoit formé depuis dix jours, et tout seul avec une armée plus foible que celle du prince Louis de Bade.

Ce général, qui pendant toute cette guerre commanda toujours l'armée opposée à celle de M. le maréchal de Lorges, avoit conçu pour lui tant d'estime, qu'ayant pris un courrier de son armée avec les lettres dont il étoit chargé pour la cour, il lui en renvoya un paquet après l'avoir lu, et avoit écrit dessus ces paroles si connues : *Ne sutor ultra crepidam.* M. le maréchal de Lorges, surpris au dernier point de cette unique suscription, demanda au trompette s'il n'apportoit rien autre, qui lui répondit n'avoir charge que de lui remettre ce paquet en main propre. A son ouverture il se trouva une lettre de La Fond, intendant de son armée, qui devoit tout ce qu'il étoit et avoit à M. de Duras et à lui, par laquelle il critiquoit toute la campagne, donnoit ses avis et se prétendoit bien meilleur général. Alors M. le maréchal de Lorges vit la raison de la suscription, et remercia le prince Louis comme ce service le méritoit. Il manda La Fond qu'il traita comme il devoit, envoya sa lettre et les réflexions qu'elle méritoit, et le fit révoquer honteusement. Cette aventure n'empêcha pas depuis que les avis de La Grange, successeur de La Fond, préférés aux raisons de M. le maréchal de Lorges, n'aient coûté le dégât de la basse Alsace, et n'aient pensé coûter pis, comme je l'ai raconté en son lieu, tant la plume a eu sous le roi d'avantage sur l'épée, jusque dans son métier et malgré les expériences.

J'aurois encore tant de grandes choses à dire de mon beau-père que ce seroit passer de trop loin les bornes d'une digression que je n'ai pu me refuser. On n'a point connu une plus belle âme ni un cœur plus grand ni meilleur que le sien, et cette vérité n'a point trouvé de contradicteurs. Jamais un plus honnête homme, plus droit, plus égal, plus uni, plus simple, plus aise de servir et d'obliger, et bien rarement aucun qui le fût autant. D'ailleurs la vérité et la candeur même, sans humeur, sans fiel, toujours prompt à pardonner, c'est encore ce dont personne n'a douté. Avec une énonciation peu heureuse et un esprit peu brillant et peu soucieux de l'être, c'étoit le plus grand sens d'homme, et le plus droit qu'il fût possible, et qui, avec une hauteur naturelle qui ne se faisoit jamais sentir qu'à propos, mais que nulle considération aussi n'en pouvoit faire rien rabattre, dédaignoit les routes les plus utiles si elles n'étoient frayées par l'honneur le plus délicat et la vertu la plus épurée. Avec la plus fine valeur et la plus tranquille, ses vues étoient vastes, ses projets concertés et démontrés; une facilité extrême à manier des troupes, l'art de prendre ses sûretés partout, sans jamais les fatiguer, le choix exquis des postes, et toute la prévoyance et la combinaison de ses mouvements avec ses subsistances. Jamais avec lui de gardes superflues, de marches embarrassées ou inutiles, d'ordres confus. Il avoit la science de se savoir déployer avec justesse, et celle des précautions sans fatiguer ses troupes, qui achevoient toujours sous lui leurs campagnes en bon état. J'ai ouï dire merveilles, à ceux qui l'ont vu dans les actions, du flegme sans lenteur dans ses dispositions, de la justesse de son coup d'œil, et de sa diligence à se porter et à remédier à tout, et à profiter de ce qui auroit échappé à d'autres généraux.

Plus jaloux de la gloire d'autrui que de la sienne, il la donnoit tout entière à qui la méritoit, et sauvoit les fautes avec une bonté paternelle. Aussi étoit-il adoré, dans les armées, des troupes et des officiers généraux et particuliers, dont la confiance en lui étoit parfaite par estime. Sa compagnie des gardes avoit pour lui le même amour. Mais ce qui est bien rare, c'est que la cour si jalouse, et où chacun est si personnel, ne le chérissoit pas moins, et qu'excepté M. de Louvois, et encore sur le compte de M. de Turenne, il n'eut pas un ennemi, et s'acquit l'estime universelle jusqu'à une sorte de vénération. Rien n'étoit égal à sa tendresse et à sa douceur dans sa famille, et au réciproque dont il jouissoit. Il traita toujours en tout ses neveux comme ses enfants : il avoit beaucoup d'amis, et d'amis véritables; il sentoit tout le prix des gens et celui de l'amitié, parce que personne n'en étoit plus capable et n'avoit un meilleur discernement que lui; au reste, grand ennemi des fripons, leur fléau sans ménagement, et l'homme qui, avec le plus de simplicité et de modestie, conservoit le plus de dignité et s'attiroit le plus de considération et de respect. Le roi même, qui l'aimoit, le ménageoit; il lui disoit sans détour toutes les vérités que ses emplois l'obligeoient à ne lui point dissimuler, et il en étoit cru par l'opinion générale de sa vérité. Avec le respect qu'il devoit au roi, il étoit hardi à rompre pour les malheureux ou pour la justice des glaces qui auroient fait peur aux plus favorisés, et plus d'une fois il a forcé le roi à se rendre, même contre son goût. Dans sa pauvreté, et depuis à la tête des armées, son désintéressement fut sans pareil, et les sauvegardes dont, au moins en pays ennemi et qui les demande, les généraux croient pouvoir profiter, jamais il n'en souilla ses mains : il avoit, disoit-il, appris cette leçon de M. de Turenne.

Tous les Bouillon lui étoient singulièrement chers à cause

de leur oncle, et, jusqu'au colonel général de la cavalerie[1] ; il l'avoit tant qu'il pouvoit dans son armée, et lui témoignoit toutes sortes de prédilections. Partout il vivoit non-seulement avec toute sorte de magnificence, mais avec splendeur, sans intéresser en rien sa modestie et sa simplicité naturelle ; aussi jamais homme si aimable dans le commerce, si égal, si sûr, si aise d'y mettre tout le monde, ni plus honnêtement gai ; aussi jamais homme si tendrement, si généralement, si amèrement ni si longuement regretté.

## CHAPITRE III.

Mort de la duchesse de Gesvres. — Trianon. — Retour de Fontainebleau. — Mort du comte de Noailles. — Succès des alliés en Flandre. — Marlborough pris et ignoramment relâché. — Vendôme court la même fortune. — Prince d'Harcourt salue enfin le roi. — Sa vie et son caractère, et de sa femme. — Retour brillant du maréchal de Villeroy après une dure captivité ; sa lourde et vaine méprise ; est déclaré général de l'armée en Flandre. — Mort du chevalier de Lorraine — Retour et opération du comte d'Estrées. — Comte d'Albert, Pertuis et Conflans sortent de prison. — Charmois et du Héron chassés de Ratisbonne et de Pologne. — Catinat retiré ne sert plus. — Mgr le duc de Bourgogne entre dans tous les conseils. — Ubilla assis au conseil. — Régiments des gardes espagnole et wallone. — Orry et sa fortune. — Marsin de retour. — Dispute entre le chancelier et les évêques pour le privilége de leurs ouvrages

---

1. Le colonel général de la cavalerie légère était Frédéric-Maurice de La Tour, comte d'Auvergne, fils du duc de Bouillon et neveu de Turenne. Cette phrase a été altérée par les anciens éditeurs qui ont cru devoir ajouter le mot *régiment*. Voici le texte qu'ils ont substitué à celui du manuscrit : « Tous les Bouillon lui étoient singulièrement chers à cause de *son* oncle, et jusqu'au régiment; colonel général de la cavalerie, il l'avoit tant qu'il pouvoit dans son armée, » etc. On a supposé que c'était le maréchal de Lorges qui était colonel général de la cavalerie et qu'il avait dans son armée un prétendu régiment de Bouillon, dont ne parle pas Saint-Simon.

doctrinaux. — Chamilly de retour de Danemark; sa fâcheuse méprise; celle de d'Avaux. — Mort du cardinal Cantelmi; du duc d'Albemarle; de Champflour, évêque de la Rochelle; de Brillac, premier président du parlement de Bretagne. — Mariage du duc de Lorges avec la troisième fille de Chamillart. — Mon intime liaison avec Chamillart, qui me demande instamment mon amitié.

La duchesse de Gesvres mourut dans le même temps, séparée d'un mari fléau de toute sa famille, et qui lui avoit mangé des millions. Son nom étoit du Val. Elle étoit fille unique de Fontenay-Mareuil, ambassadeur de France à Rome, du temps de l'entreprise du duc de Guise à Naples. C'étoit une espèce de fée, grande et maigre, qui marchoit comme ces grands oiseaux qu'on appelle des demoiselles de Numidie. Elle venoit quelquefois à la cour; et avec du singulier et l'air de la famine où son mari l'avoit réduite, elle avoit beaucoup de vertu, d'esprit, et de la dignité. Je me souviens qu'un été que le roi s'étoit mis à aller fort souvent les soirs à Trianon, et qu'une fois pour toutes il avoit permis à toute la cour de l'y suivre, hommes et femmes, il y avoit une grande collation pour les princesses ses filles, qui y menoient leurs amies, et où les autres femmes alloient aussi quand elles vouloient. Il prit en gré un jour à la duchesse de Gesvres d'aller à Trianon et d'y faire collation. Son âge, sa rareté à la cour, son accoutrement et sa figure excitèrent ces princesses à se moquer tout bas d'elle avec leurs favorites. Elle s'en aperçut, et, sans s'en embarrasser, leur donna leur fait si sec et si serré, qu'elle les fit taire et leur fit baisser les yeux. Ce ne fut pas tout : après la collation elle s'expliqua si librement mais si plaisamment sur leur compte, que la peur leur en prit au point qu'elles lui firent faire des excuses, et tout franchement demander quartier. Mme de Gesvres voulut bien le leur accorder, mais leur fit dire que ce n'étoit qu'à condition qu'elles apprendroient à vivre. Oncques depuis elles n'osèrent la regarder entre deux yeux. Rien n'étoit si magnifique que ces soirées de

Trianon. Tous les parterres changeoient tous les jours de compartiments de fleurs, et j'ai vu le roi et toute la cour les quitter à force de tubéreuses, dont l'odeur embaumoit l'air, mais étoit si forte par leur quantité, que personne ne put tenir dans le jardin, quoique très-vaste et en terrasse sur un bras du canal.

Le roi revint de Fontainebleau le 26 octobre et coucha à Villeroy, où il parut prendre part comme à sa propre maison et parla fort du maréchal de Villeroy avec beaucoup d'amitié. Il apprit en arrivant à Versailles la mort du second fils du duc de Noailles, d'un coup de mousquet dans la tête, se promenant près Strasbourg, au bord du Rhin, qui lui fut tiré de l'autre côté à balle perdue, et qui étoit dans le régiment de son frère. Il sut en même temps que la citadelle de Liége avoit été emportée d'assaut, le gouverneur et la garnison prisonniers; que la Chartreuse, que nous tenions bien fortifiée, ne tarda pas à suivre, et que son armée fort affoiblie par les détachements pour le Rhin se retiroit derrière les lignes, hors d'état de tenir la campagne, qui finit de la sorte. M. de Marlborough, en séparant la sienne, se mit sur la Meuse avec M. d'Obdam, lieutenant général des Hollandois, et M. de Galde-Mersheim, un des députés des États généraux à l'armée des alliés. Chemin faisant, un parti de Gueldres vint sur le bord de l'eau, et, à coups de fusil, les obligea d'aborder. La capture étoit belle, mais le sot partisan se contenta du passe-port qu'avoit le député, qui fit passer Marlborough pour son écuyer et Obdam pour son secrétaire, et les laissa aller. M. de Vendôme ne l'avoit pas échappé moins belle avant l'arrivée du roi d'Espagne. Il s'étoit mis dans une cassine un peu éloignée de son camp, couverte d'un petit naviglio. On eut beau lui représenter qu'il n'y étoit pas en sûreté; tout ce qu'on put obtenir fut qu'il ajouteroit une vingtaine de grenadiers à sa garde; il étoit temps. La nuit même un détachement des ennemis vint pour l'enlever, et, sans les grenadiers, qui tinrent ferme et donnèrent le temps à ce qui étoit le plus à portée d'accourir au bruit des coups de fusil, il étoit pris. Sa campagne finit aussi au commencement de novembre. Il décampa enfin le premier de Luzzara, et le prince Eugène, qui n'inquiéta point sa retraite, en décampa aussi le lendemain, et tous deux prirent leurs quartiers d'hiver et les avantages qu'ils purent.

Le prince d'Harcourt eut enfin permission de faire la révérence au roi, au bout de dix-sept ans qu'il ne s'étoit présenté devant lui. Il avoit suivi le roi en toutes ses conquêtes des Pays-Bas et de la Franche-Comté, mais il étoit demeuré peu à la cour depuis son voyage d'Espagne, où on a vu, ci-devant, que lui et sa femme avoient conduit la fille de Monsieur au roi Charles II, son époux. Le prince d'Harcourt se mit au service des Vénitiens, se distingua en Morée, et ne revint qu'à la paix de cette république avec les Turcs. C'étoit un grand homme, bien fait, qui, avec l'air noble et de l'esprit, avoit tout à fait celui d'un comédien de campagne. Grand menteur, grand libertin d'esprit et de corps, grand dépensier en tout, grand escroc avec effronterie, et d'une crapule obscure qui l'anéantit toute sa vie. Après avoir longtemps voltigé après son retour, et ne pouvant vivre avec sa femme, en quoi il n'avoit pas grand tort, ni s'accommoder de la cour ni de Paris, il se fixa à Lyon avec du vin, des maîtresses du coin des rues, une compagnie à l'avenant, une meute, et un jeu pour soutenir sa dépense et vivre aux dépens des dupes, des sots et des fils de gros marchands qu'il attiroit dans ses filets. Il y tiroit toute la considération que lui pouvoit donner là le maréchal de Villeroy par rapport à M. le Grand, et il y passa de la sorte grand nombre d'années, sans imaginer qu'il y eût en ce monde une autre ville ni un autre pays que Lyon. A la fin il s'en lassa et revint à Paris. Le roi, qui le méprisoit, le laissoit faire, mais ne voulut pas le voir; et ce ne fut qu'au bout de deux mois d'instances, et de pardons [demandés] pour lui [de la part] de tous les Lorrains[1], qu'il lui permit enfin en ce temps-ci de le venir saluer.

Sa femme, qui étoit de tous les voyages, favorite de Mme de Maintenon, par la forte et sale raison qu'on en a vue ailleurs, échoua pour lui sur Marly, où tous les maris alloient de droit, et sans être nommés dès que leurs femmes l'étoient. Elle s'abstint d'y aller, espérant que, pour continuer à l'y avoir, Mme de Maintenon obtiendroit la grâce entière. Elle s'y trompa ; Mme de Maintenon, qui se faisoit un devoir de la protéger en tout, ne laissoit pas d'en être souvent importunée, et de s'en passer fort bien. La peur qu'elle ne s'en passât tout à fait la fit bientôt retourner seule à Marly ; et le roi tint bon à n'y jamais admettre le prince d'Harcourt ; cela le ralentit sur la cour ; mais il retourna peu en province et se cantonna enfin en Lorraine.

Cette princesse d'Harcourt fut une sorte de personnage qu'il est bon de faire connoître, pour faire connoître plus particulièrement une cour qui ne laissoit pas d'en recevoir de pareils. Elle avoit été fort belle et galante ; quoiqu'elle ne fût pas vieille, les grâces et la beauté s'étoient tournées en gratte-cul. C'étoit alors une grande et grosse créature, fort allante, couleur de soupe au lait, avec de grosses et vilaines lippes, et des cheveux de filasse toujours sortants et traînants comme tout son habillement. Sale, malpropre, toujours intriguant, prétendant, entreprenant, toujours querellant et toujours basse comme l'herbe, ou sur l'arc-en-ciel, selon ceux à qui elle avoit affaire ; c'étoit une furie blonde, et de plus une harpie ; elle en avoit l'effronterie, la méchanceté, la fourbe et la violence ; elle en avoit l'avarice et l'avidité ; elle en avoit encore la gourmandise et la

---

1. Le texte du manuscrit a été exactement reproduit. Les anciens éditeurs ont modifié ainsi la phrase : « Ce ne fut qu'au bout de deux mois d'instances et de pardons *de tous ses larcins.* » Saint-Simon. toujours mal disposé pour les Lorrains, n'a pas manqué de rappeler que Harcourt était de leur maison et que ce fut à leurs instantes sollicitations qu'il dut son retour.

promptitude à s'en soulager, et mettoit au désespoir ceux chez qui elle alloit dîner, parce qu'elle ne se faisoit faute de ses commodités au sortir de table, qu'assez souvent elle n'avoit pas loisir de gagner, et salissoit le chemin d'une effroyable traînée, qui l'ont mainte fois fait donner au diable par les gens de Mme du Maine et de M. le Grand. Elle ne s'en embarrassoit pas le moins du monde, troussoit ses jupes et alloit son chemin, puis revenoit disant qu'elle s'étoit trouvée mal : on y étoit accoutumé.

Elle faisoit des affaires à toutes mains, et couroit autant pour cent francs que pour cent mille ; les contrôleurs généraux ne s'en défaisoient pas aisément ; et, tant qu'elle pouvoit, trompoit les gens d'affaires pour en tirer davantage. Sa hardiesse à voler au jeu étoit inconcevable, et cela ouvertement. On l'y surprenoit, elle chantoit pouille et empochoit ; et comme il n'en étoit jamais autre chose, on la regardoit comme une harengère avec qui on ne vouloit pas se commettre, et cela en plein salon de Marly, au lansquenet, en présence de Mgr et de Mme la duchesse de Bourgogne. A d'autres jeux, comme l'hombre, etc., on l'évitoit, mais cela ne se pouvoit pas toujours ; et comme elle y voloit aussi tant qu'elle pouvoit, elle ne manquoit jamais de dire à la fin des parties qu'elle donnoit ce qui pouvoit n'avoir pas été de bon jeu et demandoit aussi qu'on le lui donnât, et s'en assuroit sans qu'on lui répondît. C'est qu'elle étoit grande dévote de profession et comptoit de mettre ainsi sa conscience en sûreté, parce que, ajoutoit-elle, dans le jeu il y a toujours quelque méprise. Elle alloit à toutes les dévotions et communioit incessamment, fort ordinairement après avoir joué jusqu'à quatre heures du matin.

Un jour de grande fête à Fontainebleau, que le maréchal de Villeroy étoit en quartier, elle alla voir la maréchale de Villeroy entre vêpres et le salut. De malice, la maréchale lui proposa de jouer, pour lui faire manquer le salut.

L'autre s'en défendit, et dit enfin que Mme de Maintenon y devoit aller. La maréchale insiste, et dit que cela étoit plaisant, comme si Mme de Maintenon pouvoit voir et remarquer tout ce qui seroit ou ne seroit pas à la chapalle. Les voilà au jeu. Au sortir du salut, Mme de Maintenon, qui presque jamais n'alloit nulle part, s'avise d'aller voir la maréchale de Villeroy, devant l'appartement de qui elle passoit au pied de son degré. On ouvre la porte et on l'annonce; voilà un coup de foudre pour la princesse d'Harcourt. « Je suis perdue, s'écria-t-elle de toute sa force, car elle ne pouvoit se retenir; elle me va voir jouant, au lieu d'être au salut, » laisse tomber ses cartes, et soi-même dans son fauteuil tout éperdue. La maréchale rioit de tout son cœur d'une aventure si complète. Mme de Maintenon entre lentement, et les trouve en cet état avec cinq ou six personnes. La maréchale de Villeroy, qui avoit infiniment d'esprit, lui dit qu'avec l'honneur qu'elle lui faisoit, elle causoit un grand désordre; et lui montre la princesse d'Harcourt en désarroi. Mme de Maintenon sourit avec une majestueuse bonté, et s'adressant à la princesse d'Harcourt : « Est-ce comme cela, lui dit-elle, madame, que vous allez au salut aujourd'hui? » Là-dessus la princesse d'Harcourt sort en furie de son espèce de pâmoison; dit que voilà des tours qu'on lui fait, qu'apparemment Mme la maréchale de Villeroy se doutoit bien de la visite de Mme de Maintenon, et que c'est pour cela qu'elle l'a persécutée de jouer, pour lui faire manquer le salut. « Persécutée! répondit la maréchale, j'ai cru ne pouvoir vous mieux recevoir qu'en vous proposant un jeu; il est vrai que vous avez été un moment en peine de n'être point vue au salut, mais le goût l'a emporté. Voilà, madame, s'adressant à Mme de Maintenon, tout mon crime, » et de rire tous, plus fort qu'auparavant. Mme de Maintenon, pour faire cesser la querelle, voulut qu'elles continuassent de jouer; la princesse d'Harcourt, grommelant toujours, et toujours éperdue, ne savoit ce qu'elle faisoit, et la furie redoubloit de ses fautes. Enfin, ce fut une farce qui divertit toute la cour plusieurs jours, car cette belle princesse étoit également crainte, haïe et méprisée.

Mgr [le duc] et Mme la duchesse de Bourgogne lui faisoient des espiègleries continuelles. Ils firent mettre un jour des pétards tout du long de l'allée qui, du château de Marly, va à la perspective, où elle logeoit. Elle craignoit horriblement tout. On attira deux porteurs pour se présenter à la porter lorsqu'elle voulut s'en aller. Comme elle fut vers le milieu de l'allée, tout le salon à la porte pour voir le spectacle; les pétards commencèrent à jouer, elle à crier miséricorde, et les porteurs à la mettre à terre et à s'enfuir. Elle se débattoit dans cette chaise, de rage à la renverser, et crioit comme un démon. La compagnie accourut pour s'en donner le plaisir de plus près, et l'entendre chanter pouille à tout ce qui s'en approchoit, à commencer par Mgr [le duc] et Mme la duchesse de Bourgogne. Une autre fois ce prince lui accommoda un pétard sous son siége, dans le salon où elle jouoit au piquet. Comme il y alloit mettre le feu, quelque âme charitable l'avisa que ce pétard l'estropieroit, et l'empêcha.

Quelquefois ils lui faisoient entrer une vingtaine de Suisses avec des tambours dans sa chambre, qui l'éveilloient dans son premier somme avec ce tintamarre. Une autre fois, et ces scènes étoient toujours à Marly, on attendit fort tard qu'elle fût couchée et endormie. Elle logeoit ce voyage-là dans le château, assez près du capitaine des gardes en quartier qui étoit lors M. le maréchal de Lorges. Il avoit fort neigé et il geloit; Mme la duchesse de Bourgogne et sa suite prirent de la neige sur la terrasse qui est autour du haut du salon, et de plain-pied à ces logements hauts, et, pour s'en mieux fournir, éveillèrent les gens du maréchal, qui ne les laissèrent pas manquer de pelotes; puis, avec un passe-partout et des bougies, se glissent doucement dans la chambre de la princesse d'Harcourt, et, tirant tout d'un coup les rideaux, l'accablent de pelotes de neige. Cette sale créature au lit, éveillée en sursaut, froissée et noyée de neige sur les oreilles et partout, échevelée, criant à pleine tête, et remuant comme une anguille, sans savoir où se fourrer, fut un spectacle qui les divertit plus d'une demi-heure, en sorte que la nymphe nageoit dans son lit, d'où l'eau découlant de partout noyoit toute la chambre. Il y avoit de quoi la faire crever. Le lendemain elle bouda; on s'en moqua d'elle encore mieux.

Ces bouderies lui arrivoient quelquefois, ou quand les pièces étoient trop fortes, ou quand M. le Grand l'avoit malmenée. Il trouvoit avec raison qu'une personne qui portoit le nom de Lorraine ne se devoit pas mettre sur ce pied de bouffonne; et comme il étoit brutal, il lui disoit quelquefois en pleine table les dernières horreurs, et la princesse d'Harcourt se mettoit à pleurer, puis rageoit et boudoit. Mme la duchesse de Bourgogne faisoit alors semblant de bouder aussi, et s'en divertissoit. L'autre n'y tenoit pas longtemps, elle venoit ramper aux reproches, qu'elle n'avoit plus de bontés pour elle, et en venoit jusqu'à pleurer, demander pardon d'avoir boudé, et prier qu'on ne cessât plus de s'amuser avec elle. Quand on l'avoit bien fait craqueter, Mme la duchesse de Bourgogne se laissoit toucher; c'étoit pour lui faire pis qu'auparavant; tout étoit bon de Mme la duchesse de Bourgogne auprès du roi et de Mme de Maintenon, et la princesse d'Harcourt n'avoit point de ressource; elle n'osoit même se prendre à aucunes de celles qui aidoient à la tourmenter, mais d'ailleurs il n'eût pas fait bon la fâcher.

Elle payoit mal ou point ses gens, qui un beau jour de concert l'arrêtèrent sur le pont Neuf. Le cocher descendit et les laquais, qui lui vinrent dire mots nouveaux à sa portière. Son écuyer et sa femme de chambre l'ouvrirent, et tous ensemble s'en allèrent et la laissèrent devenir ce qu'elle pourroit. Elle se mit à haranguer ce qui s'étoit amassé là de canaille, et fut trop heureuse de trouver un cocher de louage, qui monta sur son siége et la mena chez elle. Une autre fois, Mme de Saint-Simon, revenant dans sa chaise de la messe aux Récollets, à Versailles, rencontra la princesse d'Harcourt à pied dans la rue, seule, en grand habit, tenant sa queue dans ses bras. Mme de Saint-Simon arrêta, et lui offrit secours : c'est que tous ses gens l'avoient abandonnée, et lui avoient fait le second tome du pont Neuf, et pendant leur désertion dans la rue, ceux qui étoient restés chez elle s'en étoient allés; elle les battoit, et étoit forte et violente, et changeoit de domestique tous les jours.

Elle prit, entre autres, une femme de chambre forte et robuste, à qui, dès les premières journées, elle distribua force tapes et soufflets. La femme de chambre ne dit mot, et comme il ne lui étoit rien dû, n'étant entrée que depuis cinq ou six jours, elle donna le mot aux autres, de qui elle avoit su l'air de la maison, et un matin qu'elle étoit seule dans la chambre de la princesse d'Harcourt, et qu'elle avoit envoyé son paquet dehors, elle ferme la porte en dedans sans qu'elle s'en aperçût; répond à se faire battre, comme elle l'avoit déjà été, et au premier soufflet, saute sur la princesse d'Harcourt, lui donne cent soufflets et autant de coups de poing et de pied, la terrasse, la meurtrit depuis les pieds jusqu'à la tête, et quand elle l'a bien battue à son aise et à son plaisir, la laisse à terre toute déchirée, et tout échevelée, hurlant à pleine tête, ouvre la porte, la ferme dehors à double tour, gagne le degré, et sort de la maison.

C'étoit tous les jours des combats et des aventures nouvelles. Ses voisines à Marly disoient qu'elles ne pouvoient dormir au tapage de toutes les nuits, et je me souviens qu'après une de ces scènes tout le monde alloit voir la chambre de la duchesse de Villeroy et celle de Mme d'Espinoy, qui avoient mis leur lit tout au milieu, et qui contoient leurs veilles à tout le monde. Telle étoit cette favorite de Mme de Maintenon, si insolente et si insupportable à tout le monde, et qui avec cela, pour ce qui la regardoit, avoit toute faveur et préférence, et qui, en affaires de finances et en fils de famille et autres gens qu'elle a ruinés, avoit gagné des trésors et se faisoit craindre à la cour et ménager jusque par les princesses et les ministres. Reprenons le sérieux.

C'étoit à la reine d'Angleterre à qui le maréchal de Villeroy étoit redevable de sa liberté sans rançon et de la permission enfin de n'être pas conduit à son retour par l'armée du prince Eugène. M. de Modène, frère de la reine d'Angleterre, et fort bien avec l'empereur, l'avoit obtenu; il ne se peut rien ajouter aux étranges traitements que les Allemands se plurent de faire essuyer au maréchal et pendant sa prison, et par les chemins, et à Gratz, capitale de Styrie, où ils le confinèrent. La populace accabla sa maison de pierres à la nouvelle du combat de Luzzara. Ils lui firent accroire qu'ils y avoient eu une pleine victoire, et que nous y avions perdu une infinité de gens de marque qu'ils lui nommèrent. Ils eurent la cruauté de le laisser un mois dans le doute sur son fils. Il voulut aussi prendre de grands airs à Gratz, qui ne lui réussirent pas. Le chemin de son retour fut par Venise et par Milan, où il s'arrêta avec le cardinal d'Estrées, et il y vit le roi d'Espagne, il passa par l'armée d'Italie qu'il avoit commandée, et arriva à Versailles le 14 novembre.

Rien n'est égal à la manière dont le roi le reçut et le traita, d'abord chez Mme de Maintenon, puis en public. Cette faveur alla jusqu'à lui parler d'affaires d'État, et à lui en faire communiquer quelques dépêches par Torcy. Le chevalier de Lorraine, son ami intime dès leur jeunesse, et ami de galanteries, d'intrigues, d'affaires, et d'alliance proche par M. le Grand, et qui avoit infiniment d'esprit et de connoissance du roi et de la cour, lui conseilla d'abdiquer le commandement des armées, où il n'étoit pas heureux, et de suivre ce rayon de faveur si singulier pour essayer d'entrer dans le conseil. Le chevalier de Lorraine, homme de grandes vues, n'auroit pas été fâché sans doute d'y avoir un ami de peu de lumières, accoutumé à n'avoir point de secret pour lui et à s'en laisser conduire en beaucoup de choses. Il fit tout ce qu'il put pour le persuader qu'établi aussi complétement qu'il étoit, ce seroit mettre un comble solide à sa fortune, auquel nul autre portant épée n'étoit parvenu de ce règne, que le duc de Beauvilliers. Le maréchal en convint, il lui avoua même qu'à ce qui se passoit du roi à lui, il pouvoit se flatter que d'être admis au conseil ne seroit pas une grâce difficile; mais il soutint que quitter le commandement des armées sur les malheurs qui lui étoient arrivés, ce seroit se déshonorer.

Un homme de peu d'esprit et de sens, et qui se croit beaucoup de l'un et de l'autre, s'entête aisément. Jamais le chevalier de Lorraine ne put le tirer de ce faux raisonnement. Il ne mit guère à se repentir de n'avoir pas suivi un conseil si salutaire. Il fut peu de jours après déclaré général de l'armée de Flandre; mais le chevalier de Lorraine n'en vit pas le triste succès. Il avoit eu une légère attaque d'apoplexie pendant Fontainebleau. Il n'en avoit pas quitté sa vie ordinaire. Jouant à l'hombre dans son appartement du Palais-Royal, après son dîner, le 7 décembre, il lui en prit une seconde, et perdit en même temps connoissance ; il en mourut vingt-quatre heures après, sans que la connoissance lui fût revenue, n'ayant pas encore soixante ans. Il étoit lieutenant général, et avoit servi sous le roi à toutes ses conquêtes. Monsieur lui avoit donné les abbayes de Saint-Benoît-sur-Loire, Saint-Père en Vallée à Chartres, de la Trinité de Tiron et de Saint-Jean des Vignes à Soissons. Il les garda toute sa vie; et outre ce qu'il avoit tiré de Monsieur, qui étoit immense, il avoit de grosses pensions du roi, et souvent des gratifications très-considérables. Peu de gens le regrettèrent, excepté Mlle de Lislebonne qu'on croyoit qu'il avoit épousée secrètement depuis longtemps. J'ai assez parlé ailleurs de ces personnages, pour n'avoir rien à y ajouter.

Le comte d'Estrées arriva de Toulon et s'arrêta à Essonne, où toute sa famille l'alla trouver. Ce fut, au retour, force plaisanteries à sa femme; il fut rapporté à peine à Paris, où peu de jours après, c'est-à-dire le 23 novembre, on lui fit une grande opération qu'on n'expliqua point, mais qu'on prétendit qui l'empêcheroit d'avoir des enfants. Son beau-frère, le duc de Guiche, obtint en même temps pour une confiscation de vingt mille livres de rente sur les biens des Hollandois en Poitou. Lui et sa femme, qui étoient mal dans leurs affaires, étoient continuellement à l'affût d'en faire, et les contrôleurs généraux avoient ordre de ne leur en refuser aucune possible, ni à la maréchale de Noailles. Il est incroyable tout ce qu'ils en firent.

Le roi permit aussi en même temps au comte d'Albert de sortir de la Conciergerie, où il étoit depuis deux ans, quoique le parlement l'eût absous du duel dont il étoit accusé; mais il demeura cassé. Pertuis, en prison aussi depuis neuf ans, et le marquis de Conflans aussi, pour s'être aussi battus, en sortirent de même, mais sans rentrer dans le service.

Chamois, envoyé du roi à Ratisbonne, en avoit été chassé fort brusquement, il y avoit trois mois. Du Héron, envoyé du roi en Pologne, fut traité de même en ce temps-ci; et Boneu, envoyé du roi près du roi de Suède, passant pays sur la foi de son caractère, fut enlevé par les Polonois. On arrêta à Paris tous ceux de cette nation et tous les Saxons qui s'y trouvèrent; et, pour s'assurer mieux de la Lorraine, on occupa Nancy, au cuisant regret de M. et de Mme de Lorraine, qui s'en allèrent pour toujours à Lunéville d'où ils ne sont plus revenus à Nancy. Le maréchal Catinat, qui ne venoit presque point à la cour, et des moments, eut une audience du roi dans son cabinet, à l'issue de son lever, courte et honnête, et de la part du maréchal fort froide et réservée, après laquelle on sut qu'il ne serviroit plus.

Le lundi 4 décembre, au sortir du conseil de dépêches, où étoit Mgr le duc de Bourgogne, le roi lui dit qu'il lui donnoit l'entrée du conseil des finances et même du conseil d'État, qu'il comptoit qu'il y écouteroit et s'y formeroit quelque temps sans opiner, et qu'après cela il seroit bien aise qu'il entrât dans tout. Ce prince s'y attendoit d'autant moins, que Monseigneur n'y étoit entré que beaucoup plus tard, et fut fort touché de cet honneur. Mme de Maintenon, par amitié pour Mme la duchesse de Bourgogne, y eut grand'part, ainsi que le témoignage que rendit le duc de Beauvilliers de la maturité et de l'application de ce jeune prince. Mme la duchesse de Bourgogne parut transportée de joie, et M. de Beauvilliers en fut ravi.

Parlant des conseils, il arriva un notable changement au cérémonial de celui d'Espagne. Les conseillers d'État, c'est-à-dire les ministres à notre façon de parler, y sont assis devant le roi, mais le secrétaire des dépêches universelles qui y rapporte toutes les affaires y est toujours debout au bas bout de la table ou à son choix à genoux sur un carreau. Je ne sais si par similitude cela déplut à nos secrétaires d'État, qui pourtant ne se sont jamais assis du vivant du roi au conseil des dépêches en présence des ministres assis, qui ne sont jamais entrés dans les autres conseils que lorsqu'ils ont été ministres, et qui, bien que ministres, sont demeurés debout en celui des dépêches, ou si le roi le fit de son mouvement en considération des services qu'Ubilla, secrétaire des dépêches universelles, avoit rendus si essentiellement lors du testament du roi Charles II; quoi qu'il en soit, ce fut à la recommandation du roi que le roi d'Espagne, en arrivant à Madrid avec le cardinal d'Estrées, qui entra dans le conseil, y fit asseoir Rivas au bout de la table. Cette grâce fit quelque rumeur, comme font les nouveautés dans un pays qui les abhorre, mais elle passa, et Rivas eut un titre de Castille, et s'appela le marquis de Rivas; mais ces titres ne donnent rien ou comme rien. Une autre nouveauté fit bien plus de fracas. Le roi d'Espagne, sous prétexte des gardes que la reine son épouse avoit pris sur la fin de sa régence à propos de ces bruits dont elle s'étoit effrayée la nuit auprès de son appartement, déclara qu'il vouloit avoir deux régiments des gardes sur le modèle entièrement, pour le nombre et le service, de ceux de France; le premier, d'Espagnols, et le second, de Flamands ou Wallons que Mme des Ursins fit donner au duc d'Havré, dont elle avoit connu la mère à Paris, qui étoit demeurée fort de ses amies. Ils furent levés, formés et entrèrent en service fort promptement. Le marquis de Custanaga, gouverneur des Pays-Bas sous Charles II, et qui depuis étoit demeuré en considération en Espagne, et s'étoit fort bien conduit à l'avénement de Philippe V, eut le régiment des gardes espagnoles, mais il mourut avant qu'il fût en état de servir.

Orry fut en même temps renvoyé en Espagne. C'étoit une manière de sourdaud de beaucoup d'esprit, de la lie du peuple, et qui avoit fait toutes sortes de métiers pour vivre, puis pour gagner. D'abord rat de cave, puis homme d'affaires de la duchesse de Portsmouth qui le trouva en friponnerie et le chassa. Retourné à son premier métier, il s'y fit connoître des gros financiers, qui lui donnèrent diverses commissions dont il s'acquitta à leur gré, et qui le firent percer jusqu'à Chamillart. On eut envie de savoir plus distinctement ce que c'étoit que la consistance et la gestion des finances d'Espagne; on n'y voulut envoyer qu'un homme obscur, qui n'effarouchât point ceux qui en étoient chargés, et qui eût pourtant assez d'insinuation pour s'introduire, et de lumière pour voir et en rendre bon compte. Orry fut proposé et choisi. Il étoit donc revenu depuis peu d'Espagne pour rendre compte de ce qu'il y avoit appris. Mme des Ursins qui, à l'appui de la régence de la reine dont elle avoit saisi les bonnes grâces au dernier point, avoit dès lors projeté de la faire entrer dans toutes les affaires, et de les gouverner, elle, par ce moyen. Orry lui fit sa cour; son esprit lui plut, elle le trouva obséquieux pour elle, et d'humeur à entreprendre sous ses auspices. C'étoit pour elle un moyen de mettre utilement le nez dans les finances que de l'y pousser; ils lièrent de valet à maîtresse, et en apporta ici les plus fortes recommandations. Chamillart, ravi qu'on se fût bien trouvé de son choix, l'appuya ici de toute sa faveur, et le fit renvoyer avec des commissions qui le firent compter. Nous le verrons devenir assez rapidement un principal personnage.

En ce même temps, Marsin, que le roi d'Espagne avoit mené jusqu'à Perpignan, arriva à Versailles au lever du roi, qui l'entretint dans son cabinet, et le soir deux heures chez Mme de Maintenon; il fut reçu à merveille : aussi n'avoit-il rien oublié pour se concilier tout ce qui le pouvoit servir. Desgranges, maître des cérémonies, avoit été au débarquement du roi d'Espagne à Marseille et l'avoit accompagné jusqu'à la frontière de Catalogne pour le faire servir et sa suite de tout ce qu'il pouvoit être nécessaire, et empêcher les cérémonies et les réceptions, dont il ne voulut aucune, et qui l'auroient fort importuné.

Il y avoit quelque temps qu'il se couvoit une querelle entre M. le chancelier et les évêques, lorsqu'une nouvelle dispute avec M. de Chartres la fit éclater tout à la fin de cette année. Les évêques, en possession de faire imprimer leurs mandements ordinaires pour la conduite et les besoins de leurs diocèses, les livres d'église, quelques catéchismes courts, à l'usage des enfants, sans pemission et de leur propre autorité, voulurent profiter du double zèle du roi contre le jansénisme et le quiétisme, et se donner peu à peu l'autorité de l'impression pour des livres de doctrine plus étendus sans avoir besoin de permission ni de privilége. Le chancelier ne s'accommoda pas de ces prétentions, ils se tiraillèrent quelque temps là-dessus : les évêques alléguant qu'étant juges de la foi, ils ne pouvoient être revus ni corrigés de personne dans leurs ouvrages de doctrine ni par conséquent avoir besoin de permission pour les faire imprimer : le chancelier maintenant son ancien droit, et que, sans prétendre s'en arroger aucun sur la doctrine, c'étoit à lui à empêcher que, sous ce prétexte, les disputes s'échauffassent jusqu'à troubler l'État; qu'il ne se glissât des sentiments qui, n'étant que particuliers, ne feroient que les aigrir; que la domination anciennement usurpée par les évêques, et sagement réduite à des bornes tolérables, ne vînt à se reproduire; enfin à veiller qu'il ne se glissât rien dans ces ouvrages de contraire aux libertés de l'Église gallicane.

Cette fermentation dura jusqu'à ce que M. de Meaux et M. de Chartres vinrent à y prendre une part personnelle pour leurs ouvrages prêts à être publiés contre M. Simon, savant inquiet, auteur d'une foule d'ouvrages ecclésiastiques, entre autres une traduction du Nouveau Testament avec des remarques littérales et critiques que M. le cardinal de Noailles et M. de Meaux condamnèrent par des instructions pastorales. Il se rebéqua par des remontrances. M. de Meaux et M. de Chartres écrivirent contre lui; et ce furent ces ouvrages qu'ils prétendirent soustraire à l'inspection et à l'autorité du chancelier, qui fit l'éclat couvé depuis assez longtemps. Avec cet appui les évêques haussèrent le ton, et prétendirent que c'étoit à eux, chacun dans son diocèse, à donner la permission d'imprimer les livres sur la religion, et non à d'autres à les examiner ni à en permettre ou défendre l'impression. L'affaire s'échauffa. Mme de Maintenon, de longue main assez peu contente du chancelier pour avoir été ravie de s'en défaire aux finances, et à la marine par les sceaux, gouvernée d'ailleurs tout à fait par M. de Chartres, et raccommodée avec M. de Meaux par l'affaire de M. de Cambrai, se déclara pour eux contre lui. Le roi, tout obsédé qu'il étoit par une partialité si puissante et par les jésuites, qui poussoient le P. de La Chaise contre le chancelier, qu'ils regardoient comme leur ennemi parce qu'il aimoit les règles et qu'il étoit exact et délicat sur toutes les matières de Rome, et n'oublioient rien pour lui donner auprès du roi l'odieux vernis de jansénisme; le roi, dis-je, ne laissoit pas d'être embarrassé. Le chancelier lui montroit la nouveauté de ces prétentions, et les prodigieux abus qui s'en pourroient faire dès que tout livre de religion dépendroit uniquement des évêques; le danger que l'ambition de ceux qui tourneroient leurs vues du côté de Rome pouvoit rendre très-redoutable, et celui de tout tirer comme autrefois à la religion, pour dominer indépendamment sur tout. Le roi craignit donc de juger une question qu'il eût tranchée d'un mot, mais qui auroit fâché les jésuites et mis Mme de Maintenon de mauvaise humeur. Il pria donc les parties de tâcher de s'accommoder à l'amiable, et il espéra qu'en les laissant à elles-mêmes, de guerre lasse enfin, elles prendroient ce parti dont il les pressoit toujours. En effet toutes deux désespérant d'une décision du roi, par conséquent d'emporter tout ce qu'elles prétendoient, prêtèrent l'oreille à un accommodement, dont le cardinal de Noailles, et MM. de Meaux et de Chartres se mêlèrent uniquement pour leur parti.

Les évêques avoient peut-être étendu leurs prétentions au delà de leurs espérances pour tirer davantage, et le chancelier, peiné de fatiguer le roi, et d'en voir retomber le dégoût sur soi, par l'adresse des jésuites et le manége de Mme de Maintenon, prit aussi son parti de finir la querelle en y laissant le moins qu'il pourroit du sien. Il fut donc enfin convenu que les évêques abandonneroient la prétention aussi nouvelle que monstrueuse d'avoir l'autorité privative à toute autre de permettre l'impression des livres concernant la religion, mais qu'ils les pourront censurer, ce qui ne leur étoit pas contesté, et qu'ils pourront faire imprimer sans permission les livres de religion dont ils seront les auteurs, article qui fit après une queue. Qu'à l'égard de leurs rituels, la matière des mariages sera soumise à l'examen et à l'autorité du chancelier par rapport à l'État. En particulier sur les ouvrages contre M. Simon, qu'il y seroit changé quelque chose que le chancelier n'approuvoit pas.

L'affaire finit ainsi; mais le venin demeura dans le cœur; les jésuites ni les évêques, par des vues différentes, ni Mme de Maintenon, à cause de son directeur, ne purent se consoler d'avoir manqué un si beau coup, ni le chancelier de leur voir emporter des choses si nouvelles et si dangereuses. C'est ce qui produisit depuis une lutte entre eux sur cet article des livres de religion que les évêques voudroient faire. Ils prétendirent que cette expression enveloppoit toute matière de doctrine. Le chancelier maintenoit qu'elle se bornoit à ce qu'on appelle livres de liturgie, missels, rituels et autres semblables; de décision il n'y en eut point; mais le chancelier, qui n'avoit rien à perdre du côté des jésuites ni à regagner de celui de Mme de Maintenon, et qui étoit maître de la librairie, en vint à bout par les menus, et tint ferme à ne rien laisser imprimer que sous l'examen et l'autorité ordinaire.

M. de Meaux vieillissoit, il aimoit la paix, il n'étoit point ennemi du chancelier. M. de Chartres, noyé dans Saint-Cyr, et toujours occupé dans l'intérieur du roi et de Mme de Maintenon, et dans la confidence entière de leur mariage, ne fit plus guère rien au dehors; et des autres évêques, il n'y en avoit point, ou bien peu, qui par leurs ouvrages fussent pour entretenir la dispute; mais de cette affaire le chancelier demeura essentiellement mal avec Mme de Maintenon qui, peu à peu, avec les jésuites l'éreintèrent auprès du roi, sans toutefois lui en pouvoir ôter ni l'estime ni un certain goût naturel qu'il avoit toujours eu pour lui, et que le dégoût de ce refroidissement empêcha le chancelier, aisé à dépiter, de cultiver et de ramener comme il lui auroit été aisé de faire pour peu qu'il en eût voulu prendre la peine, ainsi que cela parut depuis en plusieurs occasions qui se retrouveront dans la suite.

Chamilly, revenant de son ambassade de Danemark, salua

le roi à la fin de cette année, et ne fut pas bien reçu : il étoit fils d'un homme très-distingué à la guerre, et qui, s'il eût vécu, auroit été maréchal de France en 1675, et à qui le roi destinoit de loin une compagnie de ses gardes, et neveu de Chamilly que nous allons bientôt voir maréchal de France. Chamilly dont je parle étoit un très-grand et très-gros homme qui, avec beaucoup d'esprit, de grâce et de facilité à parler, et beaucoup de toutes sortes de lectures, se croyoit de tout cela le triple de ce qu'il en avoit, et le laissoit sentir. Il se rendit odieux au roi de Danemark et à ses ministres par ses grands airs et ses hauteurs, et des protections qu'il entreprit contre eux dans leur propre cour et jusque contre l'autorité du roi de Danemark ; mais ce qui le perdit dans l'esprit du roi fut la méprise d'un dessus de lettre à Torcy et à Barbezieux ; ce dernier, qui se croyoit de ses amis, ouvrit la lettre écrite à Torcy, y vit un portrait de soi et une espèce de parallèle si fâcheux, qu'il le perdit auprès du roi si radicalement, qu'après la mort de Barbezieux même, l'impression ne s'en put jamais effacer. Pareille aventure étoit arrivée à d'Avaux avec les deux mêmes, leur écrivant d'Irlande où il étoit auprès du roi d'Angleterre, dont il eut toutes les peines du monde à se relever. Il ne s'en releva même jamais parfaitement, mais il n'en fut pas perdu comme l'autre, parce qu'il n'étoit pas homme de guerre, et que Croissy à qui il avoit écrit, et Torcy depuis, le soutinrent et le firent renvoyer en d'autres ambassades. On ne sauroit croire le nombre et le mal de pareilles méprises.

En cette même fin d'année, trois bagatelles qui devinrent trois époques qui se retrouveront : la mort du cardinal Cantelmi, archevêque de Naples, frère du duc de Popoli ; [de] Brillac, conseiller au parlement de Paris, fait premier président du parlement de Bretagne, et surtout [de] Chamflour, nommé à l'évêché de la Rochelle. Une autre mort, qui ne vaut pas la peine d'être comptée, arrivée en même temps, fut celle du duc d'Albemarle, bâtard du roi d'Angleterre

Jacques II, en Languedoc, où il étoit allé tâcher de se guérir. Sa naissance, si au goût du roi, l'avoit fait, tout jeune, lieutenant général des armées navales. M. et Mme du Maine en faisoient comme de leur frère, et toutefois l'avoient marié à la fille de Lussan, premier gentilhomme de la chambre de M. le Prince, et de Mme de Lussan, dame d'honneur de Mme la Princesse, qui n'avoit rien, et n'en eut pas d'enfants.

L'année finit par le mariage de mon beau-frère avec la troisième fille de Chamillart; dès l'été précédent, il en avoit été parlé dans le monde, en sorte que je demandai à Mme la maréchale de Lorges ce qu'il convenoit que je répondisse aux questions qu'on me faisoit là-dessus; elle m'assura qu'il n'y avoit rien de fondé en ces bruits, sur quoi je crus pouvoir et devoir lui parler avec franchise d'un mariage si peu touchant par l'alliance et les entours, si peu réparé par le bien, si peu encore par les espérances, avec un gendre tel que La Feuillade, dont Chamillart étoit affolé, et tout de suite j'ajoutai qu'une fille du duc d'Harcourt seroit bien plus convenable par la naissance, par l'état brillant d'Harcourt, par l'âge fort supérieur à ses enfants qu'auroit ce gendre, susceptible en tout des prémices de sa faveur. Cela ne fut point goûté, et j'en demeurai là. M. de Lauzun, qui sur la prochaine opération de M. le maréchal de Lorges n'avoit pu éviter de se rapprocher par degrés, et qu'on vit avec surprise emmener chez lui la maréchale de Lorges, après ce qui s'étoit passé de si éclatant, et la garder chez lui les premiers jours de notre perte commune, voulut en tirer parti. Il compta se faire un mérite auprès du tout-puissant ministre de presser le mariage de sa fille, et que, devenant son beau-frère, cette alliance lui ouvriroit la porte du cœur et de l'esprit de Chamillart, et le remettroit auprès du roi dans sa première faveur. Il n'eut pas peine à persuader la maréchale qui en mouroit d'envie, ni le jeune homme à qui il fit accroire que tout par là deviendroit or entre ses mains.

Tout se fit et se conclut sans que Mme de Saint-Simon ni

moi en sussions rien, que par le monde. J'en parlai à la maréchale qui m'avoua l'affaire seulement fort avancée ; je ne pus m'empêcher de lui dire encore mon sentiment. J'ajoutai que, quant à moi, rien ne me convenoit davantage, mais que, par plusieurs raisons, je craignois fort qu'elle et son fils ne s'en repentissent. Alors elle me parla plus ouvertement, et je vis si bien que c'étoit chose faite que je crus en devoir faire compliment à Chamillart dès le lendemain. Ce qui me pressa là-dessus fut le souvenir d'un avis que, dès l'été que j'en avois parlé à la maréchale sur les bruits qui couroient, Mme de Noailles m'avoit averti de prendre garde à ne pas montrer de répugnance pour ce mariage, parce que les Chamillart en étoient avertis, et qu'il n'en seroit autre chose. J'allai donc voir Chamillart que je ne connoissois que comme on connoît les gens en place, et à qui je n'avois jamais parlé que lorsque, très-rarement, j'avois eu affaire à lui : il quitta pour moi les directeurs des finances avec qui il travailloit. La réception fut des plus gracieuses. Je me bornois aux compliments, lorsque ce ministre, avec qui je n'avois pas la plus légère liaison, se mit à me raconter les détails du mariage, et à me faire ses plaintes des procédés qu'il avoit eus à essuyer de Mme la maréchale de Lorges ; que ce mariage, fait dès l'été, avoit traîné jusqu'alors par toutes sortes d'entortillements, et m'en dit tant, que plein de mon côté je ne pus m'empêcher de lui répondre avec la même franchise. Il m'apprit qu'une pension de vingt mille livres, que le duc de Quintin avoit obtenue à la mort de son père, étoit uniquement en faveur du mariage, et il me montra une lettre de la maréchale qu'il avoit lue au roi, dont les termes me firent rougir. Je pense qu'il n'y a point d'exemple d'une première conversation si pleine de confiance réciproque, mais prévenue par celle de Chamillart, entre deux hommes aussi peu connus l'un à l'autre, et d'âges et d'emplois si différents. La surprise en doit être plus grande, quand on verra, comme je le raconterai bientôt, que le ministre étoit plus qu'informé de mon éloignement de ce mariage, et combien la maréchale de Noailles m'avoit fidèlement averti. Il produisit encore bien de la tracasserie sur l'intérêt entre ma belle-mère et moi, qui, non contente de ce que j'avois bien voulu faire, ne cessa de tenter plus, à force de propositions captieuses, qui aboutirent enfin à n'accepter ni renoncer à la communauté, et à ne rien faire de tout ce à quoi les lois obligent les veuves, en quoi les procédés de sa part furent encore, s'il se peut, plus étranges que le fond. Ce détail domestique pourra paroître étranger ici, mais on verra par la suite qu'il y est nécessaire.

Le mercredi, 13 décembre, nous allâmes à l'Étang, où l'évêque de Senlis maria mon beau-frère à sa nièce, dont la dot ne fut que de cent mille écus, comme celle de sa sœur la duchesse de La Feuillade, et de même logés et nourris partout, ce qui me procura l'usage de l'appartement que M. le maréchal de Lorges avoit dans le château de Versailles. La noce fut nombreuse et magnifique; rien n'égaloit la joie du ministre et de sa famille; rien n'approcha des empressements de M. de Lauzun, rien ne fut pareil à ceux de Chamillart pour Mme de Saint-Simon et pour moi, de sa femme, de ses filles et jusque de ses amis particuliers qu'il avoit conviés. Si j'avois été surpris de la franchise avec laquelle il m'avoit parlé la première fois, je le fus encore davantage de la façon dont il me demanda mon amitié. La plus grande politesse et l'énergie se disputèrent en ses expressions, et je vis la sincérité du désir y dominer. Je fus embarrassé; il s'en aperçut. J'en usai avec lui comme en pareil cas j'avois fait avec le chancelier. Je lui avouai naturellement mon intimité avec le père, ma liaison avec le fils, celle de Mme de Saint-Simon et de Mme de Pontchartrain, cousines germaines, mais plus étroitement unies que deux véritables sœurs, et je lui dis que, si à cette condition il désiroit mon amitié, je la lui donnerois de tout mon cœur. Cette franchise le toucha. Il me dit qu'elle augmentoit son empressement d'obtenir mon amitié, nous nous la promîmes, et nous nous la sommes toujours tendrement et fidèlement tenue dans tous les temps jusqu'à la mort. Il étoit outrément brouillé avec le chancelier et avec son fils, et eux avec lui. C'étoit à qui pis se feroit. Je crus donc, au sortir de l'Étang, leur devoir dire ce qui s'étoit passé entre Chamillart et moi; le chancelier me reçut comme avoit fait M. de Beauvilliers en pareil cas sur lui; sa femme et sa belle-fille de même, son fils autant bien qu'il put être en lui. Ils eurent tous de part et d'autre cette considération pour moi, et toujours soutenue, qu'en ma présence quand il y avoit quelqu'un, jamais ils ne parlèrent les uns des autres. Pour en particulier avec moi, ils ne s'en contraignirent pas tant. Ils se comptoient en sûreté avec moi, et ils ne s'y trompèrent jamais; je devins donc de la sorte ami intime de Chamillart; je l'étois déjà des ducs de Beauvilliers et de Chevreuse et du chancelier, et aussi bien avec Pontchartrain qu'il étoit possible. Cela m'initia dans bien des choses importantes, et me donna un air de considération à la cour fort différent de ceux de mon âge.

Chamillart ne fut pas longtemps sans me donner des preuves d'amitié. Sans que j'y pensasse, il voulut me raccommoder avec le roi; quoiqu'il n'y pût réussir, je ne sentis pas moins cette tentative. Un jour que j'en parlois à sa femme, elle prit un air de plus de confiance encore qu'à l'ordinaire, et me dit qu'elle était ravie que je fusse plus content d'eux que je ne l'avois cru, et sur ce que je lui parus n'entendre point ce langage, elle me dit qu'ils savoient bien que je ne voulois point du tout que mon beau-frère épousât leur fille, mais qu'elle m'avouoit qu'elle étoit fort curieuse de savoir pourquoi. Dans ma surprise, je tournai court et je lui dis qu'il étoit vrai; et que puisqu'elle en vouloit savoir la raison, je la lui dirois avec la même franchise. Il n'étoit pourtant pas à propos de l'avoir entière là-dessus avec elle. Je lui dis que j'avois toujours pensé, sur les mariages, qu'il ne falloit jamais prendre plus fort que soi, surtout des ministres, si rarement traitables et raisonnables, pour n'être point écrasé par ce qu'on a pris pour se soutenir et s'avancer; qu'un mariage égal engageoit chaque côté à mettre également du sien, et faisoit plus justement espérer l'union des familles; que, pour cette raison, je n'avois pas goûté leur mariage, et que j'avois proposé celui d'une fille du duc d'Harcourt par les raisons que j'ai ci-devant rapportées, et je me rabattis à l'assurer que si je les avois connus alors tels que je les connoissois maintenant, j'aurois pressé leur mariage, bien loin d'en dégoûter.

La franchise de ma réponse, et le peu qu'il avoit fallu pour l'attirer, plut tant à Mme Chamillart, qu'elle me répondit qu'il la falloit payer par la sienne. Elle m'apprit que, dès l'hiver précédent, le mariage s'étoit traité pour Mme de La Feuillade; que, ne s'étant pu faire, et Mme de La Feuillade mariée, Mme la maréchale de Lorges avoit tout tenté pour leur dernière fille, par M. de Chamilly et par Robert, après qu'elle fut partie avec son mari pour la Rochelle; enfin par elle-même; qu'il étoit comme fait lorsque la maréchale me répondit l'été dernier qu'il n'y avoit pas le moindre fondement, qui fut l'occasion où je lui parlai contre ce mariage et pour celui de Mlle d'Harcourt; qu'aussitôt après la maréchale alla à l'Étang sous un autre prétexte, et qu'en ce voyage, que Mme Chamillart me rappela par des circonstances, traitant avec elle le mariage, la maréchale lui avoit dit que j'y étois entièrement opposé, et voulois celui de Mlle d'Harcourt. Je laisse les réflexions sur ce trait et sur ses suites, mais je ne l'ai pas voulu omettre pour montrer combien M. et Mme Chamillart étoient de bonnes gens d'en user après cela comme ils firent avec moi, et d'en faire toutes les avances. Cela aussi scella entièrement notre amitié et notre liaison intime.

Ce mariage eut le sort que j'avois prédit à la maréchale : il fut de fer pour eux et d'or pour moi, non pas en finance, par l'horreur que nous avons toujours eue, Mme de Saint-Simon et moi, de ce qu'on appelle à la cour faire des affaires, et à quoi tant de gens du premier ordre se sont enrichis, mais par le plaisir de la confiance de Chamillart, des services que je fus à portée de rendre à mes amis, et d'en tirer pour moi, et dans les suites assez promptes, par la satisfaction de ma curiosité sur les choses de la cour et de l'État les plus importantes, qui me mettoit au fait journalier de tout. Je gardai ce secret à Mme Chamillart excepté pour son mari, avec qui je me répandis, et lui avec moi, et pour Mme de Saint-Simon qui en fut informée. Il suffit de dire que le mariage alla tout de travers entre le mari et la femme tant qu'il dura; que mon beau-frère acheva de se perdre en quittant le service aussitôt après ses noces, sans que l'offre d'être fait brigadier hors de rang le pût retenir, et que Mme de Saint-Simon et moi fûmes toujours les dépositaires des douleurs de Chamillart et de tout ce triste domestique. Mme la maréchale de Lorges n'avoit acquis ni leur estime ni leur amitié; elle prit le parti d'une grande retraite. C'étoit bien fait pour l'autre monde, et ne fut guère moins bien pour celui-ci; il faut dire à sa louange qu'à la fin elle rentra en elle-même, et que sa vie fut austère, pénitente, pleine de bonnes œuvres et parfaitement retirée. Je fus bien des années à revenir pour elle, cela se retrouvera en son lieu. Je le répète, j'aurois passé sous silence ce détail triste et peu intéressant, si je ne l'avois jugé tout à fait nécessaire à montrer l'origine et le fondement de l'intimité qui se verra dans la suite entre Chamillart et moi, et qui m'a mis à portée de savoir et de faire fort au delà de mon âge et de mon apparente situation, tandis que j'y étois de l'autre partie opposée[1], je veux dire le chancelier et

1. Cette phrase a été modifiée par les précédents éditeurs qui l'ont probablement trouvée trop obscure. Il est cependant facile de comprendre ce que Saint-Simon veut dire, qu'il était dans la confidence des deux partis opposés, de Chamillart et du chancelier de Pontchartrain.

son fils, et par M. de Beauvilliers mal avec eux, mais fort ami de Chamillart. Les filles de celui-ci, avec qui j'étois aussi en toute confiance, me mettoient au fait de mille bagatelles de femme, souvent plus importantes qu'elles-mêmes ne croyoient, et qui m'ouvroient les yeux, et une infinité de combinaisons considérables, jointes à ce que j'apprenois par les dames du palais, mes amies, et par la duchesse de Villeroy avec qui j'étois étroitement lié, ainsi qu'avec la maréchale sa belle-mère, que j'eus le plaisir de raccommoder intimement, et de voir durer leur union jusqu'à leur mort, après avoir été longues années on ne sauroit plus mal ensemble. J'étois aussi très-bien avec le duc de Villeroy et en grande et la plus familière société avec eux; mais je ne pus m'accoutumer aux grands airs du maréchal : je trouvois qu'il pompoit l'air de partout où il étoit, et qu'il en faisoit une machine pneumatique. Je ne m'en cachois ni à sa femme, ni à son fils, ni à sa belle-fille, qui en rioient et qui ne purent jamais m'y apprivoiser.

Pour ne plus revenir à un triste sujet, je dirai ici d'avance que mon beau-frère prit [le nom de duc de Lorges] peu après son mariage, pour faire porter le nom de Lorges, si illustré par son père, à son duché de Quintin; et qu'il porta depuis le nom de duc de Lorges.

## CHAPITRE IV.

1703. — Marsin chevalier de l'ordre. — Marlborough duc d'Angleterre, etc. — Mariage de Marillac avec une sœur du duc de Beauvilliers. — Mariage du duc de Gesvres avec Mlle de La Chénelaye. — Rétablissement de M. le duc d'Orléans dans l'ordre de succession à la couronne d'Espagne, où il envoie l'abbé Dubois. — Promotion de dix maréchaux de France; leur fortune et leur caractère. — Chamilly. — Estrées. — Châteaurenauld. — Vauban. — Rosen. — Huxelles. — Tessé. — Montrevel. — Tallard. — Harcourt.

Le premier jour de cette année 1703 fut celui de la déclaration que fit le roi au chapitre de l'ordre, de la distinction sans exemple qu'il fit, comme je l'ai déjà dit ailleurs d'avance, en faveur du cardinal Portocarrero, qu'il nomma à la première place vacante de cardinal dans l'ordre, et toutes quatre étoient alors remplies, et de lui permettre de porter l'ordre en attendant, dont il lui envoya une croix de diamants de plus de cinquante mille écus; grâce à laquelle il fut extrêmement sensible. Marsin reçut au même chapitre la récompense de son ambassade et du mérite qu'il s'étoit fait du refus de la Toison d'or et de la grandesse, il fut seul nommé chevalier de l'ordre, et reçu seul à la Chandeleur suivante. En même temps, le comte de Marlborough fut fait duc en Angleterre avec cinq mille livres sterling de pension, qui est une somme prodigieuse.

M. de Beauvilliers maria sa sœur du second lit au fils unique de Marillac, conseiller d'État, qui étoit colonel et brigadier d'infanterie, fort estimé dans les troupes, quoique encore fort jeune, et qui devoit être fort riche, étant unique. Il étoit de mes amis dès notre jeunesse, et je puis dire qu'il avoit tout ce qu'il falloit pour se faire aimer, pour réussir à la guerre, et pour plaire à la famille où on vouloit bien le recevoir. Le duc de Saint-Aignan, veuf d'une Servien, mère du duc de Beauvilliers, avoit fait la folie d'épouser, dix-huit mois après, une créature de la lie du peuple, qui, après avoir eu longtemps le soin des chiens de sa femme, étoit montée à l'état de sa femme de chambre. Il mourut six ans après, parfaitement ruiné, et laissa deux garçons et une fille de ce beau mariage. La mère avoit de l'esprit et de la vertu. Le roi même, qui aimoit M. de Saint-Aignan, l'avoit pressé plus d'une fois de lui faire prendre son tabouret ; elle n'y voulut jamais consentir, et se borna à plaire et à avoir soin de M. de Saint-Aignan dans l'intérieur de sa maison sans vouloir se produire, mais portant la housse et le manteau ducal. Sa conduite gagna la vertu de M. et de Mme de Beauvilliers, qui, à la mort de M. de Saint-Aignan, prirent soin d'elle et de leurs enfants comme des leurs, avec qui ils furent élevés et avec la même amitié : ce trait, soutenu en tout et toute leur vie, n'en est pas un des moindres traits. Le mariage se fit à petit bruit à Vaucresson, petite maison de campagne que le duc avoit achetée à portée de Versailles et de Marly, où il se retiroit le plus souvent que ses emplois le lui pouvoient permettre.

Le vieux duc de Gesvres, à quatre-vingts ans, se remaria peu de jours après à Mlle de La Chénelaye, du nom de Romillé, belle et bien faite et riche, que l'ambition d'un tabouret y fit consentir. Le roi l'en détourna tant qu'il put lorsqu'il lui en vint parler, mais le bonhomme ne sachant faire pis à son fils, à qui ce mariage fit grand tort, n'en put être dissuadé. Il voulut faire le gaillard au souper de la noce, il en fut puni, et la jeune mariée encore plus : il fit partout dans le lit, tellement qu'il en fallut passer une partie à les torcher et à changer de tout. On peut juger des suites d'un tel mariage. La belle en usa pourtant bien et en femme d'esprit : elle se rendit si bien maîtresse de celui de son mari, qu'elle le raccommoda avec son fils, lui fit signer une cession de ses biens pour qu'il ne se ruinât pas davantage, et la démission de son duché avant l'année révolue : on admira comment elle avoit pu en venir à bout. Aussi, l'union entre elle et le marquis de Gesvres a-t-elle été constante depuis, et s'est continuée avec ses enfants, qui tous ont toujours eu une grande considération pour elle ; du reste, elle ne se contraignit pas : d'elle-même elle étoit riche.

M. le duc d'Orléans avoit toujours sur le cœur d'avoir été oublié dans le testament du roi d'Espagne, et Monsieur, fils d'Anne, fille et sœur de Philippe III et de Philippe IV, rois d'Espagne, avoit trouvé fort mauvais de n'avoir pas été appelé au défaut des descendants du duc d'Anjou. M. le duc d'Orléans en avoit fort entretenu Louville au voyage qu'il fit ici pour celui du roi d'Espagne en Italie. Maintenant que ce prince en étoit de retour à Madrid, M. le duc d'Orléans voulut travailler tout de bon à son rétablissement dans l'ordre de la succession. Il avoit envoyé l'abbé Dubois au passage du roi d'Espagne à Montpellier pour y prendre des mesures avec Louville et y faire entrer ce prince; et il y fut réglé que deux mois après son retour dans son royaume, pendant lesquels les choses se prépareroient en faveur de M. le duc d'Orléans, l'abbé Dubois iroit à Madrid pour finir cette affaire, que le roi aussi désiroit, et qui eut en effet son exécution, quelques mois ensuite, telle que M. le duc d'Orléans la pouvoit désirer. C'est ce même abbé Dubois dont il a été parlé à l'occasion du mariage de M. le duc d'Orléans, et dont il n'y aura que trop à dire dans les suites.

Le dimanche 14 janvier, le roi fit dix maréchaux de France, qui, avec les neuf qui l'étoient, firent dix-neuf : c'étoit pour n'en pas manquer.

Les neuf étoient :

| | |
|---|---|
| 1675, MM. de | Duras. |
| 1681, | Estrées père. |
| 1693, | Choiseul. |
| — | Villeroy. |
| — | Joyeuse. |
| — | Boufflers. |
| — | Noailles. |
| — | Catinat. |
| 1702, | Villars. |

[1703] DE DIX MARÉCHAUX DE FRANCE.

Les dix nouveaux furent :

| | | | |
|---|---|---|---|
| MM. de Chamilly, | lieutenant général en | | 1678. |
| Estrées fils [1], | — | — | 1684. |
| Châteaurenauld, | — | — | févr. 1688. |
| Vauban, | — | — | août 1688. |
| Rosen, | — | — | 1688. |
| Huxelles, | — | — | 1688. |
| Tessé, | — | — | 1692. |
| Montrevel, | — | — | 1693. |
| Tallard, | — | — | 1693. |
| Harcourt, | — | — | 1693. |

Le roi n'en dit rien jusqu'après son dîner, au sortir de table ; il envoya chercher le duc d'Harcourt, Tallard, Rosen et Montrevel. Le premier et le dernier se trouvèrent à Paris. Tallard arriva le premier dans le cabinet du roi, qui lui dit qu'il le faisoit maréchal de France. Vint après Rosen, qui fut reçu avec la même grâce. Les deux autres mandés à Paris vinrent sur-le-champ remercier ; Chamillart dépêcha des courriers aux autres qui étoient absents, et Pontchartrain un à Châteaurenauld, en Espagne, et un au comte d'Estrées, malade à Paris : il avoit quarante-deux ans et six semaines, étant né le 30 novembre 1660. Il faut dire un mot de ces messieurs, dont plusieurs ont figuré dans la suite.

Chamilly s'appeloit Bouton, d'une race noble de Bourgogne, dont on en voit servir avant 1400 avec des écuyers sous eux, et dès les premières années de 1400, des chambellans des ducs de Bourgogne. Ils ont toujours servi depuis, et aucun d'eux n'a porté robe : quelques-uns ont été gouverneurs de Dijon. Le père et le frère aîné du maréchal

1. [Estrées] prit le nom de maréchal de Cœuvres pour le distinguer de son père. Rare singularité de l'être tous deux et plus encore de trois maréchaux d'Estrées de père en fils, tous trois gens de guerre et de mérite, et tous trois morts doyens des maréchaux de France ; le grand-père nombre d'années, les deux autres quelques-unes. (*Note de Saint-Simon.*)

s'attachèrent à M. le Prince, le suivirent partout, en furent estimés ; cet aîné, depuis son retour de Flandre, se distingua tellement aux guerres de Hollande, sous les yeux du roi, qu'il en acquit assez de part dans son estime et dans sa confiance pour encourir la jalousie et de là la haine de Louvois, malgré lequel pourtant il alloit être maréchal de France lorsqu'il mourut, et que le roi a dit depuis qu'il lui avoit destiné la première compagnie de ses gardes du corps qui viendroit à vaquer.

Sous ce frère, celui dont je parle, de six ans plus jeune, commença à se distinguer. Il avoit servi avec réputation en Portugal et en Candie. A le voir et à l'entendre, on n'auroit jamais pu se persuader qu'il eût inspiré un amour aussi démesuré que celui qui est l'âme de ces fameuses *Lettres portugaises*, ni qu'il eût écrit les réponses qu'on y voit à cette religieuse. Entre plusieurs commandements qu'il eut pendant la guerre de Hollande, le gouvernement de Grave l'illustra par cette admirable défense de plus de quatre mois, qui coûta seize mille hommes au prince d'Orange, dont il mérita les éloges, et à qui il ne se rendit qu'avec la plus honorable composition, sur les ordres réitérés du roi. Ce fameux siége l'avança en grades et en divers gouvernements, sans cesser de servir, malgré la haine de Louvois qu'il avoit héritée de son frère, qui toutefois ne put empêcher que, lorsque le roi se saisit de Strasbourg au printemps de 1685, il ne lui en donnât le gouvernement ; mais le ministre s'en vengea en y tenant le commandant en chef de l'Alsace, dont le dégoût bannit presque toujours Chamilly de Strasbourg. La même cause l'empêcha d'être du nombre de tant de militaires qui furent chevaliers de l'ordre à la fin de 1688, et Barbezieux ne lui fut pas plus favorable que son père. La femme de son successeur se trouva amie de celle de Chamilly, qui étoit une personne singulièrement accomplie, à qui Louvois même avoit eu peine à résister. C'étoit une vertu et une piété toujours égale dès sa première jeunesse, mais qui n'étoit que pour elle; beaucoup d'esprit et du plus aimable et fait exprès pour le monde, un tour, une aisance, une liberté qui ne prenoit jamais rien sur la bienséance, la modestie, la politesse, le discernement, et avec cela un grand sens, beaucoup de gaieté, de la noblesse et même de la magnificence, en sorte que, tout occupée de bonnes œuvres, on ne l'auroit crue attentive qu'au monde et à ce qui y avoit rapport. Sa conversation et ses manières faisoient oublier sa singulière laideur : l'union entre elle et son [mari] avoit toujours été la plus intime.

C'étoit un grand et gros homme, le meilleur homme du monde, le plus brave et le plus plein d'honneur, mais si bête et si lourd, qu'on ne comprenoit pas qu'il pût avoir quelque talent pour la guerre. L'âge et le chagrin l'avoient fort approché de l'imbécile. Ils étoient riches chacun de leur côté, et sans enfants. Sa femme, pleine de vues, séchoit pour lui de douleur. Dans les divers commandements et gouvernements où elle l'avoit suivi, elle avoit eu l'art de tout faire, de suppléer jusqu'à ses fonctions, de laisser croire que c'étoit lui qui faisoit tout, jusqu'au détail domestique, et partout ils s'étoient fait aimer et respecter, mais elle singulièrement. Par Chamillart, elle remit son mari à flot, qui lui procura ce commandement de la Rochelle et des provinces voisines qu'avoit eu le maréchal d'Estrées, avant qu'il allât en Bretagne, et le porta ainsi au bâton d'autant plus aisément, que le roi avoit toujours eu pour lui de l'estime et de l'amitié : sa promotion trop retardée fut généralement applaudie.

Le comte d'Estrées fut heureux. Son père, qui s'étoit fort distingué à la guerre et lieutenant général dès 1655, fut choisi pour passer au service de mer, lorsque Colbert fit prendre au roi la résolution de rétablir la marine en 1668. Il y acquit de la gloire dès sa première campagne, qui fut en Amérique, au retour de laquelle il fut vice-amiral. M. de Seignelay, ami du comte d'Estrées, contribua fort à lui faire donner la survivance de cette charge en 1684, à l'âge de vingt-quatre ans, mais à condition de passer un certain nombre d'années par les degrés, et que son ancienneté de lieutenant général ne lui seroit comptée que du jour qu'il lui seroit permis d'en servir. Seignelay, maître de l'expédition, et ministre audacieux qui savoit nuire et servir mieux que personne, omit exprès cette dernière condition. Le comte d'Estrées, servant à terre au siége de Barcelone, prise en 1697 par M. de Vendôme, prétendit, sinon ne pas rouler avec les lieutenants généraux comme vice-amiral ayant amené là une escadre, au moins être le premier d'entre eux. Sur cette dispute, Pontchartrain, encore secrétaire d'État de la marine et ami particulier de tous les Estrées, trancha la difficulté en faisant remonter l'ancienneté du comte d'Estrées à la date de sa survivance; il l'emporta sur la mémoire du roi, qui se souvenoit très-bien de la condition qu'il avoit commandée et qui se trouva omise, et de cette façon cette ancienneté demeura fixée à l'année 1684. Lorsqu'il fut question de faire ces maréchaux de France, Châteaurenauld, l'autre vice-amiral qu'on voulut faire, se trouva moins ancien lieutenant général et vice-amiral que le comte d'Estrées. Ce dernier avoit pour lui Pontchartrain père et fils, qui pour la marine vouloient avoir deux bâtons; et mieux qu'eux alors, le groupe des Noailles, dont la faveur étoit au plus haut point, la considération du maréchal et du cardinal d'Estrées, celle des enfances de la comtesse d'Estrées, dont le roi s'amusoit beaucoup. Le sujet de plus n'avoit contre lui qu'un âge disproportionné de celui des autres candidats; il avoit vu beaucoup d'actions par terre et par mer, et commandé en chef en la plupart des dernières avec succès, réputation et beaucoup de valeur; il entendoit bien la marine, étoit appliqué, avec de l'esprit et du savoir. Tout cela ensemble, fondé sur le bonheur de sa survivance à vingt-quatre ans, et du trait hardi de Seignelay, le fit huit ans après maréchal de France.

C'étoit un fort honnête homme, mais qui ayant été longtemps fort pauvre, ne s'épargna pas à se faire riche du temps du fameux Law, dans la dernière régence, et qui y réussit prodigieusement, mais pour vivre dans une grande magnificence et fort désordonnée. Ce qu'il amassa de livres rares et curieux, d'étoffes, de porcelaine, de diamants, de bijoux, de curiosités précieuses de toutes les sortes, ne se peut nombrer, sans en avoir jamais su user. Il avoit cinquante-deux mille volumes, qui toute sa vie restèrent en ballots presque tous à l'hôtel de Louvois, où Mme de Courtenvaux, sa sœur, lui avoit prêté où les garder. Il en étoit de même de tout le reste. Ses gens lassés d'emprunter tous les jours du linge pour de grands repas qu'il donnoit, le pressèrent tant un jour d'ouvrir des coffres qui en étoient pleins et qu'il n'avoit jamais ouverts depuis dix ans qu'il les avoit fait venir de Flandre et de Hollande, qu'il y consentit. Il y en avoit une quantité prodigieuse. On les ouvrit et on les trouva tous coupés à tous leurs plis, en sorte que pour les avoir gardés si longtemps tout se trouva perdu.

Il alloit toujours brocantant. Il se souvint d'un buste de Jupiter Ammon d'un marbre unique et de la première antiquité qu'il avoit vu quelque part autrefois, bien fâché de l'avoir manqué, et mit des gens en campagne pour le rechercher. L'un d'eux lui demanda ce qu'il lui donneroit pour le lui faire avoir, il lui promit mille écus. L'autre se mit à rire, et lui promit de le lui livrer pour rien, ni pour achat ni pour sa peine, et lui apprit qu'il étoit dans son magasin, où sur-le-champ il le mena et le lui montra. On ne tariroit point sur les contes à en rapporter, ni sur ses distractions.

Avec de la capacité, du savoir et de l'esprit, c'étoit un esprit confus. On ne le débrouilloit point quand il rapportoit une affaire. Je me souviens qu'un jour au conseil de régence, M. le comte de Toulouse qui, avec bien moins d'esprit, étoit la justesse, la précision et la clarté même, et auprès duquel j'étois toujours assis par mon rang, me dit en nous mettant à la table que le maréchal d'Estrées alloit rapporter une affaire du conseil de marine qui étoit importante, mais où je n'entendrois rien à son rapport, et qu'il me prioit qu'il me la pût expliquer tout bas, comme cela se faisoit à l'oreille pendant que le maréchal rapportoit; j'entendis assez l'affaire pour être de l'avis du comte de Toulouse, mais non pas assez distinctement pour bien parler dessus, de manière que quand ce fut à moi à opiner qui parlois toujours immédiatement avant le chancelier, et le comte de Toulouse immédiatement après, je souris et dis que j'étois de l'avis dont seroit M. le comte de Toulouse. Voilà la compagnie bien étonnée, et M. le duc d'Orléans à me dire en riant que ce n'étoit pas opiner. Je lui en dis la raison que je viens d'expliquer et conclus à ce que j'avois déjà fait, ou que la voix de M. le comte de Toulouse fût comptée pour deux, et l'affaire passa ainsi. La Vrillière disoit de lui que c'étoit une bouteille d'encre, qui, renversée, tantôt ne donnoit rien, tantôt filoit menu, tantôt laissoit tomber de gros bourbillons, et cela étoit vrai de sa manière de rapporter et d'opiner. Il étoit avec cela fort bon homme, doux et poli dans le commerce, et de bonne compagnie; mais bien glorieux et aisé à égarer, grand courtisan quoique non corrompu. Il faut achever de lui donner quelques moindres traits.

Il aimoit fort Nanteuil, et y avoit dépensé follement à un potager. Il y menoit souvent du monde, mais ni portes ni fenêtres qui tinssent. Il fit boiser toute sa maison. Sa boiserie prête à poser tout entière, on l'amena et on la mit en pile tout plein une grande salle. Il y a bien vingt-cinq ans, elle y est encore, et le pont d'entrée, il y en a autant que personne n'a osé y passer qu'à pied. Il s'impatienta d'ouïr toujours vanter ces veaux de Royaumont que M. le Grand y faisoit nourrir d'œufs avec leurs coquilles et de lait, dont il donnoit des quartiers au roi, et qui étoient excellents. Il en voulut faire engraisser un à Nanteuil de même. On le fit, et quand il fut bien gras on le lui manda. Lui compta qu'en continuant à le nourrir, il engraisseroit bien davantage. Cela dura ainsi plus de deux ans, et toujours en œufs et en lait, dont les comptes allèrent fort loin pour en faire enfin un taureau qui ne fut bon qu'à en faire d'autres. Avec cela grand chimiste, grand ennemi des médecins, il donnoit de ses remèdes et y dépensoit fort à les faire, et, de la meilleure foi du monde, se traitoit lui-même le premier. Il vécut toujours fort bien avec sa femme, elle avec lui, chacun à leur manière.

Châteaurenauld, du nom de Rousselet, inconnu entièrement avant le mariage de son bisaïeul avec une sœur du cardinal et du maréchal de Retz, à l'arrivée obscure des Gondi en France, fut le plus heureux homme de mer de son temps, où il gagna des combats et des batailles, et où il exécuta force entreprises difficiles, et fit beaucoup de belles actions. L'aventure de Vigo, racontée ailleurs, ne dut pas lui être imputée, mais à l'opiniâtreté des Espagnols à qui il n'en put persuader le danger. Elle eut pourtant besoin de toute la protection de Pontchartrain auprès du roi. Ce secrétaire d'État s'étoit coiffé de Châteaurenauld, et il étoit de plus bien aise de décorer la marine. La promotion de ce vice-amiral fut fort applaudie; il y avoit longtemps qu'il avoit mérité le bâton.

C'étoit un petit homme goussaut, blondasse, qui paroissoit hébété, et qui ne trompoit guère. On ne comprenoit pas à le voir qu'il eût pu jamais être bon à rien. Il n'y avoit pas moyen de lui parler, encore moins de l'écouter, hors quelques récits d'actions de mer. Dailleurs bon homme et honnête homme. Depuis qu'il fut maréchal de France il alloit assez souvent à Marly, où quand il s'approchoit de quelque compagnie, chacun tournoit à droite et à gauche.

Il étoit Breton, parent de la femme de Cavoye qui avoit une maison charmante à Lucienne tout auprès de Marly, où Cavoye alloit souvent dîner avec bonne compagnie et la plupart gens de faciende[1], et de manége, où tout se savoit, où il se brassoit mille choses avec sûreté, parce que le roi aimoit Cavoye, et ne se défioit point de ce qui alloit chez lui. C'étoit un monde trayé, et ce qui étoit hors de ce cercle ne s'exposoit pas à l'y troubler. M. de Lauzun, trop craint pour être jamais de quelque chose et qui le trouvoit fort mauvais, voulut au moins se divertir aux dépens de gens avec qui il n'avoit point d'accès. Il se mit au commencement d'un long voyage de Marly à accoster Châteaurenauld, puis à lui dire que comme son ami il vouloit l'avertir que Cavoye et sa femme, qui se faisoient honneur de lui appartenir, se plaignoient de ce qu'il ne les voyoit point, et qu'il n'alloit jamais chez eux à Lucienne, où ils avoient toujours bonne compagnie, que c'étoit des gens que le roi aimoit, qui étoient considérés, qu'il ne falloit point avoir contre soi, quand on en pouvoit aussi aisément faire ses amis, et qu'il lui conseilloit comme le sien d'aller à Lucienne et souvent et longtemps, et de les laisser faire et dire; qu'il l'avertissoit qu'ils avoient la fantaisie de recevoir froidement et de faire tout ce qu'il falloit pour persuader aux gens qu'ils ne leur faisoient pas plaisir d'aller chez eux, mais que c'étoit un jargon et une marotte, que chacun avoit ses manières et sa fantaisie, que telle étoit la leur; mais qu'au fond ils seroient outrés qu'on les en crût et qu'on s'y arrêtât, et que la preuve en étoit au monde qui partout et surtout à Lucienne abondoit chez eux. Le maréchal fut ravi de recevoir un avis si salutaire, se prit à se disculper sur Cavoye, à remercier, et surtout à assurer M. de Lauzun qu'il profiteroit de ses bons conseils. Celui-ci lui fit entendre qu'il ne falloit jamais faire semblant qu'il lui eût donné cet avis, et le quitta bien résolu au secret et à s'établir promptement à Lucienne.

Il ne tarda pas à y aller. A son aspect, voilà tout en

---

1. Vieux mot synonyme de *cabale*.

émoi, puis en silence. Ce fut une bombe tombée au milieu de cet élixir de cour. On crut en être quitte pour une courte visite ; il y passa l'après-dînée : ce fut une grande désolation. Deux jours après il arrive pour dîner, ce fut bien pis ; ils firent tout ce qu'ils purent pour lui faire entendre qu'ils étoient là pour éviter le monde et demeurer en particulier ; à d'autres ! Châteaurenauld connoissoit ce langage, et se savoit le meilleur gré du monde. Il y persévéra jusqu'au soir, et les désespéra ainsi presque tous les jours, quelque clairement que pussent s'expliquer des gens poussés à bout. Ce ne fut pas tout ; il se mit à ne bouger de chez eux dès qu'il étoit à Versailles, et les infesta toujours depuis à Lucienne toutes les fois qu'il étoit de Marly. Ce fut une lèpre dont Cavoye ne put jamais se purifier ; il disoit que c'étoit un sort et s'en plaignoit à tout le monde, et ses familiers aussi, qui n'en étoient pas moins affligés que lui. Enfin longtemps après ils découvrirent celui qui leur avoit jeté ce sort. L'histoire en fut au roi qui en pensa mourir de rire, et Cavoye et ses familiers de désespoir.

Vauban s'appeloit Leprêtre, petit gentilhomme de Bourgogne tout au plus, mais peut-être le plus honnête homme et le plus vertueux de son siècle, et avec la plus grande réputation du plus savant homme dans l'art des siéges et de la fortification, le plus simple, le plus vrai et le plus modeste. C'étoit un homme de médiocre taille, assez trapu, qui avoit fort l'air de guerre, mais en même temps un extérieur rustre et grossier pour ne pas dire brutal et féroce. Il n'étoit rien moins. Jamais homme plus doux, plus compatissant, plus obligeant, mais respectueux, sans nulle politesse, et le plus avare ménager de la vie des hommes, avec une valeur qui prenoit tout sur soi et donnoit tout aux autres. Il est inconcevable qu'avec tant de droiture et de franchise, incapable de se prêter à rien de faux ni de mauvais, il ait pu gagner au point qu'il fit l'amitié et la confiance de Louvois et du roi.

Ce prince s'étoit ouvert à lui un an auparavant de la volonté qu'il avoit de le faire maréchal de France. Vauban l'avoit supplié de faire réflexion que cette dignité n'étoit point faite pour un homme de son état, qui ne pouvoit jamais commander ses armées, et qui les jetteroit dans l'embarras si, faisant un siége, le général se trouvoit moins ancien maréchal de France que lui. Un refus si généreux, appuyé de raisons que la seule vertu fournissoit, augmenta encore le désir du roi de la couronner.

Vauban avoit fait cinquante-trois siéges en chef, dont une vingtaine en présence du roi, qui crut se faire maréchal de France soi-même, et honorer ses propres lauriers en donnant le bâton à Vauban. Il le reçut avec la même modestie qu'il avoit marqué de désintéressement. Tout applaudit à ce comble d'honneur, où aucun autre de ce genre n'étoit parvenu avant lui et n'est arrivé depuis. Je n'ajouterai rien ici sur cet homme véritablement fameux, il se trouvera ailleurs occasion d'en parler encore.

Rosen étoit de Livonie. M. le prince de Conti me conta qu'il avoit eu la curiosité de s'informer soigneusement de sa naissance, en son voyage de Pologne, à des gens qui lui en auroient dit la vérité de quelque façon qu'elle eût été. Il apprit d'eux qu'il étoit de très-ancienne noblesse, alliée à la meilleure de ces pays-là, et qui avoit eu de tout temps des emplois considérables, ce qui se rapporte aux certificats de la noblesse de Livonie et du roi de Suède Charles XII que Rosen, dont il s'agit ici, obtint, et dont celui du czar Pierre I$^{er}$, donné à Paris, confirme la forme. Rosen s'enrôla tout jeune, et servit quelque temps simple cavalier. Il fut pris avec d'autres en maraude et tira au billet. Le maréchal ferrant de la compagnie où il étoit se trouva de sa chambrée. Il survécut leurs autres camarades, et finit aux Invalides. Tous les ans Rosen, même maréchal de France, l'envoyoit quérir, lui donnoit bien à dîner et dînoit avec lui ; ils parloient de leurs vieilles guerres, et le renvoyoit avec de l'argent assez considérablement. Outre cela, il avoit soin de s'en informer dans le reste de l'année, et de mettre ordre qu'il eût de tout et fût à son aise. Rosen, devenu officier, [fut] attiré et protégé en France par Rosen, son parent de même nom, qui avoit un régiment et mille chevaux sous le grand Gustave-Adolphe, à la bataille de Lutzen, puis sous le duc de Weimar, [qui] commanda en chef pour le roi en Alsace, et mourut en 1667, ayant donné sa fille en mariage à Rosen dont je parle.

C'étoit un grand homme sec, qui sentoit son reître, et qui auroit fait peur au coin d'un bois, avec une jambe arquée d'un coup de canon, ou plutôt du vent du canon, qu'il amenoit tout d'une pièce. Excellent officier de cavalerie, très-bon même à mener une aile, mais à qui la tête tournoit en chef, et fort brutal à l'armée et partout ailleurs qu'à table, où sans aucune ivrognerie il faisoit une chère délicate, et entretenoit sa compagnie de faits de guerre qui instruisoient avec plaisir. C'étoit un homme grossier à l'extérieur, mais délié au dernier point, et qui connoissoit à merveille à qui il avoit affaire, avec de l'esprit, du tour et de la grâce en ce qu'il disoit du plus mauvais françois du monde qu'il affectoit. Il connoissoit le roi et son foible et celui de la nation pour les étrangers ; aussi reprochoit-il à son fils qu'il parloit si bien françois qu'il ne seroit jamais qu'un sot. Rosen fut toujours bien avec les ministres et au gré de ses généraux, par conséquent du roi, qui l'employa toujours avec distinction, et qui pourvut souvent à sa subsistance. Châteaurenauld, Vauban et lui étoient grands-croix de Saint-Louis, et il fut mestre de camp général à la mort de Montclar, qu'il vendit à Montpéroux, lorsqu'il fut maréchal de France. En tout c'étoit un homme qui avoit voulu faire fortune, mais qui en étoit digne et bon homme et honnête homme, avec la plus grande valeur. Il m'avoit pris en amitié pendant la campagne de 1693, qui avoit toujours continué depuis, et me prêtoit tous les ans sa maison toute meublée à Strasbourg. Nous lui verrons faire une fin tout à fait digne, sage et chrétienne.

Huxelles, dont le nom étoit de Laye, et par adoption du Blé, du père du trisaïeul de celui dont il s'agit ici. Malgré ce nombre de degrés, ce ne fut que vers l'an 1500 que cette adoption fut faite par le grand-oncle maternel de ce bisaïeul, dont la femme devint par l'événement héritière de sa famille, à condition, comme il a été exécuté, de prendre le nom et les armes de du Blé et de quitter celles de Laye. Avant cela, on ne connoît pas trop ces de Laye. Il y avoit plusieurs familles de ce nom. Depuis ils ont eu une Baufremont et quelques bonnes alliances. Mais avant d'aller plus loin, il faut expliquer celles dont notre marquis d'Huxelles sut faire les échelons de sa fortune.

Son père et son grand-père, qui furent tués à la guerre, et son bisaïeul, eurent le gouvernement de Châlons et cette petite lieutenance générale de Bourgogne. Le grand-père épousa une Phélypeaux, par où notre marquis d'Huxelles se trouva fort proche de Châteauneuf, secrétaire d'État, et de Pontchartrain depuis chancelier, et du maréchal d'Humières, c'est-à-dire que son père étoit cousin germain de Châteauneuf, issu de germain de Pontchartrain, et germain du maréchal d'Humières. La sœur du père du marquis d'Huxelles avoit fort étrangement épousé Beringhen, premier écuyer qui avoit été premier valet de chambre, dont le fils, premier écuyer aussi, et cousin germain de notre marquis d'Huxelles, avoit bien plus étrangement encore épousé une fille du duc d'Aumont et de la sœur de M. de Louvois. L'intrigue ancienne de tout cela mèneroit trop loin. Il suffit de marquer la proximité des alliances et d'ajouter que l'amitié de la vieille Beringhen pour son neveu, et l'honneur que son mari tiroit d'elle firent élever ce neveu avec leurs enfants comme frères, que l'amitié a subsisté entre eux à ce même degré, et que Beringhen, neveu de Louvois par une alliance si distinguée pour tous les deux, entra dans sa plus étroite confiance et d'affaires et de famille, fut après sa mort sur le même pied avec Barbezieux, et, tant par là que par sa charge, fut une manière de personnage. Il protégea son cousin d'Huxelles de toutes ses forces auprès de Louvois, puis de Barbezieux, et l'a soutenu toute sa vie. Ce préambule étoit nécessaire pour bien faire entendre ce qui suivra ici et ailleurs; ajoutons seulement que le marquis de Créqui, fils du maréchal, avoit épousé l'autre fille du duc d'Aumont et de la sœur de Louvois, et que MM. de Créqui vivoient fort unis avec M. d'Aumont, les Louvois et les Beringhen. Revenons maintenant à notre marquis d'Huxelles.

Son père n'avoit que dix ans quand il perdit le sien, et vingt lorsqu'il perdit sa mère. C'étoit un homme d'ambition qui, trouvant Beringhen dans la plus intime faveur de la reine régente qui le regardoit comme son martyr, l'avoit, pour prémices de son autorité, rappelé des Pays-Bas où il s'étoit enfui, et de valet l'avoit fait premier écuyer. Huxelles crut se donner un fort appui en l'honorant à bon marché du mariage de sa sœur, duquel il étoit seul le maître, et ne s'y trompa pas. Il servit avec réputation et distinction; il eut même le grade singulier de capitaine général qui ne fut donné qu'à quatre ou cinq personnes en divers temps, et qui commandoit les lieutenants généraux, et il n'étoit pas loin du bâton lorsqu'il fut tué, avant cinquante ans, devant Gravelines, en 1658. Sa veuve, fille du président Bailleul, surintendant des finances lors de leur mariage, étoit une femme galante, impérieuse, de beaucoup d'esprit et de lecture, fort du grand monde, dominant sur ses amis, se comptant pour tout, et les autres, ses plus proches même pour fort peu, qui a su se conserver une considération, et une sorte de tribunal chez elle jusqu'à sa dernière vieillesse, où la compagnie fut longtemps bonne et trayée, et où le prix se distribuoit aux gens et aux choses. A son seul aspect, tout cela se voyoit en elle. Son fils et elle ne purent être longtemps d'accord, et ne l'ont été de leur vie. Il se jeta aux Beringhen qui le reçurent comme leur enfant, il avoit près de vingt-cinq ans quand il la perdit. La plus intime liaison s'étoit consolidée entre ses enfants et son neveu, et le vieux Beringhen, qui ne s'étoit pas moins conservé d'autorité dans sa famille, que de considération dans le monde et auprès du roi jusqu'à l'extrême vieillesse, eut d'autant plus de soin de l'entretenir qu'il aimoit ce neveu comme son fils. Il ne mourut qu'en 1692, et dès 1677 il avoit marié son fils à Mlle d'Aumont.

Avec tous ces avantages Huxelles sut cheminer; il devint l'homme de M. de Louvois à qui il rendoit compte et qui le mena vite. Il lui fit donner le commandement de ce malheureux camp de Maintenon pour l'approcher du roi, dont les inutiles travaux ruinèrent l'infanterie, et où il n'étoit pas permis de parler de malades, encore moins de morts. A trente-cinq ans, n'étant que maréchal de camp, Louvois lui procura le commandement de l'Alsace sous Montclar, puis en chef, à sa mort au commencement de 1690, et le fit résider à Strasbourg pour mortifier Chamilly à qui le roi en venoit de donner le gouvernement, et quatre ans après le fit lieutenant général et chevalier de l'ordre à la fin de 1688. Il résida toujours à Strasbourg jusqu'en 1710, roi plutôt que commandant d'Alsace, et servit, toutes les campagnes sur le Rhin, de lieutenant général, mais avec beaucoup d'égards et de distinctions.

C'étoit un grand et assez gros homme, tout d'une venue, qui marchoit lentement et comme se traînant, un grand visage couperosé, mais assez agréable, quoique de physionomie refrognée par de gros sourcils, sous lesquels deux petits yeux vifs ne laissoient rien échapper à leurs regards : il ressembloit tout à fait à ces gros brutaux de marchands de bœufs. Paresseux, voluptueux à l'excès en toutes sortes de commodités, de chère exquise grande, journalière, en choix de compagnie, en débauches grecques dont il ne prenoit pas la peine de se cacher, et accrochoit de jeunes officiers qu'il adomestiquoit, outre de jeunes valets très-bien faits, et cela sans voile, à l'armée et à Strasbourg; glorieux jusqu'avec ses généraux et ses camarades, et ce qu'il y avoit de plus distingué, pour qui, par un air de paresse, il ne se levoit pas de son siége, alloit peu chez le général, et ne montoit presque jamais à cheval pendant les campagnes; bas, souple, flatteur auprès des ministres et des gens dont il croyoit avoir à craindre ou à espérer, dominant sur tout le reste sans nul ménagement, ce qui mêloit ses compagnies et les esseuloit assez souvent. Sa grosse tête sous une grosse perruque, un silence rarement interrompu, et toujours en peu de mots, quelques sourires à propos, un air d'autorité et de poids, qu'il tiroit plus de celui de son corps et de sa place que de lui-même; et cette lourde tête offusquée d'une perruque vaste lui donnèrent la réputation d'une bonne tête, qui toutefois étoit meilleure à peindre par le Rembrandt pour une tête forte qu'à consulter. Timide de cœur et d'esprit, faux, corrompu dans le cœur comme dans les mœurs, jaloux, envieux, n'ayant que son but, sans contrainte des moyens pourvu qu'il pût se conserver une écorce de probité et de vertu feinte, mais qui laissoit voir le jour à travers et qui cédoit même au besoin véritable; avec de l'esprit et quelque lecture, assez peu instruit et rien moins qu'homme de guerre, sinon quelquefois dans le discours; en tout genre le père des difficultés, sans jamais trouver de solution à pas une; fin, délié, profondément caché, incapable d'amitié que relative à soi, ni de servir personne, toujours occupé de ruses et de cabales de courtisan, avec la simplicité la plus composée que j'aie vue de ma vie, un grand chapeau clabaud toujours sur ses yeux, un habit gris dont il couloit la pièce à fond, sans jamais d'or que les boutons, et boutonné tout du long, sans vestige de cordon bleu, et son Saint-Esprit bien caché sous sa perruque; toujours des voies obliques, jamais rien de net, et se conservant partout des portes de derrière; esclave du public et n'approuvant aucun particulier.

Jusqu'en 1710 il ne venoit à Paris et à la cour que des moments, pour se conserver les amis importants qu'il se savoit ménager. A la fin il s'ennuya de son Alsace, et, sans en quitter le commandement, moins encore les appointements, car avec une grande dépense que sa vanité et ses voluptés tiroient de lui, il étoit avare, il trouva le moyen de venir demeurer à Paris pour travailler à sa fortune. Sous un masque d'indifférence et de paresse, il brûloit d'envie d'être de quelque chose, surtout d'être duc. Il se lia étroitement aux bâtards par le premier président de Mesmes, esclave de M. et de Mme du Maine, et le plus intime ami de Beringhen, par conséquent le sien. Par M. du Maine, qui fut la dupe de sa capacité et des secours qu'il pourroit trouver en lui, il eut quelques secrets accès auprès de Mme de Maintenon. Il ne négligea pas le côté de Monseigneur; Beringhen et sa femme étoient fort amis de la Choin; ils lui vantèrent Huxelles, elle consentit à le voir.

Il devint son courtisan, jusqu'à la bassesse d'envoyer tous les jours de la rue Neuve-Saint-Augustin, où il logeoit, auprès du petit Saint-Antoine, où elle demeuroit, des têtes de lapins à sa chienne. Par elle il fut approché de Monseigneur, il eut avec lui des entretiens secrets à Meudon; et ce prince, à qui il n'en falloit pas tant pour l'éblouir, prit une estime pour lui jusqu'à le croire propre à tout, et à s'en expliquer autant qu'il le pouvoit oser. Dès qu'il fut mort, la pauvre chienne fut oubliée, plus de têtes de lapins; la maîtresse le fut aussi. Elle avoit eu la sottise de compter sur son amitié; surprise et blessée d'un abandon si subit, elle lui en fit revenir quelque chose. Lui-même fit le surpris; il ne pouvoit comprendre sur quoi ces plaintes étoient fondées. Il dit effrontément qu'il ne la connoissoit presque pas, et qu'il ne l'étoit de Monseigneur que par son nom, ainsi qu'il ne savoit pas ce qu'elle vouloit dire. De cette sorte finit ce commerce avec la cause de la faveur, et elle n'en a pas ouï parler depuis.

En voilà assez pour le présent sur un homme dont j'ai déjà parlé ailleurs, et que nous verrons toujours le même figurer en plus d'une sorte, et se déshonorer enfin de plus d'une façon. Nous aurons donc aussi occasion d'en parler plus d'une fois encore. Il suffira de dire ici que la tête lui pensa tourner de ne voir point de succès de tant de menées, et qu'il y avoit plusieurs mois qu'il étoit enfermé chez lui dans une farouche et menaçante mélancolie, ne voyant presque et qu'à peine Beringhen, lorsque l'espérance d'aller traiter la paix raffermit son cerveau déjà fort égaré.

Tessé dont j'ai eu occasion de parler plus d'une fois. Sa mère étoit sœur du père du marquis de Lavardin, ambassadeur à Rome, excommunié par Innocent XI pour les franchises, chevalier de l'ordre, etc., duquel par l'événement il a beaucoup hérité; le frère cadet de son père étoit le comte de Froulay, grand maréchal des logis de la maison du roi, chevalier de l'ordre en 1661, mort en 1671, grand-père de Froulay, ambassadeur à Venise, de l'évêque du Mans, et du bailly de Froulay, ambassadeur de son ordre en France. Une autre alliance fut plus utile à la fortune de Tessé. La mère de son père étoit Escoubleau, sœur du père de Sourdis, chevalier de l'ordre en 1688, puis commandant en Guyenne, duquel j'ai parlé, ami intime de Saint-Pouange, au fils duquel il donna enfin sa fille unique, et créature de Louvois, auprès duquel il produisit Tessé encore tout jeune : c'étoit un grand homme, bien fait, d'une figure noble, et d'un visage agréable; doux, liant, poli, flatteur, voulant plaire à tout le monde, surtout à la faveur et aux ministres. Il devint bientôt comme Huxelles, mais dans un genre différent, l'homme à tout faire de Louvois, et celui qui, de partout, l'informoit de toutes choses. Aussi en fut-il promptement et roidement récompensé : il acheta pour rien la charge nulle de colonel général des carabins[1] qui le porta, pour la supprimer, à celle de mestre de camp général des dragons, qui fut créée pour lui dès 1684, étant à peine brigadier, et il venoit d'être fait maréchal de camp en 1688, quand Louvois le fit faire chevalier de l'ordre. Trois ans après, il eut le meilleur gouvernement de Flandre qui est Ypres, et, en 1692, il fut tout à la fois lieutenant général et colonel général des dragons.

C'étoit un Manceau, digne de son pays : fin, adroit, ingrat à merveille, fourbe et artificieux de même. On en a vu ci-devant un étrange échantillon avec Catinat, auquel il dut le comble de sa fortune, pour s'élever sur ses ruines. Il avoit le jargon des femmes, assez celui du courtisan, tout à fait l'air du seigneur et du grand monde, sans pourtant dépenser; au fond, ignorant à la guerre qu'il n'avoit jamais faite, par un hasard d'avoir été partout et de s'être toujours trouvé à côté des actions et de presque tous les siéges. Avec un air de modestie, hardi à se faire valoir et à insinuer tout ce qui lui étoit utile, toujours au mieux avec tout ce qui fut en crédit, ou dans le ministère, surtout avec les puissants valets. Sa douceur et son accortise le firent aimer, sa fadeur et le tuf, qui se trouvoit bientôt pour peu qu'il fût recherché, le firent mépriser. Conteur quelquefois assez amusant, bientôt après plat et ennuyeux, et toujours plein de vues et de manéges, il sut profiter de ses bassesses auprès du maréchal de Villeroy, de Vendôme, de Vaudemont, et par ses souplesses auprès de Chamillart, de Torcy, de Pontchartrain, de Desmarets, surtout auprès de Mme de Maintenon, chez qui Chamillart d'un côté, et Mme la duchesse de Bourgogne de l'autre, l'initièrent. Il sut tirer un merveilleux parti du mariage de cette princesse qu'il avoit conclu, et de toute la privance que la tendresse du roi et de Mme de Maintenon

---

1. Les carabins étaient un corps de cavalerie légère souvent cité sous Henri IV et Louis XIII ; il fut supprimé par Louis XIV.

lui avoit donnée avec eux; elle se piqua d'aimer et de servir Tessé, comme ayant été l'ouvrier de son bonheur; elle sentit qu'en cela même elle plaisoit au roi, à Mme de Maintenon, à Mgr le duc de Bourgogne, et Tessé en sut bien profiter. Elle ne laissoit pas d'être quelquefois peinée et même embarrassée des pauvretés qui lui échappoient souvent, et de l'avouer à quelques-unes de ses dames du palais. L'esprit n'étoit pas son fort; un grand usage du monde y suppléoit et une fortune toujours riante, et ce qu'il avoit d'esprit tout tourné à l'adresse, la ruse et les souterrains, et tout fait pour la cour. Il se retrouvera en plus d'un endroit dans la suite.

Montrevel primoit de loin cette promotion par la naissance. Il se pouvoit dire aussi que, jointe à une brillante valeur et à une figure devenue courte et goussaude, mais qui avoit enchanté les dames, elle suppléoit en lui à toute autre qualité. Le roi qui se prenoit fort aux figures (et celle de Tessé ne lui fut pas inutile) et qui avoit toujours du foible pour la galanterie, s'étoit fort prévenu pour Montrevel. La même raison le lia avec le maréchal de Villeroy, qui fut toujours son protecteur. C'étoit raison: jamais deux hommes si semblables, à la différence du désintéressement du maréchal de Villeroy et du pillage de Montrevel, né fort pauvre et grand dépensier, qui auroit dépouillé les autels. Une veine de mécontentement du duc de Chevreuse résolut le roi à le faire défaire de la compagnie des chevau-légers de sa garde en faveur de Montrevel. Il lui en fit la confidence sous le plus entier secret. Montrevel, enivré de sa fortune, ne se put contenir; il en fit confidence à La Feuillade, son ami. Celui-ci, qui ne l'étoit que de la fortune, et que sa haine pour Louvois avoit lié avec Colbert, courut l'avertir du danger de son gendre. Colbert en parla au roi, qui, moins touché en faveur de Chevreuse que piqué contre Montrevel d'avoir manqué au secret, rassura la charge à Chevreuse, et fut longtemps à faire sentir son mécontentement à Montrevel. Mais le goût y étoit; sa sorte de fatuité, qui pourtant étoit extrême, étoit toute faite pour le roi. Les dames, les modes, un gros jeu, un langage qu'il s'étoit fait de phrases comme en musique, mais tout à fait vides de sens et fort ordinairement de raison, les grands airs, tout cela imposoit aux sots, et plaisoit merveilleusement au roi, soutenu d'un service très-assidu dont toute l'âme n'étoit qu'ambition et valeur, sans qu'il ait su jamais distinguer sa droite d'avec sa gauche, mais couvrant son ignorance universelle d'une audace que la faveur, la mode et la naissance protégeoient. Il fut commissaire général de la cavalerie avant Villars, il eut le gouvernement de Mont-Royal, il commanda en chef dans les pays de Liége et de Cologne, où il ne s'oublia pas. Sa probité ne passoit pas ses lèvres; son peu d'esprit découvroit ses bas manéges et sa fausseté; valet, et souverainement glorieux, deux qualités fort opposées, qui néanmoins se trouvent très-ordinairement unies, et qu'il avoit toutes deux suprêmement. Tel qu'il étoit, le roi se complut à le faire maréchal de France, et, n'osant lui confier d'armée, à le faire subsister par des commandements de province qu'il pilla sans en être mieux. Il se retrouvera plus d'une fois dans ces Mémoires. Rien de plus ridicule que sa fin.

Tallard étoit tout un autre homme. Harcourt et lui se pouvoient seuls disputer d'esprit, de finesse, d'industrie, de manége et d'intrigue, de désir d'être, d'envie de plaire, et de charmes dans le commerce de la vie et dans le commandement. L'application, la suite, beaucoup de talents étoient en eux les mêmes, l'aisance dans le travail, et tous deux jamais un pas sans vue, en apparence même le plus indifférent; l'ambition pareille, et le même peu d'égards aux moyens; tous deux, doux, polis, affables, accessibles en tous temps, et capables de servir quand il n'y alloit de guère, et de peu de dépense de crédit; tous deux les meilleurs intendants d'armée et les meilleurs munitionnaires;

tous deux se jouant du détail ; tous deux adorés de leurs généraux et depuis qu'ils le furent adorés aussi des officiers généraux et particuliers et des troupes, sans abandonner la discipline ; tous deux arrivés par le service continuel d'été et d'hiver et enfin par les ambassades, Harcourt plus haut avec Mme de Maintenon en croupe, Tallard plus souple ; tous deux avec la même [habileté] et la même sorte d'ambition ; et le dernier porté par le maréchal de Villeroy, et à la fin par les Soubise. Une alliance, point extrêmement proche, commença et soutint sa fortune dans un temps où les parents se piquoient de le sentir. La mère de Tallard étoit fille d'une sœur du premier maréchal de Villeroy remariée depuis à Courcelles, sous le nom duquel elle fit tant de bruit en son temps par ses galanteries. Elle mourut en 1688, et le maréchal son frère en 1685. La mère de Tallard étoit fort du grand monde. Tallard, nourri dans l'intime liaison des Villeroy et courtisan du second maréchal, s'initia dans toutes les bonnes compagnies de la cour.

C'étoit un homme de médiocre taille avec des yeux un peu jaloux, pleins de feu et d'esprit, mais qui ne voyoient goutte ; maigre, hâve, qui représentoit l'ambition, l'envie et l'avarice ; beaucoup d'esprit et de grâces dans l'esprit, mais sans cesse battu du diable par son ambition, ses vues, ses menées, ses détours, et qui ne pensoit et ne respiroit autre chose. J'en ai parlé ailleurs, et j'aurai lieu d'en parler plus d'une fois encore. Il suffira de dire ici, que qui que ce soit ne se fioit en lui, et que tout le monde se plaisoit en sa compagnie.

Harcourt, j'en ai beaucoup parlé en divers endroits, et j'aurai occasion d'en parler bien encore. Je pense en avoir assez dit pour le faire connoître. C'étoit un beau et vaste génie d'homme, un esprit charmant, mais une ambition sans bornes, une avarice sordide, et quand il pouvoit prendre le montant, une hauteur, un mépris des autres, une domination insupportable ; tous les dehors de la vertu, tous les langages, mais, au fond, rien ne lui coûtoit pour arriver à ses fins ; toutefois plus honnêtement corrompu qu'Huxelles et même que Tallard et Tessé ; le plus adroit de tous les hommes en ménagements et en souterrains, et à se concilier l'estime et les vœux publics sous une écorce d'indifférence, de simplicité, d'amour de sa campagne et des soins domestiques, et de faire peu ou point de cas de tout le reste. Il sut captiver Louvois, être ami de Barbezieux et s'en faire respecter, plus encore de Chamillart jusqu'à ce qu'il trouvât son bon à le culbuter, et de Desmarets, fort bien avec Monseigneur et la Choin, et avec eux tous sur un pied de seigneur et de grande estime. On a vu pourquoi et comment il étoit si bien avec Mme de Maintenon. Cela même l'écarta des ducs de Chevreuse et de Beauvilliers et de Mgr le duc de Bourgogne même, sans rien perdre du côté de Mme la duchesse de Bourgogne. Il savoit tout allier et se rallier, jusqu'aux bâtards, quoique ami de toute sa vie de M. de Luxembourg, de M. le duc et de M. le prince de Conti. Il étoit assez supérieur à lui-même pour sentir ce qui lui manquoit du côté de la guerre, quoiqu'il en eût des parties, mais les grandes il n'y atteignoit pas ; aussi, fort dissemblable en tout au maréchal de Villeroy, tourna-t-il court vers le conseil dès qu'il espéra y pouvoir entrer.

Aucun seigneur n'eut le monde et la cour si généralement pour lui, aucun n'étoit plus tourné à y faire le premier personnage, peu ou point de plus capables de le soutenir ; avec cela beaucoup de hauteur et d'avarice, qui toutefois ne sont pas des qualités attirantes. Pour la première il la savoit ménager ; mais l'autre se montroit à découvert jusque par la singulière frugalité de sa table à la cour, où fort peu de gens étoient reçus, et qu'il avoit avancée à onze heures le matin, pour en bannir mieux la compagnie. Il mêloit avec grâce un air de guerre à un air de cour, d'une façon tout à fait noble et naturelle. Il étoit gros, point grand, et d'une laideur particulière, et qui surprenoit, mais avec des yeux si vifs et un regard si perçant, si haut et pourtant doux, et toute une physionomie qui petilloit tellement d'esprit et de grâce, qu'à peine le trouvoit-on laid. Il s'étoit démis une hanche d'une chute qu'il fit du rempart de Luxembourg en bas, où il commandoit alors, qui ne fut jamais bien remise et qui le fit demeurer fort boiteux et fort vilainement, parce que c'étoit en arrière; naturellement gai, et aimant à s'amuser.

Il prenoit autant de tabac que le maréchal d'Huxelles, mais non pas si salement que lui, dont l'habit et la cravate en étoient toujours couverts. Le roi haïssoit fort le tabac. Harcourt s'aperçut, en lui parlant souvent, que son tabac lui faisoit peine; il craignit que cette répugnance n'éloignât ses desseins et ses espérances. Il quitta le tabac tout d'un coup; on attribua à cela les apoplexies qu'il eut dans la suite, et qui lui causèrent une terrible fin de vie. Les médecins lui en firent reprendre l'usage pour rappeler les humeurs à leur ancien cours, et les détourner de celui qu'elles avoient pris, mais il étoit trop tard; l'interruption avoit été trop longue, et le retour au tabac ne lui servit de rien. Je me suis étendu sur ces dix maréchaux de France; le mérite de quelques-uns m'y a convié, mais plus encore la nécessité de faire connoître des personnages qu'on verra beaucoup figurer en plus d'une façon, comme les maréchaux d'Estrées, d'Huxelles, de Tessé, de Tallard et d'Harcourt. Reprenons maintenant le courant.

## CHAPITRE V.

Comte d'Évreux colonel général de la cavalerie ; son caractère. — Mariage de Beaumanoir avec une fille du duc de Noailles. — Généraux des armées. — Ridicules de Villars sur sa femme. — Fanatiques ; Montrevel en Languedoc. — Encouragements aux officiers. — Gouvernement d'Aire à Marsin, à vendre cent mille livres au maréchal de Villeroy. — Harcourt capitaine des gardes du corps. — Électeur de Bavière déclaré pour la France et l'Espagne. — Kehl pris par Villars. — Générosité de Vauban. — Barbezières pris déguisé ; sa ruse heureuse. — Grand prieur en Italie sous son frère. — Duc de Guiche et Hautefeuille colonel général et mestre de camp général des dragons. — Comte de Verrue commissaire général de la cavalerie. — Bachelier. — Trois cent mille livres de brevet de retenue à M. de La Rochefoucauld. — Mort et héritage de la vieille Toisy. — Mme Guyon en liberté, mais exilée en Touraine. — Procès sur la coadjutorerie de Cluni, gagné par l'abbé d'Auvergne. — Vertamont plus que mortifié. — *Fanatiques* ; raison de ce nom. — Bâville ; son caractère ; sa puissance en Languedoc. — Ressources secrètes des fanatiques ; triste situation du Languedoc. — Bals à Marly.

Les Bouillon, uniquement attentifs à leur maison, et toujours et en toutes sortes de temps et de conjonctures, firent en ce temps-ci une grande affaire pour elle, malgré la profonde disgrâce du cardinal de Bouillon. Le comte d'Auvergne avoit eu la charge de colonel général de la cavalerie à la mort de M. de Turenne, dans laquelle M. de Louvois, ennemi de M. de Turenne et de tout ce qui lui appartenoit, lui avoit tant qu'il avoit vécu donné tous les dégoûts imaginables, et Barbezieux après lui. Le roi, piqué d'avoir longtemps inutilement travaillé à l'engager de la vendre à M. du Maine, qu'il en consola enfin par mettre les carabiniers en corps sous sa charge, avoit continué à maltraiter le comte d'Auvergne dans ses fonctions, et à le traiter médiocrement bien d'ailleurs. C'étoit une manière de bœuf ou de sanglier fort glorieux et fort court d'esprit; toujours occupé et toujours embarrassé de son rang, et pourtant fort à la cour et dans le monde. D'ailleurs honnête homme, fort brave homme, et officier jusqu'à un certain point; il étoit fort ancien lieutenant général, il avoit bien et longtemps servi. Lui et M. de Soubise, quoique se voulant donner pour princes, avoient été mortifiés de n'être point maréchaux de France, et tous deux ne servoient plus.

Le comte d'Auvergne, par les tristes aventures de ses deux fils laïques, n'en avoit plus que deux, l'un et l'autre dans l'Église; des trois fils de M. de Bouillon, les deux aînés étoient fort mal avec le roi : restoit le comte d'Évreux, dont la figure et le jargon plaisoient aux dames. Avec un esprit médiocre, il savoit tout faire valoir, et n'étoit pas moins occupé de sa maison que tous ses parents. Il en tiroit fort peu, il n'avoit qu'un nouveau et méchant petit régiment d'infanterie, il étoit assidu à la guerre et à la cour. Il savoit se faire aimer. On étoit touché de le voir si mal à son aise, si reculé, si éloigné d'une meilleure fortune. Il s'attacha au comte de Toulouse : cela plut au roi, de qui il tira quelquefois quelque argent pour lui aider à faire ses campagnes. Le comte de Toulouse prit de l'amitié pour lui, il en profita. Le roi fut bien aise d'acquérir à ce fils un ami considérable, et de lui en procurer d'autres par un coup de crédit, et cela valut au comte d'Évreux la charge de son oncle, qui par sa persévérance à la garder la conserva ainsi dans sa maison. Il la vendit six cent mille livres comme à un étranger : il étoit mal dans ses affaires. La somme parut monstrueuse pour un cadet qui n'avoit rien, et pour un effet de vingt mille livres de rente. Le cardinal de Bouillon lui donna cent mille francs; M. le comte de Toulouse, qui lui avoit fait donner l'agrément, s'intéressa pour lui faire trouver de l'argent, et il consomma promptement son affaire. Le roi voulut qu'il servît quelque temps de brigadier de cavalerie, avant que de faire aucune fonction de colonel général; ce temps-là même fut encore abrégé par la même protection qui lui avoit valu la charge. Il n'avoit que vingt-cinq ans, n'avoit servi que dans l'infanterie. Le roi étoit piqué contre le cardinal de Bouillon, contre le comte d'Auvergne, contre la fraîche désertion de son fils, contre le chevalier de Bouillon, de propos fort impertinents qu'il avoit tenus; et malgré tant de raisons, il fit en faveur du comte de Toulouse la faveur la plus signalée au comte d'Évreux, tandis qu'aucun des quatre fils de France n'auroit pas osé lui demander la moindre grâce pour personne, et que s'ils l'avoient hasardé, outre le refus certain, celui pour qui ils se seroient intéressés auroit été perdu sans ressources.

La cour venoit de voir un mariage fait sous d'étranges auspices, auxquels aussi le succès répondit promptement : ce fut du marquis de Beaumanoir avec une fille du duc de Noailles. Lavardin, son père, avoit épousé en premières noces une fille du duc de Luynes, dont une fille unique mariée à La Châtre. Il s'étoit remarié à une sœur du duc et du cardinal de Noailles, dont il fut encore veuf, et en laissa un fils unique, seul reste de son illustre nom, et deux filles et aucun des trois établis. En mourant il défendit à son fils d'épouser une Noailles sous peine de sa malédiction, et conjura le cardinal de Noailles, à qui il le recommanda, de ne le pas souffrir. Je ne sais quel mécontentement il avoit eu d'eux, mais il comprit que son fils étant riche, et ayant besoin de protection pour entrer dans le monde, pour avoir un régiment et surtout pour obtenir la lieutenance générale de Bretagne, sur laquelle il n'avoit que cent cinquante mille livres de brevet de retenue, les Noailles à l'affût des bons partis tâcheroient bien de ne pas manquer celui-là, qui s'y livreroit volontiers pour trouver ces avantages, et c'est ce qui l'engagea à y mettre tout l'obstacle que l'autorité paternelle, la religion et la confiance forcée en son beau-frère, pour le piquer d'honneur, lui purent suggérer; mais Lavardin eut le sort des rois, dont les volontés sont après leur mort autant méprisées que redoutées de leur vivant.

Il mourut en août 1710. Les Noailles empêchèrent que le roi disposât de la charge, quoique fort demandée, et laissèrent croître le petit garçon qui n'avoit que seize ans à la mort de son père, et aucun parent proche en état de s'opposer à leurs volontés. Ils en prirent soin comme en étant eux-mêmes les plus proches; ils le gagnèrent, ils effacèrent ou affoiblirent dans son esprit la défense et l'imprécation que son père lui avoit prononcée à la mort; ils lui montrèrent un régiment, la charge de son père, les cieux ouverts à la cour en épousant une de leurs filles. Le jeune homme ne connoissoit qu'eux, il se laisa aller, le mariage se conclut et s'exécuta moyennant la charge : on fut surpris avec raison de la mollesse du cardinal de Noailles. Ceux qui comme moi savoient avec qu'elle résistance il avoit soutenu toutes les attaques qui lui avoient été portées lors de l'affaire de M. de Cambrai, et que lui seul avoit empêché le roi de chasser le duc de Beauvilliers et de donner ses places du conseil au duc de Noailles, son frère, ne purent comprendre sa complaisance pour sa famille en une occasion qui demandoit toute sa fermeté; mais les saints ne font pas toujours des actions vertueuses, ils sont hommes, et ils le montrent quelquefois. Le cardinal de Noailles put dire sur cette occasion et sur quelque autre qui se retrouvera en son temps, mais qui furent épurées par de longues souffrances, ce que Paul III Farnèse dit avec plus de raison et dans la plus juste amertume de son cœur en mourant : *Si mei non fuissent dominati, tunc immaculatus essem et emundarer a delicto maximo.* Ce mariage ne dura pas un an. Le jeune Beaumanoir fut tué à la fin de la campagne, à la bataille de Spire; finit son nom et sa maison, laissa ses deux sœurs héritières, et sa charge en proie aux Noailles, qui en marièrent une autre fille à Châteaurenauld, fils de celui que nous venons de voir faire maréchal de France, et qui eut la lieutenance générale de Bretagne.

Les dispositions ne tardèrent pas à être faites pour les armées; il n'y eut pas à toucher à celle d'Italie, où le duc de Vendôme étoit demeuré; le maréchal de Villeroy passoit presque tout l'hiver à Bruxelles, et eut avec le maréchal de Boufflers l'armée de Flandre; le maréchal de Tallard une sur la Moselle, et le maréchal de Villars, resté à Strasbourg, celle d'Allemagne.

Il y avoit fait venir sa femme, dont il étoit également amoureux et jaloux, à qui il avoit donné pour duègne une de ses sœurs, qui ne la perdit guère de vue nulle part nombre d'années, et qui se trouvoit mieux là qu'à mourir de faim dans sa province, avec Vogué son mari, où elle ne retourna plus. Les ridicules furent grands et les précautions pas toujours heureuses.

Montrevel fut envoyé en Languedoc, où les religionnaires commençoient à donner de l'inquiétude. Leur nombre et les rigueurs de Bâville, intendant moins que roi de la province [1], les avoit encouragés. Plusieurs avoient pris les armes et fait de cruelles exécutions sur les curés et sur d'autres prêtres. Les protestants étrangers attisèrent et soutinrent sourdement ce feu qui pensa devenir un embrasement funeste. Broglio, qui y commandoit en chef, mais il se peut dire sous Bâville, son beau-frère, y demeura quelque temps sous le nouveau maréchal. On y envoya quelques troupes avec un nommé Julien qu'on avoit débauché du service de Savoie, et qui avoit bien fait du mal pendant la dernière guère, en brave aventurier qui connoissoit le pays.

Le roi répandit pour cent cinquante mille livres en petites pensions dans les corps, et releva l'émulation pour l'ordre

---

1. Cette phrase, qui pourrait présenter quelque obscurité, est expliquée par plusieurs autres passages où Saint-Simon dit que Bâville était plutôt roi qu'intendant du Languedoc.

de Saint-Louis, en le conférant à Mgr le duc de Bourgogne, non seul et en particulier, comme il avoit fait à Monseigneur seul, mais en public, et à la tête d'un nombre d'officiers qu'il fit en même temps chevaliers de Saint-Louis. Il donna peu après le gouvernement d'Aire à vendre à Marsin, vacant par la mort du chevalier de Tessé, frère du maréchal, mort l'été précédent à Mantoue, où il commandoit; et cent mille francs au maréchal de Villeroy pour faire son équipage; puis, disposa enfin de la charge de capitaine des gardes de mon beau-père en faveur du maréchal d'Harcourt, qui, de tous les candidats, étoit le moins en état de l'exercer, et celui de tous aussi qui la désiroit le moins ardemment. Il étoit sans cela fort rapproché du roi, mais Mme de Maintenon, sa protectrice, qui n'avoit pas moins de désir que lui-même de le voir dans le conseil, jugea que l'assiduité nécessaire et les détails de cette charge seroient une ressource pour l'y conduire.

En conséquence du traité que Puységur, de qui j'ai eu souvent occasion de parler, avoit fait, dès la Flandre, avec l'électeur de Bavière, ce prince étoit retourné dans ses États préparer à l'empereur une guerre fâcheuse, à l'ombre d'une neutralité suspecte. On avoit grand besoin d'une pareille diversion; l'électeur enfin venoit de lever le masque, nonobstant la déclaration de la diète de Ratisbonne, que la guerre de la succession d'Espagne étoit guerre d'empire. Il falloit soutenir l'électeur, et lui fournir un puissant secours, suivant l'engagement réciproque. Villars, plus occupé de sa femme que d'exécuter les ordres dont il étoit chargé, passa enfin le Rhin au commencement de février, après force délais, et fut remplacé au deçà par Tallard, fortifié d'un gros détachement de Flandre. L'électeur cependant faisoit force petites conquêtes en attendant qu'il se fût formé une armée impériale pour s'opposer à lui. Cependant Villars assiégea le fort de Kehl, qui se rendit le 9 mars; on y perdit fort peu de monde, et la défense fut molle. Trois mille hommes environ qui en sortirent furent conduits à Philippsbourg. On y trouva vingt-six milliers de poudre; mais les paysans tuèrent une infinité de maraudeurs. Vauban avoit proposé au roi de l'envoyer à Kehl, qui trouva que cela seroit au-dessous de la dignité où il venoit de l'élever; et quoique Vauban insistât avec toute la reconnoissance, la modestie et la bonne volonté possibles, le roi ne voulut pas le lui permettre; et peu de jours après il l'en récompensa par des entrées moindres que celles des brevets, mais plus grandes que celles de la chambre.

Barbezières, envoyé de l'armée d'Italie conférer avec l'électeur de Bavière sur divers projets, et qui étoit un excellent officier général, fort hasardeux, avec de l'esprit, et fort avant dans la confidence du duc de Vendôme, fut pris déguisé en paysan près du lac de Constance, passant pays à pied, et fut conduit à Inspruck, jeté dans un cachot, puis gardé à vue. Ne sachant comment donner de ses nouvelles, et craignant d'être pendu comme un espion, il fit le malade, et demanda un capucin à qui il tira bien fort la barbe pour voir si ce n'étoit point un moine supposé. Quand il s'en fut assuré, il essaya de le toucher et de l'engager à faire avertir M. de Vendôme de l'état misérable et périlleux où il se trouvoit. Le capucin se trouva charitable, et il le fit sans perdre de temps. Aussitôt M. de Vendôme manda au comte de Staremberg, qui commandoit l'armée impériale en l'absence du prince Eugène, qu'il feroit au commandant et à toute la garnison de Vercelli les mêmes traitements qu'on feroit à Barbezières, qu'ils savoient bien être lieutenant général des armées du roi : peut-être cela lui sauva-t-il la vie ; mais la prison fut longue et extrêmement dure, surtout d'être jour et nuit gardé à vue, pour un homme aussi vif et aussi pétulant que l'étoit Barbezières, qu'ils renvoyèrent à la fin. Parlant d'Italie, M. du Maine obtint avec grand'peine que le grand prieur allât servir sous son frère en Italie où son ancienneté le faisoit premier lieutenant général.

Tessé, devenu maréchal de France, ne se soucioit plus de sa charge de colonel général des dragons. Il la vendit quatre cent quatre-vingt mille livres au duc de Guiche, qui en étoit mestre de camp général, et se défit de cette dernière charge à Hautefeuille. Par même raison, Villars fit aussi de l'argent de la sienne de commissaire général de la cavalerie, et en eut gros du comte de Verrue que sa triste situation avoit banni depuis longtemps de son pays, et qui se voulut lier tout de bon au service de France.

M. de La Rochefoucauld obtint en même temps la survivance de la charge de premier valet de garde-robe du roi, qu'avoit Bachelier, pour son fils. Il aimoit extrêmement le père qui avoit été son laquais, et que de là il avoit poussé à cette fortune. Il faut dire aussi que ce Bachelier étoit un des plus honnêtes hommes qu'on pût voir, le plus modeste, le plus respectueux, le plus reconnoissant pour son maître. Il avoit conservé un crédit sur lui dont ses amis et le plus souvent encore ses enfants avoient besoin. M. de La Rochefoucauld aimoit bien mieux ses valets que ses enfants, et ruinoit ces derniers pour eux. Bachelier se comporta toujours avec tant de droiture et d'attachement entre le père et les enfants, qu'ils l'aimoient presque autant que le père; j'ai ouï M. de La Rocheguyon, et le duc de Villeroy, son ami intime, et son beau-frère en faire de grandes louanges, et quoique Bachelier fût devenu riche, jamais on n'a soupçonné sa probité. Son fils ne vaut pas moins. Il acheta de Bloin, après la mort du roi, sa charge de premier valet de chambre, et il y a apparence qu'après le premier ministre auquel il a pu résister, malgré la toute-puissance de ce cardinal, il figurera beaucoup dans l'intérieur des cabinets. Bientôt après M. de La Rochefoucauld eut trois cent mille livres de brevet de retenue sur ses charges, M. de La Rocheguyon, son fils, en avoit les survivances depuis longtemps : ce fut donc à ses dépens, à quoi il fut obligé de consentir.

La vieille Toisy, dont j'ai parlé à l'occasion du mariage de la comtesse d'Estrées, dont elle avoit fourni la plus grande partie de la dot, mourut fort vieille, s'étant toujours conservé son tribunal chez elle et tout son air d'autorité à force d'esprit. Elle n'avoit point d'enfants, et toute bourgeoise qu'elle étoit, elle n'estima pas ses parents dignes d'hériter d'elle. Elle avoit donné en mariage à la duchesse de Guiche et à la comtesse d'Estrées. Les Noailles, qui sentoient la succession bonne, lui avoient toujours fait soigneusement leur cour ; ce ne fut pas en vain : elle donna presque tout ce qu'elle avoit à la duchesse de Noailles, et fit une amitié de quarante mille livres au cardinal d'Estrées, son bon ami, pour qu'en revenant d'Espagne, il trouvât à acheter quelque petite maison pour aller prendre l'air autour de Paris.

Un personnage du même sexe, plus rare et plus célèbre, obtint en ce temps-ci sa liberté. Les amis de Mme Guyon, toujours attentivement fidèles, en furent redevables à la charité toujours compatissante du cardinal de Noailles qui la fit sortir de la Bastille où elle étoit depuis plusieurs années sans voir personne, et lui obtint la permission de se retirer en Touraine. Ce ne fut pas la dernière époque de l'illustre béate, mais la liberté lui fut toujours depuis conservée. Le cardinal de Noailles n'en recueillit rien moins que la reconnoissance de tout ce petit troupeau.

Le cardinal de Bouillon n'étoit pas en repos dans son exil. Les moines de Cluni en avoient voulu profiter. Il leur avoit arraché la coadjutorerie pour son neveu plutôt qu'il ne l'avoit obtenue. Ils n'avoient osé résister au nom du roi et à la présence du cardinal allant à Rome dans la faveur où il étoit pour lors ; mais ils s'étoient ménagé des moyens à la pouvoir contester un jour. Il y avoit eu du bruit et des oppositions étouffées par autorité ; les moines étoient fort affligés de se voir toujours hors de mains régulières ; ils étoient encore plus outrés de se voir passer des cardinaux à un abbé, qui n'avoit pas le même privilége que le sacré collége se donne, de pouvoir tout posséder et régir. Ils ne virent donc pas plutôt le cardinal en disgrâce qu'ils attaquèrent la coadjutorerie au grand conseil, et donnèrent bien à courir aux Bouillon. Outre les raisons du procès, le meilleur moyen des moines étoit de persuader aux juges que le roi, mécontent de leur abbé, y prenoit part pour eux, tellement que les Bouillon voulurent se parer de leurs proches, faire effort de crédit et faire comprendre par cette assistance ouverte que le roi demeuroit neutre entre eux. Je ne pus refuser d'aller avec eux à l'entrée des juges, et les solliciter avec le duc d'Albret et l'abbé d'Auvergne, et de dire à chacun bien affirmativement que le roi n'y prenoit aucune part. Ces sollicitations durèrent ainsi que les entrées des juges, où la compagnie étoit assez nombreuse; enfin le 30 mars l'abbé d'Auvergne gagna en plein, tout d'une voix. Ils me surent un gré infini d'avoir toujours été avec eux partout, dont plusieurs s'étoient très-souvent dispensés. Je les retrouvai après bien à point dans une autre affaire où ils me servirent très-utilement, et avec la dernière chaleur. On est fort, quand on se soutient dans les familles et les parentés, et on est toujours la dupe et la proie de s'abandonner, c'est ce qui se voit et se sent tous les jours avec un dommage irréparable. L'arrêt signé, l'abbé d'Auvergne fut bien étonné de ne le pas trouver tel que tous les juges l'avoient dit, en les allant remercier. Il s'en plaignit à Vertamont, premier président; la dispute fut forte. Les Bouillon crièrent, menacèrent de se plaindre au roi et au grand conseil. Les juges s'émurent, il fallut leur porter l'arrêt, ils le réformèrent aux hauts cris de Vertamont à qui pour l'honneur de la présidence on laissa dans l'arrêt quelque chose de ce qui n'y avoit pas été prononcé.

Montrevel ne trouva pas les *fanatiques* si aisés à réduire qu'il avoit cru. On leur avoit donné ce nom, parce que chaque troupe considérable de ces protestants révoltés avoit avec eux quelque prétendu prophète ou prophétesse, qui, d'intelligence avec les chefs, faisoient les inspirés et menoient ces gens-là où ils vouloient, avec une confiance, une obéissance et une furie inconcevable.

Le Languedoc gémissoit depuis longues années sous la tyrannie de l'intendant Bâville, qui, après avoir culbuté le cardinal Bonzi, comme on le dira en son lieu, tira toute l'autorité à lui, et qui, pour que rien ne lui en pût échapper, fit donner le commandement des armées dans toute la province à son beau-frère Broglio, qui n'avoit pas servi depuis la malheureuse campagne de Consarbrück du maréchal de Créqui, où il étoit maréchal de camp. Par ce moyen, le commandement et toute considération des lieutenants généraux de la province tombèrent, et tout fut réuni à Bâville, devant qui son beau-frère, d'ailleurs très-incapable, ne fut qu'un petit garçon. Bâville étoit un beau génie, un esprit supérieur, très-éclairé, très-actif, très-laborieux. C'étoit un homme rusé, artificieux, implacable, qui savoit aussi parfaitement servir ses amis et se faire des créatures; un esprit surtout de domination qui brisoit toute résistance, et à qui rien ne coûtoit, parce qu'il n'étoit arrêté par rien sur les moyens. Il avoit fort augmenté le produit de la province; l'invention de la capitation l'avoit beaucoup fait valoir. Ce génie vaste, lumineux, impérieux étoit redouté des ministres, qui ne le laissoient pas approcher de la cour, et qui, pour le retenir en Languedoc, lui laissoient toute puissance, dont il abusoit sans ménagement.

Je ne sais si Broglio et lui se voulurent faire valoir du côté des armes, mais ils inquiétèrent fort les non ou mauvais convertis, qui à la fin s'attroupèrent. On sut après que Genève d'une part, le duc de Savoie d'autre, leur fournirent des armes et des vivres dans le dernier secret; l'une, des prédicants, l'autre, quelques gens de tête et de main, et de l'argent; tellement qu'on fût très-longtemps dans la surprise de les voir en apparence dénués de tout, et néanmoins se soutenir et entreprendre.

On eut grande obligation à ce fanatisme qui s'empara

d'eux, et qui bientôt leur fit commettre les derniers excès en sacrilége, en meurtres et en supplices sur les prêtres et les moines. S'ils s'en étoient tenus à ne maltraiter personne que suivant les lois de la guerre, à demander seulement liberté de conscience et soulagement des impôts, force catholiques qui par crainte, par compassion ou par espérance que ces troubles forceroient à quelques diminutions de subsides, auroient persévéré et peut-être levé le masque sous leur protection, et en auroient entraîné le grand nombre.

Ils avoient des cantons entiers, et presque quelques villes de leur intelligence, comme Nîmes, Uzès, etc., et force gentilshommes distingués et accrédités dans le pays qui les recevoient clandestinement dans leurs châteaux, qui les avertissoient de tout, et à qui ils s'adressoient avec sûreté, qui eux-mêmes pour la plupart avoient leurs ordres et leurs secours de Genève ou de Turin. Les Cévennes et les pays voisins pleins de montagnes et de déserts étoient une merveilleuse retraite pour ces sortes de gens, d'où ils faisoient leurs courses. Broglio, qui y voulut faire le capitaine, y fut traité et s'y conduisit en intendant. Ni troupes, ni artillerie, ni vivres, ni armes nulle part, en sorte que Montrevel fut obligé de demander de toutes ces choses, en attendant lesquelles les fanatiques désoloient toujours la province, en recevant aussi de temps en temps quelques petites pertes de la part de Julien. Broglio, qui n'entendoit rien qu'à dominer sous l'ombre de Bâville, fut rappelé, et eut l'impudence de répandre que c'étoit avec parole d'être fait chevalier de l'ordre. On envoya trois ou quatre lieutenants généraux ou maréchaux de camp à Montrevel avec vingt bataillons et de l'artillerie, dont il sut très-médiocrement s'aider. On pendit quelques chefs qui furent pris en divers petits combats ou surprises. Ils se trouvèrent tous de la lie du peuple; et leur parti n'en fut ni effrayé ni ralenti.

Tant d'occupations étrangères et domestiques n'empêchèrent pas le roi de s'amuser à des bals à Marly.

## CHAPITRE VI.

Honteux délais de Villars de passer en Bavière; jaloux de sa femme, refuse de la mener avec lui; joint enfin l'électeur. — Mort de la comtesse Dalmont à Saint-Germain. — Mort du baron d'Hautefeuille, ambassadeur de Naples. — Mort de Bechameil; sa fortune et son caractère. — Prince d'Auvergne pendu en Grève en effigie. — Défection du duc Molez. — Duc de Bourgogne déclaré pour l'armée sur le Rhin, avec Tallard sous lui et Marsin près de lui. — Duchesse de Ventadour quitte Madame; ses vues. — Duchesse de Brancas dame d'honneur de Madame pour son pain; son caractère et ses malheurs. — Mort de Félix; Maréchal premier chirurgien du roi en sa place; son caractère. — Curieux fait d'un voyage de Maréchal à Port-Royal des Champs. — Comtesse de Grammont; son caractère; sa courte disgrâce; le roi lui donne Pontali. — Mort d'Aubigné. — Aversion du roi pour le deuil. — Maladie du comte d'Ayen, singulièrement visité. — Papiers du P. Quesnel pris et lui arrêté, qui s'échappe. — Disgrâce de l'archevêque de Reims et son raccommodement. — Mort de Gourville; son mariage secret et sa sage disposition. — Bonn rendu par d'Alègre. — Combat d'Eckeren. — Toison d'or à Boufflers. — Bedmar conseiller d'État en Espagne. — Trois cent mille livres de brevet de retenue, outre trois cent mille autres, à Chamillart. — Walstein, ambassadeur de l'empereur en Portugal, prisonnier. — Succès de mer.

Kelh pris, et les comtes Schick et Stirum à la tête des troupes impériales pour contenir l'électeur de Bavière, il devenoit fort pressé de faire passer une armée à son secours; Villars et la sienne y étoient destinés. Il étoit revenu à Strasbourg après sa conquête; il fut difficile de l'en faire sortir; il ne pouvoit s'éloigner de sa femme. Le prince Louis rassembloit des troupes, et se retranchoit aux passages des montagnes. Le maréchal lui envoya demander un passe-port pour sa femme; il en fut refusé, et il s'en vengea depuis honteusement en brûlant et ravageant les terres de ce prince lorsqu'il y passa en allant en Bavière. Le roi, à qui il demanda permission de se faire accompagner par sa femme, ne se montra pas plus galant que le prince Louis, tellement que Villars en furie ne songea qu'à différer. L'approvisionnement, les recrues, l'arrivée des officiers, mille détails dont il sut profiter, furent ses prétextes. Cinquante bataillons et quatre-vingts escadrons, avec force officiers généraux, destinés à passer avec lui, se morfondirent longtemps, peu touchés des charmes de la maréchale. Le comte d'Albert, que le roi ne voulut jamais rétablir, non pas même le laisser colonel réformé, eut permission d'aller chercher fortune en Bavière, au service de l'électeur et alla avec Monasterol, son envoyé ici, joindre ses troupes pour passer avec elles.

A la fin Villars, poussé à bout d'ordres pressants, et ne pouvant plus trouver d'excuses, sous les yeux de tant de témoins, passa le Rhin, et se mit sérieusement en marche. Il poussa devant lui Blainville avec une vingtaine de bataillons, qui emporta le château d'Haslach, où cent quatre-vingts hommes demeurèrent prisonniers dans la vallée de la Quinche, à trois lieues de Gegenbach, où étoit le prince Louis, qui, par toutes les lenteurs du maréchal, étoit sur le point d'être joint par vingt bataillons que lui envoyoient les Hollandois. Ces retranchements, examinés et tournés, furent trouvés de digestion trop dure; il fallut prendre des détours : on réussit, et Villars, capitaine de vaisseau, qui avoit eu permission de faire la campagne auprès du maréchal son frère, arriva le 6 mai après dîner à Versailles, dans le temps que le roi travailloit avec Chamillart dans son cabinet, qui l'y fit entrer d'abord. Il apportoit la nouvelle que l'armée avoit surmonté tous les obstacles et les défilés; qu'on avoit attaqué le château d'Hornberg, à côté de Wolfach, et que trois ou quatre mille hommes qui étoient derrière Hornberg s'étoient retirés précipitamment; qu'ils avoient perdu trois cents hommes, et nous une trentaine; qu'on n'avoit pas voulu s'amuser à les poursuivre ; que l'armée étoit le 2 campée à Saint-Georges, entrée sur trois colonnes dans la plaine ; qu'elle n'étoit plus qu'à trois lieues de Rothweil et Villingen ; qu'on n'entendoit point parler du prince Louis depuis qu'on l'avoit tournoyé et laissé à côté ; qu'enfin la jonction avec l'électeur étoit désormais sûre et certaine. Il ajouta des détails sur les vivres, les convois et l'artillerie, qui furent satisfaisants ; et que Saint-Maurice et Clérembault, lieutenants généraux, étoient demeurés avec quatre bataillons et vingt-trois escadrons à Offenbourg, où le maréchal de Tallard venoit d'arriver.

Villars ne voulut point attaquer Villingen, qu'il laissa sur la gauche, pour ne point retarder sa marche. Il détacha le 4, de Donnausching, d'Aubusson, mestre de camp de cavalerie, avec cinq cents chevaux, pour aller porter de ses nouvelles à M. de Bavière. Ce prince avoit aussi envoyé cinq cent chevaux au-devant du maréchal. Les détachements se rencontrèrent, se reconnurent, et ce fut grande joie des deux côtés. Villars avoit avec lui cinquante bons bataillons et soixante escadrons, avec pouvoir de faire des brigadiers et de donner amnistie aux déserteurs voulant revenir. Enfin le maréchal de Villars vit, le 12 mai, l'électeur de Bavière, qui pleura de joie en l'embrassant, et le combla en son particulier de tout ce qui se peut de plus flatteur, et témoigna une grande reconnoissance pour le roi. Il lui fit voir ses troupes et faire trois salves de canon et de mousqueterie, jetant le premier son chapeau en l'air et criant : *Vive le roi !* ce qui fut imité par toute son armée. Deux jours après, l'électeur vint dîner chez le maréchal, et voir une trentaine de nos bataillons, qui le reçurent avec de grands cris de *Vive le roi et monsieur l'électeur !* Il les trouva parfaitement belles. Contentons-nous de les avoir mis ensemble pour le présent, et allons voir ce qui se passa ailleurs.

La reine d'Angleterre, fort incommodée d'une glande au sein, dont elle guérit à la longue par un régime très-sévère, eut une nouvelle affliction : elle perdit la comtesse Dalmont, Italienne et Montécuculli, qu'elle avoit amenée et mariée en Angleterre, qui ne l'avoit jamais quittée, et pour qui elle avoit eu la plus grande amitié et la plus grande confiance toute sa vie. C'étoit une grande femme, très-bien faite et de beaucoup d'esprit, dont notre cour s'accommodoit extrêmement. La reine l'aimoit tant, qu'elle lui avoit fait donner un tabouret de grâce, comme je crois l'avoir déjà remarqué ailleurs.

Le bailli d'Hautefeuille, ambassadeur de Malte, mourut en même temps. C'étoit un vieillard qui avoit fort servi et avec valeur, qui ne ressembloit pas mal à un spectre, et qui avoit usurpé et conservé quelque familiarité avec le roi, qui lui marqua toujours de la bonté. Il étoit farci d'abbayes et de commanderies, de vaisselle et de beaux meubles, surtout de beaucoup de beaux tableaux, fort riche et fort avare. Se sentant fort mal, et voulant recevoir ses sacrements, il envoya lui-même chercher le receveur de l'ordre et quelques chevaliers, à qui il fit livrer et emporter ses meubles, ses tableaux, sa vaisselle, et tout ce qui se trouva chez lui, pour que l'ordre ne fût frustré de rien après lui.

Bechameil le suivit immédiatement, assez vieux aussi. Il étoit père de la femme de Desmarets, qui venoit de revenir sur l'eau, et qui ne tarda guère à y voguer en plein, et de la femme de Cossé, qui devint duc de Brissac, comme je l'ai expliqué en son lieu. Bechameil avoit été fort dans les affaires, mais avec bonne réputation, autant qu'en peuvent conserver des financiers qui s'enrichissent. Il avoit succédé à Boisfranc, beau-père du marquis de Gesvres, dans la surintendance de la maison de Monsieur, quand ce dernier en fut chassé. Bechameil s'y fit aimer, estimer et considérer. Il étoit fort lié avec le marquis d'Effiat et le chevalier de Lorraine, et par ce dernier avec le maréchal de Villeroy. C'étoit un homme d'esprit et fort à sa place, qui faisoit une chère délicate et choisie en mets et en compagnie, et qui voyoit chez lui la meilleure de la ville et la plus distinguée de la cour. Son goût étoit exquis en tableaux, en pierreries, en meubles, en bâtiments, en jardins, et c'est lui qui a fait tout ce qu'il y a de plus beau à Saint-Cloud. Le roi, qui le traitoit bien, le consultoit souvent sur ses bâtiments et sur ses jardins, et le menoit quelquefois à Marly. Sans Mansart, qui en prit beaucoup d'inquiétude, le roi lui auroit marqué plus de confiance et de bonté. Son fils, qui portoit le nom de Nointel, fut intendant en Bretagne et fort honnête homme, que Monsieur fit faire conseiller d'État. Bechameil fit de prodigieuses dépenses à faire des beautés en cette terre en Beauvoisis. Le comte de Fiesque fit sur son entrée en ce lieu la plus plaisante chanson du monde, dont le refrain est : *Vive le roi et Bechameil son favori, son favori!* dont le roi pensa mourir de rire, et le pauvre Bechameil de dépit.

Il étoit bien fait et de bonne mine, et croyoit avoir de l'air du duc de Grammont. Le comte de Grammont le voyant se promener aux Tuileries : « Voulez-vous parier, dit-il à sa compagnie, que je vais donner un coup de pied au cul à Bechameil, et qu'il m'en saura le meilleur gré du monde ? » En effet, il l'exécuta en plein. Bechameil bien étonné se retourne, et le comte de Grammont à lui faire de grandes excuses sur ce qu'il l'a pris pour son neveu. Bechameil fut charmé, et les deux compagnies encore davantage. Louville, peu après son retour absolu d'Espagne, épousa une fille de son fils, qui se trouva une personne très-vertueuse et d'une très-aimable vertu.

Le samedi 28 avril, le prince d'Auvergne fut pendu en effigie en Grève, à Paris, en vertu d'un arrêt du parlement, sur sa désertion aux ennemis, dont j'ai parlé en son temps ; et le tableau avec son inscription y demeura près de deux fois vingt-quatre heures.

Le duc Molez, Napolitain d'assez peu de chose, ambassadeur d'Espagne, c'est-à-dire de Charles II, à Vienne, et qui y étoit demeuré sans caractère et sans mission depuis la mort de son maître jusqu'à la déclaration de la guerre, qu'il fut arrêté, déclara en ce temps-ci qu'il ne l'avoit été que de son consentement; qu'il avoit été toujours dans le parti de l'empereur, publia un manifeste sur sa conduite, et fut récompensé d'une des premières charges dans la maison de l'archiduc, où il ne fit jamais aucune figure.

Le maréchal de Villeroy partit pour la Flandre, où le maréchal de Boufflers l'attendoit; le maréchal d'Estrées pour son commandement de Bretagne, et le maréchal de Cœuvres, son fils, pour Toulon, préparer tout en attendant M. le comte de Toulouse; et Mgr le duc de Bourgogne, au lieu de sa première destination en Flandre, fut déclaré pour l'Allemagne, où le maréchal de Tallard étoit avec une armée, et Marsin choisi pour être auprès de la personne de ce prince.

La duchesse de Ventadour, voyant la maréchale de La Motte, sa mère, vieillir, et Mme la duchesse de Bourgogne donner des espérances d'avoir bientôt des enfants, jugea qu'il étoit temps de quitter Madame, pour s'ôter le prétexte de la considération de cette princesse, et s'aplanir la voie à la survivance de gouvernante des enfants de France. Son ancien ami, le maréchal de Villeroy, étoit parvenu à la mettre bien dans l'esprit de Mme de Maintenon, auprès de laquelle elle avoit les grâces de la ressemblance qui la touchoit le plus, c'est-à-dire celles des aventures galantes plâtrées après de dévotion.

Madame qui l'aimoit fort, et qu'elle avoit bien servie à la mort de Monsieur, entra dans ses vues, et chercha quelque duchesse sans pain et brouillée avec son mari, comme étoit la duchesse de Ventadour, quand elle fit l'étrange planche d'entrer à elle, au scandale public, à l'étonnement du roi, qui eut peine à l'accorder aux instances de Monsieur, et qui voulut savoir si sa famille y consentoit.

Madame fut quelque temps à trouver cette misérable duchesse. A la fin, la duchesse de Brancas se présenta, et fut acceptée avec une grande joie. Elle étoit sœur de la princesse d'Harcourt, et lui étoit parfaitement dissemblable : c'étoit

une femme de peu d'esprit, sans toutefois manquer de sens
et de conduite, très-vertueuse et très-véritablement dévote
dans tous les temps de sa vie, et la plus complétement malheureuse. Elle et son mari étoient enfants des deux frères,
lesquels étoient fils du premier duc de Villars, frère de
l'amiral, et d'une sœur de la belle et fameuse Gabrielle, et
du premier maréchal duc d'Estrées. Le duc de Brancas avoit
perdu son père et sa mère à seize ans, qui n'avoient jamais
figuré. Son oncle, le comte de Brancas, avoit fort paru à la
cour et dans le monde, et parmi la meilleure, la plus galante
et la plus spirituelle compagnie de son temps, et fort bien
avec le roi et les reines. Nous avons vu en son lieu qu'il fut
encore mieux avec Mme Scarron, depuis la fameuse Mme de
Maintenon, qui s'en souvint toute sa vie. Le comte de Brancas est encore célèbre par ses prodigieuses distractions, que
La Bruyère a immortalisées dans ses *Caractères*. Il l'est encore
par la singularité de sa retraite à Paris, au dehors des Carmélites, qu'il exhortoit à la grille depuis qu'il fut dans la dévotion, qui ne l'empêchoit pas de voir toujours bonne compagnie et de conserver du crédit à la cour. Il avoit marié l'aînée
de ses deux filles au prince d'Harcourt. N'ayant pas grand'-
chose à donner à l'autre, il jeta les yeux sur son neveu, qui
étoit assez pauvre et encore plus abandonné, n'ayant que cet
oncle qui en pût prendre soin. Il étoit plus jeune de plusieurs
années que sa cousine ; son oncle, partie par amitié, partie
par autorité, l'engagea à l'épouser, et lui en fit même parler
par le roi. A dix-sept ans, et sans parents à qui avoir recours,
il n'en faut pas tant pour paqueter un homme. Il se maria
malgré lui en 1680, avec cent mille livres que le roi donna
à sa femme, et fort peu de son beau-père qu'il perdit six
mois après, et avec lui tout le frein qui pouvoit le retenir.

C'étoit un homme pétillant d'esprit, mais de cet esprit de
saillie, de plaisanterie, de légèreté et de bons mots, sans la
moindre solidité, sans aucun sens, sans aucune conduite,
qui se jeta dans la crapule et dans les plus infâmes débau-

ches, où il se ruina dans une continuelle et profonde obscurité. Sa femme devint l'objet des regrets d'un mauvais mariage fait contre son goût et contre son gré, dont elle n'étoit pas cause; elle passa sa vie le plus souvent sans pain et sans habits, et souvent encore parmi les plus fâcheux traitements, que sa vertu, sa douceur et sa patience ne purent adoucir. Heureusement pour elle, elle trouva des amies qui la secoururent, et sans la maréchale de Chamilly, elle seroit morte souvent de toutes sortes de besoins. Elle persuada enfin une séparation au duc de Brancas, qui, pour y parvenir solidement et de complot fait, battit sa femme et la chassa à coups de pied devant Mme de Chamilly, d'autres témoins et tous les valets, qui l'emmena chez elle, où elle la garda longtemps. De pain, elle en eut comme point par la séparation, parce qu'il ne se trouva pas où en prendre. Elle en étoit là depuis plusieurs années quand, pour son pain, elle se mit à Madame et encore chargée d'enfants, dont son mari se mettoit fort peu en peine. Madame, qui s'en trouvoit fort honorée, la traita jusqu'à sa mort avec beaucoup d'égards et de distinctions, et elle se fit aimer et considérer à la cour par sa douceur et sa vertu.

Félix, premier chirurgien du roi, mourut vers ce temps-là, laissant un fils qui n'avoit point voulu tâter de sa profession. Fagon, premier médecin du roi, qui avoit toute sa confiance et celle de Mme de Maintenon sur leur santé, mit en cette place Maréchal, chirurgien de la Charité, à Paris, le premier de tous en réputation et en habileté, et qui lui avoit fait très-heureusement l'opération de la taille. Outre sa capacité dans son métier, c'étoit un homme qui, avec fort peu d'esprit, avoit très-bon sens, connoissoit bien ses gens, étoit plein d'honneur, d'équité, de probité, et d'aversion pour le contraire; droit, franc et vrai, et fort libre à le montrer, bon homme et rondement homme de bien, et fort capable de servir, et par équité ou par amitié, de se commettre très-librement à rompre des glaces auprès du roi, quand il se fut bien initié (et on l'étoit bientôt dans ces sortes d'emplois familiers auprès de lui). On verra dans la suite que ce n'est pas sans raison que je m'étends sur cette espèce de personnage des cabinets intérieurs, que sa faveur laissa toujours doux, respectueux, et quoique avec quelque grossièreté, tout à fait en sa place. Mon père, et moi après lui, avons logé toute notre vie auprès de la Charité. Ce voisinage avoit fait Maréchal le chirurgien de notre maison; il nous étoit tout à fait attaché, et il le demeura dans sa fortune.

Je me souviens qu'il nous conta, à Mme de Saint-Simon et à moi, une aventure qui lui arriva, et qui mérite d'être rapportée. Moins d'un an depuis qu'il fut premier chirurgien, et déjà en familiarité et en faveur, mais voyant, comme il a toujours fait, tous les malades de toute espèce qui avoient besoin de sa main dans Versailles et autour, il fut prié par le chirurgien de Port-Royal des Champs d'y aller voir une religieuse à qui il croyoit devoir couper la jambe. Maréchal s'y engagea pour le lendemain. Ce même lendemain, on lui proposa, au sortir du lever du roi, d'aller à une opération qu'on devoit faire; il s'en excusa sur l'engagement qu'il avoit pris pour Port-Royal. A ce nom, quelqu'un de la Faculté le tira à part, et lui demanda s'il savoit bien ce qu'il faisoit d'aller à Port-Royal. Maréchal, tout uni, et fort ignorant de toutes les affaires qui, sous ce nom, avoient fait tant de bruit, fut surpris de la question, et encore plus quand on lui dit qu'il ne jouoit pas à moins qu'à se faire chasser; il ne pouvoit comprendre que le roi trouvât mauvais qu'il allât voir si on y couperoit ou non la jambe à une religieuse. Par composition, il promit de le dire au roi avant d'y aller. En effet, il se trouva au retour du roi de sa messe, et comme ce n'étoit pas une heure où il eût accoutumé de se présenter, le roi, surpris, lui demanda ce qu'il vouloit. Maréchal lui raconta avec simplicité ce qui l'amenoit, et la surprise où il en étoit lui-même. A ce nom de Port-Royal, le roi se redressa comme il avoit accoutumé aux choses qui lui déplaisoient, et demeura deux ou trois *Pater* sans répondre, sérieux et réfléchissant, puis dit à Maréchal : « Je veux bien que vous y alliez, mais à condition que vous y alliez tout à l'heure pour avoir du temps devant vous; que, sous prétexte de curiosité, vous voyiez toute la maison, et les religieuses au chœur et partout où vous les pourrez voir; que vous les fassiez causer, et que vous examiniez bien tout de très-près, et que ce soir vous m'en rendiez compte. » Maréchal, encore plus étonné, fit son voyage, vit tout, et ne manqua à rien de tout ce qui lui étoit prescrit. Il fut attendu avec impatience; le roi le demanda plusieurs fois, et le tint à son arrivée près d'une heure en questions et en récits. Maréchal fit un éloge continuel de Port-Royal; il dit au roi que le premier mot qui lui fut dit fut pour lui demander des nouvelles de la santé du roi, et à plusieurs reprises; qu'il n'y avoit lieu où on priât tant pour lui, dont il avoit été témoin aux offices du chœur. Il admira la charité, la patience et la pénitence qu'il y avoit remarquées; il ajouta qu'il n'avoit jamais été en aucune maison dont la piété et la sainteté lui eût fait autant d'impression. La fin de ce compte fut un soupir du roi, qui dit que c'étoient des saintes qu'on avoit trop poussées, dont on n'avoit pas assez ménagé l'ignorance des faits et l'entêtement, et à l'égard desquelles on avoit été beaucoup trop loin. Voilà le sens droit et naturel, produit par un récit sans fard, d'un homme neuf et neutre, qui dit ce qu'il a vu, et dont le roi ne se pouvoit défier, et qui eut par là toute liberté de parler; mais le roi, vendu à la contre-partie, ne donnoit d'accès qu'à elle; aussi cette impression fortuite du vrai fut-elle bientôt anéantie. Il ne s'en souvint plus quelques années après, lorsque le P. Tellier lui fit détruire jusqu'aux pierres et aux fondements matériels de Port-Royal, et y passer partout la charrue.

Félix avoit eu pour sa vie une petite maison dans le parc de Versailles, au bout du canal où aboutissoient toutes les eaux. Il l'avoit rendue fort jolie. Le roi la donna à la comtesse de Grammont. Les étranges Mémoires du comte de Grammont, écrits par lui-même, apprennent qu'elle étoit Hamilton, et comment il l'épousa en Angleterre. Elle avoit été belle et bien faite ; elle en avoit conservé de grands restes et la plus haute mine. On ne pouvoit avoir plus d'esprit, et, malgré sa hauteur, plus d'agrément, plus de politesse, plus de choix. Elle l'avoit orné, elle avoit été dame du palais de la reine, avoit passé sa vie dans la meilleure compagnie de la cour, et toujours très-bien avec le roi, qui goûtoit son esprit, et qu'elle avoit accoutumé à ses manières libres dans les particuliers de ses maîtresses. C'étoit une femme qui avoit eu ses galanteries, mais qui n'avoit pas laissé de se respecter, et qui, ayant bec et ongles, l'étoit fort à la cour, et jusque par les ministres, qu'elle cultivoit même très-peu.

Mme de Maintenon, qui la craignoit, n'avoit pu l'écarter ; le roi s'amusoit fort avec elle. Elle sentoit l'aversion et la jalousie de Mme de Maintenon : elle l'avoit vue sortir de terre, et surpasser rapidement les plus hauts cèdres; jamais elle n'avoit pu se résoudre à lui faire sa cour. Elle étoit née de parents catholiques, qui l'avoient mise toute jeune à Port-Royal, où elle avoit été élevé. Il lui en étoit resté un germe qui la rappela à une solide dévotion avant même que l'âge, le monde ni le miroir la pussent faire penser à changer de conduite. Avec la piété, instruite comme elle l'avoit été, l'amour de celles à qui elle devoit son éducation, et qu'elle avoit admirées dans tous les temps de sa vie, prit en elle le dessus de la politique. Ce fut par où Mme de Maintenon espéra éloigner le roi d'elle. Elle y échoua toujours avec un extrême dépit : la comtesse s'en tiroit avec tant d'esprit et de grâces, souvent avec tant de liberté, que les reproches du roi se tournoient à rien, et qu'elle n'en étoit que mieux et plus familière avec lui, jusqu'à hasarder quelquefois quelques regards altiers à Mme de Maintenon, et quelques plaisanteries salées jusqu'à l'amertume. Trop enhardie par une longue habitude de succès, elle osa s'enfermer à Port-Royal toute une octave de la Fête-Dieu. Son absence fit un vide qui importuna le roi et qui donna beau jeu à Mme de Maintenon sur la découverte. Le roi en dit son avis au comte de Grammont fort aigrement, et le chargea de le rendre à sa femme. Il en fallut venir aux excuses et aux pardons, qui furent mal reçus. Elle fut renvoyée à Paris, et on alla à Marly sans elle. Elle y écrivit au roi par son mari sur la fin du voyage; mais on ne la put jamais résoudre à écrire à Mme de Maintenon, ni à lui faire dire la moindre chose. La lettre demeura sans réponse et parut sans succès. Peu de jours après le retour à Versailles, le roi lui fit dire par son mari d'y venir : il la vit dans son cabinet par les derrières, et quoique très-expressément elle tînt ferme sur Port-Royal, ils se raccommodèrent à condition de n'y plus faire de ces disparates, comme lui dit le roi, et d'avoir pour lui cette complaisance. Elle n'alla point chez Mme de Maintenon, qu'elle ne vit qu'avec le roi, comme elle avoit accoutumé, et fut mieux avec lui que jamais.

Cela s'étoit passé l'année précédente. Le présent des Moulineaux, cette petite maison revenue à la disposition du roi par la mort de Félix, qu'elle appela Pontali, fit du bruit, et marqua combien elle étoit bien avec le roi. Ce lieu devint à la mode. Mme la duchesse de Bourgogne, les princesses l'y allèrent voir, et assez souvent. N'y étoit pas reçu qui vouloit, et le dépit que Mme de Maintenon en avoit, mais qu'elle n'osoit montrer, ne fut capable de retenir que bien peu de ses plus attachées, qui même sur les propos du roi à elles dans l'intérieur, et sur l'exemple de ses filles, n'osèrent s'en dispenser tout à fait; et le roi, jaloux de montrer qu'il n'étoit pas gouverné, suivoit en cela d'autant plus volontiers son goût pour la comtesse de Grammont, qui, avec toute la cour, ne s'en haussa ni baissa.

Mme de Maintenon se consola de cette petite peine par la délivrance d'une bien plus grande : ce fut celle de son frère, qui mourut aux eaux de Vichy, toujours gardé à vue par ce

Madot, prêtre de Saint-Sulpice, qui en fut, bientôt après, récompensé d'un bon évêché. Je ne dirai rien ici de ce M. d'Aubigné, parce que j'en ai parlé suffisamment ailleurs. Le roi, qui haïssoit tout ce qui étoit lugubre, ne voulut pas que Mme de Maintenon drapât, comme on faisoit encore alors pour les frères et les sœurs, non pas même que ses valets de chambre ni ses femmes fussent vêtus de noir, et elle-même en porta un deuil fort léger et fort court. Il ne vaqua par cette mort qu'un collier de l'ordre, et le gouvernement de Berry, dont le comte d'Ayen, son gendre, avoit la survivance.

Ce gendre étoit tombé dans une langueur où les médecins ne purent rien connoître, et qui, sans maladie autre qu'une grande douleur au creux de l'estomac, le réduisit à l'extrémité. Il ne fut pas question de songer à faire la campagne. Il passa l'été au coin du feu, enveloppé comme dans le plus rigoureux hiver. Mme de Maintenon l'alloit voir souvent, et ce qui parut de bien extraordinaire, Mme la duchesse de Bourgogne y passoit des après-dînées, et quelquefois sans elle. Soit fantaisie de malade, soit raisons domestiques, il se lassa d'être dans l'appartement de son père et de sa mère, où lui et sa femme étoient très-commodément logés, et si vaste que cela s'appeloit la rue de Noailles, et tenoit toute la moitié du haut de la galerie de l'aile neuve. Il fit demander à l'archevêque de Reims son logement à emprunter, qui étoit à l'autre extrémité du château. Il n'en avoit point d'autre, et la demande étoit d'autant plus incivile que l'archevêque étant lors au plus mal avec le roi, et le comte d'Ayen n'étant pas le maître de lui céder celui que M. le duc de Berry avoit quitté depuis quelque temps, sous celui du duc de Noailles, où il s'étoit mis, c'étoit déloger tout à fait l'archevêque. J'avance ce délogement pour ne pas séparer le raccommodement de l'archevêque de Reims de trop loin de sa disgrâce, et rapporter de suite l'une et l'autre. Ce sont de ces curiosités de cour dont les époques ne sont pas importantes dans leur exactitude, lorsque les matières portent à ne s'y pas arrêter, pourvu qu'on ait celle de les remarquer. Voici donc la cause de la disgrâce de l'archevêque de Reims, dont la source arriva la veille de la Pentecôte de cette année.

Le fameux Arnauld étoit mort à quatre-vingt-deux ans, à Bruxelles, en 1694. Le P. Quesnel, toujours connu sous ce nom pour avoir été longtemps dans l'Oratoire, avoit succédé à ce grand chef de parti. Il se tenoit caché comme son maître, en butte aux puissances remuées par tous les ressorts des jésuites et de leurs créatures. Également possesseurs de la conscience du roi et du roi d'Espagne, ils jugèrent la conjoncture favorable pour tâcher de se saisir, par leur concours, de la personne du P. Quesnel et de tous ses papiers. Il fut vendu, découvert et arrêté à Bruxelles la veille de la Pentecôte de cette année. J'en laisse le curieux détail aux annalistes jansénistes. Il me suffira ici de dire qu'il se sauva en perçant une maison voisine, et gagna la Hollande à travers mille dangers; mais ses papiers furent pris, où il se trouva force marchandise dont le parti moliniste sut grandement profiter. On y trouva des chiffres, quantité de noms avec la clef, et beaucoup de lettres et de commerces. Un bénédictin de l'abbaye d'Auvillé, en Champagne, s'y trouva fort mêlé, qui avoit déjà eu des affaires sur la doctrine. On résolut de l'arrêter, et de faire saisir tout ce qui se trouveroit d'écrits dans ce monastère. Le moine se sauva, et pas un papier dans sa cellule; mais on fut dédommagé par l'ample moisson qu'on fit dans celle du sous-prieur, qui en étoit farcie. Tout fut apporté à Paris et bien examiné. Il s'y trouva une étroite correspondance entre le P. Quesnel et ce religieux, et une fort grande aussi par son canal entre le même P. Quesnel et M. de Reims. Le pis fut qu'on y trouva aussi les brouillons de la main du moine d'un livre imprimé depuis peu en Hollande, qui confondoit fort la monarchie avec la tyrannie, et qui sentoit fort le républicain, tout à fait dans les sentiments dont le fameux Richer, si odieux à Rome et aux jésuites, s'étoit solennellement rétracté depuis, mais qu'il avoit imprimés durant les fureurs de la Ligue. Ce moine d'Auvillé fut donc avéré d'être l'auteur de ce livre qui venoit de paroître contre la monarchie. Il n'en fallut pas davantage pour faire soupçonner au moins le P. Quesnel d'être du même avis, et M. de Reims d'être au moins le confident de l'ouvrage, s'il n'étoit pas dans les mêmes sentiments. On peut juger de tout l'usage que les jésuites, ses ennemis, et qu'il avoit toujours maltraités impunément, surent faire d'un si grand avantage. Le roi entra dans une grande indignation. La famille de l'archevêque, tout à fait tombée de crédit et de considération depuis que le ministère en étoit sorti, et ses amis, furent alarmés. Ils en donnèrent avis à l'archevêque, qui étoit à Reims, et que la frayeur y retint au lieu de venir essayer de se justifier. Son séjour dans une telle conjoncture fut un autre sujet de triomphe et de mauvais offices contre lui, qui à la fin le forcèrent au retour. Il obtint avec peine une audience du roi : elle fut fâcheuse ; il en sortit plus mal encore avec lui qu'il n'y étoit entré, et sa disgrâce très-marquée dura jusqu'à ce hasard longtemps après, que je viens de raconter du comte d'Ayen.

L'archevêque savoit trop bien la cour pour ne pas saisir cette occasion favorable. Il comprit dans l'instant que Mme de Maintenon, plus contente alors de sa nièce qu'elle ne l'avoit été, raffolée du comte d'Ayen malade, et plus qu'importunée de la duchesse de Noailles, dont elle n'aimoit pas la personne, et moins encore les vues et les demandes continuelles pour une vaste famille, fatiguée même du duc de Noailles, seroit ravie d'être en retraite à son aise et loin d'eux, chez le comte et la comtesse d'Ayen, dans son appartement, qui étoit séparé de ceux du père et du fils de tout le château. Il répondit donc en envoyant ses clefs avec toute la politesse d'un rustre en disgrâce, et protesta que quand il n'iroit pas dans son diocèse, il ne rentreroit point dans son appartement. Dès le même jour il en fit ôter tous les meubles sans y rien laisser, et s'en alla loger dans sa maison à la ville. Le lendemain, le roi rencontrant l'archevêque sur son passage, alla droit à lui, le remercia le plus obligeamment du monde, lui dit qu'il n'étoit pas juste qu'il fût délogé, lui ordonna d'aller voir l'appartement que M. le duc de Berry avoit quitté, qui avoit été prêté au comte d'Ayen; de voir s'il s'en pourroit accommoder, d'y ordonner tous les changements et tous les agréments qui lui plairoient, et ajouta que, contre ce qu'il avoit établi depuis quelque temps, il ne vouloit pas qu'il lui en coûtât rien, et qu'il ordonneroit aux bâtiments de tout exécuter sous ses ordres. M. de Reims, comblé bien au-dessus de ses espérances, profita de cet heureux moment. Il obtint une audience du roi, qui lui fut aussi favorable que la dernière avoit été affligeante. Elle fut longue, détaillée; le roi lui rendit ses bonnes grâces premières, et il promit aussi au roi les siennes pour les jésuites, sans que le roi l'eût exigé. Il fit accommoder aux dépens du roi, qui lui en demanda souvent des nouvelles, ce logement de M. le duc de Berry, qui, un peu moins grand que le sien qu'il quittoit, étoit de plain-pied à la galerie haute de l'aile neuve et aux appartements du roi, et un des beaux qui ont vue sur les jardins, au lieu que le sien étoit au haut du château à l'opposite, et qu'il n'avoit rien à y perdre pour le voisinage de la surintendance, où son père et son neveu étoient morts, qui étoit occupée par Chamillart et sa famille, successeur de leur charge; et voilà comment, dans les cours, des riens raccommodent souvent les affaires les plus désespérées; mais ces hasards heureux y sont pour bien peu de gens.

Gourville mourut en ce temps-ci, à quatre-vingt-quatre ou cinq ans, dans l'hôtel de Condé, où il avoit été le maître toute sa vie. Il avoit été laquais de M. de La Rochefoucauld, père du grand veneur, qui, lui trouvant de l'esprit, et étant de ses terres de Poitou, en voulut faire quelque chose. Il s'en trouva si bien pour ses affaires domestiques et pour ses menées aussi, à quoi il étoit fort propre, qu'il s'en servit pour les intrigues les plus considérables de ces temps-là. Elles [le] firent bientôt connoître à M. le Prince, à qui M. de La Rochefoucauld le donna, et qui demeura toujours depuis dans la maison de Condé. Les Mémoires qu'il a laissés, et ceux de tous ces temps de troubles, de la minorité du roi jusqu'à son mariage, et au retour de M. le Prince par la paix des Pyrénées, l'ont assez fait connoître pour que je n'aie rien à y ajouter. Gourville, par son esprit, son grand sens, les amis considérables qu'il s'étoit faits, étoit devenu un personnage ; l'intimité des ministres l'y maintint, celle de M. Fouquet l'enrichit à l'excès. L'autorité qu'il acquit et qu'il se conserva à l'hôtel de Condé, où il étoit plus maître de tout que les deux princes de Condé, qui eurent en lui toute leur confiance, tout cela ensemble le soutint toujours dans une véritable considération. Il n'oublia pas en aucun temps qu'il devoit tout à M. de La Rochefoucauld, ni ce qu'il avoit été en sa jeunesse ; et quoique naturellement assez brutal, il ne se méconnut jamais, quoique mêlé toute sa vie avec la plus illustre compagnie. Le roi même le traitoit toujours avec distinction. Ce qui est prodigieux, il avoit secrètement épousé une des trois sœurs de M. de La Rochefoucauld. Il étoit continuellement chez elle à l'hôtel de La Rochefoucauld, mais toujours, et avec elle-même, en ancien domestique de la maison. M. de La Rochefoucauld et toute sa famille le savoient, et presque tout le monde, mais à les voir on ne s'en seroit jamais aperçu. Les trois sœurs filles et celle-là, qui avoit beaucoup d'esprit et passant pour telle, logeoient ensemble dans un coin séparé de l'hôtel de La Rochefoucauld, et Gourville à l'hôtel de Condé. C'étoit un fort grand et gros homme, qui avoit été bien fait, et qui conserva sa bonne mine, une santé parfaite, sa tête entière jusqu'à la fin. Il avoit peu de domestiques, bien choisis. Lorsqu'il se vit fort vieux, il les fit tous venir un matin dans sa chambre ; là il leur déclara qu'il étoit fort content d'eux, mais qu'ils ne s'attendissent pas un d'eux qu'il leur laissât quoi que ce fût par testament, mais qu'il leur promettait d'augmenter à chacun ses gages tous les ans d'un quart, et de plus, s'ils le servoient bien et avec affection ; que c'étoit à eux à avoir bien soin de lui, et à prier Dieu de le leur conserver long-temps ; que, par ce moyen, ils auroient de lui, s'il vivoit encore plusieurs années, plus qu'ils n'en auroient pu espérer par testament. Il leur tint exactement parole. Il n'avoit point d'enfants, mais des neveux et des nièces qu'on ne voyoit point, hors un neveu, qui même se produisit peu, qui furent ses héritiers, et qui sont demeurés dans l'obscurité.

En Flandre, les Hollandois perdirent le comte d'Athlone de maladie, qui commandoit leurs troupes en chef. Ils mirent en sa place Obdam, frère d'Overkerke, bâtard des princes d'Orange, qui avoit été dans la faveur et l'intime confidence du roi Guillaume, duquel il étoit grand écuyer. Les ennemis firent le siége de Bonn, que d'Alègre leur rendit, le 17 mai, après trois semaines de siége. Ils avoient grande envie de faire celui d'Anvers. Cohorn, leur Vauban, força nos lignes en trois endroits avec sept ou huit mille hommes, et entra dans le pays de Waës, ayant, à une lieue d'Anvers, Obdam avec vingt-huit bataillons, et la commodité de nos lignes forcées pour leur servir de circonvallation pour ce siége. Le maréchal de Boufflers, sur ces nouvelles, quitta le maréchal de Villeroy sur le Demer, et marcha avec trente escadrons et trente compagnies de dragons vers le corps du marquis de Bedmar, avec lequel il attaqua, le samedi dernier juin, les vingt-cinq bataillons et les vingt-neuf escadrons qu'avoit Obdam près du village d'Eckeren, à trois heures après midi, deux heures avant l'arrivée de son infanterie, dans la crainte que les ennemis se retirassent. Le combat, fort vif et fort heureux pour le maréchal, dura jusqu'à la nuit, qui empêcha la défaite entière de ces troupes hollandoises. Elles y perdirent quatre mille hommes, huit cents prisonniers, quatre cents chariots, cinquante charrettes d'artillerie, presque tout leur canon, quatre gros mortiers et quarante petits. La comtesse de Tilly, qui étoit venue dîner avec son mari assez mal à propos, y fut aussi prise. Nos troupes y eurent près de deux mille tués ou blessés, et n'y perdirent de marque que le comte de Brias, neveu du dernier archevêque de Cambrai, colonel d'un régiment wallon, que je connoissois fort. Obdam prit une cocarde blanche et se retira avec ce qu'il put à Breda : le reste s'embarqua à Lillo[1]. On intercepta une lettre qu'il écrivoit de Breda au duc de Marlborough, par laquelle il lui mandoit que, n'ayant plus d'armée, il alloit à la Haye rendre compte aux États généraux de son malheur, et se plaignoit fort de Cohorn. Le reste de la campagne se passa en campements et en subsistances ; les ennemis prirent Huy et la garnison prisonnière de guerre tout à la fin d'août. Il ne se fit plus rien de part ni d'autre. Cette victoire d'Eckeren fut si agréable au roi et au roi d'Espagne, que le maréchal de Boufflers en eut la Toison d'or, et le marquis de Bedmar le brevet de conseiller d'État qui est le comble de la fortune en Espagne, et ce que nous appelons ici ministre d'État. Chamillart profita de la bonne humeur ; il avoit cent mille écus de brevet de retenue sur sa charge de secrétaire d'État, qu'il avoit payés aux héritiers de Barbezieux ; il en eut encore autant de plus.

Coetlogon, avec cinq vaisseaux, prit le 22 juin, vers la rivière de Lisbonne, cinq vaisseaux hollandois, après un grand combat et fort opiniâtre, qui dura jusqu'à la nuit. Ces vaisseaux hollandois escortoient cent voiles marchandes qui eurent le temps de se sauver. Le comte de Walstein, ambassadeur de l'empereur à Lisbonne, fut pris sur un des vaisseaux de guerre avec un envoyé de l'électeur de Mayence, qui s'en retournoient en Allemagne. Walstein fut amené à Vincennes, et quelque temps après envoyé à Bourges, où il demeura assez longtemps avec Saint-Olon, gentilhomme ordinaire, chargé de prendre garde à sa conduite. Saint-

1. Forteresse du royaume de Hollande située sur l'Escaut. Les précédents éditeurs ont remplacé Lillo par Lille.

Paul Hécourt, avec quatre vaisseaux, prit et coula à fond quatre vaisseaux de guerre hollandois au nord d'Écosse, qui escortoient la pêche du hareng, dont il brûla cent soixante bateaux. Un des vaisseaux coula aussi à fond : cela se passa à la fin de juin. Dans cette même campagne, Saint-Paul eut un autre avantage aussi considérable, et de la même espèce, vers le Nord.

## CHAPITRE VII.

Cardinal Bonzi; son extraction, son caractère, sa fortune, sa mort. — Mort du duc de La Ferté. — P. de La Ferté jésuite. — Maréchal de Joyeuse gouverneur des Évêchés. — Bailli de Noailles ambassadeur de Malte. — M. de Roye lieutenant général des galères. — Comte de Toulouse à Toulon. — Duc de Bourgogne sur le Rhin. — Villars fait demander par l'électeur de Bavière d'être duc; est refusé; remplit ses coffres — Villars échoue encore à faire venir sa femme le trouver; se brouille avec l'électeur. — Vues et conduite pernicieuse de Villars. — Projet insensé du Tyrol. — Le roi amusé par Vendôme. — Legal bat à Minderkingen le général Latour; est fait lieutenant général. — Triste succès du projet du Tyrol. — Conduite de Vaudemont. — Duquesne brûle les magasins d'Aquilée. — Naissance du duc de Chartres; sa pension. — Duc d'Orléans tire du roi plus d'un million par an. — Règlement sur l'artillerie. — Trésor inutilement cherché à Meudon. — Président de Mesmes prévôt et grand maître des cérémonies de l'ordre.

Le cardinal Bonzi mourut à Montpellier vers la mi-juillet de cette année, à soixante-treize ans. Il étoit archevêque de Narbonne, et avoit cinq abbayes, et commandeur de l'ordre. Ainsi le cardinal Portocarrero eut cette place qui lui avoit été assurée d'avance, avec la permission, en attendant, de porter le cordon bleu. Ces Bonzi sont des premières familles de Florence; ils ont eu souvent les premières charges de cette république et des alliances directes avec les Médicis. Ce fut un Bonzi, évêque de Terracine, qui fit le funeste mariage de Catherine de Médicis, qui en amena en France, avec les Strozzi, les Gondi et d'autres Italiens. Un Bonzi eut l'évêché de Béziers du cardinal Strozzi, son oncle, qui a été possédé par six Bonzi, d'oncle à neveu, dont deux ont été cardinaux. Le second Bonzi, évêque de Béziers, fit le triste mariage de Marie de Médicis. Sa parenté avec elle engagea Henri IV à le faire grand aumônier de la reine, c'est-à-dire à ériger cette charge pour lui, l'unique qui, chez les reines, ait le titre de grand. C'étoit un homme de grand mérite, et qui avoit habilement traité beaucoup d'affaires dehors et dedans, et qui eut la nomination de France au chapeau que Paul V lui donna en 1611. Pierre Bonzi, dont il s'agit ici, élevé auprès de l'évêque de Béziers, son oncle, auquel il succéda, plut de bonne heure au cardinal Mazarin. Ces Bonzi n'ont été heureux en mariages que pour eux-mêmes. Il fit celui du grand-duc avec une fille de Gaston, qu'il conduisit à Florence, d'où il fut ambassadeur à Venise, de là en Pologne, pour empêcher le roi Casimir d'abdiquer. Il en rapporta la nomination de Pologne au cardinalat. Après son départ, Casimir abdiqua. Bonzi fut renvoyé en Pologne, où il rompit les mesures des Impériaux, et fit élire Michel Wiesnowieski. A son retour, il eut l'archevêché de Toulouse, et alla ambassadeur en Espagne. Bientôt après, il eut l'archevêché de Narbonne, le chapeau, que Clément X lui donna en 1672, et fut grand aumônier de la reine. Il se trouva aux conclaves d'Innocent XI, Alexandre VIII et Innocent XII, et partout il brilla et réussit.

C'étoit un petit homme trapu, qui avoit eu un très-beau visage, à qui l'âge en avoit laissé de grands restes, avec les plus beaux yeux noirs, les plus parlants, les plus perçants, les plus lumineux, et le plus agréable regard, le plus noble et le plus spirituel que j'aie jamais vu à personne; beaucoup d'esprit, de douceur, de politesse, de grâces, de bonté, de magnificence, avec un air uni et des manières charmantes; supérieur à sa dignité, toujours à ses affaires, toujours prêt à obliger; beaucoup d'adresse, de finesse, de souplesse, sans friponnerie, sans mensonge et sans bassesse; beaucoup de grâces et de facilité à parler. Son commerce, à ce que j'ai ouï dire à tout ce qui a vécu avec lui, étoit délicieux, sa conversation jamais recherchée et toujours charmante; familier avec dignité, toujours ouvert, jamais enflé de ses emplois ni de sa faveur. Avec ces qualités et un discernement fort juste, il n'est pas surprenant qu'il se soit fait aimer à la cour et dans les pays étrangers.

Sa place de Narbonne le rendoit le maître des affaires du Languedoc; il le fut encore plus par y être adoré et y avoir gagné la confiance des premiers et des trois ordres, que par son siége. Fleury, receveur des décimes du diocèse de Lodève, s'insinua dans le domestique du cardinal, parvint jusqu'à lui, et à lui oser présenter son fils, qui plut tellement à cette éminence italienne, qu'il en prit soin, et fit, ce qu'on pourroit bien affirmativement dire, sa fortune, si elle n'avoit pris plaisir d'en insulter la France en l'en établissant roi absolu, et unique et public, et dans un âge où les autres radotent quand ils font tant que d'y parvenir.

Bonzi jouit longtemps d'une faveur à la cour et d'une puissance en Languedoc, qui, établie premièrement sur les cœurs, n'étoit contredite de personne. M. de Verneuil, gouverneur, n'y existoit pas; M. du Maine, en bas âge, puis en jeunesse, qui lui succéda, ne s'en mêla pas davantge. Bâville, intendant du Languedoc, y vouloit régner, et ne savoit comment supplanter une autorité si établie, lorsque, bien averti de la cour d'un accès de dévotion qui diminua depuis, mais qui dans sa ferveur portoit le roi à des réformes d'autrui, lui fit revenir, par des voies de conscience, des choses qui le blessèrent sur la conduite du cardinal Bonzi. Les Lamoignon, de tout temps livrés aux jésuites, réciproquement disposoient d'eux; et ces pères n'ont jamais aimé des prélats assez grands pour n'avoir pas besoin d'eux, et dont étant néanmoins ménagés et bien traités comme ils l'étoient de Bonzi, se trouvoient en posture de les faire compter avec eux si d'aventure il leur en prenoit envie.

Le bon cardinal, quoique en âge où les passions sont ordinairement amorties, étoit éperdument amoureux d'une Mme de Gange, belle-sœur de celle dont la vertu et l'horrible catastrophe a fait tant de bruit. Les Soubise ne sont pas si rares qu'on le croit. Cet amour étoit fort utile au mari; il ne voulut donc jamais rien voir, et profitoit grandement de ce que toute la province voyoit, et qu'il avoit bien résolu de ne voir jamais, quoique sous ses yeux. Le scandale étoit en effet très-réel, et sans l'affection générale que toute la province portoit au cardinal, cela auroit fait beaucoup plus de bruit. Bâville l'excita tant qu'il put : il procura au cardinal des avis fâcheux de la part du roi, puis des lettres du P. de La Chaise par son ordre, enfin quelque chose de plus par Châteauneuf, secrétaire d'État de la province. Bonzi alla à la cour, espérant tout de sa présence : il y fut trompé; il trouva le roi bien instruit, qui lui parla fort franchement, et qui, par son expérience, ne se paya point de l'aveuglement volontaire du mari. Bonzi, rappelé à Montpellier pour les états, ne put se contenir. Il avoit découvert que le coup lui étoit porté par Bâville. Il le trouva plus hardi et plus ferme dans le cours des affaires qu'il n'avoit encore osé se montrer ; il fit des parties contre le cardinal, qui s'attira des dégoûts sur ce qu'il ne changeoit point de conduite avec sa belle. Il étoit accusé de ne lui rien refuser, et comme il disposoit dans les états, et hors leur tenue, de beaucoup de choses pécuniaires et de bien des emplois de toutes les sortes, Mme de Gange étoit accusée de s'y enrichir, et il y en avoit bien quelque chose. Cette espèce de déprédation fut grossie à la cour par Bâville, dont le but étoit d'ôter au cardinal tout ce qu'il pourroit de dispositions, de grâces à faire et d'autorité, d'y entrer en part d'abord comme par un concert nécessaire contre l'abus, et de s'en emparer dans la suite. Il n'en fallut pas davantage pour les brouiller. Bâville fit valoir le service du roi et le bien de la province intéressés dans l'abus que le cardinal faisait d'une autorité que sa maîtresse tournoit toute à la sienne et à un honteux profit. Peu à peu cette autorité, toujours butée et mise en compromis, s'affoiblit en l'un et crût en l'autre. L'intérêt, qui souvent est préféré à tout autre sentiment, fit des créatures à Bâville, qui commença à se montrer utile ami et dangereux ennemi. Cette lutte dura ainsi quelques années, Bâville croissant toujours aux dépens du cardinal, malgré ses voyages à la cour. Enfin le cardinal eut l'affront et la douleur de voir arriver une lettre de cachet à Mme de Gange, qui l'exiloit fort loin. Son cœur et sa réputation en souffrirent également. De cette époque, son crédit et son autorité tombèrent entièrement, et Bâville devint le maître, qui sut bien le faire sentir au cardinal et à tout ce qui lui demeura attaché.

Porté par terre, il espéra se relever par le mariage de Castries, fils de sa sœur et gouverneur de Montpellier, avec une fille du feu maréchal-duc de Vivonne, frère de Mme de Montespan, qui n'avoit rien vaillant qu'une naissance et des alliances qui faisoient grand honneur aux Castries, et la protection du duc du Maine, qui la promit tout entière à l'oncle et au neveu, mais l'accorda à son ordinaire quand le mariage fut fait, en 1693, qui fut son ouvrage. Il redonna pourtant par l'opinion quelque vie au cardinal et quelque mesure à Bâville, qui n'en fut pas longtemps la dupe. Le cardinal, qui se la vit de l'appui qu'il avoit espéré, tomba peu à peu en vapeurs qui dégénérèrent en épilepsie, et qui lui attaquèrent la tête. La tristesse l'accabla, la mémoire se confondit, les accès redoublèrent. Le dernier voyage qu'il fit à la cour, ce n'étoit plus lui en rien; il étoit même singulièrement rapetissé, et quelque part qu'il allât, même chez le roi, il étoit toujours suivi par son médecin et son confesseur, qui passoit pour un aumônier. Il mourut bientôt après son retour en Languedoc, consommé par Bâville, devenu tyran de la province.

Le duc de La Ferté mourut aussi cet été d'hydropisie, à quarante-sept ans. Sa valeur l'avoit avancé de bonne heure; il avoit toujours servi, il étoit devenu très-bon officier général et faisoit espérer qu'il ne seroit pas moins bon à la tête d'une armée que le maréchal son père. Il avoit beaucoup d'esprit, ou plutôt d'imagination ou de saillies, gai, plaisant, excellent convive; mais le vin et la crapule le perdirent après en avoir bien tué à table. Le roi, qui avoit du goût pour lui, fit tout ce qu'il put pour le corriger de ses débauches; il lui en parla souvent dans son cabinet, tantôt avec amitié, tantôt avec sévérité. Il lui manquoit peu, en 1688, de l'âge nécessaire pour être chevalier de l'ordre, et le roi lui fit dire qu'il l'eût dispensé s'il avoit voulu profiter de ses avis. Il étoit incorrigible, et même, les dernières campagnes qu'il fit, peu capable de servir par une continuelle ivresse. Il avoit passé sa vie brouillé et séparé de sa femme, fille de la maréchale de La Mothe, dont il n'eut que deux filles.

On ne savoit ce qu'étoit devenu son frère, le chevalier de La Ferté, qu'on a cru péri et dont on n'a jamais ouï parler, qui étoit un étrange garnement : son autre frère, séduit enfant par les jésuites, se l'étoit fait malgré son père qui, le rencontrant jeune novice sur le pont Neuf avec le sac de quête sur le dos, comme faisoient encore alors les jeunes jésuites, le fit courre par ses valets, dont il se sauva à grand'peine. Il avoit aussi beaucoup d'esprit et devint célèbre prédicateur; mais il aimoit la bonne chère et la bonne compagnie et n'étoit pas fait pour être religieux. Il mécontenta les jésuites qui à la fin le reléguèrent à la Flèche, où il mourut longtemps après son frère, non, je pense, sans regretter ses vœux qui l'exclurent de succéder à la dignité de son frère qui demeura éteinte trente-huit ans après son érection. Le gouvernement de Metz, Verdun, [de Toul] et de leurs évêchés, vacant par cette mort, fut donné au maréchal de Joyeuse.

Le bailli de Noailles, frère du duc et du cardinal de Noailles, succéda au bailli d'Hautefeuille à l'ambassade de la religion[1] en France. Il étoit lieutenant général des galères de France, qu'il vendit au marquis de Roye, capitaine de vaisseau, lors à la mer, qui avoit épousé la fille unique de du Casse. Pontchartrain, mari de sa sœur, en fit le marché, et en eut l'agrément pour lui en son absence, ce qui le fit tout d'un coup lieutenant général des armées navales.

M. le comte de Toulouse étoit parti pour Toulon, et Mgr le duc de Bourgogne pour aller prendre le commandement de l'armée du maréchal de Tallard sur le Rhin, où le prince Louis de Bade et les autres généraux en chef de l'empereur, occupés à la tête de divers corps à s'opposer aux progrès déjà faits de l'électeur de Bavière, et à ceux qu'il en craignoit bien plus depuis que Villars l'avoit joint, n'étoient pas en état de s'opposer beaucoup aux projets du maréchal de Tallard, qui fut assez longtemps à observer le prince Louis et à subsister, tandis que l'empire trembloit dans son centre, par les avantages que l'électeur avoit remportés sur les Impériaux, et que la diète de Ratisbonne ne s'y continuoit que sous ses auspices. L'électeur comptoit bien de profiter de la jonction des François, et il n'y eut complaisance qu'il n'eût pour leur général. Celui-ci, dont l'audace [étoit] excitée par son bâton, et par la faveur où il se croyoit, et la gloire d'autrui qu'il avoit revêtue par la bataille de Friedlingen, s'oublia jusqu'à croire pouvoir atteindre tout, et ne se trompa pas dans la suite, mais le moment n'en étoit pas arrivé. Il profita du besoin que l'électeur de Bavière avoit de son concours pour le forcer à

---

1. La *religion* signifie ici l'ordre de Malte.

demander au roi de le faire duc. La proposition parut telle qu'elle étoit, et fut refusée à plat.

Alors, Villars, n'espérant plus rien de l'électeur, songea à remplir ses coffres. Il mit dans tous les pays où ses partis purent atteindre des sauvegardes et des contributions, qui n'épargnèrent pas même les pays de l'électeur dont il fit peu de part à la caisse militaire, et se fit à lui des millions. Des millions ne sont pas ici un terme en l'air pour exprimer de grandes sommes, je dis des millions très-réels. Ce pillage déplut extrêmement à l'électeur ; mais ce qui l'outra, fut l'opposition qu'il trouva en Villars à tout ce qu'il lui proposa de projets et mouvements de guerre. Villars vouloit s'enrichir, et rejetoit tout ce qui pouvoit resserrer ses contributions et ses sauvegardes par l'éloignement de son armée, et par des entreprises faciles et utiles, mais qui, le tenant près de l'ennemi, le mettoient hors de portée de ce gain immense.

D'autre part, loin de craindre de se brouiller avec l'électeur, c'étoit tout son but, depuis qu'il avoit échoué à une dernière tentative de faire venir sa femme le trouver. Le roi, à force d'importunité, y avoit consenti ; là-dessus Villars avoit demandé un passe-port pour elle au prince Louis de Bade, qui, piqué du ravage de ses terres, sur son premier refus, renvoya à Villars la lettre qu'il en avoit reçue tout ouverte, sans lui faire un seul mot de réponse. La jalousie le poignardoit ; à quelque prix que ce fût il vouloit aller rejoindre sa femme. Ni les succès sur le Danube, ni le concert avec l'électeur n'étoient pas propres à avancer son dessein ; il réduisit donc ce prince à ne pouvoir demeurer avec lui, ni à espérer de rien exécuter en Allemagne.

Cette étrange situation lui fit concevoir le dessein, pour ne pas demeurer inutile spectateur des trésors que Villars amassoit, de se rendre maître du Tyrol. Villars, ravi de se délivrer de lui et de ses troupes, pour avoir ses coudées plus franches et qu'on se prît moins à lui d'une si fatale inaction dans le cœur de l'empire, admira et confirma ce projet qu'il avoit peut-être fait naître. La difficulté du passage des Alpes gardées et retranchées partout, ni celle des subsistances qui pouvoit faire périr l'électeur et ses troupes comme il en fut au moment, ne parurent rien à Villars. Pour mieux faire goûter au roi un projet si insensé, il lui proposa celui d'une communication avec l'électeur par Trente, qui affranchiroit des dépenses, des difficultés et des dangers de porter par l'Allemagne des recrues, des secours et les besoins aux troupes françoises en Bavière, du moment que par Trente et le Tyrol la communication seroit ouverte en tout temps de l'armée d'Italie jusqu'en Bavière, par où on auroit le choix de faire les grands et certains efforts en Allemagne par des détachements d'Italie, ou en Italie par ceux de l'Allemagne. Rien toutefois n'étoit si palpablement insensé.

Par la jonction de Villars on étoit au comble des désirs qu'on avoit formés : toute l'Allemagne trembloit ; les forces ennemies étonnées, moindres que les nôtres ; un pays neuf, ouvert, point de ces places à tenir plusieurs mois comme sur le Rhin et en Flandre ; la confusion portée en Allemagne, et les princes de l'empire jetés par leur ruine, ainsi que les villes impériales, dans le repentir de leur complaisance pour l'empereur et dans la nécessité de s'en retirer ; l'empereur, dans la dernière inquiétude des succès des mécontents de Hongrie, grossis, organisés, maîtres de la haute Hongrie, et dont les contributions s'étendoient jusque autour de Presbourg. Quels autres succès pouvoient être comparables à ceux qu'on avoit lieu de se promettre dans le cœur de l'Allemagne, et pour les plus sûrs avantages, et pour forcer l'empereur d'entendre à une paix qui conservât la monarchie d'Espagne à celui qui déjà y régnoit ! En quittant ce certain pour le projet du Tyrol, outre les difficultés d'y atteindre et de s'y maintenir avec les seules forces de l'électeur, dont l'armée françoise auroit toujours le pays électoral à garder et ce qu'il y venoit d'ajouter, quel chemin le détachement de l'armée d'Italie n'auroit-il point à faire, avec les difficultés des subsistances, des rivières à passer, des lacs à tourner, des montagnes et des défilés bien gardés à franchir? Combien de temps, à bien employer ailleurs en Allemagne et en Italie, perdu à faire ce long et fâcheux trajet des deux côtés jusqu'à Trente, et cependant quel temps de respirer et d'entreprendre donné aux ennemis sur le Pô et sur le Danube, et pour achever la folie, dans un temps où on commençoit à se défier du duc de Savoie! Mais il étoit arrêté dans les décrets de la Providence que l'aveuglement qui mit l'État si près du précipice devoit commencer ici.

La communication des nouvelles de Bavière n'étoit pas facile; aucun officier général n'osoit se commettre à écrire ce qu'ils voyoient tous et dont ils gémissoient; tout se discutoit et se décidoit pour la guerre entre le roi et Chamillart uniquement, et presque toujours en présence de Mme de Maintenon. On a vu ce qu'elle étoit à Villars; elle vouloit qu'il fût un héros. Chamillart n'avoit garde d'oser penser autrement; son apprentissage dans les projets de guerre étoit nouveau. Le roi, qui se piquoit d'y être maître, se complaisoit en un ministre novice qu'il comptoit former et à qui les grandes opérations ne pourroient être attribuées. Friedlingen, la jonction, plus que tout cela, Mme de Maintenon l'avoit ébloui sur Villars. Ils voyoient l'électeur aussi ardent que lui au projet du Tyrol; le moyen de ne les en pas croire sans réflexion, sans avisement des motifs, sans contradicteur? La carte blanche leur fut donc laissée, et les ordres en conséquence envoyés en Italie pour l'exécution de la jonction par Trente. Vendôme amusoit le roi de bicoques emportées, de succès de trois cents ou quatre cents hommes, de projets qui ne s'exécutoient pas. Ses courriers étoient continuels, qui ne satisfaisoient que le roi, par le mérite de sa naissance et les soins attentifs de M. du Maine, et par lui de Mme de Maintenon, qui lui avoient dévoué Chamillart.

Vendôme, qui aimoit à faire du bruit, fut ravi de se trouver chargé de percer jusqu'à Trente. C'étoit un homme qui ne doutoit de rien, quoique souvent arrêté, qui soutenoit ses fautes avec une audace que sa faveur augmentoit, et qui ne convenoit jamais d'aucune méprise; il fit donc un très-gros détachement avec lequel il se mit en chemin de Trente, laissant M. de Vaudemont à la tête de l'armée.

Pendant le voyage de l'électeur en Tyrol, les Impériaux rassemblèrent leurs troupes et tinrent toujours le maréchal de Villars de fort près. Lui cependant projeta de surprendre le général La Tour, campé avec cinq mille chevaux près de la petite ville de Minderkingen qui a un pont sur le Danube, à six lieues d'Ulm, où Legal étoit allé avec douze escadrons, sous prétexte de garantir cette dernière ville des courses des ennemis qui en empêchoient le commerce et les marchés. Il eut ordre de marcher sans bruit, à huit heures du soir. Du Héron le joignit avec six escadrons de dragons; il prit en croupe sept cents hommes d'infanterie, et cinq cents chevaux le joignirent en chemin avec Fonboisart. Quoiqu'ils eussent marché sans bruit toute la nuit, un parti de hussards les découvrit, tellement qu'ils trouvèrent le général en bataille dans une belle prairie devant son camp, et son bagage ayant passé le Danube. Ils avoient quinze cents chevaux plus que Legal, et le débordoient des deux côtés, aussi attaquèrent-ils les premiers par une grande décharge. Il ne leur fut répondu que l'épée à la main. L'affaire fut disputée et notre gauche avoit ployé. Le peu d'infanterie qu'avoit Legal marcha, la baïonnette au bout du fusil, et arrêta en plaine la cavalerie qui avoit poussé cette gauche qui se rallia, et alors la victoire ne balança plus. Ils se jetèrent dans Minderkingen, où la quantité de gens tués sur le pont les empêcha d'être poursuivis dans la ville, parce qu'ils eurent le temps de hausser le pont-levis; quatre de leurs escadrons furent renversés dans le Danube; ils perdirent environ quinze cents hommes tués, peu de prisonniers, tant l'acharnement fut grand, et sept étendards. Du Héron, dont ce fut grand dommage, y fut tué avec cinquante officiers et quatre ou cinq cents hommes. Legal se retira le lendemain, 1ᵉʳ août, en bon ordre, craignant quelques gros détachements du prince Louis de Bade. Cette action, qui fut belle, fit grand plaisir au roi, qui en fit compliment à la femme de Legal, qu'il rencontra dans la galerie, venant de la messe, et fit son mari lieutenant général.

La course vers Trente eut le succès qu'on en devoit attendre. L'électeur et M. de Vendôme furent, chacun de leur côté, arrêtés à chaque pas. Ce ne furent que pas retranchés dans les montagnes, châteaux escarpés et bicoques très-fâcheuses à prendre, à chacun desquels M. de Vendôme se paradoit et amusoit le roi, tantôt d'un courrier, tantôt d'un officier pour apporter ces grandes nouvelles. Il ne put jamais recevoir qu'une seule fois des nouvelles de l'électeur. On s'épanouissoit déjà de ses succès comme d'une communication sûre et établie, lorsque l'électeur, qui étoit maître d'Inspruck où il avoit fait chanter le *Te Deum*, auquel, par une étrange singularité, la mère de l'impératrice et l'évêque d'Augsbourg, frère de l'impératrice, qui y avoient été pris, assistèrent; l'électeur, dis-je, avancé vers Brixen, trouva toute la milice et toute la noblesse du pays en armes, tellement que, craignant de manquer de tout et de trouver sa communication avec son pays coupée, il s'en retourna tout court. Il étoit temps : le pain manqua; nul moyen d'en avoir du pays, où tout leur couroit sus, et les défilés déjà assez occupés pour se remercier de n'avoir pas différé de vingt-quatre heures; encore y perdit-on assez de monde et même autour de l'électeur. Il rejoignit le maréchal de Villars avec ses troupes diminuées et horriblement fatiguées d'une course dont il ne tira pour tout fruit que la perte de tout le temps qu'il y employa et qui eût pu l'être bien utilement en Allemagne; mais on a vu à qui en fut la faute. M. de Vendôme eut au moins le plaisir de bombarder

Trente, à qui il ne fit pas grand mal. Il revint comme il put. Staremberg tourmenta fort ce retour, sur lequel il sut gagner trois marches, faire perdre force monde en détail à son ennemi et pousser à bout ses troupes de fatigues. Vaudemont, qui cependant avoit fait battre Murcé avec un gros détachement d'une manière plus que grossière, étoit à San-Benedetto, faisant fort le malade pressé d'aller aux eaux. Sa conduite, toujours soutenue, rendra toujours difficile à croire qu'il ne fût pas dans la bouteille, et qu'il ne fût pressé de se mettre à quartier de ce qui alloit arriver. Dès que le duc de Vendôme fut à San-Benedetto, il en partit pour s'aller mettre à l'abri de tous événements. L'aveuglement sur lui fut tel, qu'il eut sur-le-champ qu'il le demanda le régiment d'Espinchal, tué à ce détachement de Murcé, pour le prince d'Elbœuf, neveu de sa femme.

M. de Vendôme manda au roi une belle et singulière action de Duquesne-Monier, qui commandoit les vaisseaux du roi dans le golfe de Venise. Il sut que les Impériaux avoient de grands magasins dans Aquilée, qui est à sept lieues dans les terres. Il s'embarqua sur des chaloupes avec cent vingt soldats, remonta la petite rivière qui vient d'Aquilée, et qui est si étroite qu'il y avoit des endroits où il ne pouvoit passer qu'une chaloupe à la fois. Il trouva deux forts sur son passage, mit pied à terre avec ses gens, les emporta, et au dernier, Beaucaire, capitaine de frégate, qui commandoit les cent vingt soldats, poursuivit ceux du fort jusque dans Aquilée qu'il pilla, brûla les magasins malgré deux cents hommes de troupes réglées et beaucoup de milices qui étoient là, ne perdit presque personne et revint trouver Duquesne qui l'attendoit vis-à-vis du dernier fort qu'il avoit pris. Cela arriva vers la fin de juillet.

Le samedi 4 août, le roi étant à Marly, Mme la duchesse d'Orléans accoucha d'un prince à Versailles; M. le duc d'Orléans vint demander au roi la permission de lui faire porter le nom de duc de Chartres, et l'honneur d'être son parrain.

Le roi lui répondit : « Ne me demandez-vous que cela? » M. le duc d'Orléans dit que les gens de sa maison le pressoient de demander autre chose, mais qu'il y auroit dans ce temps-ci de l'indiscrétion. « Je préviendrai donc votre demande, répliqua le roi, et je donne à votre fils la pension de premier prince du sang de cent cinquante mille livres. » Cela faisoit un million cinquante mille francs à M. le duc d'Orléans, savoir : six cent cinquante mille livres de sa pension, cent mille livres pour l'intérêt de la dot de Mme la duchesse d'Orléans, cent cinquante mille livres de sa pension et cent cinquante mille livres de celle de M. le duc de Chartres âgé de deux jours, sans compter les pensions de Madame.

Le roi fit, quelques jours après, un règlement sur l'artillerie, dont il vendit les charges : c'étoit un objet de cinq millions. Il en laissa quelques-uns à la disposition de M. du Maine, grand maître de l'artillerie, augmenta ses appointements de vingt mille livres et lui donna cent mille écus. Le besoin d'argent qui fit faire cette affaire à plusieurs autres, fit prêter l'oreille à un invalide qui prétendit avoir travaillé autrefois à faire à Meudon une cache pour un gros trésor, du temps de M. de Louvois. Il y fouilla donc et longtemps et en plusieurs endroits, maintenant toujours qu'il la trouveroit. On en fut pour la dépense de raccommoder ce qu'il avoit gâté, et pour la honte d'avoir sérieusement ajouté foi à cela.

M. d'Avaux vendit en ce temps-ci au président de Mesmes son neveu, sa charge de prévôt et grand maître des cérémonies de l'ordre, avec permission de continuer à porter le cordon bleu. D'Avaux l'avoit eue, en 1684, du président de Mesmes son frère, qui lui-même avoit obtenu la même permission de continuer à porter l'ordre, et ce président de Mesmes l'avoit eue en 1671 lors de la déroute de La Bazinière, son beau-père, fameux financier, puis trésorier de l'épargne, qui fut longtemps en prison, puis revint sur l'eau, mais sans emploi, et à qui il ne fut pas permis de porter l'ordre, depuis qu'il eut donné sa charge à son gendre, lors de son malheur. J'ai parlé plus d'une fois de ces ventes de charges de l'ordre, et, emporté par d'autres matières, je ne me suis pas étendu sur celle-là, qui ne laisse pas d'avoir sa curiosité, par cela même qu'on voit arriver tous les jours cette multiplication de cordons bleus par la transmission de ces charges. Une fois pour toutes il est à propos de l'expliquer. J'irois trop loin si j'entreprenois de traiter ici ce qui regarde l'ordre du Saint-Esprit, la digression seroit longue et déplacée. Je me renfermerai aux charges, puisque l'occasion en a été manquée plus haut, et qu'elle se présente ici naturellement.

## CHAPITRE VIII.

Digression sur les charges de l'ordre. — Grand aumônier; pourquoi sans preuves. — Amyot privé de sa charge de grand aumônier. — Grands officiers des grands ordres n'en portent point de marques comme ceux du Saint-Esprit. — Différences des grands officiers d'avec les chevaliers, et des grands officiers entre eux, et de l'abus du titre de commandeurs; d'où venus. — Origine des honneurs du Louvre et de la singulière distinction du chancelier de l'ordre. — Distinction unique de l'archevêque de Rouen, frère bâtard d'Henri IV. — Vétérans de l'ordre et leurs abus; comment introduits. — Origine de la première fortune solide de MM. de Villeroy. — Râpés de l'ordre. — Collier de l'ordre aux armes des grands officiers. — Abus des couronnes. — Abus des grands officiers de l'ordre représentés en statues sur leurs tombeaux avec le collier et le manteau de l'ordre, sans nulle différence d'un chevalier. — Plaisante question d'une bonne femme. — Méprise des Suédois et leur instruction sur le cordon bleu de d'Avaux, nuisible à son ambassade.

Henri III, en créant l'ordre du Saint-Esprit, y établit en même temps cinq charges : celle de grand aumônier de l'ordre, qu'il unit dès lors à celle de grand aumônier de

France, et sans preuves. Ce fut pour gratifier M. Amyot, évêque d'Auxerre, qui avoit été son précepteur et des rois ses frères, et que Charles IX fit grand aumônier. Il étoit aussi porté par les Guise, et se livra depuis à la Ligue avec tant d'ingratitude que, quelque débonnaire que fût Henri IV, une des premières marques qu'il donna de son autorité fut de le priver de la charge de grand aumônier de France à la fin de 1591, et de la donner au célèbre Renaud de Beaune, archevêque de Bourges alors, puis de Sens; en conséquence de quoi M. Amyot fut en même temps privé de porter l'ordre, et M. de Beaune le reçut le dernier jour de cette année dans l'église de Mantes des mains du maréchal de Biron père, qui fit en même temps son fils chevalier du Saint-Esprit par commission d'Henri IV, qui n'étoit pas encore catholique.

Les quatre autres charges furent : chancelier, garde des sceaux et surintendant des deniers de l'ordre en une seule et même charge, qui a été quelquefois, quoique rarement, partagée; prévôt et grand maître des cérémonies en une seule charge, qui n'a jamais souffert de division; grand trésorier, et greffier. Henri III fit ces charges en faveur de ses ministres, ou plutôt des Guise, qui se les voulurent dévouer de plus en plus, les lui firent établir en leur faveur d'une manière sans exemple, dans les deux autres grands ordres, la Jarretière et la Toison, et même l'Éléphant, dont les officiers, qui sont des ministres, des évêques et des personnes au moins aussi considérables dans leurs cours, depuis l'institution de ces ordres jusque aujourd'hui, que l'ont été et le sont nos grands officiers de l'ordre, ne portent aucunes marques de la Toison et de l'Éléphant (et ceux de la Jarretière une marque entièrement différente en tout de celle des chevaliers), au lieu que les grands officiers de celui du Saint-Esprit eurent par leur institution les mêmes marques sur leur personne, hors les jours de cérémonie de l'ordre, que les chevaliers du Saint-Esprit. Je dis les grands officiers, parce qu'Henri III en créa en même temps de petits, tels que le héraut, l'huissier, etc., tout différents des grands officiers, et qui, pour marque de leurs charges, n'ont porté jusqu'à la dernière régence qu'une petite croix du Saint-Esprit, attachée d'un petit ruban bleu céleste à leur boutonnière. Ces mêmes petits officiers se trouvent aussi dans les autres trois grands ordres cités ci-dessus, à la différence de leurs grands officiers.

Cette introduction de similitude entière de porter ordinairement l'ordre du Saint-Esprit entre les chevaliers et les grands officiers, fut d'autant plus aisée à établir, qu'excepté les magistrats, tout le monde étoit alors en pourpoint et en manteau, dont la couleur et la simplicité seule distinguoit les gens les uns d'avec les autres, et que le cordon bleu se portoit au cou; mais avec toute cette parité journalière entre les chevaliers et les grands officiers, ceux-ci étoient fort distingués des chevaliers les jours de cérémonie, comme ils le sont encore, en ce qu'ils n'ont point de collier, et ils le sont encore entre eux quatre par la différence de leurs grands manteaux. Celui du chancelier est en tout et partout semblable à celui des chevaliers. Le prévôt et grand maître des cérémonies n'a point le collier de l'ordre brodé autour du sien ni de son mantelet, mais du reste il est pareil à ceux des chevaliers. Ceux du grand trésorier et du greffier ont les flammes de la broderie de leurs manteaux et mantelets considérablement plus clair-semées et un peu moins larges, et entre ces deux derniers manteaux il y a encore quelque petite différence, à l'avantage du grand trésorier sur le greffier. Les grands officiers eurent encore cette ressemblance avec les chevaliers, qu'Henri III, qui avoit compté donner à son nouvel ordre les bénéfices en commande, comme en ont ceux d'Espagne, en destina aussi aux grands officiers pour appointements de leurs charges. Cette destination rendit dès lors commune aux chevaliers et aux grands officiers cette dénomination de commandeurs, dont le fonds n'ayant pas eu lieu d'abord par les désordres de la Ligue, ni depuis, cette dénomination de commandeur est demeurée propre aux huit cardinaux et prélats de l'ordre. Les grands officiers ont continué de l'affecter, qui, pour s'assimiler tant qu'ils peuvent aux chevaliers, la leur donnent, quoique aucun d'eux ne la veuille, et ne se donne que la qualité de chevalier des ordres du roi, tandis que les grands officiers sont très-jaloux de la prendre, quoiqu'elle soit demeurée vaine pour tous, puisque aucun n'a de commanderie, et que les grands officiers sont suffisamment désignés par le titre de leurs charges, sans y joindre le vain et inutile titre de commandeur.

On verra, outre cette similitude, l'usage particulier dont ils se le sont rendu. Outre les distinctions susdites des charges entre elles, les deux premières font les mêmes preuves que les chevaliers. Le chancelier de Cheverny, qui l'étoit de l'ordre de Saint-Michel après les cardinaux de Bourbon et de Lorraine, le fut de celui du Saint-Esprit à son institution, auquel celui de Saint-Michel fut uni. Son nom étoit Hurault : il étoit garde des sceaux dès 1578, lorsque le chancelier Birague fut fait cardinal, et chancelier à sa mort en 1585. Il l'avoit été du duc d'Anjou, l'avoit suivi en Pologne, étoit attaché à Catherine de Médicis, et tellement aux Guise qu'il perdit les sceaux et fut exilé, ainsi que M. de Villeroy, etc., lorsqu'en 1588, après les Barricades de Paris, Henri III eut pris la tardive résolution de se défaire des Guise. C'étoit un personnage en toutes façons, à qui Henri IV rendit les sceaux dès 1590. Sa mère étoit sœur du père de Renaud de Beaune, dont je viens de parler et qui donna l'absolution à Henri IV à Saint-Denis et le reçut dans l'Église catholique. Son fils aîné étoit gendre, dès le commencement de 1588, de Chabot, comte de Charny, grand écuyer de France, et par conséquent beau-frère du duc d'Elbœuf. Son autre fils étoit gendre de Mme de Sourdis, si importante alors, et tante de la trop fameuse Gabrielle d'Estrées, sur l'esprit de laquelle

elle avoit un grand ascendant. Un troisième avoit cinq grosses abbayes avec l'évêché de Chartres, et fut après premier aumônier de Marie de Médicis. Les filles de ce chancelier étoient mariées dès avant l'institution de l'ordre : l'aînée au marquis de Nesle-Laval, puis au brave Givry d'Anglure; la deuxième, en 1592, au marquis de Royan La Trémoille; la dernière au marquis d'Alluye-Escoubleau, puis au marquis d'Aumont. Avec ces alliances, quoique fort nouvelles pour ce chancelier et la figure personnelle qu'il faisoit, il se prétendit homme à faire des preuves, et véritablement il ne faut pas se lever de grand matin pour faire celles de l'ordre du Saint-Esprit, autre distinction des autres grands ordres où il ne faut pas de preuves, parce que les instituteurs ont cru, sur l'exemple qu'ils en donnoient, que tous ceux qui y seroient admis dans la suite seroient d'une naissance trop grandement connue pour qu'on pût leur en demander. Cheverny donc voulut faire des preuves, comme les chevaliers, et cette nécessité de preuves, ou pour mieux dire cette distinction, est demeurée à cette charge de l'ordre. Quoique chancelier de France, il prit sa place aux cérémonies de l'ordre comme en étant chancelier, c'est-à-dire après le dernier chevalier et avec une distance entre-deux, s'y trouva toujours et n'en fit jamais difficulté. Mais je pense que l'office de la couronne dont il étoit revêtu lui procura, et par lui à ses successeurs chanceliers de l'ordre, la distinction sur les trois autres charges de parler assis et couvert aux chapitres de l'ordre, où le prévôt, le grand trésorier et le greffier sont debout et découverts, et de manger au réfectoire du roi à la dernière place des chevaliers, mais comme eux; tandis que les trois autres charges mangent dans le même temps dans une autre pièce avec les petits officiers de l'ordre.

C'est aussi cette différence que les ministres accrédités, revêtus dans la suite de ces trois autres charges, n'ont pu supporter, qui par leur crédit a fait tenir les chapitres debout, découverts et sans rang pêle-mêle, et qui a banni l'usage du repas du roi avec les chevaliers. Cette même raison de l'office de chancelier de France donna force à cette autre, que les papiers de l'ordre étant chez le chancelier de l'ordre, de tenir toutes les commissions pour les affaires de l'ordre chez le chancelier de l'ordre, de quelque dignité et qualité que soient les commandeurs et chevaliers commissaires, cardinaux, ducs et princes de maison souveraine, car les princes du sang seuls ne le sont jamais. Sur cet exemple, la même chose s'est continuée chez les chanceliers de l'ordre toujours depuis, et à l'appui de cette raison des papiers, les grands trésoriers de l'ordre ont obtenu le même avantage que les commissions de l'ordre se tiennent aussi chez eux.

Quoique ces charges de l'ordre fussent destinées à la décoration des ministres, celle de prévôt et de grand maître des cérémonies de l'ordre fut donnée à M. de Rhodes, qui eut le choix de la prendre ou d'être chevalier de l'ordre. Le goût d'Henri III pour les cérémonies décida M. de Rhodes, du nom de Pot, et d'une grande naissance. Un Pot avoit été chevalier de la Toison d'or à l'institution de cet ordre et reçu à la première promotion qu'en fit Philippe le Bon. C'est ce même M. de Rhodes pour qui fut faite la charge de grand maître des cérémonies de France. Il voulut, en seigneur qu'il étoit, faire les mêmes preuves que les chevaliers, et cela est demeuré à cette charge comme à celle de chancelier de l'ordre.

Ce qu'on appelle les honneurs du Louvre étoit inconnu avant le connétable Anne duc de Montmorency, et réservé aux seuls fils et filles de France qui montoient et descendoient de cheval ou de coche, comme on disoit alors, et qui étoient même peu en usage aux plus grandes dames, dans la cour du logis du roi. Ce fut ce célèbre Anne qui, décoré de ses services, de ses dignités et de sa faveur, entra un beau jour, à cheval, dans la cour du logis du roi et y monta ensuite, et se maintint dans cet usage. Quelque temps après, son émule, M. de Guise, hasarda d'en faire autant. Les uns après les autres ce qu'il y eut de plus distingué imita par émulation, et la tolérance de l'entreprise étendit peu à peu cet honneur aux personnes à qui il est maintenant réservé. Les officiers de la couronne y arrivèrent aussi, tellement que le chancelier de Cheverny en jouissoit comme chancelier de France.

A sa mort, en 1599, l'archevêque de Rouen fut chancelier de l'ordre. Il étoit bâtard du roi de Navarre et de Mlle du Rouhet[1], par conséquent frère bâtard d'Henri IV. Ce prince, qui l'aimoit extrêmement, fit tout ce qu'il put pour le faire cardinal, quoique beaucoup de bâtards, non-seulement de papes, mais de particuliers, et depuis, du temps d'Henri IV même, M. Sérafin, bâtard du chancelier Olivier, fut cardinal le premier de la dernière promotion de Clément VIII, en 1604, qui fut la même du cardinal du Perron. Il s'appeloit Sérafin Olivier, mais il ne s'appeloit que M. Sérafin, avoit été auditeur de rote pour la France, dont il devint doyen et eut après le titre de patriarche d'Alexandrie. Clément VIII, ayant tenu bon à refuser le chapeau à Henri IV pour l'archevêque de Rouen, fit en sa faveur une chose bien plus extraordinaire et sans aucun exemple devant ni depuis : ce fut de lui donner, par une bulle du mois de juin 1597, tous les honneurs des cardinaux : rang, habit, distinctions, privilèges, en sorte qu'excepté le nom, le chapeau (qui ne se prend qu'à Rome où il ne fut point), les conclaves et les consistoires, il eut en tout et partout le même extérieur des cardinaux avec la calotte et le bonnet rouges. On peut juger qu'avec ces distinctions il eut aussi celle des honneurs du Louvre. Deux ans après avoir rougi de la sorte, c'est-à-dire en 1599, il fut chancelier de l'ordre par la mort du chancelier de Cheverny. Il en fit toutes les fonctions sans diffi-

1. Louise de La Beraudière, demoiselle du Rouhet ou Rouët.

culté comme avoit fait son prédécesseur. En 1606 Henri IV s'avisa que cette charge étoit au-dessous de ce frère décoré de tout ce qu'ont les cardinaux, quoiqu'il fût dans ce même état deux ans avant qu'elle lui fût donnée (ce n'est pas ici le lieu de s'écarter sur les bâtards). Henri IV le déclara donc l'un des prélats associés à l'ordre et donna sa charge de chancelier à L'Aubépine, père du garde des sceaux de Châteauneuf, de l'évêque d'Orléans qui fut commandeur de l'ordre en 1619, et du père de ma mère. Il avoit été ambassadeur en Angleterre et étoit ministre d'État, beau-frère du premier maréchal de La Châtre, et de M. de Villeroy, le célèbre secrétaire d'État. Ses filles avoient épousé MM. de Saint-Chamond et de Vaucelas, ambassadeur en Espagne, et tous deux chevaliers de l'ordre, et son père étoit celui qui avoit mis les secrétaires d'État hors de page, signé le premier : *le roi*, et qui fut en si grande et longue considération sous Henri II, François II et Charles IX. Établi de la sorte, il obtint une singularité pour sa charge de chancelier de l'ordre, qui subsiste encore aujourd'hui, qui est d'entrer en carrosse dans la cour du logis du roi en son absence, même la reine y étant, ce que n'ont pas les chevaliers de l'ordre, ni aucun autre, que longtemps depuis le chevalier d'honneur et les dames d'honneur et d'atours de la reine.

Ces grands officiers de l'ordre n'étoient pas compris dans le nombre de cent, dont l'ordre du Saint-Esprit est composé, et les statuts premiers et originaux les en excluent. Les Guise qui les firent changer par deux différentes fois, toujours à leur avantage, à mesure que leur puissance augmenta, et qui voulurent toujours favoriser les ministres pour les mieux sceller dans leur dépendance, pour leurs vues sur les projets de la Ligue qui de jour en jour les approchoient du succès de leur dessein sur la couronne, les firent comprendre dans le nombre de cent. Outre ce motif de les assimiler de plus en plus aux chevaliers de l'ordre, ils eurent encore celui de diminuer le nombre de grâces que

Henri III s'étoit proposé de pouvoir faire. C'est ce qui porta les Guise à faire comprendre en même temps dans le nombre des cent les huit cardinaux ou prélats et les chevaliers étrangers non regnicoles, qui n'y étoient pas d'abord compris, ce qui ôtoit treize places de chevaliers au roi, sans compter les incertaines des chevaliers étrangers non regnicoles. Il est resté jusqu'à présent une trace de cette innovation, en ce que ces derniers ne sont point payés des mille écus de pension comme tous les autres chevaliers du Saint-Esprit regnicoles, et que les Guise qui firent après coup fixer un âge à leur avantage pour tous les chevaliers de l'ordre, qui ne l'étoit point par les premiers statuts, comme il ne l'est point encore dans aucun autre ordre de l'Europe, n'en firent point fixer aux charges de l'ordre.

Les deux charges de grands officiers de l'ordre, de grand trésorier et de greffier, qui ne font point de preuves, furent données, la première à M. de Villeroy, secrétaire d'État, l'autre à M. de Verderonne, lors en pays étranger pour les affaires du roi. Il étoit L'Aubépine, cousin germain de la femme de M. de Villeroy, et de son frère M. de L'Aubépine, que nous venons de voir troisième chancelier de l'ordre. M. de Verderonne étoit gendre de M. de Rhodes, qui fut en même temps premier prévôt et grand maître des cérémonies de l'ordre. M. de Villeroy n'a pas besoin d'être expliqué. C'est à lui et à ce Verderonne, son cousin germain, qu'a commencé l'abus de ce qu'on appelle vétérans, qui a donné lieu à un autre plus grand, connu sous le ridicule nom de râpés de l'ordre, qui est ce que je me suis proposé d'expliquer ici.

M. de Villeroy maria son fils, M. d'Alincourt, en février 1588, à la fille unique de M. de Mandelot, chevalier de l'ordre de 1582, et gouverneur de Lyon, Lyonnois et Beaujolois. La Ligue, dont ils étoient tous deux des plus avant et des membres les plus affidés, et chacun en leur genre des plus utiles et des plus considérés, fit cette alliance et arracha de la foiblesse d'Henri III la survivance de cet important gouvernement, en faveur du mariage que M. d'Alincourt eut en titre, en novembre de la même année, par la mort de Mandelot, son beau-père. Ce fut, pour le dire en passant, ce qui fit la première grande fortune des Villeroy, comme je le dirai pour la curiosité ci-après. M. de Villeroy fut chassé en septembre 1588, après les Barricades de Paris, avec les autres ministres créatures des Guise, lorsque Henri III eut enfin pris la résolution de se défaire de ces tyrans avant qu'ils eussent achevé d'usurper sa couronne. En perdant sa charge de secrétaire d'État, il perdit sa charge de l'ordre, et le cordon bleu par conséquent. Ses propres Mémoires, et tous ceux de ce temps, montrent son dévouement aux Guise et à la Ligue, et en même temps quand il en désespéra, avec quel art il sut se retourner et persuader Henri IV qu'il lui avoit rendu de grands services. Sa grande capacité, son expérience, l'important gouvernement de son fils, tant de personnages considérables à qui il tenoit, tout contribua à persuader à Henri IV, si facile pour ses ennemis, de lui rendre sa charge et sa place dans le conseil, où il crut s'en servir utilement, et dans lesquelles ce prince le conserva toute sa vie avec une grande considération. Sa charge de l'ordre étoit donnée à Rusé de Beaulieu, avec celle de secrétaire d'État, à qui Henri IV, venant à la couronne, les confirma toutes deux. Villeroy eut la charge de secrétaire d'État qui vaqua en 1594, et comme Henri IV étoit content de Rusé de Beaulieu, qui avoit eu les charges de M. de Villeroy, il ne voulut pas lui ôter celle de l'ordre pour la rendre à Villeroy comme il lui avoit laissé celle de secrétaire d'État du même; mais en remettant Villeroy dans sa confiance et dans son conseil il lui permit verbalement de reprendre le cordon bleu, quoiqu'il n'eût plus de charge, et ce fut le premier exemple d'un cordon bleu sans charge. Quelque nouvelle que fût cette grâce, il en obtint une bien plus étrange. Ce fut de faire Alincourt, son fils, chevalier du Saint-Esprit, le dernier de la promotion qu'Henri IV fit le 5 janvier 1597, dans l'église de l'abbaye de Saint-Ouen de Rouen, et pour comble n'ayant que trente ans. Avec un tel crédit, on fait aisément la planche de porter l'ordre sans charge.

Achevons maintenant la curiosité qui fit la solide fortune des Villeroy avant la grandeur où ils sont depuis parvenus. Le secrétaire d'État fit donner à son petit-fils, de fort bonne heure, la survivance du gouvernement de son fils. Ce gouvernement éblouit M. de Lesdiguières, gouverneur de Dauphiné et qui commandoit en roi dans cette province, en Provence et dans quelques pays voisins. Il voulut augmenter sa considération et sa puissance par se rendre le maître du gouvernement de Lyon, en s'attachant les Villeroy par le lien le plus indissoluble. Il proposa ses vues à M. de Créqui, son gendre, qui rejeta bien loin l'alliance des Villeroy. Le bonhomme, secrétaire d'État, vivoit encore. Après une autre éclipse, essuyée sous le gouvernement de la reine mère et du maréchal d'Ancre, leur ruine l'avoit rétabli aussi bien que jamais. Mais cette faveur ni l'établissement de Lyon ne pouvoient tenter Créqui d'une alliance si inégale. Il avoit marié sa fille aînée au marquis de Rosny, fils aîné du célèbre Maximilien, premier duc de Sully, qui survivoit à sa disgrâce, et qui avoit toujours traité M. de Villeroy avec hauteur, qui, de son côté, l'avoit toujours regardé aussi comme son ennemi. C'étoit de tous points donner à ce gendre un étrange beau-frère. Mais Lesdiguières étoit absolu dans sa famille. Il voulut si fermement ce mariage de sa petite-fille avec le fils d'Alincourt, qu'il fallut bien que Créqui y consentît. Le vieux secrétaire d'État eut la joie de voir arriver cette grandeur dans sa famille. Qu'eût-il dit s'il eût pu savoir le torrent d'autres dont elle fut suivie? Ce mariage se fit en juillet 1617, et le secrétaire d'État mourut à Rouen, à soixante-quatorze ans, au mois de novembre suivant, pendant l'assemblée des notables. Par l'événement, tous les grands biens de Créqui et de Lesdiguières sont tombés au fils de ce mariage, maréchal de France comme son père, etc., et duc et pair après lui.

M. de Verderonne garda sa charge de greffier jusqu'en 1608, que M. de Sceaux, Potier, secrétaire d'État, en fut pourvu, et Verderonne eut permission de continuer à porter l'ordre. On a vu par ses entours qu'il n'étoit pas sans crédit, et qu'il eut pour lui l'exemple de Villeroy son cousin, si considéré alors et en termes bien moins favorables.

Les exemples ont en France de grandes suites. Sur ces deux-là M. de Rhodes vendit sa charge de prévôt et grand maître des cérémonies de l'ordre à M. de La Ville aux Clercs-Loménie, secrétaire d'État en 1619 ; il eut permission de continuer à porter l'ordre ; mais, en faveur de la naissance dont il étoit, il lui fut expédié un brevet portant promesse d'être fait chevalier de l'ordre à la première promotion, et, en attendant, de porter l'ordre. Il étoit plus que naturel que cette promesse lui fût gardée ; néanmoins, il ne fut point de la nombreuse promotion qui fut faite le dernier jour de cette année, et il fut tué en 1622 devant Montpellier sans avoir été même nommé.

M. de Puysieux, secrétaire d'État, fils du chancelier de Sillery et gendre de M. de Villeroy, secrétaire d'État, tous deux en vie et en crédit, et lui personnellement aussi, entre ses deux disgrâces, vendit sa charge de grand trésorier de l'ordre à M. Morand, trésorier de l'épargne, et sur l'exemple de M. de Rhodes, quelque disproportion qu'il y eût entre un Pot et un Brûlart, il eut le même brevet de promesse d'être fait chevalier de l'ordre à la première promotion, et de permission de continuer en attendant à porter l'ordre.

Cette dernière planche faite, M. d'Avaux, ce célèbre ambassadeur, surintendant des finances, vendit sa charge de greffier de l'ordre en 1643 à M. de Bonelles, qui, malgré l'alliance qu'il fit de Charlotte de Prie, sœur aînée de la maréchale de La Mothe, ne fut jamais que conseiller d'honneur au parlement, et n'auroit pas cru que son petit-fils deviendroit chevalier de l'ordre. M. d'Avaux eut le brevet de promesse et de permission pareil à celui qu'avoit obtenu M. de Puysieux.

Enfin la charge de chancelier et de garde des sceaux de l'ordre ayant été séparée en deux, pendant la prison du garde des sceaux de France de Châteauneuf, en 1633, les sceaux de l'ordre furent donnés à M. de Bullion, surintendant des finances et président à mortier au parlement de Paris. Il les vendit en 1636, à M. le premier président Le Jay, et il eut un brevet pareil aux précédents.

Ces deux charges ayant été réunies, en 1645, en rendant les sceaux de l'ordre à M. de Châteauneuf, il la vendit entière, peu de mois après, à La Rivière, évêque-duc de Langres, ce favori de Gaston, si connu dans tous les Mémoires de la minorité de Louis XIV et les commencements de sa majorité. Comme M. de Châteauneuf avoit des abbayes, quoiqu'il ne fût point dans les ordres, le brevet qu'il eut, pareil aux autres, porta, avec la permission de continuer à porter l'ordre, promesse de la première des quatre places de prélat qui viendroit à vaquer dans l'ordre qu'il n'a jamais eue, non plus qu'aucun des vendeurs de charges, qui, presque tous jusqu'à aujourd'hui, ont eu de pareils brevets, et n'ont jamais été chevaliers de l'ordre. Outre le ridicule général de ces brevets, ils en ont un particulier qui échappe et qu'il est curieux d'exposer ici.

On a vu ci-dessus que le chancelier de l'ordre, entre les distinctions qu'il a par-dessus les autres grands officiers ou laïques, a celle d'avoir le grand manteau de l'ordre semblable en tout à ceux des chevaliers, et avec le collier de l'ordre brodé tout autour comme eux; il n'a même de différence d'eux que le dernier rang après tous et avec les trois autres officiers, et de n'avoir point le collier d'or massif émaillé. De cette privation du collier, le statut en fait comme une excuse, disant que le chancelier n'a point de collier parce qu'il est censé être personne de robe longue, et c'est toutefois à cette personne de robe longue, et par cela même exclue du collier, qui n'est propre qu'à ceux de la noblesse et dont la profession et les armes, que ce collier est promis en vendant sa charge, et aux autres grands officiers en se défaisant des leurs, tous de robe ou de plume, par ce brevet illusoire qui n'a eu d'exécution dans aucun, dont aucun n'a espéré l'accomplissement, et qu'aucun roi n'a jamais imaginé d'effectuer. Je me contente de marquer le premier de chacune de ces quatre charges qui l'a obtenu. Il suffit de dire que depuis cet exemple de vendre et d'obtenir ces brevets que je viens d'exposer, l'usage en a été continuel parmi tous ces grands officiers de l'ordre, et que ce brevet n'a été refusé à pas un, excepté peut-être à quatre ou cinq tombés en disgrâce, et à qui, en leur ôtant leurs charges de l'ordre, il n'a pas été permis de continuer à le porter. Jusque-là que pendant la dernière régence, Crosat et Montargis, très-riches financiers, ayant obtenu permission d'acheter les charges de grand trésorier et de greffier de la succession du frère aîné du garde des sceaux Chauvelin, et du président Lamoignon, ont obtenu les mêmes brevets de promesse d'être faits chevalier de l'ordre à la première promotion, et de continuer à le porter en attendant, en même temps qu'aux approches du sacre du roi, ils eurent commandement de vendre leurs charges, l'un à M. Dodun, contrôleur général des finances, l'autre à M. de Maurepas, secrétaire d'État, par l'indécence qu'on trouva à voir faire à ces deux financiers les fonctions de ces charges, lorsque, le lendemain du sacre, le roi recevroit l'ordre des mains de l'archevêque-duc de Reims.

Voilà donc un étrange abus tourné en règle par l'habitude ancienne et non interrompue; il n'en est pas demeuré là. Il a donné naissance à un autre encore plus étrange et plus ridicule; celui qu'on vient d'expliquer est connu sous le nom de vétérans, celui qui va l'être sous celui de râpés. Le premier nom est pris des officiers de justice qui, ayant exercé leurs charges vingt ans, prennent, en les vendant, des lettres de vétérance qu'on ne leur refuse pas, pour continuer à jouir, leur vie durant, des honneurs et séances attachés à ces charges. Mais ceux de l'ordre ont de tout temps gardé la plupart leurs charges peu d'années, et à force de les garder peu, ont donné ouverture aux râpés.

Ce sobriquet ou ce nom est pris de l'eau qu'on passe sur le marc du raisin, après qu'il a été pressé, et tout le jus ou le moût tiré, qui est le vin; cette eau fermente sur ce marc, et y prend une couleur et une impression de petit vin ou de piquette, et cela s'appelle un *râpé de vin*.

On va voir que la comparaison est juste et le nom bien appliqué. Voici la belle invention qui a été trouvée par les grands officiers de l'ordre. Pierre, par exemple, a une charge de l'ordre depuis quelques années; il la vend à Paul, et obtient le brevet ordinaire. Jean se trouve en place, et veut se parer de l'ordre sans bourse délier. Avec l'agrément du roi, et le marché fait et déclaré avec Paul, Jean se met entre Pierre et lui, fait un achat simulé de la charge de Pierre, et y est reçu par le roi. Quelques semaines après il donne sa démission, fait une vente simulée à Paul, et obtient le brevet accoutumé, et Paul est reçu dans la charge. Avec cette invention on a vu pendant la dernière régence, jusqu'à seize officiers vétérans ou râpés de l'ordre vivant tous en même temps.

Le premier exemple fut le moins grossier de tous. Bonelles vendit effectivement la charge de greffier de l'ordre à Novion, président à mortier, qui fut depuis premier président: ce fut en 1656; il la garda quelques mois et la vendit en 1657 à Jeanin de Castille. Le second exemple se traita plus rondement. Barbezieux eut à la mort de Louvois, son père, sa charge de chancelier de l'ordre. Boucherat, chancelier de France, en fut simultanément pourvu d'abord, et huit jours après qu'il eut été reçu, il fit semblant de se démettre comme il avoit fait semblant d'acheter, et Barbezieux fut reçu. Depuis cet exemple tout franc, tous les autres n'ont pas eu plus de couverture dans les huit ou douze qui l'ont suivi jusqu'à présent.

Ces vétérans et ces râpés prennent tous sans difficulté la qualité de commandeurs des ordres du roi, sans mention même de la charge qui la leur a donnée, mais qui, à la vérité, n'a pu la leur laisser, non plus que le brevet de promesse et de permission qu'ils obtiennent, la leur conférer. A la vérité, ni vétérans ni râpés ne font nombre dans les cent dont l'ordre est composé.

A tant d'abus qui ne croiroit qu'il n'y en a pas au moins davantage? Mais ce n'est pas tout. De ce que le chancelier de l'ordre a le collier brodé autour de son grand manteau comme les chevaliers, il a quitté le cordon bleu qu'il portoit autour de ses armes, comme les cardinaux et les prélats de l'ordre, et quoiqu'il n'ait point le collier d'or massif, émaillé comme les chevaliers de l'ordre, il l'a mis partout à ses armes. Cet exemple n'a pas tardé à être suivi par les autres grands officiers, quoique le collier ne soit pas brodé autour de leurs manteaux, et que tout leur manque jusqu'à ce vain prétexte. Je ne puis dater cet abus avec la même assurance et la même précision que je viens de faire les précédents. De ceux-là, l'origine s'en voit, mais de celui qui a dépendu de la volonté de l'entreprise plus ou moins tardive, et d'une exécution domestique faite par un peintre ou par un graveur sur des armes, ce sont des dates qui ne se peuvent retrouver.

Qui pourroit dire maintenant qui a commencé l'usurpation des couronnes? Il n'est si petit compagnon qui n'en porte une, et les ducales sont tombées à la plus nouvelle robe. Il est pourtant vrai que cet abus n'a pas cinquante ans, et qu'un peu auparavant nul homme de robe ne portoit aucune sorte de couronne. Il en existe encore un témoignage évident. Les armes de M. Séguier alors chancelier, et non encore duc à brevet, sont en relief des deux côtés du grand autel de l'église des Carmes-Déchaussés, dont le couvent est à Paris, rue de Vaugirard ; toutes les marques de chancelier y sont, manteau sans armes au revers, masses, mortier, et point de couronne. Tout ce que je puis dire, c'est qu'étant allé voir Mme la maréchale de Villeroy à Villeroy, de Fontainebleau peu avant sa mort, c'est-à-dire vers 1706 ou 1707, j'ai vu les armes de Villeroy en pierre avec le cordon autour, et la croix comme le portent les prélats de l'ordre et sans collier. Je les ai vues de même dans une église de Paris, je ne me souviens plus laquelle assez fermement pour la citer. J'ai vu aussi une chapelle de sépulture des L'Aubépine aux Jacobins de la rue Saint-Jacques, leurs armes plusieurs fois répétées sans collier, et entourées du cordon, et la dernière année de la vie du maréchal de Berwick, tué devant Philippsbourg en 1734, je l'allai voir à Fitz-James, d'où je m'allai promener un matin à Verderonne qui en est près, où je vis sur plusieurs portes les armes de L'Aubépine, en pierre, entourées du cordon avec la croix sans collier.

Mais voici le comble, ce sont les grands officiers de l'ordre, peints et en sculpture, vêtus avec le manteau de chevalier de l'ordre, et avec le collier de l'ordre par-dessus comme l'ont les chevaliers. Châteauneuf, secrétaire d'État, fit faire à Rome le tombeau et la statue de son père La Vrillière, à genoux dessus, de grandeur naturelle dans cet équipage complet. C'est même un très-beau morceau que j'ai vu sur leur sépulture à Châteauneuf-sur-Loire. Qui que ce soit à l'inspection ne se peut douter que ce bonhomme La Vrillière n'ait été que prévôt et grand maître des cérémonies de l'ordre. Il n'y a nulle différence quelle que ce soit d'un chevalier du Saint-Esprit. On voit dans Paris et dans la paroisse de Saint-Eustache la statue au naturel de M. Colbert, grand trésorier de l'ordre, avec le manteau et le collier des chevaliers ; il n'est personne qui puisse ne le pas prendre pour un chevalier du Saint-Esprit; il y en a peut-être d'autres exemples que j'ignore.

Ces abus me font souvenir de ce que me conta la maréchale de Chamilly, quelque temps après que son mari fut chevalier de l'ordre. Il entendoit la messe, et portoit l'ordre par-dessus, comme il étoit rare alors qu'aucun le portât par-dessous. Une bonne femme du peuple, qui étoit derrière ses laquais, en tira un par la manche, et le pria de lui dire si ce cordon bleu là étoit un véritable chevalier de l'ordre. Le laquais fut si surpris de la question de la part d'une femme qu'il ne jugeoit pas avec raison savoir cette différence, qu'il le conta à son maître au sortir de la messe.

Les Suédois y furent attrapés à M. d'Avaux, dont on vient de voir le marché de sa charge à son neveu, et lui firent toutes sortes d'honneurs. Quelque temps après ils surent que c'étoit un conseiller d'État de robe qui avoit une charge de l'ordre. Ils cessèrent de le considérer et de le traiter comme ils avoient fait jusque-là, et cette fâcheuse découverte nuisit fort au succès de son ambassade.

## CHAPITRE IX.

Siége et prise de Brisach par Mgr le duc de Bourgogne, qui revient à la cour. — Le Portugal se joint aux alliés. — Infidélité du duc de Savoie. — Changement entier en Espagne; vues de la princesse des Ursins; routes qui la conduisent à régner en Espagne. — Princesse des Ursins s'empare de la reine d'Espagne. — Caractère de la reine d'Espagne. — Princesse des Ursins gagne les deux rois. — Caractère de Philippe V. — Junte ou despacho devenue ridicule. — Discrédit des deux cardinaux et leur conduite. — Personnage d'Harcourt. — Artifice de retraite en Italie demandée par la princesse

[1703]     SIÉGE ET PRISE DE BRISACH.     165

des Ursins. — Louville écarté. — Aubigny; son énorme progrès et sa licence. — Retraite des cardinaux. — Chute du despacho. — Louville a ordre de revenir tout à fait. — Abbé d'Estrées ambassadeur de France. — Princesse des Ursins règne pleinement avec Orry sous elle et Aubigny par elle. — Valouse et sa fortune. — La Roche à l'estampille. — Peu de François demeurent à Madrid. — Chute de Rivas.

Mgr le duc de Bourgogne, après plusieurs camps, avoit passé le Rhin. Le maréchal de Vauban partit de Paris en cadence, le joignit peu après, et le 15 août Brisach fut investi. Marsin avoit paru le matin du même jour devant Fribourg. Le gouverneur, se comptant investi, brûla ses faubourgs, et celui de Brisach lui envoya quatre cents hommes de sa garnison et soixante canonniers. Tous deux en furent les dupes, et Brisach se trouva investi le soir. Il tint jusqu'au 6 septembre, et Denonville, fils d'un des sous-gouverneurs des trois princes, en apporta la nouvelle, et Mimeur la capitulation. La garnison, qui étoit de quatre mille hommes, étoit encore de trois mille cinq cents qui sortirent par la brèche avec les honneurs de la guerre, et furent conduits à Rhinfels; la défense fut médiocre. Mgr le duc de Bourgogne s'acquit beaucoup d'honneur par son application, son assiduité aux travaux, avec une valeur simple et naturelle qui n'affecte rien et qui va partout où il convient, et où il y a à voir, à ordonner, à apprendre, et qui ne s'aperçoit pas du danger. Marsin qui prenoit jour de lieutenant général, mais que le roi avoit attaché à sa personne pour cette campagne, lui faisoit souvent là-dessus des représentations inutiles. La libéralité, le soin des blessés, l'affabilité et sa mesure suivant l'état des personnes et leur mérite, lui acquirent les cœurs de toute l'armée. Il la quitta à regret sur les ordres réitérés du roi, pour retourner en poste à la cour, où il arriva le 22 septembre à Fontainebleau. On s'étoit bien gardé de lui laisser entrevoir que la campagne n'étoit pas finie. Le projet du maréchal de

Tallard auroit été embarrassé de sa personne depuis que l'exemple du roi a borné ces premières têtes de l'État à des siéges et à des campements exempts des hasards des batailles.

Le Portugal nous avoit manqué, ou plutôt nous avions manqué au Portugal, avec qui on ne put exécuter ce qu'on lui avoit promis de forces navales pour le mettre à couvert de celles des Anglois. Le duc de Cadaval, le plus grand seigneur et le plus accrédité du conseil du roi de Portugal, l'avoit fait conclure. L'exécution en étoit d'autant plus essentielle, qu'il étoit clair que les Portugais ne pouvoient point se défendre par leurs propres forces d'ouvrir leurs ports aux flottes ennemies. Il ne l'étoit pas moins que l'Espagne ne pouvoit être attaquée que par le côté du Portugal, et que l'archiduc ne pouvoit mettre pied à terre ailleurs pour y porter la guerre. Rien n'étoit donc plus principal que de garder contre lui cette unique avenue, de conserver le continent de l'Espagne en paix en gardant bien ses ports et ses côtes, et de s'épargner une guerre ruineuse et dangereuse en ce pays-là, tandis qu'on en avoit partout ailleurs à soutenir. Les alliés avoient le plus puissant intérêt à s'ouvrir une diversion si avantageuse, qui de plus donnerait par mer une jalousie et une contrainte continuelle, dès qu'ils pourroient faire hiverner leur flotte dans le port de Lisbonne, et avoir la liberté dans tous les autres du Portugal. Aussi ne perdirent-ils pas de temps à prévenir l'obstacle que nous y pouvions mettre, et par la lenteur ou l'impuissance d'accomplir à temps notre traité, ils forcèrent le roi de Portugal à en signer un avec eux, qui pensa plus d'une fois dans la suite coûter la couronne à Philippe V.

Presque en même temps on s'aperçut de l'infidélité du duc de Savoie. Phélypeaux, ambassadeur du roi auprès de lui, qui avoit le nez fin, en avertit longtemps sans qu'on voulût le croire. Les traités, la double alliance, les anciens mécontentements sur le dédommagement du Montferrat, la ferme opinion de Vaudemont qui se gardoit bien de mander ce qu'il en pensoit, la duperie et la confiance si ordinaire de Vendôme, tout cela rassuroit; Mme de Maintenon ne pouvoit croire coupable le père de Mme la duchesse de Bourgogne; Chamillart, séduit par les deux généraux, étoit de plus entraîné par elle, et le roi ne voyoit que par leurs yeux. A la fin mais trop tard, ils s'ouvrirent : mais avant de raconter le périlleux remède auquel, pour avoir trop attendu à croire, on fut forcé d'avoir recours, il faut voir l'entier changement de scène qui arriva en Espagne, et y reprendre les choses de plus haut.

Si on se souvient de ce que j'ai dit (t. III, p. 217 et suiv.) de la princesse des Ursins, lorsqu'elle fut choisie pour être camarera-mayor de la reine d'Espagne à son mariage, et depuis lors de l'apparente régence de cette princesse, pendant le voyage du roi son mari en Italie, on verra que Mme des Ursins vouloit régner; elle n'y pouvoit atteindre qu'en donnant à la reine le goût des affaires et le désir d'y dominer, et se servir du tempérament de Philippe V et des grâces de son épouse pour un partage du sceptre qui, en laissant l'extérieur au roi, en feroit passer la puissance à la reine, c'est-à-dire à elle-même, qui la gouverneroit, et par elle le roi et sa monarchie. Un si grand projet avoit un besoin indispensable d'être appuyé du roi, qui dans ces commencements surtout ne gouvernoit pas moins la cour d'Espagne que la sienne propre, avec l'entière influence sur les affaires. Dans ce vaste dessein, conçu dès qu'elle eut joint et reconnu le roi et la reine, elle acheva de gagner son esprit qu'elle avoit ménagé pendant le voyage de Provence à Barcelone, par lui faire peur des dames espagnoles, à quoi ne lui servit pas peu l'incartade des dames du palais au souper du jour du mariage et celle de la reine qui la suivit. Elle crut n'avoir de ressource qu'en Mme des Ursins, elle s'y livra tout entière.

Cette princesse n'avoit pas été moins soigneusement élevée que Mme la duchesse de Bourgogne, ni moins bien instruite. Elle se trouva née avec de l'esprit et dans cette première jeunesse avec un bon esprit sage, ferme, suivi, capable de conseil et de contrainte, et qui, déployé et plus formé dans les suites, montra une constance et un courage que la douceur et les grâces naturelles de ce même esprit relevèrent infiniment. A tout ce que j'en ai ouï dire en France, et surtout en Espagne, elle avoit tout ce qu'il falloit pour être adorée. Aussi en devint-elle la divinité. L'affection des Espagnols, qui seule et plus d'une fois a conservé la couronne à Philippe V, fut en la plus grande partie due à cette reine dont ils sont encore idolâtres, dont ils ne se souviennent encore qu'avec larmes, je dis seigneurs, dames, militaire, peuple, et où, après tant d'années qu'ils l'ont perdue, ils ne se peuvent encore consoler.

Un esprit de cette trempe, manié d'abord par un autre esprit tel qu'étoit celui de la princesse des Ursins, et sans témoins et à toute heure, étoit pour aller bien loin, comme il fit. Le voyage de Barcelone à Saragosse et de Saragosse à Madrid lui donna un grand loisir d'insinuation et d'instruction imperceptible; et la tenue des états d'Aragon, où, pour la forme, les affaires passoient par la reine qui les tenoit, instruisit la camarera-mayor elle-même et la mit à portée d'inspirer l'amour de l'autorité et du gouvernement à la reine, et de reconnoître peu à peu ce qu'elle en pouvoit espérer de ce côté-là. Arrivé à Madrid, les mêmes moyens se présentèrent par la régence de la reine avec plus d'étendue qu'à Saragosse. Elle y eut toute l'occasion qu'elle voulut d'y connoître et d'y sonder l'esprit, les vues, les intérêts, la capacité de ceux qui formoient la junte, et de tâter, autant qu'elle put, tout ce qui étoit ou pouvoit devenir personnage. La bienséance ne vouloit pas que la reine fût seule avec tous les hommes qui étoient de la junte. Mme des Ursins l'y accompagna donc nécessairement et par ce moyen prit nécessairement aussi connoissance de toutes les affaires. Déjà conduisant la reine, qui avoit mis en elle toute l'affection et la confiance d'une jeune personne qui ne connoissoit qu'elle, qui en dépendoit entièrement pour sa conduite particulière et pour ses amusements, et qui y trouvoit toutes les grâces, la douceur, la complaisance, et la ressource possible, Mme des Ursins la rendit assidue à la junte pour y être assidue elle-même, et sut fort bien user du respect des Espagnols pour leur princesse et de ce commencement d'affection qui naissoit déjà en eux pour elle, pour lui faire porter les affaires même hors de la junte, qui n'étoient pas de nature à y passer avant qu'avoir été examinées par les deux ou trois têtes principales, telles que le cardinal Portocarrero, Arias et Ubilla, à qui je donnerai désormais le nom de marquis de Rivas, du titre de Castille que le roi d'Espagne lui conféra. Il étoit l'âme de tout, comme secrétaire de la dépêche universelle, et comme ayant été du secret et principal acteur du testament qu'il avoit dressé en faveur de Philippe V.

On peut croire que la princesse des Ursins n'avoit pas négligé de faire soigneusement sa cour à la nôtre, et d'y rendre tous les ordinaires un compte exact de tout ce qui regardoit la reine, jusqu'aux plus petits détails, et de la faire valoir le plus qu'il lui étoit possible. Ces comptes s'adressoient à Mme de Maintenon, et passoient au roi par elle; en même temps elle n'étoit pas moins attentive à informer de même le roi d'Espagne en Italie, et à former la reine à lui écrire, et à Mme la duchesse de Bourgogne sa sœur. Les louanges que la princesse des Ursins donnoit par ses lettres à la reine tombèrent peu à peu fort naturellement sur les affaires; et comme elle étoit témoin de ce qui s'y passoit, peu à peu aussi elle s'étendit sur les affaires mêmes, et accoutuma ainsi les deux rois à l'en voir instruite par la nécessité d'accompagner la reine, sans leur donner de soupçon d'ambition et de s'en vouloir mêler. Ancrée insen-

siblement de la sorte, et sûre à peu près de l'Espagne si la
France la vouloit soutenir, elle flatta Mme de Maintenon par
degrés, pour ne s'avancer qu'avec justesse, et parvint à la
persuader que son crédit ne seroit que le sien, que si on lui
laissoit quelque autorité dans les affaires, elle n'en useroit
que pour la croire et lui obéir aveuglément ; que par elle à
Madrid, elle à Versailles régneroit en Espagne, plus absolument encore qu'elle ne faisoit en France, puisqu'elle n'auroit besoin d'aucun détour, mais seulement de commander ;
enfin, qu'elle ne pourroit atteindre ce degré de puissance
que par la sienne, qui n'auroit et ne pouvoit espérer d'autre
appui, au lieu que les ambassadeurs se gouverneroient par
le ministère de France, lesquels les uns et les autres agi-
roient directement du roi au ministère d'Espagne, et indépendamment d'elle, qui ignoreroit même la plupart des
choses, et ne seroit au fil de rien, ni en état d'influer en
rien que par des contours longs et incertains, sur les choses
seulement qu'elle apprendroit du roi même.

Mme de Maintenon, dont la passion étoit de savoir tout,
de se mêler de tout, et de gouverner tout, se trouva en-
chantée par la sirène. Cette voie de gouverner l'Espagne
sans moyens de ministres lui parut un coup de partie. Elle
l'embrassa avec avidité, sans comprendre qu'elle ne gouverneroit qu'en apparence, et feroit gouverner Mme des
Ursins en effet, puisqu'elle ne pourroit rien savoir que par
elle, ni rien voir que du côté qu'elle lui présenteroit. De là
cette union si intime entre ces deux si importantes femmes,
de là cette autorité sans bornes de Mme des Ursins, de là la
chute de tous ceux qui avoient mis Philippe V sur le trône,
et de tous ceux dont les conseils l'y pouvoient maintenir, et
le néant de nos ministres sur l'Espagne, et de nos ambassadeurs en Espagne, dont aucun ne s'y put soutenir qu'en
s'abandonnant sans réserve à la princesse des Ursins. Telle
fut son adresse, et telle la foiblesse du roi, qui aima mieux
gouverner son petit-fils par la reine, que de le conduire di-

rectement par ses volontés et ses conseils en se servant du canal naturel de ses ministres.

Ce grand pas fait et l'alliance intime et secrète conclue entre ces deux femmes pour gouverner l'Espagne, il fallut faire tomber le roi d'Espagne dans les mêmes filets; la nature y avoit pourvu, et un art alors nécessaire avoit achevé. Ce prince, cadet d'un aîné vif, violent, impétueux, plein d'esprit, mais d'humeur terrible et de volonté outrée, je le dis d'autant plus librement, qu'on verra dans la suite le triomphe de sa vertu, ce cadet, dis-je, avoit été élevé dans une dépendance, une soumission nécessaire à bien établir, pour éviter les troubles et assurer la tranquillité de la famille royale. Jusqu'au moment du testament de Charles II, on n'avoit pu regarder le duc d'Anjou, que comme un sujet pour toute sa vie, qui plus il étoit grand par sa naissance, plus il étoit à craindre sous un frère roi tel que je viens de le représenter, et qui, par conséquent, ne pouvoit être trop abaissé par l'éducation, et duit à toute patience et dépendance. La suprême loi, qui est la raison d'État, demandoit cette préférence pour la sûreté et le bonheur du royaume sur le personnel de ce prince cadet. Son esprit et tout ce qui en dépend fut donc raccourci et rabattu par cette sorte d'éducation indispensable, qui, tombant sur un naturel doux et tranquille, ne l'accoutuma pas à penser ni à produire, mais à se laisser conduire facilement quoique la justesse fût restée pour choisir le meilleur de ce qui lui étoit présenté, et s'expliquer même en bons termes quand la lenteur, pour ne pas dire la paresse d'esprit, ne l'empêchoit pas de parler. La grande piété qui lui avoit été soigneusement inspirée, et qu'il a toujours conservée, ne trouvant pas en lui l'habitude de juger et de discerner, le rabattit et le raccourcit encore, tellement, qu'avec du sens, de l'esprit, et une expression lente, mais juste et en bons termes, ce fut un prince fait exprès pour se laisser enfermer et gouverner.

A tant de dispositions si favorables aux desseins de la princesse des Ursins, il s'y en joignit une autre tout à fait singulière, née du concours de la piété avec le tempérament. Ce prince en eut un si fort et si abondant, qu'il en fut incommodé jusqu'au danger pendant son voyage en Italie. Tout s'enfla prodigieusement; la cause de l'enflure ne trouvant point d'issue par des vaisseaux forts aussi, et peu accoutumés à céder d'eux-mêmes à la nature, reflua dans le sang. Cela causa des vapeurs considérables. Enfin cela hâta son retour, et il n'eut de soulagement qu'après avoir retrouvé la reine. De là on peut juger combien il l'aima, combien il s'attacha à elle et combien elle sut s'en prévaloir, déjà initiée aux affaires et conduite par son habile et ambitieuse gouvernante. Ainsi la présence du roi à Madrid n'exclut point la reine des secrets ni de l'administration. Elle ne présidoit plus à la junte, mais rien ne s'y délibéroit à son insu. La confiance et l'affection de cette princesse pour la camarera-mayor passa bientôt par elle au roi, qui ne cherchoit qu'à lui plaire. Bientôt la junte devint une représentation; tout se portoit en particulier au roi, ordinairement devant la reine, qui ne décidoit rien sur-le-champ, et qui prenoit son parti entre elle et la princesse des Ursins; cette conduite ne fut point contredite par notre cour. Les cardinaux d'Estrées et Portocarrero eurent beau s'en plaindre et s'y appuyer de nos ministres, Mme de Maintenon se moquoit d'eux et le roi croyoit d'une profonde politique d'accréditer la reine de plus en plus, dans la pensée que l'intérêt personnel de Mme de Maintenon lui inspiroit, et dans laquelle elle l'affermissoit sans cesse de gouverner le roi son petit-fils par la reine plus sûrement que par tout autre canal.

Les anciennes et si intimes liaisons de Mme des Ursins avec les deux cardinaux sur lesquels notre cour avoit si principalement compté cédèrent au désir et à la possibilité de gouverner seule, indépendamment d'eux, et sûre du roi d'Espagne par la reine elle n'hésita plus à leur montrer son pouvoir. Cette conduite produisit des froideurs et des raccommodements; trop foible pour les chasser, mais résolue à s'en défaire à force de dégoûts, elle ne les leur ménagea qu'autant qu'elle se le crut nécessaire. Elle essaya d'abord de désunir les deux cardinaux pour les détruire l'un par l'autre. Portocarrero, tel que je l'ai dépeint et fier du grand personnage qu'il avoit fait au testament de Charles II, ét depuis sa mort, portoit avec la dernière impatience le partage d'autorité avec l'homme du roi de France élevé à la pourpre comme lui. Estrées, vif, ardent, bouillant, haut à la main, accoutumé aux grandes affaires et à décider, n'étoit guère moins impatient que l'autre de n'être pas le maître. Ces bourrasques dégoûtèrent tellement le cardinal espagnol qu'il voulut quitter la junte. Mme des Ursins trouva qu'il n'en étoit pas encore temps, et qu'il seroit trop dangereux de délivrer le cardinal françois de ce compagnon. Pour le retenir elle s'avisa de flatter sa vanité par un expédient tout à fait ridicule. Castanaga, autrefois gouverneur des Pays-Bas, venoit de mourir. Il avoit le régiment des gardes. On avoit cru faire passer cette nouveauté d'un régiment des gardes plus doucement, en le donnant à un homme si distingué. On le proposa au cardinal Portocarrero, prêtre, archevêque, primat, cardinal ex-régent; il l'accepta, on se moqua de lui. Je ne sais si le cardinal d'Estrées en prit occasion de se raccommoder avec lui contre la camarera-mayor, mais enfin ils reconnurent qu'elle les jouoit, et ils s'unirent pour se maintenir contre elle.

Harcourt, dans l'intime liaison de Mme de Maintenon, l'avoit extrêmement portée à s'emparer, autant qu'elle le pourroit, des affaires d'Espagne, et par elle s'étoit extrêmement lié avec Mme des Ursins, quoique de Paris à Madrid. Ils s'étoient reconnus réciproquement nécessaires, elle pour avoir des lumières et des instructions sur la cour et les affaires d'Espagne, où elle étoit toute nouvelle encore, et pour avoir un canal et un appui auprès de Mme de Maintenon contre les ambassadeurs du roi et ses ministres ; Harcourt, qui visoit toujours au ministère, qui avoit manqué son coup, qui, porté par sa protectrice, espéroit d'y revenir, qui n'avoit aucune autre voie pour y réussir que de se conserver des occasions continuelles de parler des affaires et de la cour d'Espagne, et d'être écouté et consulté sur ces matières. Cela lui étoit ôté dès qu'elles passeroient par le canal naturel des ambassadeurs et des ministres du roi. Torcy, avec qui il avoit rompu, étoit celui qui, par son département, en avoit le détail, et qui faisoit et recevoit les dépêches des deux rois et voyoit même celles qui étoient de leur main. Par là, impossibilité qu'Harcourt pût se mêler de rien, ni même pénétrer ce qui se passoit, sans dépayser des gens si nécessairement nés et initiés dans ces affaires privativement à tous autres. Son intérêt, celui de Mme de Maintenon, celui de Mme des Ursins étoit en cela le même ; ce fut aussi ce qui forma, puis affermit leur union intime, antérieure déjà entre Mme de Maintenon et Harcourt, et ce qui les roidit à soutenir Mme des Ursins pour ôter le secret et la confiance des affaires d'Espagne aux ambassadeurs et aux ministres et ne leur en laisser que le gros et les expéditions indispensables.

Sûre de cette position, Mme des Ursins leva le masque contre le cardinal et l'abbé d'Estrées, après avoir jeté ce régiment des gardes au cardinal Portocarrero, qui bien que réuni à eux n'osa d'abord après crier si haut qu'eux. Cette guerre déclarée fit un grand éclat. C'est ce que la camareramayor vouloit, qui, se sentant si bien appuyée, demanda hautement la permission de se retirer en Italie, bien sûre de n'être pas prise au mot, et de faire tout retomber sur les Estrées qui ne pourroient demeurer avec elle, et de s'en délivrer par cet artificieux moyen. Il ne réussit pourtant pas sans combat.

Les ministres qui sentoient que tout leur échappoit en Espagne, si Mme des Ursins y demeuroit la maîtresse, sou-

tinrent les Estrées tant qu'il leur fut possible, et Mme de
Maintenon d'autre part à remontrer au roi le désespoir où
on jetteroit la reine, en laissant retirer Mme des Ursins;
qu'il étoit meilleur et plus sûr de gouverner le roi d'Espagne par la reine qui, quoi qu'on pût faire, seroit toujours
maîtresse de son cœur, et par là de son esprit lent et timide,
laquelle elle-même seroit conduite par Mme des Ursins si
sensée, si bien intentionnée, qui déjà avoit si parfaitement
formé la reine; que la facilité de voir le roi à tous moments,
et avec toute liberté, à quoi un ambassadeur ne pouvoit
prétendre, étoit une grande commodité pour toutes sortes
d'affaires, que l'insinuation et le choix des temps feroit
toujours passer comme on voudroit d'ici. A ces raisons,
Mme de Maintenon, bien instruite par Harcourt et par son
propre usage, ajouta celles de la défiance si fortes en notre
cour. Ils persuadèrent au roi que Mme des Ursins, associée
en tout à l'ambassadeur de France, formeroit un aide et un
éclaircissement mutuel, que l'un par l'autre l'empêcheroient
de tomber dans la dépendance des lumières et de la volonté
de l'un des deux, et le mettroient en état de décider de tout
sans prévention en connoissance de cause, et d'être obéi en
Espagne, promptement et sûrement, sur tous les partis qui
seroient pris à Versailles. Ce spécieux hameçon fut avalé
avec facilité, et le roi ne voulut point ouïr parler de retraite
en Italie, ni même que Mme des Ursins cessât d'avoir toute
la part aux affaires qu'elle avoit accoutumé d'y prendre.
Ainsi entraves à l'ambassadeur de France, entraves à nos
ministres, entraves même à ceux d'Espagne, mystère de
tout ce qu'on voulut et à quiconque on en voulut faire,
dégoût complet aux Estrées qui s'étoient flattés de chasser
Mme des Ursins, et qui se voyoient supplantés par elle,
matières continuelles à délibérations secrètes de Mme de
Maintenon avec le roi, où Harcourt ne se laissoit pas oublier, et qui sacrifia à Mme des Ursins toutes ses liaisons
avec le cardinal Portocarrero, et tout ce qu'il en avoit pu

tirer, qui instruisirent la nouvelle amie d'une infinité de choses importantes.

Cette trame, ourdie dans les plus obscurs réduits de Mme de Maintenon, fut longtemps ignorée de nos ministres; ils ne se réveillèrent tout à fait qu'aux cris redoublés des Estrées, lorsqu'il n'en fut plus temps. Ils avoient compté sur la protection de Mme de Maintenon, si favorable au maréchal de Cœuvres et à eux tous jusqu'alors, par le crédit des Noailles. Leur indolence les empêcha d'éveiller un intérêt plus pressant, et plus personnel que celui de toutes les alliances et de toutes les amitiés. Cependant le cardinal Portocarrero, leurré de ce régiment des gardes, étoit rentré dans la junte où le cardinal d'Estrées étoit demeuré, avec lequel il s'étoit réuni comme je l'ai déjà dit. Rivas seul y travailloit avec eux, tellement que déjà Mme des Ursins s'y étoit défaite de peu d'autres qui en étoient et qui en étoient sortis sur la querelle et l'éclat du cardinal Portocarrero. Elle s'étoit bien gardée de les y laisser rappeler. C'étoit autant d'élagué en attendant de se défaire des deux cardinaux et de Rivas même pour demeurer pleinement maîtresse.

Louville, jusqu'au retour d'Italie, modérateur du roi et de la monarchie d'Espagne, le seul confident de son cœur, et le distributeur des grâces, se vit, tout en arrivant avec le roi, écarté. Son esprit, son courage, sa vivacité, sa vigilance, l'agrément et la gaieté dont il amusoit le roi, l'habitude dès l'enfance, l'autorité qu'il avoit acquise sur lui, la confiance intime dans laquelle il étoit avec nos ministres, celle où il étoit entré par leur ordre et par le conseil de tous ses amis d'ici avec le cardinal et l'abbé d'Estrées si prévenus en sa faveur par la grandesse dont le maréchal de Cœuvres lui étoit uniquement redevable, tout cela le rendoit trop redoutable à Mme des Ursins pour ne s'en pas défaire. Elle avoit bien instruit la reine avant le retour du roi, et l'avoit irritée sur le fauteuil de M. de Savoie. Harcourt, qui avoit vu de près tout le terrain que sa maladie avoit fait gagner à

Louville dans les affaires et à qui il étoit si principal que la camarera-mayor ne fût pas contre-balancée par quelqu'un d'aussi accoutumé à manier l'esprit du roi d'Espagne, si instruit et si peu capable de se laisser ni gagner ni intimider, le perdît auprès de Mme de Maintenon, comme un homme fort capable, encore plus hardi, et dévoué sans réserve au duc de Beauvilliers et à Torcy qu'elle ne pouvoit souffrir. Louville donc, arrivant à Madrid avec le roi, trouvant une reine dans le palais qui en excluoit tous les hommes, y perdit son logement et bientôt toutes ses privances. La reine retint presque toujours le roi dans son appartement, souvent dans celui de la camarera-mayor qui y étoit contigu. Là, tout se traitoit en cachette des ministres de l'une et de l'autre cour. Rien ne se régloit au despacho sur-le-champ, nom qui depuis le retour du roi succéda à celui de junte, et qui étoit la même chose, et où la reine n'assistoit plus. Le roi, qui sans elle n'avoit garde de se déterminer sur quoi que ce fût et qui assistoit très-exactement au despacho, en emportoit tous les mémoires chez la reine ou chez Mme des Ursins. Orry, dont on a vu l'union intime avec elle, et qui avoit les finances et le commerce, s'y trouvoit en quart avec eux ; et là se prenoient toutes les résolutions que le roi reportoit toutes faites le lendemain au despacho, ou quand bon lui sembloit, c'est-à-dire quand Orry et Mme des Ursins avoient eu le temps de prendre leurs délibérations.

Dans la suite, un cinquième fut souvent admis à ce conseil étroit, l'unique où se régloient toutes choses, ce cinquième étoit bien couplé avec Orry. Il s'appeloit d'Aubigny, fils de....[1] procureur au Châtelet de Paris. C'étoit un beau et grand drôle, très-bien fait et très-découplé de corps et d'esprit, qui étoit depuis longues années à la princesse des Ursins sur le pied et sous le nom d'écuyer, et sur laquelle il

---

1. Le nom est en blanc dans le manuscrit.

avoit le pouvoir qu'ont ceux qui suppléent à l'insuffisance des maris. Louville, à qui la camarera-mayor voulut parler une après-dînée avec le duc de Medina-Celi, et voulant les voir sans être interrompue, entra, suivie d'eux, dans une pièce reculée de son appartement. D'Aubigny y écrivoit, qui, ne voyant entrer que sa maîtresse, se mit à jurer et à lui demander si elle ne le laisseroit jamais une heure en repos, en lui donnant des noms les plus libres et les plus étranges, avec une impétuosité si brusque, que tout fut dit avant que Mme des Ursins pût lui montrer qui la suivoit. Tous quatre demeurèrent confondus ; d'Aubigny à s'enfuir ; le duc de Louville à considérer la chambre pour laisser quelques moments à la camarera-mayor pour se remettre, et les prendre eux-mêmes. Le rare est qu'après cela il n'y parut pas, et qu'ils se mirent à conférer comme s'il ne fût rien arrivé. Bientôt après, ce compagnon qui n'étoit qu'un avec Orry, qui le gorgea de biens dans les suites, fut logé au palais comme un homme sans conséquence par son état, mais où? dans l'appartement de l'infante Marie-Thérèse, depuis épouse de Louis XIV, et cet appartement paroissant trop petit pour ce seigneur, on y augmenta quelques pièces contiguës ; ce ne fut pas sans murmures d'une nouveauté si étrange, mais il fallut bien la supporter. Grands et autres, tout fléchit le genou devant ce favori.

A la fin le cardinal d'Estrées, continuellement aux prises avec Mme des Ursins, et continuellement battu, ne put supporter davantage un séjour en Espagne si inutile à tout bien et si honteux pour lui ; il demanda instamment son rappel. Tout ce que purent les ministres, et même les Noailles qui s'en mêlèrent pour lors, fut d'obtenir que l'abbé d'Estrées demeureroit avec le caractère d'ambassadeur. Quoique cela même ne fût pas agréable à la princesse des Ursins, Mme de Maintenon entra dans ce tempérament pour ne pas se montrer si partiale, et parce qu'en effet cet abbé, après la déroute des deux cardinaux, n'étoit pas pour empêcher que tout ne passât par Mme des Ursins, conséquemment par elle, sans ambassadeurs ni ministres. Je dis la déroute des deux cardinaux, parce que Portocarrero, voyant son confrère prêt à partir, quitta le despacho et les affaires où il n'étoit plus rien après la figure qu'il avoit faite, et dit qu'à son âge il avoit besoin de repos et de ne s'occuper plus que de son salut et de son diocèse. Il ne trouva pas le moindre obstacle à sa retraite. Don Manuel Arias, gouverneur du conseil de Castille, qui sentit combien ce changement influoit sur son ministère et portoit sur sa considération, imita Portocarrero, et se prépara à se retirer en son archevêché de Séville, pour y attendre en repos la pourpre romaine, à laquelle le roi d'Espagne l'avoit nommé.

Louville eut ordre de revenir en même temps que le cardinal d'Estrées en reçut la permission. Le roi d'Espagne en eut quelque légère peine, quoiqu'il ne le vît plus en particulier. Il lui donna le gouvernement de Courtrai, qu'il perdit quelque temps après par la guerre, et une grosse pension qui ne fut pas longtemps payée. Mais il eut aussi environ cent mille francs qu'il rapporta, et dont il accommoda ses affaires. Il eut le bon esprit de n'en rien perdre de sa gaieté, d'oublier tout ce qu'il avoit été en Espagne, de vivre avec ses amis, dont il avoit beaucoup et de considérables, et de s'occuper de ses affaires et de se bâtir très-agréablement à Louville.

Ainsi Mme des Ursins et Orry, maîtres de tout sans contradiction de personne, prirent le plus grand vol d'autorité et de puissance en Espagne qu'on eût vu depuis le duc de Lerme et le comte-duc d'Olivarès, et ne se servirent de Rivas que comme d'un secrétaire, en attendant de le chasser comme ils avoient éloigné tous ceux qui avoient eu le plus de part au testament de Charles II. Le peu de François qui étoient au roi d'Espagne furent rappelés en même temps, excepté quatre ou cinq qui, de bonne heure, s'étoient attachés à la princesse des Ursins, et qui n'avoient jamais été à portée de se mêler de rien, ni de lui donner aucun ombrage. Tels furent Valouse qui étoit ici écuyer du duc d'Anjou, et qui fit dans les suites une fortune en Espagne jusqu'à devenir premier écuyer du roi et chevalier de la Toison d'or. Il y est mort longues années après, toujours bien avec le roi et avec tout le monde, et toujours fort en garde de se mêler de rien. Quelques bas valets intérieurs restèrent aussi avec La Roche qui eut l'estampille, incapable de faire rien qui pût déplaire à Mme des Ursins, et Hersent qui eut l'emploi de *guardaropa*. Le despacho étoit déjà tombé en ridicule sur les fins des deux cardinaux. Pour le rendre tel et fatiguer ces vieillards, Mme des Ursins le fit tenir à dix heures du soir. Après leur retraite, ce ne fut plus la peine de s'en contraindre, puisque Rivas y étoit demeuré seul; mais l'étendue de sa charge importunoit la camarera-mayor, qui, résolue à s'en défaire, ne s'en vouloit défaire qu'estropié, pour n'avoir pas à lui donner de successeur entier. Elle détacha donc de sa charge, qui embrassoit tous les départements, excepté les finances et le commerce qu'Orry faisoit sans titre mais sans supérieur, le département de la guerre et celui des affaires étrangères, qu'elle donna au marquis de Canales, connu dans ses ambassades sous Charles II, par le nom de don Gaspar Coloma. On peut juger ce qui resta au pauvre Rivas, dépouillé des affaires étrangères, des finances et de la guerre. Ce ne fut qu'un prélude : bientôt après Rivas fut tout à fait remercié. Il survécut à ses places et à sa fortune dans une obscurité qui ne finit qu'avec sa vie, qui dura encore pour le moins vingt-cinq ans, pendant lesquels il eut le plaisir de voir la chute de son ennemie et force grands changements.

## CHAPITRE X.

Desmarets enfin présenté au roi. — Voyage de Fontainebleau. — Desmarets directeur des finances, et Rouillé conseiller d'État surnuméraire. — Cour de Saint-Germain à Fontainebleau. — Mort du duc de Lesdiguières; son caractère. — Canaples duc de Lesdiguières. — Mort de Saint-Évremond; sa disgrâce; sa cause. — Barbezières relâché. — L'archiduc déclaré roi d'Espagne, sous le nom de Charles III, par l'empereur. — Prince Eugène président du conseil de guerre de l'empereur. — Ragotzi. — Bataille d'Hochstedt gagnée sur les Impériaux. — Grand Seigneur déposé. — Rupture avec le duc de Savoie; ses troupes auxiliaires arrêtées et désarmées. — Traitement des ambassadeurs à Turin et en France. — Usage de les faire garder par un gentilhomme ordinaire. — Phélypeaux. — Tessé en Dauphiné. — Siége de Landau. — Villars ouvertement brouillé avec l'électeur de Bavière. — Origine de l'intimité de Chamillart avec les Matignon. — Famille des Matignon. — Coigny; son nom, sa fortune. — Coigny refuse de passer en Bavière et [perd] par là, sans le savoir, le bâton de maréchal. — Marsin passe en Bavière malgré lui, et est fait maréchal de France. — Retour en France de Villars bien muni. — Augsbourg pris par l'électeur. — Armées du Danube et de Flandre en quartiers d'hiver. — Maréchal de Villeroy reste à Bruxelles. — Retour de Fontainebleau par Villeroy et Sceaux. — Mme de Mailly se fait préférer pour le carrosse aux dames titrées, comme dame d'atours. — Disgrâce, retour, faveur et élévation de la marquise de Senecey. — Duchesses ôtoient le service de la chemise et de la *sale* à la dame d'honneur de la reine, et la préférence du carrosse. — Surintendante; invention et occasion de cette charge.

Le mercredi 19 septembre, le roi alla coucher à Sceaux, et le lendemain à Fontainebleau. Il y avoit longtemps que les ducs de Chevreuse et de Beauvilliers cherchoient à tirer Desmarets du triste état où il languissoit depuis la mort de M. Colbert, frère de sa mère. Si on se souvient de ce que j'ai dit de lui (t. II, p. 406 et suiv.), on trouvera que je n'ai pas besoin d'en rien répéter ici ni ailleurs. Dès lors Chamillart avoit eu permission de se servir de ses lumières à ressasser les financiers, mais rien au delà. La surcharge des ministères de la guerre et des finances avoit forcé Chamillart, comme on l'a vu en son temps, à se faire soulager par l'érection de deux directeurs des finances par-dessus les intendants. Desmarets, porté par ses deux cousins, continuoit à aider le contrôleur général, mais sourdement et obscurément, et comme à l'insu du roi, encore qu'il l'eût permis, mais à cette condition. Cet état déplaisoit fort aux deux ducs et à Torcy, qui ne l'avoient procuré que comme un chausse-pied, pour pouvoir reparoître et rentrer enfin en grâce, et en quelque place dans les finances, Chamillart, ami intime de MM. de Chevreuse et de Beauvilliers, et d'ailleurs le meilleur homme du monde et le plus compatissant au malheur d'autrui, tenta enfin que ce que faisoit Desmarets sous lui se fît publiquement et par un ordre connu du roi. Il fut rabroué, mais à force de ne se pas rebuter et de représenter à Mme de Maintenon la nécessité des affaires, il l'obtint.

Ce pas fait, il fut question d'un autre. On voulut que Desmarets fût présenté au roi. Après quelque intervalle, Chamillart se hasarda de le demander. Ce fut bien pis que l'autre fois. Le roi se fâcha, dit que c'étoit un voleur, de l'aveu de Colbert mourant, son propre oncle, qu'il avoit chassé sur son témoignage même avec éclat, et que c'étoit encore trop qu'il eût permis de s'en servir dans un emploi, où, si on lui laissoit le moindre crédit, il ne se déferoit pas d'un vice si utile. Chamillart n'eut qu'à se taire. Néanmoins, encouragé par le dernier succès, et pressé de temps en temps par les deux ducs, il eut encore recours à Mme de Maintenon, à qui il représenta l'indécence de se servir publiquement d'un homme en disgrâce, que le roi ne vouloit point voir, le dégoût extrême que cette situation répandoit sur le travail de Desmarets, et le discrédit qui en étoit la suite, qui portoit directement sur les affaires qu'il lui renvoyoit. Il vanta sa capacité, le soulagement qu'il en recevoit, l'utilité qui en revenoit aux finances, et sut si bien faire auprès d'elle que le roi consentit enfin, mais comme à regret, qu'il lui fût présenté. Chamillart le fit donc entrer dans le cabinet du roi, à l'issue d'un conseil tenu l'après-dînée du jour que Sa Majesté partit pour aller coucher à Sceaux, et de là à Fontainebleau. On ne put rien de plus froid que la réception que lui fit le roi; il y avoit vingt ans qu'il ne l'avoit vu. Chamillart, embarrassé d'un éloignement si marqué contre la manière toute gracieuse dont le roi recevoit toujours ceux qu'il vouloit bien revoir après les disgrâces, n'osa passer plus loin. Desmarets demeura sans titre, mais travailla avec plus de considération, et fut employé en plus d'affaires qui allèrent sans milieu du contrôleur général à lui, et de lui au contrôleur général. Mais on vit bientôt qu'il n'est que de revenir, et que ce grand pas fait, tout vient ensuite et bientôt.

Un mois après, Beauvilliers, Chevreuse et Chamillart unis firent si bien, que Rouillé fut fait conseiller d'État surnuméraire, en attendant la première place qui vaqueroit, et remit à Desmarets sa place de directeur des finances en lui remboursant les huit cent mille livres qu'il avoit financées pour cette charge, dont les appointements étoient de quatre-vingt mille livres de rente, sans ce qu'il s'y pouvoit gagner d'ailleurs. Armenonville, qui étoit l'autre, ne revit pas reparoître sans peine ce nouvel astre sur l'horizon soutenu des grâces de la nouveauté, de Chamillart et des deux ducs. Il sentit ce qui en pouvoir arriver, mais il fut sage et courtisan. Il étoit de mes amis et Desmarets très-anciennement, comme je l'ai dit ailleurs. La jalousie, quoique discrète, fit naître dans leurs fonctions plus d'une difficulté entre eux. Ils savoient la portée où j'étois avec Chamillart leur commun maître; ils venoient à moi me conter leurs douleurs, et je les remettois souvent bien ensemble, quelquefois même sans aller jusqu'à Chamillart. La fortune se joua bien ensuite de tous trois, et ne s'est guère plus moquée des hommes que parce qu'elle a fait enfin du fils de Desmarets un chevalier de l'ordre, un maréchal de France.

La cour de Saint-Germain vint, le 3 octobre, à Fontainebleau et s'en retourna le 16. Le roi y donna à Lavienne la survivance de sa charge de premier valet de chambre à Chancenay son fils. J'ai fait connoître Lavienne ailleurs. On y apprit la mort du duc de Lesdiguières, gendre du maréchal de Duras, sans enfants. Une assez courte maladie l'emporta à Modène. Il s'étoit extrêmement distingué et fait aimer et estimer en Italie. Le roi le regretta fort. Il étoit brigadier, et pour aller rapidement à tout par sa valeur et son application. Ce fut une véritable perte pour sa famille et pour celle où il étoit entré. C'étoit un homme doux, modeste, gai, mais qui se sentoit fort et qui n'avoit pas plus d'esprit qu'il n'en falloit pour plaire et réussir à notre cour. Fort honnête homme et fort magnifique, il vivoit très-bien avec sa femme, qui en fut fort affligée. Le vieux Canaples se sut bon gré alors de n'avoir jamais voulu renoncer à cette succession qui le fit duc de Lesdiguières.

On sut aussi, presque en même temps, la mort de Saint-Évremond, si connu par son esprit, par ses ouvrages et par son constant amour pour Mme Mazarin, qui acheva de le fixer en Angleterre jusqu'à l'extrême vieillesse dans laquelle il y finit ses jours. Sa disgrâce, moins connue que lui, est une curiosité qui peut trouver place ici. La sienne l'avoit conduit aux Pyrénées. Il étoit ami particulier du maréchal de Créqui; il lui en écrivit une lettre de détails qui lui développa les replis du cœur du cardinal Mazarin, et qui ne fit pas une comparaison avantageuse de la conduite et de la capacité de ce premier ministre avec celles du premier ministre espagnol. L'esprit et les grâces qui sont répandus dans cette lettre en rendent encore les raisonnements plus forts et plus piquants. Don Louis de Haro lui en eût fait sa fortune, mais les deux premiers ministres l'ignorèrent jusqu'à leur mort. Le maréchal de Créqui et Mme du Plessis-Bellière, les deux plus intimes amis de M. Fouquet, furent arrêtés en même temps que lui et leurs papiers saisis. Le maréchal, qui ne l'étoit pas encore, en fut quitte pour un court exil, que le besoin qu'on eut de lui pour commander une armée accourcit, et lui valut le bâton de maréchal de France. Mme du Plessis-Bellière n'en fut pas quitte à si bon marché. Parmi ses papiers, on en trouva du maréchal de Créqui, et parmi ceux-là cette lettre qu'il n'avoit pu se résoudre à brûler, et qui a été depuis imprimée avec les ouvrages de Saint-Évremond. Les ministres à qui elle fut portée craignirent un si judicieux censeur. M. Colbert se para de reconnoissance pour son ancien maître, M. Le Tellier le seconda. Ils piquèrent le roi sur sa jalousie du gouvernement, et sur ses sentiments d'estime et d'amitié pour la mémoire encore récente de son premier ministre. Il entra en colère et fit chercher Saint-Évremond partout, qui, averti à temps par ses amis, se cacha si bien qu'on ne put le trouver. Las enfin d'errer de lieu en lieu et de ne trouver de sûreté nulle part, il se sauva en Angleterre où il fut bientôt recherché par tout ce qu'il y avoit de plus considérable en esprit, en naissance et en places. Il employa longtemps tous ses amis pour obtenir son pardon; la permission de revenir en France lui fut constamment refusée. Elle lui fut offerte vingt ou vingt-cinq ans après, lorsqu'il n'y songeoit plus. Il avoit eu le temps de se naturaliser à Londres; il étoit fou de Mme Mazarin, il ne se soucioit plus de sa patrie; il ne jugea pas à propos de changer de vie, de société, de climat, à soixante-douze ans. Il y vécut encore une vingtaine d'années en philosophe et y mourut de même avec sa tête entière et une grande santé, et recherché jusqu'à la fin comme il l'avoit été toute sa vie.

On apprit aussi à Fontainebleau qu'enfin Barbezières avoit été mis en liberté et qu'il alloit être conduit, de Gratz où il étoit, à l'armée du comte de Staremberg, pour de là passer en celle de M. de Vendôme.

Des nouvelles plus importantes furent : l'archiduc déclaré roi d'Espagne par l'empereur, qui ne fit plus mystère de l'envoyer incessamment attaquer l'Espagne par le Portugal. Il avoit fait depuis quelque temps un grand changement à sa cour. Le comte de Mansfeld, dont la cour de Vienne s'étoit servie pendant son ambassade en Espagne pour empoisonner la reine, première femme de Charles II, par le ministère de la comtesse de Soissons, en avoit été récompensé, à son retour, de la présidence du conseil de guerre. Je ne sais ce qu'il commit dans cette grande place, mais il fut disgracié et relégué, et sa présidence donnée au prince Eugène, qui la joignit au commandement des armées de l'empereur et de l'empire, et se trouva ainsi au comble de tout ce qu'il pouvoit prétendre. Cela arriva à la fin de juillet. Eugène avoit été retenu à Vienne plus tard qu'il n'auroit voulu, par l'inquiétude qu'on y prenoit des mouvements de Hongrie, où le prince Ragotzi s'étoit déclaré le chef des mécontents. Son grand-père et son bisaïeul avoient été princes de Transylvanie. Sa mère avoit épousé en secondes noces le fameux comte Tekeli. Elle étoit fille du comte Serini, qui eut la tête coupée avec Frangipani et Nadasti en 1671 à Neustadt, pour avoir voulu se saisir de la personne de l'empereur Léopold, et s'être mis à la tête d'une grande révolte en Hongrie. F. Léopold, prinze Ragotzi, son fils, soupçonné de vouloir remuer, avoit été arrêté et mis en prison à Neustadt, en avril 1701, d'où il trouva le moyen de se sauver déguisé en dragon, en novembre suivant, ayant gagné le capitaine de sa garde et fait enivrer les soldats. Il se retira en Pologne, d'où il vint joindre le comte Berzini, l'un des chefs des mécontents en Hongrie. Tous lui déférèrent la qualité de chef; ses troupes grossirent, prirent ou s'emparèrent de force châteaux et petites villes, et causoient un grand trouble dont Vienne commençoit fort à s'alarmer.

En ce même temps, le 28 septembre, on eut nouvelle par un courrier d'Usson, d'une bataille gagnée près d'Hochstedt sur les Impériaux commandés par le comte de Stirum, qui avoit soixante-quatre escadrons et quatorze mille hommes de pied. D'Usson commandoit un corps séparé de vingt-huit escadrons, et de seize bataillons dans des retranchements ; il eut ordre d'en sortir, le 19 au soir, pour être en état d'attaquer le 20 au matin les Impériaux par un côté, tandis que l'électeur de Bavière les attaqueroit par un autre. Ce prince devoit avertir de son arrivée par trois coups de canon, et d'Usson lui répondre de même. Mais ce dernier, arrivé trop tôt, joint par Cheyladet avec quelques troupes, fut aperçu des Impériaux, qui, le croyant seul, vinrent sur lui et poussèrent la brigade de Vivans jusque dans le village d'Hochstedt. Peny la soutint avec la brigade de Bourbonnois, et ils s'y défendirent avec grande valeur. D'Usson qui avoit vu les ennemis couler cependant vers ses retranchements, s'y porta assez à temps pour les obliger à se retirer, et entendant en même temps redoubler très-considérablement le feu du côté d'Hochstedt, il se douta que c'étoit l'électeur et le maréchal de Villars qui arrivoient, et y porta diligemment ses troupes. Il ne se trompoit pas ; il joignit la tête de leurs troupes qui, avec ce renfort, défirent les ennemis qui se retirèrent fort précipitamment. L'électeur les poursuivit deux lieues durant, et son infanterie, qui pénétra dans un bois où ils s'étoient retirés, sur le chemin de Nordlingen, en fit un grand carnage. Quatre mille hommes des leurs demeurèrent sur la place, on leur en prit autant, beaucoup d'étendards, de drapeaux et de timbales, trente-trois pièces de canon, leurs bateaux et leurs pontons, et tous leurs équipages. Enfin une victoire complète qui ne coûta guère que mille hommes. Villars envoya le chevalier de Tresmane qui arriva vingt-quatre heures après le courrier d'Usson, qui plus en détail rapporta à peu près les mêmes choses. Il assura qu'on ne croyoit pas que l'armée battue pût se rassembler du reste de la campagne, et que l'électeur alloit marcher au prince Louis de Bade qui étoit sous Augsbourg avec vingt mille hommes.

Le changement qui arriva en Turquie ne soulagea pas l'empereur. Les janissaires, d'accord avec les spahis, entrèrent tumultueusement dans le sérail à Andrinople, où étoit leur empereur Mustapha, le déposèrent, mirent sur le trône son frère Achmet, âgé de sept ans, chassèrent le grand vizir, et en firent un autre qui aimoit fort la guerre, que ces séditieux vouloient absolument, tuèrent le mufti fuyant vers l'Asie, et, ce qui est incroyable d'un tel particulier, mais qui fut mandé par notre ambassadeur comme une chose certaine, on lui trouva quarante millions. Ce mouvement qui tendoit à une rupture de la Porte avec l'empereur et les autres puissances chrétiennes, donna du courage aux mécontents de Hongrie, et réchauffa beaucoup le parti de Ragotzi, contre lequel il fallut augmenter de troupes, à la tête desquelles le prince Eugène se mit, au lieu de retourner en Italie comme il l'avoit jusque-là espéré de jour en jour.

Après s'être longtemps endormi sur les mauvais desseins du duc de Savoie, malgré tous les avis de Phélypeaux, ambassadeur du roi à Turin, on ouvrit enfin les yeux, et on ne put douter qu'il n'eût des ministres de l'empereur cachés dans sa cour, avec lesquels il traitoit. Le roi témoigna par deux fois à l'ambassadeur de Savoie ses justes soupçons. Soit que ce ministre fût de concert avec son maître, ou qu'il agît de bonne foi, il répondit toutes les deux fois sur sa tête de la fidélité du duc à ses traités avec les deux couronnes. L'éloignement de M. de Vendôme et de ce qu'il avoit mené à Trente retarda les résolutions à prendre. Vaudemont, qui sentoit qu'incontinent nous serions prévenus, ou nous préviendrions M. de Savoie, avoit quitté

San-Benedetto et l'armée qu'il commandoit, sans attendre quelques jours de plus M. de Vendôme, qui arrivoit et s'en étoit allé aux eaux, comme je crois l'avoir déjà marqué. Vendôme de retour avec ses troupes, fort harassées par la vigilance de l'ennemi dans toute cette longue traversée, il fut question de prendre des mesures contre les perfides intentions d'un allié qui s'étoit laissé débaucher. On fut quelque temps à les résoudre, puis à les arranger, et elles le furent avec tant de secret et de justesse, qu'en un même instant toutes les troupes auxiliaires de Savoie furent désarmées et arrêtées par notre armée. Il devoit y avoir cinq mille hommes, mais il en avoit peu à peu fait déserter la moitié, et on s'assura de même de ce qu'il y en avoit dans les hôpitaux.

Le courrier qui apporta la nouvelle de cette expédition arriva le 5 octobre à Fontainebleau. Torcy fut l'après-dînée chez l'ambassadeur de Savoie. On peut juger de l'éclat de cette action par toute l'Europe, qu'on ne rendit publique à la cour que deux jours après. Le lendemain, l'ambassadeur, de qui Torcy avoit pris la parole qu'il ne sortiroit point du royaume, par rapport à la sûreté de Phélypeaux, reçut un courrier de son maître, qui lui mandoit qu'il alloit assembler son conseil sur la nouvelle qu'il recevoit de l'arrêt de ses troupes. Il fit prendre en même temps à Chambéry deux mille cinq cents fusils, qu'on envoyoit à l'armée d'Italie, et arrêter tous les courriers de France, et tous les François qui se trouvèrent partout dans ses États. En même temps Vaudemont, qui ne vouloit qu'éviter l'embarras du spectacle de quelque part qu'il vînt, ne fut que peu de jours aux eaux, où apprenant la bombe crevée et de notre part, dépêcha un courrier au roi, pour lui mander qu'à cette nouvelle il quittoit tout, et s'en alloit trouver Vendôme à Pavie, et retourner de là à son armée, qui étoit sur la Secchia. On en fut encore la dupe, et ce double artifice lui réussit fort bien malgré toutes les assurances qu'il n'avoit cessé de donner de la fidélité certaine du duc de Savoie. Bientôt après il en renvoya un autre pour témoigner son zèle, par lequel il manda que M. de Savoie faisoit toutes les démarches d'un prince qui se prépare à la guerre. On le savoit bien sans lui. Cependant Montendre apporta la défaite par M. de Vendôme, le 28 octobre, de deux mille chevaux que Staremberg envoyoit à M. de Savoie, où il n'y eut que vingt hommes de tués de notre parti. Sur l'avis que Phélypeaux et l'ambassadeur d'Espagne à Turin étoient fort resserrés, sans aucune communication entre eux ni avec personne, et un corps de garde posé devant leurs maisons, du Libois, gentilhomme ordinaire, eut ordre de se rendre chez l'ambassadeur de Savoie, d'y loger et de l'accompagner partout. Cet usage en cas de rupture est ordinaire, même à l'égard des nonces. Ce sont d'honnêtes espions et à découvert, à qui la chambre de l'ambassadeur ne peut être fermée pour voir et rendre compte de tout ce qu'il fait et se passe chez lui, mangeant avec lui, et ne le quittant presque point de vue. Quelque incommode, pour ne pas dire insupportable, que soit une telle compagnie, Phélypeaux n'en fut pas quitte à si bon marché. C'étoit un homme d'infiniment d'esprit et de lecture, éloquent naturellement et avec grâce, la parole fort à la main; extrêmement haut et piquant, qui essuya des barbaries étranges, qui souffrit toutes sortes de manquements et d'extrémités jusque dans sa nourriture, et qui fut menacé plus d'une fois du cachot et de la tête. Il ne se déconcerta jamais, et désola M. de Savoie par sa fermeté, son égalité et la hauteur de ses réponses, de ses mépris, de ses railleries. Ce qu'il a écrit en forme de relation de cette espèce de prison est un morceau également curieux, instructif et amusant. Tessé partit de Fontainebleau pour aller commander en Dauphiné, entrer en Savoie, et commencer ce surcroît de guerre.

Cependant Tallard avoit formé le siége de Landau. L'armée du comte de Stirum étoit détruite par la bataille d'Hochstedt.

Celle du prince Louis, mal payée et délabrée, observoit de loin l'électeur, et il n'y avoit rien au deçà du Rhin qui pût mettre obstacle à l'entreprise. Marsin, fit l'investiture, et la tranchée fut ouverte le 18 octobre. Il eût été heureux que la mésintelligence n'eût pas troublé tout ce qu'il se pouvoit faire sur le Danube, et au delà, où il n'y avoit plus d'armées en état de s'opposer à rien de ce que l'électeur eût voulu entreprendre. Il étoit en état de porter la guerre dans les pays héréditaires et de profiter du dénûment de l'empereur, qui de Vienne, voyoit le fer et les feux que Ragotzi portoit dans son voisinage. Mais une guerre intestine tourmentoit plus l'électeur que ses prospérités ne lui donnoient de joie. Villars, continuant à suivre ses projets pour sa fortune particulière, ne cessoit de traverser ce prince en tout, de lui refuser ses secours pour toutes entreprises qui ne cadroient pas avec les siennes pour s'enrichir, et de le rendre suspect au roi d'abandonner ses intérêts. Les choses en vinrent au point que Villars cessa d'aller chez l'électeur, hors pour des raisons très-rares et indispensables, et d'en user avec lui par ses défiances affectées et ses hauteurs à ne pouvoir plus être supporté. En cette situation, l'électeur assembla chez lui les principaux officiers de l'armée, et en leur présence interpella Villars de lui déclarer s'il agissoit avec lui comme il faisoit par ordre du roi ou de soi-même; le maréchal n'eut pas le mot à répondre, et cette démarche, qui mit les choses au net, acheva aussi de le rendre fort odieux. Il l'étoit déjà par ses incroyables rapines et par toute sa conduite avec les troupes, tandis que l'électeur étoit adoré de tous. De part et d'autre les courriers marchèrent. Villars, ses coffres remplis et sa femme absente, ne désiroit rien plus que de sortir d'une si triste situation; et l'électeur demandoit formellement d'être délivré d'un homme qui lui manquoit à tout avec audace, qui barroit ses projets les plus certains, et qui tête levée ne sembloit être venu en son pays que pour le mettre à la plus forte contribution à son profit particulier. Le roi enfin, voyant combien il y avoit peu d'apparence de laisser plus longtemps ces deux hommes ensemble, se détermina à leur donner satisfaction en les séparant, et à faire maréchal de France celui qu'il enverroit à la place de Villars, aucun de ceux qui l'étoient déjà n'y paroissant propre. C'en étoit moins la raison que le prétexte.

Chamillart, avant sa dernière grande fortune, l'avoit commencée par l'intendance de Rouen que son père avoit aussi eue. Ils y étoient devenus amis intimes des Matignon, au point que le comte de Matignon, père, longues années depuis, du duc de Valentinois, lui quitta pour rien la mouvance d'une terre qu'il avoit relevant de Thorigny, ce qui enrichit depuis Matignon sous son ministère, fit son frère maréchal de France et son fils duc et pair et gendre de M. de Monaco dans les suites. Les Matignon avoient marié leurs sœurs comme ils avoient pu. Ils étoient cinq frères et force filles, dont ils cloîtrèrent la plupart, et firent deux frères d'Église : l'un évêque de Lisieux après son oncle paternel ; l'autre de Condom, fort homme de bien, mais rien au delà. L'aîné n'eut que deux filles dont il donna l'aînée à son frère, l'autre à Seignelay, qui se remaria au comte de Marsan, et le dernier frère, qu'on appeloit Gacé, nous le verrons maréchal de France. Les deux sœurs, l'une jolie et bien faite, épousa un du Breuil, gentilhomme breton, qui portoit le nom de Nevet, dont elle ne laissa point d'enfants ; l'autre Coigny, père du maréchal d'aujourd'hui.

Coigny étoit fils d'un de ces petits juges de basse Normandie, qui s'appeloit Guillot, et qui, fils d'un manant, avoit pris une de ces petites charges pour se délivrer de la taille après s'être fort enrichi. L'épée avoit achevé de le décrasser. Il regarda comme sa fortune d'épouser la sœur des Matignon pour rien, et avec de belles terres, le gouvernement et le bailliage de Caen qu'il acheta, se fit tout un autre homme. Il se trouva bon officier et devint lieutenant général. Son union avec ses beaux-frères étoit intime, il les regardoit avec grand respect, et eux l'aimoient fort et leur sœur qui logeoit chez eux et qui étoit une femme de mérite. Coigny, fatigué de son nom de Guillot, et qui avoit acheté en basse Normandie la belle terre de Franquetot, vit par hasard éteindre toute cette maison, ancienne, riche et bien alliée. Cela lui donna envie d'en prendre le nom, et la facilité de l'obtenir, personne n'en étant plus en droit de s'y opposer. Il obtint donc des lettres patentes pour changer son nom de Guillot en celui de Franquetot qu'il fit enregistrer au parlement de Rouen, et consacra ainsi ce changement à la postérité la plus reculée. Mais on craint moins les fureteurs de registres que le gros du monde qui se met à rire de Guillot, tandis qu'il prend les Franquetot pour bons; parce que les véritables l'étoient, et qu'il ignore si on s'est enté dessus avec du parchemin et de la cire. Coigny donc, devenu Franquetot et dans les premiers grades militaires, partagea avec les Matignon, ses beaux-frères, la faveur de Chamillart. Il étoit lors en Flandre, où le ministre de la guerre lui procuroit de petits corps séparés. C'étoit lui qu'il vouloit glisser en la place de Villars, et par là le faire maréchal de France. Il lui manda donc sa destination, et comme le bâton ne devoit être déclaré qu'en Bavière, même à celui qui lui étoit destiné, Chamillart n'osa lui en révéler le secret; mais, à ce que m'a dit lui-même ce ministre dans l'amertume de son cœur, il lui mit tellement le doigt sur la lettre, que, hors lui déclarer la chose, il ne pouvoit s'en expliquer avec lui plus clairement. Coigny, qui étoit fort court, n'entendit rien à ce langage. Il se trouvoit bien où il étoit. D'aller en Bavière lui parut la Chine; il refusa absolument, et mit son protecteur au désespoir, et lui-même peu après, quand il sut ce qui lui étoit destiné.

On se tourna à Marsin, auquel arriva un courrier devant Landau, chargé d'un paquet pour lui, qui en enfermoit un autre. Par celui qu'il ouvrit, il lui étoit ordonné de quitter le siége tout aussitôt, et de prendre le chemin qui lui étoit marqué pour se rendre en Bavière, où seulement et non plus tôt il devoit ouvrir l'autre paquet. En le tâtant il reconnut qu'il y avoit un sceau, et comprit que c'étoit le bâton de maréchal de France. La merveille fut que cela ne le tenta point. Il se sentit blessé de ne l'obtenir que par besoin de lui après la promotion des autres, et fut effrayé du poids dont on vouloit le charger. Il renvoya donc le courrier avec des excuses et le paquet, qu'il ne devoit ouvrir qu'en Bavière, tel qu'on le lui avoit envoyé. Le roi persista et lui redépêcha aussitôt les mêmes ordres avec le même paquet, pour ne l'ouvrir qu'en Bavière. Il fallut obéir. Il partit et rencontra Villars en Suisse, chargé de l'argent de ses contributions personnelles et de l'exécration publique. L'électeur dit à qui le voulut entendre qu'il emportoit deux millions comptant de son pays, sans ce qu'il avoit tiré du pays ennemi, à quoi avoit tendu tout son projet militaire qui lui avoit énormément rendu. Les troupes et les officiers généraux ne l'en dédirent point. Il offrit de l'argent avant partir à qui en voudroit emprunter, pour s'en décharger d'autant; mais la haine prévalut, qui que ce soit n'en voulut prendre pour la malice de lui laisser ses coffres pleins, qu'il amena à bon port en France. L'escorte qui l'avoit amené ramena Marsin chargé de cent mille pistoles pour l'électeur; il passa avec lui beaucoup d'argent pour la paye et les besoins de nos officiers et de nos troupes, et beaucoup d'autres choses nécessaires pour lesquelles on profita de l'occasion. En joignant l'électeur, il lui rendit le repos, et la joie à toute l'armée. Il ouvrit son paquet et y trouva ses ordres, ses instructions et son bâton, comme il s'en étoit douté. Le roi le déclara maréchal de France, quand il le crut arrivé. Il fut parfaitement d'accord en tout avec l'électeur, et au gré des troupes et des officiers généraux, et très-éloigné de brigandages. Peu après son arrivée, ils firent le siége d'Augsbourg qu'ils prirent en peu de jours, et mirent après les troupes dans les quartiers, qui avoient grand besoin de repos. Le maréchal de Villeroy, à qui les ennemis avoient pris Limbourg, sépara aussi la sienne. Il prit la place du maréchal de Boufflers à Bruxelles, pour commander tout l'hiver sur toutes ces frontières, et Boufflers revint à la cour.

Elle partit de Fontainebleau le 25 octobre, retournant à Versailles par Villeroy et par Sceaux. Le roi avoit dans son carrosse Mme la duchesse de Bourgogne, Madame, Mme la duchesse d'Orléans, la duchesse du Lude et Mme de Mailly, qui l'emporta sur la maréchale de Cœuvres, grande d'Espagne. Pour expliquer comment se passa cette préférence, il faut reprendre les choses d'un peu loin. La place de dame d'honneur a presque toujours été remplie dans tous les temps par de grandes dames, quelquefois par des femmes de princes du sang, comme on le voit dans Brantôme. La dernière connétable de Montmorency la fut aussi, et elle étoit aussi duchesse de Montmorency. Depuis Mme de Senecey et la comtesse de Fleix, sa fille, en survivance, qui furent dames d'honneur de la dernière reine mère, qu'elles survécurent toutes deux, on n'a plus vu de dames d'honneur de reine que duchesses. Ces deux-là le devinrent, quoique veuves en 1663[1]. Randan fut érigé pour elles deux conjointement et pour M. de Foix, fils aîné de la comtesse de Fleix, à qui, par mort sans enfant, le dernier duc de Foix succéda comme ayant été appelé par les lettres, en qui cette illustre et heureuse maison de Grailly, dite de Foix, s'éteignit avec son duché-pairie.

La marquise de Senecey, dame d'honneur de la reine mère et intimement dans sa confidence, fut chassée lors de l'éclat du Val-de-Grâce, où le chancelier Séguier eut ordre d'aller fouiller la reine jusque dans sa gorge, et dont, en homme d'esprit et adroit, il s'acquitta sans reproches du roi, ni rien perdre dans les bonnes grâces du cardinal de

---

1. Voy. t. I, p. 449, la réception des ducs et pairs à la séance du 15 décembre 1663.

Richelieu, mais de manière qu'il en mérita celles de la reine, qui de sa vie n'oublia ce service. Il étoit question d'intelligence fort criminelle avec l'Espagne. Il se trouva d'ailleurs assez de choses pour que la fameuse duchesse de Chevreuse se sauvât hors du royaume, et que Beringhen, premier valet de chambre du roi, s'enfuît à Bruxelles, ce qui fit depuis son incroyable fortune. De cette affaire, Mme de Senecey fut exilée à Randan, et pas un d'eux ne revint qu'à la mort de Louis XIII. Aussitôt après, la reine, devenue régente, les rappela, chassa Mme de Brassac, tante paternelle de M. de Montausier, duc et pair si longtemps après, rendit à Mme de Senecey sa charge de dame d'honneur, que Mme de Brassac avoit eue, et en donna en même temps la survivance à la comtesse de Fleix pour l'exercer conjointement avec la marquise de Senecey, sa mère, qui rentrèrent dès ce moment dans la plus grande faveur et la plus haute considération, qui a toujours duré égale jusqu'à la mort de la reine. Lorsque le rang des Bouillon se fut établi et que celui de Rohan commença à poindre, ces deux dames obtinrent un tabouret de grâce. Une assemblée de noblesse protégée par Gaston, lieutenant général de l'État, fit ôter ces rangs sans titres et ces tabourets de grâce, qui furent rendus après les troubles de la régence; et lors de cette monstrueuse promotion de quatorze érections de duchés-pairies en 1663, celle de Randan en fut une, comme je viens de le dire, en faveur de la mère, de la fille et du petit-fils.

Jusqu'au retour de Mme de Senecey, aucune dame d'honneur de la reine n'avoit disputé la préférence du carrosse à aucune duchesse, ni même l'honneur de donner la chemise à la reine et de lui présenter la *sale*, qui étoit déféré sans difficulté à la plus ancienne duchesse qui se trouvoit présente quand il n'y avoit point de princesse du sang. La *sale* est une espèce de soucoupe de vermeil sur laquelle les boîtes, étuis, montres et l'éventail de la reine lui étoient présentés couverts d'un taffetas brodé, qui se lève en la lui présentant. Il y a toute apparence que Mmes de Senecey et de Fleix se prévalurent, à leur retour, et de la faveur de la reine et de celle de la comtesse d'Harcourt et de la duchesse de Chevreuse auprès d'elle, qui la tournèrent entièrement pour la maison de Lorraine contre les ducs, pour se mettre en possession de présenter toujours la sale et donner la chemise, sous prétexte de ne donner point de préférence aux duchesses ni aux princesses lorraines, qui pourtant ne faisoient que commencer à le disputer par la faveur des deux que je viens de nommer. Pour le carrosse, Mmes de Senecey et de Fleix n'y entreprirent rien, parce qu'apparemment que, ne s'agissant pas là de fonctions, elles n'y purent trouver de prétexte. Il vint depuis au mariage du roi. La maréchale de Guébriant, nommée dame d'honneur et point duchesse, mourut en allant trouver la cour en Guyenne, et ne vit jamais la reine. Mme de Navailles, dont le mari étoit duc à brevet, qui avoit tellement été attaché au cardinal Mazarin, dont il commandoit les chevau-légers, qu'il avoit été son correspondant intime et son homme de la plus grande confiance pendant ses deux absences hors du royaume, fut nommée à la place de la maréchale de Guébriant. Elle étoit en Gascogne dans les terres de son mari, qui ne songeoit à rien moins, et qui n'eut que le temps d'arriver pour le mariage. Le cardinal Mazarin, qui fit tout pour que le comte de Soissons ne se trouvât pas mal marié à sa nièce, venoit d'inventer pour elle la charge jusqu'alors inconnue de surintendante de la maison de la reine, et pour conserver toute préférence à la reine mère avec laquelle il avoit toujours été si uni, à qui il devoit tout, et que le roi respectoit si fort, il fit en même temps la princesse de Conti, son autre nièce, surintendante de sa maison. Cette dernière, étant princesse du sang, emportoit beaucoup de choses par ce rang; mais sa piété, l'extrême délicatesse de sa santé, son attachement à M. le prince de Conti, presque toujours dans son gouvernement de Languedoc, ne lui permettoient guère d'exercer cette charge. Elle étoit tout aux dépens de celle de dame d'honneur prise sur le modèle du grand chambellan, avant qu'il fût dépouillé par les premiers gentilshommes de la chambre.

La comtesse de Soissons, toujours à la cour, où elle donnoit le ton par sa faveur auprès du roi qui dans ces temps-là ne bougeoit de chez elle, faisoit sa charge, et Mme de Navailles n'avoit garde de se commettre avec elle à cause du roi et du cardinal, son oncle, dont le mari étoit la créature. La reine ne connoissoit personne dans ces commencements ; à peine s'expliquoit-elle en françois. La comtesse de Soissons montoit dans son carrosse, et lui nommoit les dames à appeler, et les appeloit pour la reine. Cet usage introduit fut suivi par la duchesse de Navailles, lorsque la comtesse de Soissons ne s'y trouvoit pas. Mme de Montausier, duchesse à brevet, lui succéda et en usa de même, et cet établissement a toujours continué, depuis lequel il a valu la préférence aux dames d'honneur dans le carrosse sur tout ce qui n'est point princesse du sang. Pour les dames d'atours jamais pas une n'y avoit songé, non pas même la comtesse de Béthune, si longtemps dame d'atours de la reine, si fort et toujours sa favorite, et si considérée par elle-même, par son beau-père et par son mari, illustres par leurs charges et leurs négociations, et par le comte, depuis duc de Saint-Aignan son frère, si bien alors avec le roi, en si grande privance et premier gentilhomme de sa chambre. Jusqu'à Mme de Mailly, il n'avoit donc pas été question de nulle prétention des dames d'atours. Celle-ci, fort glorieuse, nièce de Mme de Maintenon, mariée de sa main, et parfaitement bien alors avec elle, imagina cette préférence, la tortilla longtemps, bouda, et, trouvant enfin sa belle contre un enfant comme la maréchale de Cœuvres, dont le roi s'amusoit comme telle (lequel n'aimoit pas les rangs, et Mme de Maintenon beaucoup moins qui avoit bien ses raisons pour cela), l'emporta, non par une décision que Mme de Mailly ne put obtenir, mais par silence sur son entreprise, qui en fut une approbation tacite dont elle sut se prévaloir. Cela ne laissa pas de faire du bruit et de paroître étrange ; elle dit qu'elle n'imaginoit pas disputer aux titrées, ni avoir jamais que la dernière place ; mais qu'elle étoit nécessaire dans le carrosse, pour y porter et y donner à Mme la duchesse de Bourgogne des coiffes et d'autres hardes légères à mettre par-dessus tout, à cause des fluxions, à quoi elle étoit sujette. En effet elle n'eut jamais que la dernière place, mais elle se conserva dans la préférence que sa faveur lui fit embler.

## CHAPITRE XI.

L'archiduc en Hollande, non reconnu du pape. — Marcilly à Lyon, dégradé à Vienne. — Bataille de Spire gagnée sur les Impériaux. — Landau rendu à Tallard, qui met son armée en quartiers d'hiver. — Tessé à Chambéry ; conduite de Vaudemont ; Tessé destiné à commander son armée. — Vendôme, refusé du bâton, tente en vain de commander les maréchaux de France, mais [il l'obtient pour] ses cadets de lieutenant général. — La Feuillade en Dauphiné. — Retour du comte de Toulouse et du maréchal de Cœuvres. — Retour de Villars. — Retour de Tallard. — Retour du cardinal d'Estrées. — Retour de Rouillé ; son caractère. — Berwick général en Espagne. — Puységur y va ; son caractère. — Troupes françoises en Espagne. — Nouvelle junte en Espagne. — Caractère de l'abbé d'Estrées. — Quatre compagnies et quatre capitaines des gardes du corps en Espagne. — Duc d'Albe ; son extraction, son caractère ; ambassade en France. — Sa première réception particulière et de la duchesse sa femme. — Étrange singularité du duc d'Albe, père de l'ambassadeur.

L'archiduc étoit arrivé en Hollande, reconnu par cette république, l'Angleterre, le Portugal, Brandebourg, Savoie et

Hanovre, comme roi d'Espagne, sous le nom de Charles III, et bientôt après par presque toutes les autres puissances de l'Europe. Le pape, à qui l'empereur donna part de cette déclaration par une lettre, ayant su ce qu'elle contenoit, la renvoya à son ministre sans l'avoir ouverte. Landau se défendoit vigoureusement. La dégradation des armes prononcée contre Marcilly, pour avoir rendu Brisach, par le conseil de guerre, et cet officier en fuite et réfugié à Lyon, fut une vive leçon au gouverneur de la place assiégée pour se bien défendre. Tout étoit en mouvement pour son secours. Le prince aîné de Hesse, depuis roi de Suède, y menoit vingt-trois bataillons et trente escadrons des troupes du landgrave, son père et de ce qui s'y étoit joint. Pracontal y marchoit de Flandre avec vingt et un bataillons, et vingt-quatre escadrons, et le comte de Roucy fut détaché du siége avec deux mille chevaux et cinq cents hommes de pied, pour garder les passages du Spirebach et empêcher la surprise, et qui fut rappelé au camp dès qu'il parut des ennemis auxquels se joignirent ce qu'il y avoit de troupes palatines dans les lignes de Stolhoven, et de celles qui voltigeoient en deçà du Rhin.

Sur ces nouvelles, Tallard résolut d'aller au-devant d'eux, et de ne les point attendre dans ses lignes. Il remit la conduite du siége et de ce qu'il y laissoit de troupes au plus ancien lieutenant général, qui étoit Laubanie, et sur lequel on pouvoit sûrement se reposer; choisit quarante-quatre escadrons et vingt bataillons dans son armée avec lesquels il campa hors de ses lignes, dès le mercredi au soir, 14 novembre, et manda à Parcontal, arrivé à portée, de le joindre le lendemain de bonne heure avec sa cavalerie seulement, si son infanterie ne pouvoit arriver, qui l'exécuta ainsi le jeudi 15, à la pointe du jour. Ils trouvèrent le prince de Hesse qui commandoit en chef entre la petite Hollande et Spire, dont toute l'armée n'étoit pas tout à fait encore en bataille. On ne tarda pas à se charger; la cavalerie de leur droite mena assez mal celle de notre gauche, mais celle de la leur ne tint pas. Leur infanterie fit bonne contenance après sa première décharge, mais elle ne put résister à celle de Tallard, qui la chargea la baïonnette au bout du fusil avec tant de vigueur, que quantité de soldats ennemis furent tués dans les rangs et qu'ils ne purent résister. Outre ces vingt-trois bataillons qui plièrent, ils en avoient encore cinq autres qui se retirèrent sans avoir presque combattu. La victoire fut complète et surprit agréablement le maréchal de Tallard, qui étoit fort étourdi vers notre gauche à rétablir l'ébranlement qui y étoit arrivé, et qui apprit ce grand succès de notre cavalerie de la droite et de toute l'infanterie au moment qu'il n'espéroit rien moins. Il accourut à la victoire et y donna ses ordres partout. Il avoit plus de cavalerie qu'eux et un bataillon de moins. On leur prit tout leur canon, presque tous leurs drapeaux et quantité d'étendards. Le soir même Laubanie manda à Tallard, qui étoit sur le champ de bataille, que la chamade étoit battue, mais qu'il lui conseilloit de ne rien précipiter pour la capitulation. Labaume, fils du maréchal, arriva le 20 novembre, sur les cinq heures à Versailles, avec cette grande nouvelle que le roi manda aussitôt à Monseigneur, qui étoit à Paris à l'Opéra. Ce prince fit cesser les acteurs pour l'apprendre aux spectateurs. Pracontal, lieutenant général et gendre de Montchevreuil, y fut tué. C'étoit un homme fort appliqué, avec de la valeur et de la capacité, et qui auroit justement fait une fortune. Il s'étoit fort attaché au maréchal de Boufflers, et Mme de Maintenon le protégeoit particulièrement. Sa femme eut le gouvernement de Menin à vendre que Pracontal avoit acheté. Meuse, colonel de cavalerie de la maison de Choiseul, Calvo, colonel du régiment Royal-infanterie et brigadier, neveu du lieutenant général et chevalier de l'ordre, garçon de beaucoup de valeur et d'entendement et fort bien voulu de tout le monde, Beaumanoir, qui venoit d'épouser une fille du duc de Noailles, y furent aussi tués avec force autres moins distingués. Ce dernier ne porta pas loin la malédiction que son père lui donna en mourant au cas qu'il fît ce mariage, comme je l'ai rapporté en son temps. Il ne laissa point d'enfants, et en lui finit cette maison ancienne et illustre. Sa lieutenance générale de Bretagne fut quelque temps après donnée au maréchal de Châteaurenauld, et servit bientôt après pour une seconde fois de dot à une autre Noailles que son fils épousa. Le régiment Royal-infanterie fut donné à Denonville, fils aîné d'un sous-gouverneur des enfants de France, pour qui Mgr le duc de Bourgogne avoit beaucoup de bonté. Ce prince parut douloureusement affligé en cette occasion de ce que le roi ne lui avoit jamais voulu permettre d'achever la campagne, qu'on lui fit croire finie après la prise de Brisach. Le chevalier de Croissy, qui vint apporter les drapeaux et le détail, rapporta que les ennemis avoient perdu six mille hommes, outre quatre mille prisonniers, parmi lesquels trois officiers généraux et six colonels. Le jeune comte de Frise, qui en fut du nombre, fut envoyé le soir même de la bataille par le maréchal de Tallard coucher à Landau, dont son père étoit gouverneur, pour lui apprendre la vérité de cette journée. On prétendit que l'armée ne perdit pas plus de quatre ou cinq cents hommes, mais beaucoup plus à proportion d'officiers.

Landau reçut une capitulation honorable : de quatre mille hommes qui étoient dedans il n'en sortit que mille sept cents sous les armes, et fort peu d'officiers qui furent conduits à Philippsbourg, et on assura qu'on n'avoit pas eu plus de mille hommes tués ou blessés au siége. Le prince de Hesse fit merveille de tête et de valeur. Il devoit être joint le lendemain par six mille hommes, à qui on avoit donné des chariots pour arriver plus diligemment. On sut après qu'il y avoit eu deux princes de Hesse de tués. Labaume fut fait brigadier, et Laubanie eut le gouvernement de Landau. Peu après l'armée du Rhin entra dans ses quartiers d'hiver, ainsi que celle de Flandre, où les ennemis avoient pris Limbourg.

Tessé étoit dans Chambéry et avoit occupé presque toute la Savoie. Avant de partir il avoit été destiné à commander l'armée de M. de Vaudemont, qui, prévoyant les difficultés que la défection de M. de Savoie alloit apporter à la guerre d'Italie, ne vouloit pas s'exposer aux événements problématiques entre ses anciens protecteurs et ses nouveaux maîtres, et avoit pris son parti de se retirer à Milan et de s'y préparer à en emporter les dépouilles si nous le perdions ou à y demeurer le maître si ce duché restoit au roi d'Espagne. L'état de sa santé, dont il a tiré dans tous les divers temps un merveilleux parti, lui servit de prétexte, et Tessé, son ami, pour ne pas dire son client, eut ordre d'aller prendre le commandement de son armée quand il en seroit temps.

M. de Vendôme, avant de parvenir au généralat en chef, avoit fort pressé le roi de le faire maréchal de France. Le roi, sur le point de le faire, en fut retenu par la grandeur de ses bâtards et la similitude qu'il avoit avec eux. Il lui dit donc qu'après y avoir mieux pensé il trouvoit que le bâton ne lui convenoit point, et en même temps l'assura qu'il n'y perdroit rien. En effet, on a vu qu'il sut bien lui tenir parole; ancré à la tête de l'armée d'Italie, et se voyant par son rang à un comble inespéré, il essaya d'obtenir une patente pour commander les maréchaux de France; le roi, qui n'a élevé ses bâtards que par degrés, et qui de l'un n'a jamais imaginé de les porter à l'autre, se choqua de la proposition à ne laisser pas d'espérance la plus légère. Au commencement de cette campagne, Vendôme, jugeant que le mécontentément que sa demande avoit donné au roi étoit passé, en hasarda une autre modifiée. Il proposa une patente qui, sans être maréchal de France, puisque le roi avoit jugé qu'il ne lui convenoit pas de l'être, le remît au même droit que s'il l'avoit été, puisque Sa Majesté lui avoit promis qu'il ne perdroit rien à ne l'être pas, c'est-à-dire qu'il le laissât obéir aux maréchaux de France plus anciens lieutenants généraux que lui, mais qu'il le fît commander à ceux d'entre eux qui étoient ses cadets, et à qui il auroit commandé sans difficulté si le roi l'avoit fait maréchal de France en son rang.

Quelque plausible que fût cette proposition, le roi ne put se résoudre à lui laisser commander aucun maréchal de France par voie d'autorité. Il en parla au maréchal de Villeroy, au mieux alors avec lui, qui se récria contre, émut les maréchaux de France et l'empêcha; en sorte que Vendôme en fut refusé. Villeroy lui-même me l'a conté en s'en applaudissant. Tessé le savoit comme les autres, mais, en courtisan qui ne vouloit rien hasarder, il en reparla au roi en recevant ses ordres pour le Dauphiné et l'Italie, et lui proposa, en homme qui vouloit plaire et ne se pas attirer les bâtards, d'éviter de se trouver avec M. de Vendôme, et de ne prendre que la plus petite armée, qui avoit été commandée un temps par le grand prieur comme le plus ancien des lieutenants généraux. Le roi lui répondit en ces mêmes termes : qu'il ne falloit pas accoutumer ces messieurs-là à être si délicats, qu'il avoit trouvé très-mauvais que M. de Vendôme eût osé songer à commander des maréchaux de France, et qu'en deux mots il ne vouloit point de ménagements là-dessus ni pour prendre le commandement de la principale armée ni pour se trouver avec M. de Vendôme et le commander lui-même; que ces messieurs-là en avoient bien assez, et qu'il ne falloit ni lui ne vouloit les gâter davantage; qu'ils l'étoient bien assez; qu'ainsi sans avoir aucun égard à cette considération-là, il fît tout ce qu'il croiroit devoir faire pour le bien de la chose et pour l'utilité de ses affaires en Italie. Tessé, qui me l'a plus d'une fois raconté, en fut surpris au dernier point, mais, en nez fin, il ne laissa pas de biaiser pour plaire à M. de Vendôme et encore plus à M. du Maine. M. de Vendôme, de sa part, ne lui disputa rien, et il évita sagement d'en être obombré. On verra que M. du Maine, par Mme de Maintenon et par tout ce qu'elle sut employer, ne laissa pas longtemps le roi dans cette humeur. Pour M. de Vaudemont, gouverneur général du Milanois avec patente de général des armées du roi d'Espagne, il ne commandoit ni obéissoit aux maréchaux de France ni à M. de Vendôme. Ils vivoient ensemble et agissoient de concert en partité[1] de commandement, presque jamais ensemble que peu de jours, et en passant, et Vaudemont toujours à Milan ou avec un corps séparé.

Lorsque Tessé, après avoir commandé peu de temps en Dauphiné, et occupé la Savoie, fut sur le point de passer à Milan, on vit un prodige de la faveur de Chamillart. On a vu en plus d'un endroit de ces Mémoires quelle avoit été la conduite de La Feuillade, et quel étoit l'éloignement du roi pour lui, jusqu'à avoir été empêché avec peine de le casser. Il faut se rapprocher encore ce qui se passa entre le roi et Chamillart, lorsqu'il eut défense de plus penser à ce mariage pour un homme qui ne le faisoit que par ambition, et pour qui le roi étoit déterminé à ne jamais rien faire, enfin avec quelle mauvaise grâce il consentit enfin par importunité que Chamillart en fît son gendre sans se départir de sa résolution. Le ministre aidé de sa toute-puissante protectrice, et du foible que le roi eut toujours pour ses ministres et pour lui plus que pour aucun qu'il ait jamais eu, si on en excepte le Mazarin, tourna si bien que, sous prétexte que La Feuillade avoit le gouvernement de Dauphiné, il lui en procura le commandement, et que de colonel réformé qu'il étoit trois mois auparavant, lorsqu'il fut fait maréchal de camp avec les autres, il le poussa au commandement en chef de deux provinces frontières, et d'un corps d'armée complet. Pour faire un peu moins crier, il ne mit sous lui que deux maréchaux de camp, ses cadets ; la surprise de la cour fut extrême, celle des troupes ne fut pas moindre, ni l'étonnement amer des premiers officiers généraux. La Feuillade prit Annecy avec quelques volées de canon, et nettoya quelques petis postes que Tessé avoit exprès laissés pour faire

1. Partage du commandement.

sa cour au ministre, et il ne resta au duc de Savoie en deçà des Alpes que la vallée de Tarentaise, où le marquis de Sales s'étoit retiré avec ses troupes. On peut juger combien on fit valoir ces bagatelles. Chamillart enivré de son gendre étoit dans le ravissement, et La Feuillade en partant ne tenoit pas dans sa peau.

Le comte de Toulouse revint à la cour, et peu de jours après le maréchal de Cœuvres; ils avoient passé un long temps à Toulon, leurs forces n'étant pas bastantes pour se mesurer avec les Anglois et les Hollandois. Quand ces flottes se furent éloignées, ils firent un tour à la mer, où le comte commandoit au maréchal comme amiral, et non comme bâtard à un maréchal de France, toutefois et avec raison soumis à son conseil, et ayant défense du roi de rien faire que de son avis.

Villars arriva aussi, et ce fut à Marly, mais sans y coucher : il étoit trop appuyé pour n'être pas bien reçu. Le roi lui fit même une honnêteté sur ce qu'il n'y avoit aucun logement de vide. Il parut avec sa confiance accoutumée pour ne pas dire son audace, et il eut la hardiesse, en rendant compte au roi chez Mme de Maintenon à Versailles, de toucher l'étrange corde des contributions : il fit valoir celles qu'il avoit fait payer au profit du roi; puis ajouta qu'il étoit trop bon maître pour vouloir qu'on se ruinât à son service; qu'il savoit qu'il étoit né sans bien; qu'il ne lui dissimuloit pas qu'il s'étoit un peu accommodé, mais que c'étoit aux dépens de ses ennemis, se gardant bien d'avouer rien de la Bavière, et qu'il regardoit cela comme une grâce pécuniaire que Sa Majesté lui faisoit sans qu'elle lui coûtât rien. Avec cette pantalonnade et le sourire gracieux de Mme de Maintenon tout passa de la sorte, et ces démêlés si indécents avec l'électeur de Bavière, et si funestes aux succès, furent comptés pour rien.

Tallard, à mains plus nettes, salua le roi plus modestement; ce fut peu de jours après. Il arriva comme le roi s'habilloit après dîner, ayant pris médecine. Au lieu de s'en approcher, il gagna par derrière le monde la porte du cabinet, et y fit sa révérence comme le roi y passa. Le roi le reçut comme il méritoit de l'être, le fit entrer avec lui, l'entretint peu avant le conseil, et le remit au lendemain chez Mme de Maintenon.

Le cardinal d'Estrées arriva presque en même temps et salua le roi sortant de chez Mme de Maintenon pour aller à son souper. Il l'embrassa par deux fois, lui fit un grand accueil, et l'entretint à quelques jours de là dans son cabinet. Quelques jours après, Louville arriva à Paris, où je causai avec lui tout à mon aise et à beaucoup de longues reprises.

Rouillé, revenant de l'ambassade de Portugal d'où il étoit parti avant la rupture, fut aussi très-bien reçu. C'étoit un homme fort sage, fort avisé et fort instruit, qui avoit conclu le traité qu'on ne put tenir. Châteauneuf, qui avoit été ambassadeur à Constantinople, étoit allé le relever, et alla par l'Espagne jusqu'aux frontières de Portugal, où il trouva qu'il n'avoit plus rien à faire.

La guerre devenant très-prochaine en Espagne du côté du Portugal, le roi d'Espagne fit venir de Flandre le comte de Serclaës pour y commander ses troupes avec quelques autres officiers généraux sous lui, que le roi gracieusa fort en passant. Il résolut aussi d'y envoyer un corps d'armée, et choisit le duc de Berwick pour le commander, et Puységur pour y servir sous lui d'une façon principale, et y être le directeur unique de l'infanterie, cavalerie et dragons. C'étoit un simple gentilhomme de Soissonnois, mais de très-bonne et ancienne noblesse, du père duquel il y a d'excellents Mémoires imprimés, et qui étoit pour aller fort loin à la guerre et même dans les affaires. Celui-ci avoit percé le régiment du roi infanterie jusqu'à en devenir lieutenant-colonel; le roi, qui distinguoit ce régiment sur toutes ses autres troupes, et qui s'en mêloit immédiatement comme un colonel particulier, avoit connu Puységur par là. Il avoit été l'âme de tout ce que M. de Luxembourg avoit fait de beau en ses dernières campagnes en Flandre, où il étoit maréchal des logis de l'armée, dont il étoit le chef et le maître pour tous les détails de marches, de campements, de fourrages, de vivres, et très-ordinairement de plans. M. de Luxembourg se reposoit de tout sur lui avec une confiance entière, à laquelle Puységur répondit toujours avec une capacité supérieure, une activité et une vigilance surprenante, et une modestie et une simplicité qui ne se démentit jamais dans aucun temps de sa vie ni dans aucun emploi. Elle ne l'empêcha pourtant, par aucune considération que ce pût être, de dire la vérité tout haut, et au roi qui l'estimoit fort et qui l'entretenoit souvent tête à tête, et quelquefois chez Mme de Maintenon, et il sut très-bien résister au maréchal de Villeroy et à M. de Vendôme, malgré toute leur faveur, et montrer qu'il avoit raison. On l'a vu ci-dessus succéder avec Montriel, aussi capitaine au régiment du roi, aux deux gentilshommes de la manche qui furent chassés d'auprès de Mgr le duc de Bourgogne, à la disgrâce de l'archevêque de Cambrai. Nous verrons désormais nager Puységur en plus grande eau. Le roi lui fit quitter sa lieutenance-colonelle pour s'en servir plus utilement et plus en grand. A la fin il est devenu maréchal de France avec l'applaudissement public, malgré le ministre qui le fit, et qui, après une longue résistance, n'osa se commettre au cri public et au déshonneur qu'il auroit fait au bâton, s'il ne le lui avoit pas donné, et par le bâton il le fit après chevalier de l'ordre avec les mêmes délais et la même répugnance. A la valeur, aux talents et à l'application dans toutes les parties militaires, Puységur joignit toujours une grande netteté de mains, une grande équité à rendre justice par ses témoignages, un cœur et un esprit citoyen qui le conduisit toujours uniquement et très-souvent au mépris et au danger de sa fortune avec une fermeté dans les occasions qui la demandèrent souvent qui ne foiblit jamais, et qui jamais aussi ne le fit sortir de sa place. Vingt bataillons, sept régiments de cavalerie et deux de dragons marchèrent en même temps en Espagne, où plusieurs officiers généraux eurent ordre de se rendre en même temps que Villadarias, commandant en Andalousie, inquiétoit fort les Portugais dans les Algarves, où il étoit entré avec six mille hommes, avant qu'il fût encore arrivé rien en Portugal de ce que ses nouveaux alliés avoient promis.

Cependant Mme des Ursins, embarrassée de l'éclat de la retraite des deux cardinaux et de l'expulsion de tous les anciens ministres qui avoient mis la couronne sur la tête de Philippe V, par le testament de Charles II, fit une vraie espièglerie. Ce fut une nouvelle junte qu'elle composa de don Manuel Arias, gouverneur du conseil de Castille, qu'elle retint par l'autorité du roi, comme il partoit pour son archevêché de Séville; du marquis de Mancera, dont j'ai assez parlé ailleurs pour qu'il ne me reste rien à y ajouter; et de l'abbé d'Estrées comme ambassadeur de France; elle la conserva tant qu'elle se la crut nécessaire pour apaiser le bruit. En attendant elle sut bien empêcher qu'il ne s'y fît rien de sérieux. Elle ne la laissoit s'occuper que des amusettes d'un bas conseil, tandis que les véritables affaires se délibéroient et se décidoient chez la reine, fort souvent chez elle entre elles deux et Orry avec le roi; puis on faisoit expédier, par Rivas et par les autres secrétaires d'État de la guerre et des affaires étrangères, ce qui étoit résolu et qui avoit besoin d'expédition. Arias seul l'embarrassoit par son poids et sa capacité; de l'abbé elle s'en jouoit après s'être délivrée de son oncle. C'étoit un homme bien fait, galant, d'un esprit très-médiocre, enivré de soi, de ses talents, des grands emplois, et du lustre de sa famille et de ses ambassades jusqu'à la fatuité, et qui, avec de l'honneur et grande envie de bien faire, se méprenoit souvent et se faisoit moquer de lui. Ses mœurs l'avoient exclu de l'épiscopat; la considération des siens, surtout du cardinal, son oncle, couvrirent ce dégoût par des emplois étrangers qu'il ne tint pas à lui qu'on ne crût fort importants, et où néanmoins il y avoit peu et souvent rien à faire. Il n'étoit pas riche, et regardoit fort à ses affaires. Il évita de faire son entrée étant ambassadeur en Portugal, et le cardinal d'Estrées, qui ne retenoit pas volontiers ses bons mots, même sur sa famille, disoit plaisamment de lui qu'il étoit sorti de Portugal sans y être entré. Pour Mancera, sa grande vieillesse mettoit la princesse des Ursins fort à l'aise avec lui. On verra bientôt comme elle sut se défaire de ce reste d'image de conseil.

Ce fut dans ce même temps, peut-être quinze jours après l'établissement de cette junte, que le roi d'Espagne établit quatre compagnies des gardes du corps, précisément sur le modèle en tout de celles de France, excepté qu'il les distingua par nations : deux espagnoles, les premières, qu'il donna au connétable de Castille et au comte de Lémos que j'ai fait connoître ailleurs; l'italienne au duc de Popoli, chevalier du Saint-Esprit, dont j'aurai lieu de parler; la wallone ou flamande, qui fut la dernière, à Serclaës, que nous venons de voir passer de Flandre par Paris, en Espagne, pour y aller commander les troupes espagnoles. Cette nouveauté fit grand bruit à Madrid, où on ne les aime pas. Les rois d'Espagne jusqu'alors n'avoient jamais eu de gardes, que quelques méchants lanciers déguenillés qui ne les suivoient guère, et en très-petit nombre, et qui demandoient à tout ce qui entroit au palais comme de vrais gueux qu'ils étoient, et qui furent cassés, et une espèce de compagnie de hallebardiers, qui étoit l'ancienne garde de tout temps, et qui fut conservée, qui ne peut être plus justement comparée qu'à la compagnie des Cent-Suisses de la garde du roi. On choisit exprès des seigneurs les plus élevés et les plus distingués des trois nations pour ces quatre charges, afin de les faire passer moins difficilement ; et ce fut à cette occasion qu'arriva l'affaire du banquillo, que j'ai expliquée d'avance en parlant des grands d'Espagne, lors de l'exil en France des ducs d'Arcos et de Baños pour leur mémoire contre la réciprocité des rangs, honneurs, etc., des ducs de France et des grands d'Espagne, presque aussitôt que Philippe V fut monté sur le trône.

Le duc d'Albe, nommé ambassadeur en France, au lieu de l'amirante de Castille, étoit arrivé à Paris avec la duchesse sa femme, et son fils unique encore enfant, qu'il faisoit appeler le connétable de Navarre. Ce nom est devenu si célèbre sous Charles-Quint et sous Philippe II, par le fameux duc d'Albe, que je crois lui devoir une légère digression. Henri IV, roi de Castille, fit, en 1469, duc d'Albe don Garcia Alvarez de Tolède, troisième comte d'Albe, qui est une terre fort considérable et fort étendue vers Salamanque, que le roi Jean II donna en titre de comté en 1430 à don Gutierez Gomez de Tolède, successivement évêque de Palencia et archevêque de Séville et de Tolède. Ce prélat donna ce comté au fils de son frère, père du premier duc d'Albe, et ce premier duc d'Albe fut bisaïeul de mâle en mâle du fameux duc d'Albe. Celui-ci mourut en janvier 1582. Son fils aîné, qui fut aussi premier duc d'Huesca, mourut sans enfants, et laissa le fils de son frère son héritier, qui par sa mère doña Briande de Beaumont hérita aussi du comté de Lérin, qui est une grandesse, et des titres héréditaires de grand connétable et de grand chancelier du royaume de Navarre. Ce cinquième duc d'Albe fut père du septième, et celui-là du huitième, dont le fils unique est le duc d'Albe, ambassadeur en France.

Son père, qui mourut en novembre 1701, avoit épousé la tante paternelle des ducs d'Arcos et de Baños, c'est-à-dire une Ponce de Léon; il étoit veuf, chevalier de la Toison d'or, avoit eu des emplois distingués, et été enfin conseiller d'État. C'étoit un homme de beaucoup d'esprit, avec du savoir, mais fort extraordinaire. Lorsque Philippe V arriva en Espagne, il en témoigna beaucoup de joie et lâcha force traits plaisants et mordants sur la maison d'Autriche et sur quelques seigneurs qu'on lui croyoit attachés. Louville fut convié de l'aller voir à Madrid. Il le trouva assez malproprement entre deux draps, couché sur le côté droit, où il étoit sans avoir changé de place, ni laissé faire son lit depuis plusieurs mois ; il se disoit hors d'état de remuer et se portoit pourtant très-bien. Le fait étoit qu'il entretenoit une maîtresse qui, lasse de lui, avoit pris la fuite. Il en fut au désespoir, la fit chercher par toute l'Espagne, fit dire des messes et d'autres dévotions pour la retrouver, tant la religion des pays d'inquisition est éclairée, et finalement fit vœu de demeurer au lit et sans bouger de dessus le côté droit, jusqu'à ce qu'elle fût retrouvée. Il avoua enfin cette folie à Louville comme une chose forte, capable de lui rendre sa maîtresse, et tout à fait raisonnable. Il recevoit chez lui grand monde, et la meilleure compagnie de la cour, étant lui-même d'excellente conversation. Avec ce vœu, il ne fut de rien à la mort de Charles II ni à l'avénement de Philippe V, qu'il ne vit jamais, et à qui il fit faire toutes sortes de protestations, et il poussa l'extravagance jusqu'à sa mort, sans être jamais levé ni branlé de dessus son côté droit. Cette manie est si inconcevable, et pourtant si certaine, que je l'ai crue digne d'être remarquée d'un homme sage d'ailleurs, sensé et plein d'esprit dans tout le reste.

Son fils unique, don Antoine Martin de Tolède, ambassadeur en France, qu'il n'appeloit jamais que Martin, qui est assez la façon des Espagnols, étoit un homme de mine assez basse, mais beaucoup d'esprit et fort instruit, très-sage, très-mesuré, poli avec dignité et qui exerça son ambassade dans les temps les plus tristes avec beaucoup de courage et de jugement, à la satisfaction de sa cour et de la nôtre, qui eut pour lui une véritable estime et une considération très-marquée. Sa femme, sœur des ducs d'Arcos et de Baños, extrêmement vive, encore plus laide, divertit un peu le monde qui à la fin s'y accoutuma. L'un et l'autre dans une grande dévotion, le mari plus solide, la femme plus à l'espagnole, vivoient ici avec magnificence. Le duc d'Albe salua le roi en particulier dans son cabinet en arrivant. Sa femme fut présentée au roi dans son cabinet après son souper, en arrivant aussi, par la duchesse du Lude qu'il avoit nommée pour cela. Le roi demeura debout et l'entretint longtemps. La duchesse du Lude la conduisit de là par la galerie chez Mme la duchesse de Bourgogne, où tout étoit plus éclairé qu'à l'ordinaire, laquelle, après le souper du roi, au lieu de le suivre à l'ordinaire dans son cabinet, étoit allée attendre chez elle. Elle la reçut debout et la baisa en entrant et en sortant. Le roi ne la baisa qu'en entrant ; de là elle fut chez Madame sans la duchesse du Lude et chez Mme la duchesse d'Orléans. On fut bien aise de lui faire cette réception extraordinaire d'autant plus que le duc d'Harcourt avoit rendu compte, dès qu'il étoit en Espagne, de son inclination françoise marquée en plusieurs occasions.

## CHAPITRE XII.

Mariage du duc de Mortemart avec la fille du duc de Beauvilliers. — Mariage du marquis de Roye et de la fille de Ducasse. — Fortune et caractère de Ducasse. — Mariage du duc de Saint-Pierre avec la sœur de Torcy, veuve de Rénel. — Prince de Rohan capitaine des gens d'armes de la garde. — Mort de la duchesse de Mantoue. — Mort de La Rongère. — Mort de Briord. — Mort de Courtin ; ses emplois, son caractère. — Curiosité sur le vêtement des gens de plume et de robe. — Mme Varangeville. — Étrange vol procuré à Courtin par Fieubet. — Caractère et retraite de Fieubet. — Dispute pour le décanat du conseil entre La Reynie et l'archevêque de Reims, qui le gagne. — Affaire de la quête. — Colère du roi contre les ducs, en particulier contre moi. — Audience que j'eus du roi, dont je sortis content. — Raisons de m'être étendu sur l'affaire de la quête. — Effroi de l'empereur des mécontents. — Fanatiques soutenus par la Hollande et Genève. — Rochegude arrêté.

M. de Beauvilliers qui avoit deux fils fort jeunes, et dont toutes les filles s'étoient faites religieuses à Montargis, excepté une seule, la maria tout à la fin de cette année au duc de Mortemart qui n'avoit ni les mœurs ni la conduite d'un homme à devenir son gendre. Il étoit fils de la sœur cadette des duchesses de Chevreuse et de Beauvilliers. Le désir d'éviter de mettre un étranger dans son intrinsèque entra pour beaucoup dans ce choix; mais une raison plus forte le détermina. La duchesse de Mortemart, fort jeune, assez piquante, fort au gré du monde, et qui l'aimoit fort aussi, et de tout à la cour, la quitta subitement de dépit des romancines[1] de ses sœurs, et se jeta à Paris dans une solitude et dans une dévotion plus forte qu'elle, mais où pourtant elle persévéra. Le genre de dévotion de Mme Guyon l'éblouit, M. de Cambrai la charma. Elle trouva dans l'exemple de ses deux sages beaux-frères à se confirmer dans son goût, et dans sa liaison avec tout ce petit troupeau séparé, de saints amusements pour s'occuper. Mais ce qu'elle y rencontra de plus solide fut le mariage de son fils. L'unisson des sentiments dans cet élixir à part d'une dévotion persécutée où elle figuroit sur le pied d'une grande âme, de ces âmes d'élite et de choix, imposa à l'archevêque de Cambrai, dont les conseils déterminèrent contre ce que toute la France voyoit, qui demeura surprise d'un choix si bizarre, et qui ne répondit que trop à ce que le public en prévit. Ce fut sous de tels auspices que des personnes qui ne perdoient jamais la présence de Dieu au milieu de la cour et des affaires, et qui par leurs biens et

---

1. Ce mot se trouve plusieurs fois dans Saint-Simon avec le sens de chansons satiriques, ou simplement de reproches vifs et piquants.

leur situation brillante avoient à choisir sur toute la France, prirent un gendre qui n'y croyoit point et qui se piqua toujours de le montrer, qui ne se contraignit, ni devant ni après, d'aucun de ses caprices ni de son obscurité, qui joua et but plus qu'il n'avoit et qu'il ne pouvoit, et qui s'étant avisé sur le tard d'un héroïsme de probité et de vertu, n'en prit que le fanatisme sans en avoir jamais eu la moindre veine en réalité. Ce fléau de sa famille et de soi-même se retrouvera ailleurs.

Pontchartrain fit en même temps le mariage d'un de ses beaux-frères capitaine de vaisseau, et lors à la mer, avec la fille unique de Ducasse, qu'on croyoit riche d'un million deux cent mille livres. Ducasse étoit de Bayonne, où son frère et son père vendoient des jambons. Il gagna du bien et beaucoup de connoissances au métier de flibustier, et mérita d'être fait officier sur les vaisseaux du roi, où bientôt après il devint capitaine. C'étoit un homme d'une grande valeur, de beaucoup de tête et de sang-froid et de grandes entreprises, et fort aimé dans la marine par la libéralité avec laquelle il faisoit part de tout, et la modestie qui le tenoit en sa place. Il eut de furieux démêlés avec Pointis, lorsque ce dernier prit et pilla Carthagène. Nous verrons ce Ducasse aller beaucoup plus loin. Outre l'appât du bien, qui fit d'une part ce mariage, et de l'autre la protection assurée du ministre de la mer, celui-ci trouva tout à propos à acheter pour son beau-frère, de l'argent de Ducasse, la charge de lieutenant général des galères, qui étoit unique, donnoit le rang de lieutenant général, et faisoit faire tout à coup ce grand pas à un capitaine de vaisseau; elle étoit vacante, par la mort du bailli de Noailles, et n'avoit pas trouvé d'acheteur depuis.

Un troisième mariage qui surprit fort fut celui du duc de Saint-Pierre avec Mme de Rénel, sœur de M. de Torcy, ayant tous deux des enfants de leur premier mariage. Saint-Pierre étoit Spinola, sa première femme aussi. Il avoit acheté de Charles II la grandesse de première classe. Il étoit fort riche, et, pour se donner un petit État en Italie, il avoit acheté celui de Sabionette fort chèrement. L'empereur, à qui il convenoit, s'en étoit emparé pendant la précédente guerre, avant que l'acquéreur s'en fût mis en possession, qui pendant ce que dura la paix de Ryswick n'en put jamais obtenir la restitution. Je ne sais si cet objet n'entra pas pour quelque chose dans le mariage qu'il fit avec une sœur du ministre des affaires étrangères, qui, voyant presque toutes les filles des ministres assises, fut flatté de faire aussi asseoir sa sœur. L'âge étoit cruellement disproportionné; le vieux galant passoit pour être garni de cautères, et pour être extrêmement jaloux et avare quoique avec un extérieur magnifique; des cautères, je n'en sais rien, mais pour la jalousie il tint très-exactement parole à ceux qui l'avoient donné pour tel. Sa galanterie alla jusqu'à faire l'amoureux, et l'amoureux jusqu'à l'impatience. Il ne put attendre le courrier qu'il envoya en Espagne pour l'agrément de cette cour; il supplia le roi d'en vouloir bien être garant, et, moyennant cette légère faveur, il passa outre à épouser. La nouvelle duchesse étoit fort jolie. Elle ne vit point les princesses du sang, à qui le duc de Saint-Pierre ne vouloit pas donner l'Altesse pour n'en recevoir que l'Excellence. Cela se passa assez désagréablement, mais il tint ferme avec hauteur. Le mariage fait, il ne demeura pas bien longtemps en France, et emmena sa femme, qu'on ne revit de plusieurs années et encore avec lui en passant. C'étoit un homme de beaucoup d'esprit, qui avoit vu, lu et retenu, et qui se retrouvera ailleurs.

En ce même temps M. de Soubise, déjà fort vieux, se démit de sa charge des gens d'armes qui fut donnée à son fils. Ce n'étoit pas en soi une grâce bien difficile, Mme de Soubise étoit accoutumée à mieux.

Le duc de Mantoue perdit sa femme, d'une branche cadette de sa maison, personne d'une vertu, d'un mérite et d'une piété singulière, qui avoit bien eu à souffrir de ses fantaisies, de son avarice, et d'un sérail entier qu'il entretint toute sa vie. Il n'en avoit point d'enfants et songea tout aussitôt à se remarier à une Françoise. Cette affaire reviendra bientôt à raconter.

La Rongère, chevalier d'honneur de Madame et chevalier de l'ordre de sa présentation, mourut en même temps. C'étoit un gentilhomme du pays du Maine, qui, avec un nom ridicule, étoit de fort bonne noblesse. Il s'appeloit Quatre-Barbes. C'étoit un fort honnête homme, très-court d'esprit, mais de taille et de visage à se louer sur le théâtre pour faire le personnage des héros et des dieux. Briord, que nous avons vu ci-devant ambassadeur à Turin et à la Haye, mourut aussi après avoir été taillé, et laissa une place de conseiller d'État d'épée vacante. C'étoit un très-homme d'honneur et de valeur, qui avoit du sens, quelque esprit, et beaucoup d'amis qui firent si bien pour lui, que son attachemment à M. le Prince, dont il étoit premier écuyer, ne nuisit point à sa fortune, chose fort extraordinaire avec le roi et peut-être unique.

M. Courtin le suivit quelques jours après. C'étoit un très-petit homme, qui paroissoit avoir eu le visage agréable et qui avoit été fort galant. Il avoit beaucoup d'esprit, de grâces et de tour, mais rien de guindé, extrêmement l'air et les manières du grand monde, avec lequel il avoit passé sa vie dans les meilleures compagnies, sans aucune fatuité ni jamais sortir de son état. Poli, sage, ouvert quoiqu'en effet réservé, modeste et respectueux, surtout les mains fort nettes et fort homme d'honneur. Il brilla de bonne heure au conseil et devint intendant de Picardie. M. de Chaulnes, qui avoit toutes ses terres, et qui étoit fort de ses amis, les lui recommanda beaucoup; et Courtin se fit un grand plaisir de les soulager. L'année suivante, faisant sa tournée, il vit que, pour faire plaisir au duc de Chaulnes, il avoit surchargé d'autres paroisses. La peine qu'il en eut lui fit examiner le tort qu'il leur avoit fait, et il trouva qu'il alloit à quarante mille livres. Il n'en fit point à deux fois, il les paya et les répartit de son argent, puis demanda à être rappelé. On étoit si content de lui qu'on eut peine à lui accorder sa demande; mais il représenta si bien qu'il ne pouvoit passer sa vie à faire du mal et à ne pouvoir soulager personne, ni faire plaisir à qui que ce fût, qu'il obtint enfin de n'être plus intendant[1]. Il se tourna aux négociations et eut plusieurs ambassades où il réussit parfaitement. Il signa les traités de Heilbronn, de Breda, et plusieurs autres, et fut longtemps et utilement ambassadeur en Angleterre, où, par Mme de Portsmouth, il faisoit faire au roi Charles II tout ce qu'il vouloit. Il le lui rendit bien dans la suite.

Revenue en France et Charles II mort, elle y étoit avec peu de considération par la vie qu'elle y menoit dans Paris. Il revint au roi qu'on s'étoit licencié chez elle, et elle-même de parler fort librement de lui et de Mme de Maintenon; sur quoi M. de Louvois eut ordre d'expédier une lettre de cachet pour l'exiler fort loin. Courtin étoit ami intime de M. de Louvois. Il avoit une petite maison à Meudon, et il étoit sur le pied d'entrer librement dans son cabinet à toutes heures. Un soir qu'il y entra et que M. de Louvois écrivoit seul, et qu'il continuoit d'écrire, Courtin vit cette lettre de cachet sur son bureau. Quand Louvois eut fini, Courtin lui demanda avec émotion ce que c'étoit que cette lettre de cachet. Louvois lui dit la cause. Courtin s'écria que c'étoit sûrement quelque mauvais office; mais que, quand le rapport seroit vrai, le roi étoit payé pour n'aller pas contre elle au delà d'un avis d'être plus circonspecte, et qu'il le prioit et le chargeoit de le dire de sa part au roi, avant que de l'envoyer; et que, si le roi ne vouloit pas l'en croire sur sa parole, il fît au moins, avant de passer outre, voir les dé-

---

1. Quoique cette anecdote ait déjà été racontée par Saint-Simon (t. Ier, p. 393), nous n'avons pas cru devoir supprimer ce passage qui n'est pas la reproduction littérale du précédent.

pêches de ses négociations d'Angleterre, surtout ce qu'il y avoit obtenu d'important par Mme de Portsmouth lors de la guerre de Hollande et pendant toute son ambassade; et qu'après de tels services rendus par elle, c'étoit se déshonorer que les oublier. Louvois, qui s'en souvenoit bien, et à qui Courtin en rappela plusieurs traits considérables, suspendit l'envoi de la lettre de cachet et rendit compte au roi de l'aventure et de ce que Courtin lui avoit dit; et sur ce témoignage qui rappela plusieurs faits au roi, il fit jeter au feu la lettre de cachet, et fit dire à la duchesse de Portsmouth d'être plus réservée. Elle se défendit fort de ce qu'on lui imputoit, et, vrais ou faux, elle prit garde désormais aux propos qui se tenoient chez elle.

Courtin avoit gagné, à ses ambassades, la liberté de paroître devant le roi, et partout, sans manteau, avec une canne et son rabat. Pelletier de Sousy avoit obtenu, par son travail avec le roi sur les fortifications, la même licence : tous deux conseillers d'État et tous deux les seules gens de robe à qui cela fût toléré, excepté les ministres qui paroissoient de même. Il y avoit même peu que les secrétaires d'État s'habilloient comme les autres courtisans, quoique de couleurs et de dorure plus modestes, et Chamillart ne prit l'habit gris avec de simples boutons d'or que depuis qu'il fut secrétaire d'État. Desmarets a été le seul contrôleur général qui, tout à la fin de la vie du roi, ait pris l'habit gris, la cravate et le bouton d'or. Pomponne, à son retour, étoit aussi vêtu de même, mais il avoit été longtemps secrétaire d'État. Le roi aimoit et considéroit fort Courtin, et se plaisoit avec lui. Jamais il ne paroissoit au souper du roi une ou deux fois la semaine que le roi ne l'attaquât aussitôt de conversation qui, d'ordinaire, duroit le reste du souper. Il demeura pourtant simple conseiller d'État, quoique fort distingué, parce qu'il ne vaqua rien parmi les ministres tant que son âge et sa santé lui auroient permis d'en profiter. En ces temps-là, et jusqu'à la mort du roi, nul homme du parle-

ment ne paroissoit à la cour sans robe, ni du conseil sans
manteau, ni magistrat, ni avocat nulle part dans Paris sans
manteau, où même beaucoup du parlement avoient toujours
leur robe. M. d'Avaux, seul, conserva la cravate et l'épée,
avec un habit toujours noir, au retour de ses ambassades;
aussi s'en moquoit-on fort, jusque-là que ses amis et le
chancelier lui en parlèrent. Le roi, qui en rioit aussi, eut
pitié de cette foiblesse et ne voulut pas lui faire dire de reprendre son rabat et son manteau. Le président de Mesmes,
son frère, ne l'approuvoit pas plus que les autres. Ce pauvre
homme, avec sa charge de l'ordre et son cordon bleu en
écharpe, se comptoit faire passer pour un chevalier de
l'ordre et se croyoit bien distingué des conseillers d'État
de robe, dont il étoit, par ce ridicule accoutrement. Nous
avons vu Courtin refuser une place de conseiller au conseil
royal des finances, et la première place parmi les ambassadeurs du roi à Ryswick, quoique le roi lui eût permis, à
cause de ses mauvais yeux, de mener avec lui Mme de Varangeville, sa fille, qui étoit veuve depuis longtemps et demeuroit avec lui, de lui confier le secret des affaires, et de
se servir de sa main pour tout ce qu'il ne voudroit pas confier à des secrétaires.

Mme de Varangeville étoit une grande femme, très-bien
faite et lors encore fort belle et de grand air, qui avoit
beaucoup d'esprit et de monde. Elle avoit épousé, sans
biens, une espèce de manant de Normandie, fort riche, dont
le nom étoit Rocq, mais qui avoit de l'esprit et du mérite et
qui fut longtemps ambassadeur à Venise. Il mourut peu
après son retour, et auroit été plus loin s'il avoit vécu. Il
laissa deux filles; le président de Maisons en épousa une,
dont j'aurai occasion de parler, et Villars l'autre, qui tôt
après ce mariage devint maréchale et enfin duchesse. Mais
je ne puis quitter Courtin sans conter son aventure unique
avec Fieubet.

C'étoit un autre conseiller d'État très-capable, d'un esprit charmant, dans le plus grand monde de la ville et de la cour et dans les meilleures compagnies, recherché par toutes les plus distinguées, quelquefois gros joueur, et qui avoit été chancelier de la reine. Il menoit Courtin à Saint-Germain au conseil, et on voloit fort dans ce temps-là. Ils furent arrêtés et fouillés, et Fieubet y perdit gros qu'il avoit dans ses poches. Comme les voleurs les eurent laissés, et que Fieubet se plaignoit de son infortune, Courtin s'applaudit d'avoir sauvé sa montre et cinquante pistoles qu'il avoit fait, à temps, glisser dans sa brayette. A l'instant voilà Fieubet qui se jette par la portière à crier après les voleurs et à les rappeler, si bien qu'ils vinrent voir ce qu'il vouloit. « Messieurs, leur dit-il, vous me paroissez d'honnêtes gens dans le besoin, il n'est pas raisonnable que vous soyez les dupes de monsieur que voilà, qui vous a escamoté cinquante pistoles et sa montre; » et, se tournant à Courtin : « Monsieur, lui dit-il en riant, vous me l'avez dit, croyez-moi, donnez-les de bonne grâce et sans fouiller. » L'étonnement et l'indignation de Courtin furent tels qu'il se les laissa prendre sans dire une seule parole; mais les voleurs retirés, il voulut étrangler Fieubet, qui étoit plus fort que lui et qui rioit à gorge déployée. Il en fit le conte à tout le monde à Saint-Germain; leurs amis communs eurent toutes les peines du monde à les raccommoder. Fieubet étoit mort longtemps avant lui, retiré aux Camaldules de Gros-Bois. C'étoit un homme de beaucoup d'ambition, qui se sentoit des talents pour la soutenir, qui soupiroit après les premières places, et qui ne put parvenir à aucune. Le dépit, la mort de sa femme sans enfants, des affaires peu accommodées, de l'âge et de la dévotion sur le tout, le jetèrent dans cette retraite. Pontchartrain envoya son fils le voir, qui, avec peu de discrétion, s'avisa de lui demander ce qu'il faisoit là. « Ce que je fais ? lui répondit Fieubet, je m'ennuie; c'est ma pénitence, je me suis trop diverti. » Il s'ennuya si bien, mais sans se relâcher sur rien, que la jaunisse le prit et qu'il y mourut d'ennui au bout de peu d'années.

Il y avoit déjà longtemps que Courtin, très-infirme, presque aveugle (et il le devint à la fin), ne sortoit plus de sa maison, où il ne recevoit même presque plus personne, lorsqu'il mourut, fort vieux, d'une longue maladie. Il étoit doyen du conseil. La Reynie, célèbre pour avoir commencé à mettre la place de lieutenant de police sur le pied où on la voit, mais néanmoins homme d'honneur et grand et intègre juge, suivoit Courtin et prétendit être doyen, lorsque l'archevêque de Reims, conseiller d'État d'Église, entre-deux, le prétendit aussi. La Reynie se récria; il demanda à l'archevêque ce qu'il en prétendoit faire, lui qui par sa dignité de pair précédoit le doyen du conseil, et qui par ses richesses ne pouvoit être touché de quelques milliers d'écus que le doyen avoit de plus que les autres conseillers d'État. L'archevêque convint qu'il n'avoit que faire du décanat pour rien, mais que lui échéant, il le vouloit recueillir pour ne pas nuire aux conseillers d'État d'Église qui n'auroient pas les mêmes raisons de rang et de biens pour ne s'en pas soucier, et n'en voulut jamais démordre. Cela fit une question qui fut portée devant le roi au conseil des dépêches, entre les conseillers d'État d'Église et d'épée d'une part, et ceux de robe de l'autre : c'est-à-dire de six contre vingt-quatre. Outre qu'il ne se trouva aucune raison de disparité ni d'exclusion, M. de Reims allégua des exemples, entre autres, d'un archevêque de Bourges et d'un abbé qui avoient été conseillers d'État, puis doyens du conseil, et il gagna sa cause tout d'une voix dans le commencement de l'année suivante.

Une autre affaire finit l'année, à laquelle je pris plus de part. Il y avoit plusieurs jours de grandes fêtes où le roi alloit à la grand'messe et à vêpres, auxquelles une dame de la cour quêtoit pour les pauvres; et c'étoit la reine, ou, quand il n'y en avoit point, la Dauphine qui nommoit à chaque fois celle qui devoit quêter, et dans l'intervalle des deux Dauphines, Mme de Maintenon prenoit soin d'en faire avertir. Tant qu'il y a eu des filles de la reine ou de Mme la Dauphine, c'étoit toujours l'une d'elles. Après que les chambres des filles eurent été cassées, on nomma de jeunes dames, comme je viens de l'expliquer. La maison de Lorraine, qui n'a formé son rang que par des entreprises du temps de la Ligue, adroitement soutenue depuis et augmentée par son attention et son industrie continuelle, et, à son exemple, celles qui peu à peu se sont fait donner le même rang par le roi, attentives à tout, évitèrent imperceptiblement la quête pour se faire après une distinction, et prétendre ne point quêter, et s'assimiler, en cela comme en leurs fiançailles, aux princesses du sang. On fut longtemps sans y prendre garde et sans y songer. A la fin, la duchesse de Noailles, la duchesse de Guiche sa fille, la maréchale de Boufflers s'en aperçurent. Quelques autres aussi y prirent garde, s'en parlèrent et m'en parlèrent aussi. Mme de Saint-Simon se trouvant habillée aux vêpres du roi, un jour de la Conception qu'il n'y avoit point de grand'messe et que Mme la duchesse de Bourgogne avoit oublié de nommer une quêteuse, lui jeta la bourse au moment de quêter. Elle quêta, et nous ne nous doutions pas encore que les princesses songeassent à se fabriquer un avantage de ne point quêter.

Après que j'en fus averti, je me promis bien que les duchesses deviendroient aussi adroites qu'elles là-dessus, jusqu'à ce qu'il arrivât quelque occasion de rendre la chose égale. La duchesse de Noailles en parla à la duchesse du Lude qui, molle et craignant tout, se contentoit de hausser les épaules; et il se trouvoit toujours quelque duchesse neuve et ignorante ou basse, qui de fois à autre quêtoit. Enfin la duchesse du Lude, poussée à bout par Mme de Noailles, en parla à Mme la duchesse de Bourgogne, qui, trouvant la chose telle qu'elle étoit, voulut voir ce que les princesses feroient, et à la première fête fit avertir Mme de

Montbazon. Elle étoit fille de M. de Bouillon, belle et jeune, très-souvent à la cour, et de tous côtés propre à faire la planche. Elle étoit à Paris, comme elles y alloient toutes aux approches de ces fêtes depuis nombre d'années. Elle s'excusa, et quoique se portant fort bien, répondit qu'elle étoit malade, se mit une demi-journée au lit, puis alla et vint à son ordinaire. Il n'en fut autre chose pour lors que de rendre le projet certain. La duchesse du Lude n'osa pousser la chose; Mme la duchesse de Bourgogne non plus, quoiqu'elle se sentît piquée; mais cela fit pourtant qu'aucune duchesse ne voulut ou n'osa plus quêter. Les dames de qualité effective ne furent pas longtemps à s'en apercevoir. Elles sentirent que la quête demeureroit à elles seules et commencèrent aussi à l'éviter, de manière qu'elle tomba en toutes sortes de mains et quelquefois même on en manqua. Cela alla si loin, que le roi s'en fâcha et qu'il fut sur le point de faire quêter Mme la duchesse de Bourgogne. J'en fus averti par les dames du palais, qui vouloient que nous n'allassions point à Paris pour la fête, et qui essayèrent de me faire peur que l'orage ne tombât sur moi, qui n'étois pas encore revenu auprès du roi d'avoir quitté le service. Je n'allois point à Marly et j'étois encore dans la situation avec lui que j'ai représentée en son lieu, et que ces dames me flattoient qui pourroit cesser par là. J'y consentis, à condition que j'aurois sûreté que ma femme ne seroit point nommée pour la quête; et comme on ne me la put donner, nous nous en allâmes à Paris. La maréchale de Cœuvres, comme grande d'Espagne, refusoit toutes les quêtes, et la duchesse de Noailles, sa mère, donnoit pour elle la comtesse d'Ayen, sa belle-fille. A une autre fête, les deux filles duchesses de Chamillart, qui n'avoient pu éviter cette fois-là de se trouver à Versailles, furent averties pour quêter et refusèrent l'une et l'autre. Cela servit à faire crever la bombe.

Le roi, ennuyé de ces manéges, ordonna lui-même à M. le Grand de faire quêter sa fille le premier jour de l'an 1704, qui, par nécessité, en sut faire sa cour aux dépens de qui il lui plut. Il ne m'avoit pas pardonné le pardon demandé par la princesse d'Harcourt à la duchesse de Rohan. Dès le lendemain je fus averti par la comtesse de Roucy, à qui Mme la duchesse de Bourgogne, qui étoit présente, l'avoit conté, que le roi étoit entré très-sérieux chez Mme de Maintenon, à qui il avoit dit, d'un air de colère, qu'il étoit très-mal-content des ducs, en qui il trouvoit moins d'obéissance que dans les princes, et que, tandis que toutes les duchesses refusoient la quête, il ne l'avoit pas plutôt proposée à M. le Grand pour sa fille, qu'il l'avoit acceptée. Il ajouta qu'il y avoit deux ou trois ducs dont il se souviendroit toujours. Mme la duchesse de Bourgogne ne les avoit pas voulu nommer à elle, mais bien à Mme de Dangeau, à l'oreille, qui un moment après l'avoit chargée de m'avertir d'être sage, parce qu'il grondoit un orage sur ma tête. Cet avis me fut donné chez le chancelier, lui en tiers, qui ne douta point, ni moi non plus, que je ne fusse un des trois dont le roi avoit parlé. Je lui expliquai ce qui s'étoit passé et lui demandai son avis, qui fut d'attendre pour ne point aller à tâtons. Le soir Mme Chamillart me dit que le roi en avoit parlé fort aigrement à son mari. Tous deux étoient fort au fait de cette affaire. Je les y avois mis de bonne heure, et c'étoit eux-mêmes qui avoient fait refuser la quête aux deux duchesses leurs filles.

Je vis, le lendemain, Chamillart fort matin, qui me conta que, la veille, chez Mme de Maintenon, avant d'avoir eu le temps d'ouvrir son sac, le roi lui demanda en colère ce qu'il disoit des ducs, en qui il trouvoit moins d'obéissance qu'aux princes; et tout de suite lui dit que Mlle d'Armagnac quêteroit. Chamillart lui répondit que, ces choses-là n'allant guère jusqu'à son cabinet, il ne l'avoit appris que la veille, mais que les ducs étoient bien malheureux qu'il leur imputât à crime de ne l'avoir pas deviné, et les princes fort heureux qu'il leur sût gré d'une chose que les ducs se seroient

empressés de faire s'il leur en eût dit autant qu'à M. le
Grand. Le roi, sans répondre qu'à soi-même, continua que
c'étoit une chose étrange que, depuis que j'avois quitté son
service, je ne songeasse qu'à étudier les rangs et à faire des
procès à tout le monde ; que j'étois le premier auteur de
celui-ci, et que, s'il faisoit bien, il m'enverroit si loin, que
je ne l'importunerois de longtemps. Chamillart répondit que
si j'examinois ces choses de plus près, c'étoit que j'étois
plus capable et plus instruit que les autres, et que, cette
dignité me venant des rois, Sa Majesté me devoit savoir gré
de la vouloir soutenir. Puis, se prenant à sourire, il ajouta,
pour le calmer, qu'on savoit bien qu'il pouvoit envoyer
les gens où il lui plaisoit ; mais que ce n'étoit guère la peine
d'user de ce pouvoir, quand d'un mot on pouvoit également
ce qu'on vouloit, et que, quand on ne l'avoit pas, ce n'étoit
que faute de le dire. Le roi point apaisé répliqua : que ce
qui le piquoit le plus étoit le refus de ses filles par leurs
maris, et surtout de la cadette, apparemment à mon insti-
gation. Sur quoi Chamillart répondit que l'un des deux étoit
absent, et que l'autre n'avoit que fait conformer sa femme
à ce que faisoient les autres, ce qui n'avoit point ramené
le roi, qui, toujours fâché, avoit encore grondé un moment,
puis commencé le travail. Après l'avoir remercié d'avoir
si bien parlé sur les ducs en général, et sur moi en particulier, il me conseilla de parler au roi et au plus tôt, un
mot sur les ducs et la quête, puis sur moi dont il étoit mal-
content, et me dit la substance de ce qu'il me conseilloit de
lui dire. Ces propos du roi étoient le fruit d'une audience
assez longue qu'il avoit donnée au grand écuyer avant de
passer chez Mme de Maintenon.

Au sortir d'avec Chamillart, j'allai conter au chancelier
ce que j'en venois d'apprendre. Il fut du même avis que je
parlasse, et tôt ; qu'attendre ne feroit que confirmer le roi
dans ce qui l'irritoit, et ne rien faire après en lui parlant ;
qu'il falloit donc se commettre à l'événement, lui demander

à lui parler dans son cabinet, et si, comme je le craignois, il s'arrêtoit et se redressoit pour m'écouter tout de suite, lui dire que je voyois bien qu'il ne me vouloit pas faire la grâce pour l'heure de m'entendre, que j'espérois que ce seroit une autre fois, et me retirer tout de suite. Ce n'étoit pas peu à mon âge, et doublement mal avec le roi, de l'aller attaquer de conversation. Je n'avois pas coutume de rien faire sans l'avis du duc de Beauvilliers. Mme de Saint-Simon n'en fut pas que je le prisse, sûre, ce me dit-elle, qu'il me conseilleroit d'écrire et point de parler, ce qui n'auroit ni la même grâce ni la même force, outre qu'une lettre ne répond point, et que cet avis contraire à celui des deux autres ministres me jetteroit dans l'embarras. Je la crus et allai attendre que le roi passât de son dîner dans son cabinet, où je lui demandai permission de le suivre. Sans me répondre, il me fit signe d'entrer, et s'en alla dans l'embrasure de la fenêtre.

Comme j'allois parler, je vis passer Fagon et d'autres gens intérieurs. Je ne dis mot que lorsque je fus seul avec le roi. Alors je lui dis qu'il m'étoit revenu qu'il étoit mécontent de moi sur la quête; que j'avois un si grand désir de lui plaire, que je ne pouvois différer de le supplier de me permettre de lui rendre compte de ma conduite là-dessus. A cet exorde il prit un air sévère, et ne répondit pas un mot. « Il est vrai, sire, continuai-je, que depuis que les princesses ont refusé de quêter, je l'ai évité pour Mme de Saint-Simon; j'ai désiré que les duchesses l'évitassent aussi, et qu'il y en a que j'ai empêchées parce que je n'ai point cru que Votre Majesté le désirât. — Mais, interrompit le roi d'un ton de maître fâché, refuser la duchesse de Bourgogne, c'est lui manquer de respect, c'est me refuser moi-même! » Je répondis que, de la manière que les quêteuses se nommoient, nous ne pensions point que Mme la duchesse de Bourgogne y fût de part, que c'étoit la duchesse du Lude, souvent la première dame du palais qui s'y trouvoit, qui indiquoit qui elle vouloit. « Mais, monsieur, interrompit le roi encore du même ton haut et fâché, vous avez tenu des discours? — Non, sire, lui dis-je, aucun. — Quoi, vous n'avez point parlé?... » Et de ce ton élevé poursuivoit, lorsqu'en cet endroit j'osai l'interrompre aussi, et, élevant ma voix au-dessus de la sienne : « Non, sire, vous dis-je, et si j'en avois tenu, je l'avouerois à Votre Majesté, tout de même que je lui avoue que j'ai évité la quête à ma femme, et que j'ai empêché d'autres duchesses de l'accepter. J'ai toujours cru et eu lieu de croire que, puisque Votre Majesté ne s'expliquoit point là-dessus, qu'elle ignoroit ce qui se passoit, ou que, le sachant, elle ne s'en soucioit point. Je vous supplie très-instamment de nous faire la justice d'être persuadé que les ducs, et moi en particulier, eussions pu penser que Votre Majesté le désirât le moins du monde, toutes se seroient empressées de le faire, et Mme de Saint-Simon, à toutes les fêtes, et si cela n'eût pas suffi de sa part à vous témoigner mon désir de vous plaire, j'aurois moi aussi plutôt quêté dans un plat comme un marguillier de village. Mais, sire, continuai-je, Votre Majesté peut-elle imaginer que nous tenions aucune fonction au-dessous de nous en sa présence, et une encore que les duchesses et les princesses font tous les jours encore dans les paroisses et les couvents de Paris, et sans aucune difficulté? Mais il est vrai, sire, que les princes sont si attentifs à se former des avantages de toutes choses, qu'ils nous obligent à y prendre garde, surtout ayant refusé la quête une fois. — Mais ils ne l'ont point refusée, me dit le roi d'un ton plus radouci; on ne leur a point dit de quêter. — Ils l'ont refusée, sire, repris-je fortement, non pas les Lorraines, mais les autres (par où je lui désignois Mme de Montbazon). La duchesse du Lude en a pu rendre compte à Votre Majesté, et l'a dû faire, et c'est ce qui nous a fait prendre notre parti; mais comme nous savons combien Votre Majesté se trouve importunée de tout ce qui est discussion et décision, nous avons cru qu'il suffisoit d'éviter la quête, pour ne pas laisser prendre cet avantage aux princes, persuadés, comme j'ai eu l'honneur de vous le dire, que Votre Majesté n'en savoit rien, ou ne s'en soucioit point, puisqu'elle n'en témoignoit aucune chose. — Oh bien! monsieur, me répondit le roi d'un ton bas et tout à fait radouci, cela n'arrivera plus, car j'ai dit à M. le Grand que je désirois que sa fille quêtât le premier jour de l'an, et j'ai été bien aise qu'elle en donnât l'exemple par l'amitié que j'ai pour son père. » Je répliquai toujours, regardant le roi fixement, que je le suppliois encore une fois, et pour moi, et pour tous les ducs, de croire que personne ne lui étoit plus soumis que nous, ni plus persuadés, et moi plus qu'aucun, que nos dignités, émanant de la sienne et nos personnes remplies de ses bienfaits, il étoit, comme roi et comme bienfaiteur de nous tous, despotiquement le maître de nos dignités, de les abaisser, de les élever, d'en faire comme d'une chose sienne et absolument dans sa main. Alors, prenant un ton tout à fait gracieux et un air tout à fait de bonté et de familiarité, il me dit à plusieurs reprises que c'étoit là comme il falloit penser et parler, qu'il étoit content de moi, et des choses pareilles et honnêtes. J'en pris l'occasion de lui dire que je ne pouvois lui exprimer la douleur où j'étois de voir que, tandis que je ne songeois qu'à lui plaire, on ne cessoit de me faire auprès de lui les desservices les plus noirs; que je lui avouois que je ne pouvois le pardonner à ceux qui en étoient capables, et que je n'en pouvois soupçonner que M. le Grand, « lequel, ajoutai-je, depuis l'affaire de la princesse d'Harcourt, ne me l'a pas pardonné, parce que, ayant eu l'honneur de vous en rendre compte, Votre Majesté vit que je lui disois vrai, et non pas M. le Grand, dont je crois que Votre Majesté se souvient bien, et que je ne lui répète point pour ne la pas fatiguer. » Le roi me répondit qu'il s'en souvenoit bien, et en eût je crois écouté la répétition patiemment, à la façon réfléchie, douce et honnête avec laquelle il me le dit; mais je ne jugeai pas à propos de le tenir si longtemps. Je finis donc par le supplier que, lorsqu'il lui reviendroit quelque chose de moi qui ne lui plairoit pas, il me fît la grâce de m'en faire avertir, si Sa Majesté ne daignoit me le dire elle-même, et qu'il verroit que cette bonté seroit incontinent suivie ou de ma justification, ou de mon aveu et du pardon que je lui demanderois de ma faute. Il demeura un moment après que j'eus cessé de parler, comme attendant si j'avois plus rien à lui dire; il me quitta ensuite avec une petite révérence très-gracieuse, en me disant que cela étoit bien, et qu'il étoit content de moi. Je me retirai en lui faisant une profonde révérence, extrêmement soulagé et content d'avoir eu le loisir de tout ce que je lui avois placé sur moi, sur les ducs, sur les princes, en particulier sur le grand écuyer, et plus persuadé que devant, par le souvenir du roi de l'affaire de la princesse d'Harcourt, et son silence sur M. le Grand, que c'étoit à lui que je devois ce que je venois encore une fois de confondre.

Sortant du cabinet du roi, l'air très-satisfait, je trouvai M. le Duc et quelques courtisans distingués, qui attendoient son botter dans sa chambre, qui me regardèrent fort passer, dans la surprise de la durée de mon audience, qui avoit été de demi-heure, chose très-rare aux particuliers chargés de rien que d'en obtenir, et dont aucune n'alloit à la moitié du temps de celle que j'avois eue. Je montai chez moi tirer Mme de Saint-Simon d'inquiétude, puis j'allai chez Chamillart, que je trouvai sortant de table, au milieu de sa nombreuse audience, où étoit la princesse d'Harcourt. Dès qu'il me vit, il quitta tout, et vint à moi. Je lui dis à l'oreille que je venois de parler au roi longtemps dans son cabinet, tête à tête, que j'étois fort content; mais que, comme cela avoit été fort long et qu'il étoit alors accablé de gens, je reviendrois le soir lui tout conter. Il voulut le savoir à l'heure même, parce que, devant, me dit-il, travailler ce jour-là extraordinairement avec le roi, il vouloit être bien instruit, certain qu'il étoit que le roi ne manqueroit pas de lui en parler, et qu'il vouloit se mettre en état de me servir. Je lui contai donc toute mon audience. Il me félicita d'avoir si bien parlé.

Mme Chamillart et ses filles furent très-surprises, et me surent grand gré de ce que j'avois pris sur moi leur refus de la quête. Je les trouvai irritées des propos sur elles du grand écuyer et du comte de Marsan son frère, pourtant leurs bons amis. J'attisai ce feu, mais j'eus beau faire, les bassesses et les souplesses des Lorrains auprès d'elles raccommodèrent tout, en sorte qu'au bout d'une quinzaine il n'y parut plus, et Chamillart aussi piqué qu'elles n'y résista pas plus longtemps. Il m'apprit au retour de son travail qu'avant d'ouvrir son sac, le roi lui avoit dit qu'il m'avoit vu, conté toute la conversation, et paru tout à fait revenu sur moi, mais encore blessé contre les ducs, sans qu'il eût pu le ramener entièrement, tant la prévention, le foible pour M. le Grand et la préférence déclarée de sa Maintenon pour les princes contre les ducs le tenoient obscurci contre l'évidence et contre son propre aveu même à Chamillart, d'être content de moi, dont la conduite ne pouvoit toutefois être séparée des autres par les choses mêmes que je lui avois dites; mais c'étoit un prince très-aisé à prévenir, qui donnoit très-rarement lieu à l'éclaircir, qui revenoit encore plus rarement, et jamais bien entièrement, et qui ne voyoit, n'écoutoit, ne raisonnoit plus dès qu'on avoit l'adresse de mettre son autorité le moins du monde en jeu, sur quoi que ce pût être, devant laquelle justice, droits, raison et évidence, tout disparoissoit. C'est par cet endroit si dangereusement sensible que ses ministres ont su manier avec tant d'art, qu'ils se sont rendus les maîtres despotiques en lui faisant accroire tout ce qu'ils ont voulu, et le rendant inaccessible aux éclaircissements et aux audiences.

Le chancelier fut étonné de ma hardiesse, et ravi du succès. Je me tirai d'affaires après, avec le duc de Beauvilliers, comme Mme de Saint-Simon me l'avoit conseillé, et je trouvai qu'elle avoit eu raison. Je dis au duc que n'ayant pas eu le moment de le voir avant le dîner du roi, j'avois pris mon parti de lui parler. Il me témoigna être fort aise que cette audience se fût si bien passée, mais qu'il m'auroit conseillé de l'éviter et d'écrire dans la situation où j'étois, quoique par l'événement j'eusse beaucoup mieux fait. Plusieurs ducs me parlèrent de cette affaire, qui fit du bruit. Rien n'égala la surprise et la frayeur de M. de Chevreuse, avec qui j'étois intimement, et à qui je contai tout ; mais quand il entendit que j'avois dit au roi que nous savions qu'il craignoit toute discussion et toute décision, il recula six pas : « Vous avez dit cela au roi, s'écria-t-il, et en propres termes ? Vous êtes bien hardi. — Vous ne l'êtes guère, lui répondis-je, vous autres vieux seigneurs, qui êtes si bien et en familiarité avec lui, et bien foibles de ne lui oser dire mot ; car s'il m'écoute moi jeune homme, point accoutumé avec lui, mal d'ailleurs avec lui, et de nouveau encore plus par ceci, et si la conversation amenée avec colère finit après de tels propos par de la bonté et des honnêtetés après qu'elle a duré tant que j'ai voulu, que seroit-ce de vous autres si vous aviez le courage de profiter de la manière dont vous êtes avec lui, et de lui dire ce qu'il lui faudroit dire, et que vous voyez que je lui dis non-seulement impunément, mais avec succès pour moi ! » Chevreuse fut ravi que j'eusse parlé de la sorte, mais il en avoit encore peur ; la maréchale de Villeroy, extrêmement de mes amies, et qui avoit infiniment d'esprit et beaucoup de dignité et de considération personnelle, trouva que j'avois très-bien fait et dit, et que cette conversation me tourneroit à bien. En effet, je sus par M. de Laon que le roi avoit dit à Monseigneur que je lui avois parlé avec beaucoup d'esprit, de force et de respect, qu'il étoit content de moi, que les choses étoient bien différentes de ce que M. le Grand lui avoit dit, et que les princesses avoient refusé la quête, ce que Monseigneur lui confirma.

M. de Laon étoit frère de Clermont, dont j'ai raconté la disgrâce, que Monseigneur aimoit toujours. Il m'apprit que Monseigneur se moquoit souvent des prétentions des princes et des idées de son amie Mlle de Lislebonne là-dessus, quelquefois jusque devant elle, et qu'il n'étoit point mené par elle ni par Mme d'Espinoy là-dessus. Il avoit su ce propos du roi à Monseigneur par Mlle Choin, avec qui par son frère il étoit demeuré dans la liaison la plus intime. Il me conta plusieurs détails là-dessus qui m'ôtèrent d'inquiétude sur Monseigneur pour les rangs. Je les contai au duc de Montfort, mon ami intime, qui n'en étoit pas moins en peine que moi, mais je ne nommai pas mon auteur, qui ne le vouloit pas être. Le rare est qu'il étoit en grande liaison avec ce prélat par les Luxembourg; il lui en gardoit le secret, et me l'avoit bien voulu confier, tellement que le duc de Montfort, qui ne me voyoit en nulle liaison avec Monseigneur ni avec personne de sa cour particulière, ne pouvoit imaginer d'où je les avois sus, et pensoit presque qu'il falloit que le diable me l'eût dit.

Je me suis peut-être trop étendu sur une affaire qui se pouvoit beaucoup plus resserrer. Mais, outre qu'elle est mienne, il me semble que c'est plus par des récits détaillés de ces choses de cour particulières qu'on la fait bien connoître, et surtout le roi si enfermé et si difficile à pénétrer, si rare à approcher, si redoutable à ses plus familiers, si plein de son despotisme, si aisé à irriter par ce coin-là et si difficile à en revenir, même en voyant la vérité d'une part et la tromperie de l'autre, et toutefois capable d'entendre raison quand il faisoit tant que de vouloir bien écouter, et que celui qui lui parloit la lui montroit même avec force, pourvu qu'il le flattât sur son despotisme, et assaisonnât son propos du plus profond respect : tout cela se touche au doigt par les récits mieux que par toutes les autres paroles : et c'est ce qui se voit bien naturellement dans celui-ci, et dans ce que j'ai raconté en son temps de l'affaire de Mme de Saint-Simon, et de Mme d'Armagnac, et de la princesse d'Harcourt avec la duchesse de Rohan.

Le roi et l'empereur n'étoient pas en repos chez eux. Outre la guerre extérieure, les mécontents de Hongrie, en nombre effrayant et appuyés de plusieurs seigneurs et de beaucoup de noblesse, s'étoient emparés des villes, des montagnes de Hongrie et d'une partie des mines. Quantité de châteaux s'étoient rendus à eux où ils avoient trouvé beaucoup de canons. Ils étoient descendus dans la plaine, et se montroient à main armée autour de Presbourg. Leurs partis mettoient le feu à des villages dont l'incendie se faisoit voir de Vienne, et l'empereur pensa être surpris dans un château où il dînoit à une partie de chasse. L'effroi qu'il en eut lui fit ordonner d'apporter de Presbourg à Vienne la couronne de Hongrie, qui depuis les premières invasions des Turcs, avoit été apportée de Bude, capitale du royaume, à Presbourg. C'est une couronne d'or qui, envoyée de Rome vers l'an 1000, au duc de Pologne qui s'étoit fait baptiser et se vouloit faire déclarer roi, fut enlevée par Étienne, duc de Hongrie, qui en prit le titre de roi. Il fut reconnu saint dans la suite, et la vénération de cette couronne a passé jusqu'à la superstition parmi les Hongrois.

Les fanatiques du Languedoc et des Cévennes occupoient des troupes qui en écharpoient quelques pelotons de temps en temps, mais qui ne faisoient pas grand mal au gros. On surprit des Hollandois qui leur portoient de l'argent et des armes avec de grandes promesses de secours. Genève les soutenoit aussi de tout ce qu'elle pouvoit sourdement, et les fournissoit de prédicants. Le plus embarrassant étoit leurs intelligences dans le pays même. Rochegude, gentilhomme de dix à douze mille livres de rente, fut entre autres arrêté, accusé par un officier hollandois qui fut pris, et qui, pour n'être point pendu, le décela et promit de découvrir beaucoup d'autres choses. C'étoit à Rochegude que lui et ses camarades avoient ordre de s'adresser, quand ils auroient besoin d'argent, d'armes et de vivres, et il y avoit plusieurs gens distingués dans ce pays-là, qui ne donnoient aucun soupçon, et qui se trouvèrent des plus avant dans cette révolte.

## CHAPITRE XIII.

1704. — Duchesse de Nemours rappelée. — Mariage de Nangis et de Mlle de La Hoguette. — Mariage du vidame d'Amiens et de Mlle de Lavardin. — Visites du roi, de la reine et des filles de France, etc.; époque de leur cessation. — Deuils d'enfants et leur cause. — Messages ou envois. — Réception d'un valet de pied envoyé par le roi au duc de Montbazon. — Comte d'Ayen duc par démission de son père. — Mort de Sainte-Mesme. — Mort du baron de Bressé. — Mort de Mme de Boisdauphin. — Mort de Termes et sa cruelle aventure. — Mort de l'infante de Portugal. — Tessé en Italie; sa bassesse. — Petit combat en Italie. — Conduite de Vendôme. — Flatterie artificieuse de Vaudemont. — Autre action en Italie. — Tessé en Savoie. — La Feuillade en Dauphiné, fait lieutenant général seul. — Grand prieur général d'armée. — Le fils unique de Vaudemont feld-maréchal des armées de l'empereur. — Maréchal de Villeroy et la marquise de Bedmar à Versailles. — Grande sévérité du conseil de guerre de Vienne. — Progrès des mécontents de Hongrie. — Villeroy en Flandre. — Baron Pallavicin. — Mariage du fils aîné de Tallard avec la fille unique de Verdun. — Tallard sur le Rhin; Coigny sur la Moselle. — Deux cent mille livres d'augmentation de brevet de retenue au maréchal de Boufflers sur sa charge, qui ne sert point. — Adoration de la croix ôtée aux ducs. — Mort du duc d'Aumont; sa dépouille. — Mort du cardinal Norris. — Mort de Mme de Lyonne; ses enfants. — Mort et deuil d'un fils de l'électeur de Bavière. — Duchesse de Ventadour gouvernante survivancière des enfants de France. — Maréchal de Châteaurenauld lieutenant général de Bretagne. — Walstein mis en liberté. — Phélypeaux et Vernon échangés. — Mort d'Harlay, conseiller d'État. — Mort de Cohorn. — Villars en Languedoc et Montrevel en Guyenne. — On me fait une opération pour une saignée. — Chamillart m'avoit raccommodé avec le roi; Maréchal achève. — Avidité mal reçue du comte de Marsan. — Mort du célèbre Bossuet, évêque de Meaux, et du cardinal de Fürstemberg; leur dépouille.

Cette année commença par un acte de bonté du roi, dont il est vrai qu'il auroit pu s'épargner la matière. Puysieux, ambassadeur en Suisse, avoit son frère le chevalier de Sillery attaché de toute sa vie au prince de Conti plus de cœur encore que d'emploi. Il étoit son premier écuyer, et intimement avec son frère. La conduite de Mme de Nemours, de ses gens d'affaires et de ses partisans à Neuchâtel, avoit fort embarrassé les vues et les démarches de ce prince, et souvent déconcerté tous ses projets. Il étoit ardent sur cette affaire, dont ses envieux lui reprochoient que la richesse lui tenoit bien plus au cœur que n'avoit fait la couronne de Pologne. Puysieux le servit autant, et plus même que ne lui permettoit son caractère, et l'impartialité du roi entre les prétendants. Il n'y en avoit aucun de plus opposé au prince de Conti, ni de plus aimé et autorisé à Neuchâtel, que Mme de Nemours, qui possédoit ce petit État depuis si longtemps, et qui en vouloit disposer en faveur de ce bâtard de Soissons qu'elle avoit déclaré son héritier, et de ses filles. Elle fut desservie auprès du roi, et Puysieux l'eut beau à la donner comme peu mesurée avec un prince du sang, et trop altière sur l'exécution des ordres du roi dans sa conduite, si bien qu'enfin elle fut exilée en sa maison de Coulommiers. Elle en reçut l'ordre et l'exécuta sans se plaindre, avec une fermeté qui tint encore plus de la hauteur, et, de ce lieu, agit dans ses affaires avec la même vivacité et aussi peu de mesure contre le prince de Conti, sans qu'il lui échappât ni plainte, ni reproche, ni excuse, ni le moindre désir de se voir en liberté. A la fin, on eut honte de cette violence qui duroit depuis trois ans sur une princesse de plus de quatre-vingts ans, et pour des affaires de son patrimoine. Elle fut exilée sans l'avoir mérité, elle fut rappelée sans l'avoir demandé. Elle vit le roi deux mois après, qui lui fit des honnêtetés, et presque des excuses.

Nangis, le favori des dames, épousa, dans les premiers jours de cette année, une riche héritière, fille du frère de l'archevêque de Sens, La Hoguette.

En même temps il s'en fit un autre qui surprit un peu le monde : ce fut celui du vidame d'Amiens, second fils du duc de Chevreuse, avec l'aînée des deux filles que le marquis de Lavardin avoit laissées de son second mariage avec la sœur du duc et du cardinal de Noailles, laquelle étoit morte devant lui. Ces filles, d'un nom illustre mais éteint, étoient riches par la mort de leur frère, tué, comme on l'a vu, à la bataille de Spire. Elles étoient sous la tutelle des Noailles qui seuls pouvoient disposer d'elles. Le duc de Noailles avoit, depuis longues années, de ces procès piquants avec M. de Bouillon pour la mouvance de ses terres du vicomté de Turenne. Ils avoient pris toutes sortes de formes dans cette longue durée et pour les tribunaux et pour la conciliation. M. de Chevreuse s'en étoit fort mêlé, et les choses sembloient fort adoucies, lorsque depuis peu M. de Bouillon fit envoyer des troupes dans cette vicomté pour y châtier une révolte de plusieurs vassaux contre lui, qu'il publia excités et protégés par M. de Noailles. L'éclat entre eux se renouvela. M. de Noailles en fut peiné; M. de Chevreuse s'entremit encore, et on prétendit que les Noailles se hâtèrent de proposer et de brusquer ce mariage pour gagner M. de Chevreuse, et sortir d'affaires par son moyen. Le vidame avoit père et mère et un frère aîné qui avoit des enfants, force dettes du père et du frère, et la succession du duc de Chaulnes, qui le regardoit après M. de Chevreuse, fort obérée. On ne lit point dans l'avenir, et personne n'imaginoit alors que ce cadet vidame auroit la charge de son père, seroit fait duc et pair, et deviendroit maréchal de France.

Il faut ici placer l'époque de la cessation des visites de Mme la duchesse d'Orléans aux dames non titrées, et reprendre cette matière de plus haut. Jusqu'en 1678 la reine alloit voir les duchesses à leur mariage, à leurs couches, à la mort des parents dont elles drapoient. Le roi avoit cessé de venir exprès à Paris quelques années auparavant, et les avoit toujours visitées jusque-là, même les ducs. Il haïssoit le duc de Lesdiguières, de l'orgueil duquel il étoit choqué. C'étoit un seigneur qui, par soi et par l'héritière de Retz qu'il avoit épousée, se trouvoit des biens immenses, qui dépensoit plus qu'à proportion, et qui, avec le gouvernement de Dauphiné où il étoit adoré et qu'il avoit eu après ses pères, depuis le connétable de Lesdiguières, faisoit sa cour comme autrefois et non comme le roi vouloit qu'on la lui fît. Avec une brillante valeur, des talents pour la guerre, et ceux encore d'y plaire, il avoit capté les troupes. Avec moins de vent et plus de réflexion, c'eût été un homme en tout temps dans un royaume. Il n'étoit pas moins considéré à la cour, et à la mode parmi les dames et dans le monde. Il mourut à trente-six ans, en mai 1681, d'une pleurésie qu'il prit pour avoir bu à la glace au sortir d'une partie de paume, à Saint-Germain. Le roi, qui pourtant envoya de Versailles savoir de ses nouvelles, car cela étoit encore alors sur ce pied-là, ne put cacher son soulagement de cette mort. Il ne laissa qu'un fils unique, né en octobre 1678, que nous avons vu en son temps épouser une fille de M. de Duras, mourir sans enfants ensuite, et laisser sa dignité au vieux Canaples, en qui enfin elle s'éteignit. Mme de Lesdiguières étoit une manière de fée qui dédaignoit tous les devoirs, qui par conséquent étoit peu aimée et qui se consola aisément d'un mari qui ne vivoit pas uniquement pour elle, qui forçoit son humeur impérieuse et particulière par une maison toujours ouverte, et qui la laissoit maîtresse de tout dans la plus grande opulence.

Ce fut donc par elle que le roi commença à retrancher aux

duchesses, et en même temps aux princesses étrangères, les visites de la reine. Quelque soumise qu'elle fût en tout au roi, quelque soigneuse qu'elle fût de lui plaire, quelque pure que fût sa vertu, sans jamais avoir donné lieu au plus léger soupçon, quelque incapable que fût d'ailleurs son génie doux et borné de donner la moindre inquiétude, le roi ne laissoit pas de s'importuner de son attachement pour les Carmélites de la rue du Bouloi où elle venoit souvent. Ces filles en étoient devenues importantes. Il se trouva des femmes qui, faute de mieux, s'intriguèrent avec elles et y voyoient la reine. Il y en eut même tout à fait de la cour. Le roi voulut rendre ces visites plus rares pour rompre peu à peu ce commerce. Le prétexte des visites à faire aux occasions servoit à se rabattre aux Carmélites. Tout cela, joint avec ce goût inspiré par les ministres d'abaisser tout, fit de ce tout ensemble une occasion qui attira cette décision du roi que la reine ne visiteroit plus que les princesses du sang.

Sur cet exemple, Mme la Dauphine qui a passé les dix années qu'elle a vécu en France, grosse, en couche ou malade de la longue maladie dont elle mourut en 1690, ne sortit point de Versailles et ne visita point; et, de l'un à l'autre, Madame, farouche et particulière, avec sa couche de gloire, n'en voulut pas faire plus que Mme la Dauphine; de là Mme la duchesse de Bourgogne en usa de même, puis Mme la duchesse de Berry. Monseigneur cessa aussi comme le roi de faire des visites; mais Monsieur n'y manquoit point à Versailles et à Paris, et les trois fils de Monseigneur à Versailles seulement, mais sans aller à Paris. Ils alloient même quelquefois chez des dames non titrées, mais fort rarement et par une distinction très-marquée. Pour les petites-filles de France, elles alloient non-seulement chez les dames titrées en toutes occasions, mais aussi chez toutes les dames de qualité. Les trois filles de Gaston n'y ont jamais manqué. Mademoiselle, sous prétexte de ne faire de visites qu'avec Madame, n'alla point, mais Mme la duchesse de Chartres puis d'Orléans alla partout. Elle continua longtemps encore après la mort de Monsieur; puis, sous prétexte d'incommodité, après de paresse, et que ces visites ne finissoient point, elle se rendit plus rare chez les femmes non titrées, et finalement se laissa entendre à ces mariages du marquis de Roye, de Nangis et du vidame, qu'elle n'iroit plus chez pas une que chez celles à qui, par amitié seulement et non plus par un devoir qui la fatiguoit, elle voudroit bien faire cette distinction. On s'en plaignit et ce fut tout. On vouloit plaire, aller à Marly, et par conséquent ne pas se brouiller avec elle, quoiqu'à dire vrai elle n'influât en rien. Mais telle est la misère du monde. Le roi mort et M. le duc d'Orléans régent, il se défit de tous devoirs et de toutes visites sous prétexte qu'il n'en avoit pas le temps, et Mme sa femme se laissa entendre qu'elle ne visiteroit plus que les princesses du sang. Ainsi elle fit comme la reine, et comme M. le duc d'Orléans étoit alors roi pour longtemps, dans le bas âge du véritable, cela passa sans que personne osât souffler. Tels ont été les progrès sur les visites. Tout ce qui en est resté sont celles des princes et des princesses du sang, que les prétextes de Marly et d'autres absences retranchent tant qu'elles peuvent. Mais quelques usurpations qu'elles aient faites en tout genre, elles n'en sont pas venues encore, en 1741, à déclarer qu'elles ne visiteroient plus même les femmes non titrées.

Il faut dire tout de suite que, dans les premiers jours de cette année, M. le prince de Conti perdit son second fils à l'âge de sept mois. On n'avoit point porté le deuil des enfants du roi et de la reine, ni de ceux de Monsieur, morts en nombre jusqu'à l'âge de sept ans, ni fait de compliment sur ces pertes. Le désir de relever les bâtards avoit fait porter le deuil d'un maillot de M. du Maine et lui faire des compliments. Il n'y eut donc pas moyen de l'éviter pour celui du prince de Conti. Au lieu d'un gentilhomme ordinaire que le roi envoyoit toujours aux princes du sang, il envoya un maître de sa garde-robe à M. le Prince, qui le devoit avoir depuis qu'à la mort de Monsieur il avoit eu les honneurs de premier prince du sang, et à M. le prince de Conti qui, simple prince du sang, ne devoit avoir qu'un gentilhomme ordinaire. Cela fut fait pour les bâtards, à qui, dans les occasions, le roi envoya comme aux princes du sang un maître de sa garde-robe, et bien que dans la suite cela ne se fît pas toujours, il fut rare que les uns et les autres n'eussent pas le message d'un maître de la garde-robe.

Aux mêmes occasions où la reine visitoit, et aux personnes qu'elle visitoit, même aux ducs et aux princes étrangers qu'elle ne visitoit pas, le roi envoie jusqu'à aujourd'hui un gentilhomme ordinaire; on lui présente un fauteuil, on l'invite à s'y asseoir et à se couvrir; on lui donne la main, on le conduit au carrosse, et les duchesses au milieu de leur seconde pièce. La reine et les deux Dauphines envoyèrent un de leurs maîtres d'hôtel; celui de la reine étoit traité comme gentilhomme ordinaire, celui des Dauphines sans descendre le degré. Je ne sais qui a avisé cette reine-ci[1] de n'envoyer qu'un page; ce n'est pas qu'elle soit plus reine que l'épouse de Louis XIV, ni qu'elle soit tout à fait de si bonne maison. Ce page aussi est reçu et traité fort médiocrement. Monseigneur et les trois princes ses fils, un écuyer; car ces trois derniers ne visitoient qu'à la cour, et ne venoient point à Paris.

J'ai ouï conter au feu roi qu'étant encore fort jeune, mais majeur, il avoit écrit à M. de Montbazon par un de ses valets de pied. M. de Montbazon étoit grand veneur et gouverneur de Paris, où il y avoit lors bien des affaires dont ce duc se mêloit. Le valet de pied, parti de Saint-Germain, ne le trouva point à Paris et l'alla chercher à Couperay où il

---

1. Marie Lesczinska, fille de Stanislas Lesczinski, roi détrôné de Pologne, mariée à Louis XV le 15 août 1725.

étoit. M. de Montbazon s'alloit mettre à table. Il reçut la lettre, y répondit, la donna au valet de pied qui lui fit la révérence pour s'en retourner. « Non pas cela, lui dit le duc de Montbazon, vous êtes venu de la part du roi, vous me ferez l'honneur de dîner avec moi; » le prit par la main et le mena dans la salle, le faisant passer devant lui aux portes. Ce valet de pied confondu et qui ne s'attendoit à rien moins, se fit tirer d'abord, puis tout éperdu se laissa faire et mettre à la belle place. Il y avoit force compagnie à dîner, ce que le roi n'oublia pas, et toujours le valet de pied servi de tout le premier par le duc de Montbazon. Il but à la santé du roi, et pria le valet de pied de lui dire qu'il avoit pris cette liberté avec toute la compagnie. Au sortir de table, il mena le valet de pied sur le perron, et n'en partit point qu'il ne l'eût vu monter à cheval. « Cela s'appelle savoir vivre, » ajouta le roi. Il a fait ce conte souvent, et toujours avec complaisance, et, je pense, pour instruire les gens de ce qui lui étoit dû, et de quelle sorte les seigneurs anciens savoient en faire leur devoir.

Le duc de Noailles, au commencement de cette année, obtint enfin le consentement de Mme de Maintenon pour céder son duché à son fils, le comte d'Ayen, qui prit le nom de duc de Noailles et le père celui de maréchal. Mme de Maintenon ne voulut jamais que sa nièce fût assise en se mariant, et lui fit acheter son tabouret par le délai de quelques années. Elle avoit de ces modesties qui sentoient fort le relan de son premier état, mais qui pourtant ne passoient pas l'épiderme.

Sainte-Mesme, d'une branche séparée de celle des maréchaux de L'Hôpital et de Vitry, mourut en ce commencement d'année. Je le remarque par la grande réputation qu'il s'étoit acquise parmi tous les savants de l'Europe; grand géomètre, profond en algèbre et dans toutes les parties des mathématiques; ami intime, et d'abord disciple du P. Malebranche, et si connu lui-même par son livre des *Infiniment petits.* Sa mauvaise vue et son goût dominant pour ces sciences abstraites l'avoient retiré de bonne heure de la guerre et pour ainsi dire du monde.

En même temps mourut le baron de Bressé à Paris, celui même dont j'ai parlé sur le siége de Namur; il étoit fort vieux et cassé, et avoit du roi autour de vingt mille livres de rente, et lieutenant général.

Mme de Boisdauphin mourut aussi à Paris à quatre-vingts ans. Elle étoit sœur de Barentin, président au grand conseil, et fort riche héritière. Elle avoit épousé en premières noces M. de Courtenvaux, premier gentilhomme de la chambre, fils du maréchal de Souvré, gouverneur de Louis XIII, dont elle n'avoit eu que Mme de Louvois, et elle étoit veuve en secondes noces, sans enfants, du frère aîné de M. de Laval, père de la maréchale de Rochefort. M. de Louvois, toute sa vie, avoit eu une grande considération pour elle, et ses enfants après lui : c'étoit une femme aussi qui savoit se faire rendre.

Termes mourut aussi presque en même temps. M. de Montespan et lui étoient enfants des deux frères. Il étoit pauvre, avoit été fort bien fait, et très-bien avec les dames en sa jeunesse; je ne sais par quel accident il avoit un palais d'argent qui lui rendoit la parole fort étrange; mais ce qui surprenoit c'est qu'il n'y paroissoit plus dès qu'il chantoit avec la plus belle voix du monde. Il avoit beaucoup d'esprit et fort orné, avoit peu servi et avoit bonne réputation pour le courage. Sans avoir bougé de la cour, à peine y put-il obtenir une très-petite subsistance. Je pense que le mépris qu'il s'y attira l'y perdit. Il eut la bassesse de vouloir être premier valet de chambre, et personne ne doutoit qu'il ne rapportât tout au roi, tellement qu'il n'étoit reçu dans aucune maison, ni abordé de personne. Il étoit poli et accostant, mais à peine lui répondoit-on en fuyant, tellement qu'il vivoit dans une solitude entière au milieu du plus grand monde. Le roi lui parloit quelquefois, et lui permettoit d'être à Marly dans le salon et à ses promenades dans ses jardins tous les voyages, sans demander, mais aussi sans avoir jamais de logement : il louoit une chambre au village. Il reçut une fois à Versailles une grêle de bastonnade de quatre ou cinq Suisses qui l'attendoient sortant de chez M. le Grand, à une heure après minuit, et l'accompagnèrent, toujours frappant, tout le long de la galerie. Il en fut moulu et plusieurs jours au lit. Il eut beau s'en plaindre et le roi se fâcher, les auteurs se trouvèrent sitôt qu'ils ne se trouvèrent plus. Quelques jours auparavant, M. le Duc et M. le prince de Conti avoient fait un souper chez Langlée, à Paris, après lequel il s'étoit passé des choses assez étranges. Le roi leur en lava la tête; ils crurent bien être assurés d'en avoir l'obligation à Termes, et le firent régaler comme je viens de dire, incontinent après. Cela fit un grand vacarme; mais on n'en fit que rire, et le roi fit semblant d'ignorer les auteurs. Il étoit vieux, brouillé avec sa femme, qui étoit fort peu de chose, et ne laissa qu'une fille religieuse, et un frère obscur, connu de personne et qui ne se maria point.

L'infante aînée de Portugal mourut bientôt après. Elle avoit huit ans, et, nonobstant ce peu d'âge, on avoit flatté la cour de Lisbonne que l'archiduc l'épouseroit.

Tessé, qui n'avoit servi que de chausse-pied en Dauphiné à La Feuillade, l'y avoit bientôt laissé en chef et s'en étoit allé à Milan. Il prévit en habile et bas courtisan que M. du Maine et Mme de Maintenon l'emporteroient tôt ou tard sur la fermeté que le roi lui avoit marquée en prenant ses derniers ordres contre le désir des bâtards, et leur compétence à établir avec les maréchaux de France; il prévit de plus que, quoi qu'il pût arriver, cette protection pour lui étoit plus solide que le plaisir de prendre le commandement sur M. de Vendôme. Il n'en voulut pas perdre l'occasion : il prit celle d'une apparence d'action, s'en alla en poste seul et en carabin joindre M. de Vendôme, mit dans sa poche sa commission pour commander l'armée et M. de Vendôme même, et ne prétendit qu'à l'état de volontaire. Vendôme ne lui fit pas la moindre civilité d'aucune déférence, et continua en sa présence à donner l'ordre et à commander, comme si Tessé n'y eût pas été. C'étoit bien connoître le roi et le crédit de son intérieur, que d'en user aïnsi après ce qu'il lui avoit si positivement ordonné au contraire, et en même temps faire peu de cas de son bâton et de soi, en comparaison de sa fortune, que toutefois, au point où il étoit arrivé, il pouvoit trouver être faite.

Peu de jours après, M. de Vendôme battit une partie de l'arrière-garde du comte de Staremberg, général des Impériaux : quatre cents hommes tués, cinq cents prisonniers, trois chariots remplis de pain firent du bruit à Versailles. M. de Vendôme assaisonna cette nouvelle de la promesse d'attaquer les ennemis le lendemain. Il savoit bien qu'il n'en feroit rien. Ses courriers étoient sans nombre, ou pour des bagatelles qu'il faisoit valoir et qui trouvoient des prôneurs, ou pour des assurances de choses qui ne s'exécutoient point et qui trouvoient leurs excuses dans les mêmes personnes, et le roi s'en laissoit persuader. M. de Vaudemont écrivit de Milan au roi sur cette bagatelle une félicitation, comme assuré que ses ennemis seroient incontinent chassés d'Italie. C'étoit la même cabale et les mêmes applaudissements : tout cela s'avaloit et réussissoit à merveille. Mais pour cette fois, M. de Vendôme fit encore quelque chose : il culbuta huit cents chevaux et six bataillons de l'arrière-garde de Staremberg dans l'Orba. Bezons et Saint-Frémont, à la tête de notre cavalerie, et Albergotti avec quinze cents grenadiers, firent cette expédition. Elle ne fut pas sans perte et beaucoup de blessés. Il en coûta mille hommes aux Impériaux, tués ou pris. Solari, qui commandoit ceux-ci, tué, et le prince de Lichtenstein pris fort blessé.

Tessé s'en étoit retourné à Pavie, d'où il regagna Milan, et au commencement de février s'en retourna commander en Savoie. En même temps La Feuillade fut fait lieutenant général seul, demeura en son gouvernement de Dauphiné, et fut destiné pour l'armée de M. de Vendôme. Ainsi maréchal de camp tout d'un coup, en chef en Dauphiné aussitôt après, et sans presque aucun intervalle lieutenant général, c'est le train que Chamillart mena un homme pour qui le roi lui avoit déclaré qu'il ne feroit jamais rien. Tout de suite le grand prieur, si mal avec le roi et qui avoit eu tant de peine à servir, puis à aller avec son frère, fut envoyé commander les troupes dans le Mantouan et le Milanois, et incontinent après eut une petite armée avec le nom., la patente, les appointements et le service de général d'armée en chef, séparément de M. de Vendôme, avec qui il fut comme sont deux maréchaux de France, qui ont chacun une armée à part dans les mêmes pays, qui se concertent, mais dont l'ancien des deux conserve la supériorité sur l'autre. En même temps le fils unique de Vaudemont fut fait feld-maréchal par l'empereur, avec Staremberg, Heister et Rabutin, qui est, à l'égard du militaire, ce que sont nos maréchaux de France : ainsi Vaudemont prospéroit des deux côtés, et le roi lui savoit toujours le meilleur gré du monde.

Le maréchal de Villeroy, demeuré pour tout l'hiver à Bruxelles, vint à la mi-janvier faire un tour à la cour, où le roi le reçut, après neuf mois d'absence, avec des marques de faveur très-distinguées. La marquise de Bedmar, venant d'Espagne, s'y trouva en même temps, allant joindre son mari en Flandre. La duchesse du Lude la présenta au roi dans son cabinet, dont les portes demeurèrent ouvertes. La duchesse d'Albe et la maréchale de Cœuvres, comme grandes d'Espagne, l'accompagnèrent. Le roi la baisa et lui fit toutes sortes d'honnêtetés; il lui dit qu'il avoit résolu de faire son mari chevalier de l'ordre. Mme la duchesse de Bourgogne la baisa chez elle, où ce même cortége se trouva. On ne s'assit point au souper. La marquise de Bedmar, comme grande d'Espagne, prit son tabouret, et après le souper congé du roi, qui, en passant pour entrer dans son cabinet, lui fit encore des merveilles, et lui dit qu'il avoit ordonné dans toutes les places par lesquelles elle passeroit qu'on l'y reçût avec les mêmes honneurs que dans celles de la Flandre espagnole.

Le conseil de guerre de Vienne donna, vers ces temps-ci, un grand exemple de sévérité. Par son jugement, le comte d'Arco eut la tête coupée, pour avoir mal défendu Brisach avec Marcilly, à qui le bourreau cassa l'épée et lui en donna plusieurs coups sur la tête; le lieutenant de roi, comme nous parlons en France, et le major de la place furent dégradés des armes. La mauvaise humeur des progrès des mécontents put un peu contribuer à cette sévérité, qui fit beaucoup murmurer les officiers impériaux.

Ces mécontents inquiétoient l'empereur jusque dans Vienne, dans les faubourgs duquel ils avoient osé aller prendre des bateaux pour passer dans l'île de Schutt, en sorte que le prince Eugène fut obligé de faire faire des redoutes le long du Danube; ils ne laissèrent pas de piller un autre faubourg de cette capitale. Ils s'emparèrent d'Agria, des quatre villes des montagnes où sont les mines, de quelques autres jusque auprès de Presbourg, qui n'est qu'à dix lieues de Vienne, se firent voir dans l'Autriche, la Silésie et la Moravie, et refusèrent les propositions qui leur furent faites par le comte Palfi de la part de l'empereur. Strigonie, autrement Gran, se soumit à eux avec presque toute sa garnison. Ils coupèrent la communication de la Bohême à Vienne, et le prince Eugène, ne se croyant plus en sûreté à Presbourg, se retira à Vienne. Ils pillèrent une île du Danube, que l'empereur avoit donnée à ce prince, prirent ses équipages et ravagèrent toute la grande île de Schutt. Ils se divisèrent en plusieurs corps qui prirent la forteresse de Mongatz et Hermanstadt, capitale de la Transylvanie, s'établirent en divers postes de Moravie et de Styrie, prirent Canise, firent des courses jusqu'à Gratz, capitale de Styrie, et obligèrent le général Heister de se retirer sous Vienne avec cinq mille hommes qu'il commandoit. Ils brûlèrent les environs de cette demeure impériale, d'où on voyoit les feux et d'où on ne pouvoit sortir ni entrer librement, faute de troupes pour les écarter, et où la consternation fut d'autant plus grande, que l'envoyé de Hollande à Vienne s'employa inutilement auprès d'eux, et qu'ils rejetèrent les propositions qu'il leur fit de la part de l'empereur.

Le maréchal de Villeroy s'en retourna à Bruxelles après quelque séjour à la cour ; il s'y prit d'affection pour le baron Pallavicin, dont il fit bientôt après son homme de confiance dans son armée, où il alla servir. Ce baron étoit un grand homme très-bien fait, de trente-cinq ans ou environ, point marié, et de beaucoup d'esprit, de valeur et de talents pour la guerre et pour l'intrigue, dont on n'a jamais bien démêlé l'histoire. Il avoit été fort bien avec M. de Savoie, dont son père étoit grand écuyer, et sa mère dame d'honneur d'une des deux duchesses. Il fut arrêté avec les troupes de ce prince et donna sa parole. M. de Savoie lui manda de revenir en Piémont, il s'en excusa sur la parole qu'il avoit donnée. M. de Savoie lui écrivit que, s'il ne revenoit, il s'attireroit son indignation. Là-dessus Pallavicin abandonna le service de Savoie et se donna à celui de France, sans qu'on ait jamais pu savoir la cause du procédé du maître ni du sujet. Il eut deux mille écus de pension en arrivant. Le maréchal de Villeroy, qui aimoit les étrangers et les aventuriers, s'infatua de celui-ci qui devint son homme de confiance dans la suite, à la cour comme à l'armée, où cette faveur du général excita beaucoup de jalousie.

Le maréchal de Tallard s'en alla en Forez marier son fils aîné à la fille unique de Verdun, très-riche héritière et qui en avoit aussi l'humeur et la figure. Tallard et Verdun étoient enfants des deux frères et avoient ensemble des procès à se ruiner que ce mariage termina. Verdun étoit un homme de beaucoup d'esprit, mais singulier, qui n'avoit jamais guère servi ni vu de monde qu'à son point et à sa manière, et qui n'avoit jamais fait grand cas de son cousin Tallard, ni guère aussi de la cour et de la fortune. Tallard partit bientôt après vers le Rhin et Coigny sur la Moselle, commander un corps comme faisoit ordinairement M. d'Harcourt. Le maréchal de Boufflers ne servit point cette année, le roi tâcha de l'en consoler par une augmentation de deux cent mille livres de brevet de retenue sur sa charge.

J'étois allé passer la semaine sainte à la Ferté et à la Trappe, d'où je revins à Versailles le mercredi de Pâques. J'appris en arrivant le grand parti que M. le Grand venoit de tirer de la quête de sa fille. Le matin du vendredi saint, il vint trouver le roi et lui demanda avec un audacieux empressement d'aller avec ceux de sa maison à l'adoration de la croix. Les ducs y alloient de tout temps en rang d'ancienneté après le dernier prince du sang, et depuis peu d'années après les bâtards; et après les ducs, les grands officiers de la maison du roi dans le rang de leurs charges, sans qu'aucun prince étranger y eût jamais été admis. Le roi, surpris de la demande, refusa et répondit que cela ne se pouvoit, parce que les ducs y alloient. C'est où le grand écuyer l'attendoit. Il demanda à les précéder, non qu'il l'espérât, mais pour réussir à ce qui arriva. Le roi fut embarrassé. M. le Grand insista, appuyé sur la foiblesse qu'il connoissoit au roi pour lui, qui en sortit par lui dire que ni ducs ni princes n'iroient. En donnant l'ordre, il dit au maréchal de Noailles, capitaine des gardes en quartier, d'en avertir les ducs, qui répondit mollement, en représentant leur droit usité de tout temps. Le parti du roi étoit pris, et le peu que dit M. de Noailles, et d'un ton à peu imposer, n'étoit pas pour le faire changer. Il n'y avoit presque aucun duc à Versailles, même des plus à portée du roi, qui profitoient de ces jours de dévotions pour les leurs et pour leurs affaires. M. de La Rochefoucauld montoit en carrosse de chez le cardinal de Coislin lorsqu'on lui vint dire cette nouveauté. Il se mit à pester, et n'osa jamais aller trouver le roi. Il partit et alla ronger son frein aux Basses-Loges de Saint-Germain, où il alloit tous les ans à pareil jour se retirer. Ainsi cette distinction fut perdue en échange de celle que les princes étrangers s'étoient voulu faire de la quête, et qui avoit avorté, et personne n'alla plus depuis à l'adoration de la croix que les princes du sang et les bâtards. Je m'en allai tout de suite à Paris sur cette nouvelle, et je ne revins de plusieurs jours à la cour.

Le duc d'Aumont mourut d'apoplexie le matin du mercredi saint. Villequier, son fils aîné, qui étoit premier gentilhomme de la chambre en survivance, eut le gouvernement de Boulogne et du pays boulonois qu'avoit son père, et prit le nom de duc d'Aumont.

Le cardinal Norris, moine augustin, a laissé un si grand nom parmi les savants que je ne veux pas omettre sa mort qui arriva en ce temps-ci. Il étoit d'origine irlandoise; il y a encore de son nom en Irlande et en Angleterre, et aujourd'hui encore l'amiral Norris fait parler de lui avec les escadres angloises. Ce docte cardinal fut des congrégations de Rome les plus importantes, et il avoit succédé au cardinal Casanata, si célèbre par son savoir et par cette bibliothèque si nombreuse et si recherchée qu'il avoit assemblée, et qu'il donna à la Minerve dans la place de bibliothécaire de l'Église. Il n'est pas de mon sujet de m'étendre sur ce grand cardinal, il suffira ici de n'avoir pas oublié de faire mention de lui.

Mme de Lyonne mourut quelques jours après à Paris : elle étoit Payen, d'une famille de Paris, veuve de M. de Lyonne, secrétaire d'État, mort en 1671, le plus grand ministre du règne de Louis XIV. C'étoit une femme de beaucoup d'esprit, de hauteur, de magnificence et de dépense, et qui se seroit fait compter avec plus de mesure et d'économie, mais elle avoit tout mangé il y avoit longtemps, et vivoit dans la dernière indigence dans sa même hauteur, et l'apparent mépris de tout, mais à la fin dans la piété depuis plusieurs années. Sa fille avoit été première femme du duc d'Estrées, fils de l'ambassadeur à Rome. De ses trois fils, l'aîné survivancier de son père perdit avec lui la charge de secrétaire d'État qui fut donnée à Pomponne, et il eut une charge de maître de garde-robe dont il ne fit pas deux années de fonctions quoiqu'il l'ait gardée longtemps. C'étoit un homme qui avoit très-mal fait ses affaires, qui vivoit très-singulièrement et obscurément, et qui passoit sa vie à présider aux nouvellistes des Tuileries. Il n'eut qu'un fils fort bien fait et distingué à la guerre, mais qui se perdit par son mariage avec la servante d'un cabaret de Phalsbourg, dont il n'eut point d'enfants, et qu'il voulut faire casser dans la suite sans y avoir pu réussir. Elle l'a survécu et le survit encore, retirée dans une communauté à Paris; et elle a toujours mené une vie très-sage, et qui l'a fait estimer. On verra en leur temps les deux autres fils de M. et Mme de Lyonne, l'un riche abbé débauché, l'autre évêque de Rosalie *in partibus* et missionnaire à Siam et à la Chine. Je ne parle pas d'un quatrième, chevalier de Malte, qui n'a point paru; et voilà ce que deviennent les familles des ministres! Celles des derniers de Louis XIV ont été plus heureuses, les Tellier, les Colbert, les Chamillart, les Desmarets surtout à bien surprendre.

L'électeur de Bavière perdit aussi un de ses fils. Le roi, pour le gratifier, en prit le deuil pour quinze jours. Il avoit l'honneur d'être beau-frère de Monseigneur, mais sa parenté avec le roi étoit fort éloignée.

On a vu comment la duchesse de Ventadour s'étoit mise à Madame pour échapper à son mari et au couvent, la figure qu'elle fit auprès d'elle, et les vues qui la lui firent quitter. Son plus que très-intime ami dès leur jeunesse, le maréchal de Villeroy, travailloit depuis longtemps à leur succès auprès de Mme de Maintenon, avec qui il fut toujours très-bien, et qui, par raison de ressemblance, aimoit bien mieux

les repenties que celles qui n'avoient pas fait de quoi se
repentir. Mme de Ventadour, dont l'âge avoit dépassé de
beaucoup celui de la galanterie, s'étoit faite dévote depuis
quelque temps, et quoiqu'elle alliât ses anciens plus qu'a-
mis, un gros jeu et continuel, et bien d'autres choses avec
sa dévotion, la coiffe, la paroisse, la chapelle, l'assiduité
aux offices et des jargons de dévotion à propos, l'avoient
lavée de toute tache, et les maux que ces taches lui avoient
causés ne parurent pas même un obstacle à la place de gouvernante. Le roi dit donc un matin, à la fin de mars, à la
maréchale de La Mothe, qui par cette place lui faisoit sa
cour à ces heures-là dans son cabinet, qu'il s'étoit trouvé
si bien d'elle auprès de ses enfants et auprès de ceux de
Monseigneur, qu'il la destinoit à ceux de Mgr le duc de
Bourgogne, mais qu'en même temps, pour ménager sa
santé, il lui adjoignoit la duchesse de Ventadour, sa fille,
pour survivancière et pour la soulager dans les soins péni-
bles de cette charge. La maréchale se trouva fort étourdie ;
elle aimoit sa fille, mais non pas jusqu'à se l'associer. On
avoit eu beau la tourner de toutes les façons, jamais elle n'y
avoit voulu entendre. Elle disoit qu'il étoit ridicule de mettre
auprès des enfants de France une femme qui n'avoit jamais
eu d'enfants, et balbutioit pis entre ses dents, de telle sorte
qu'allant toujours à la parade elle leur fit prendre le parti
de l'emporter à son insu. Aussi parut-elle fort mécontente ;
la bonne femme craignoit de n'être plus maîtresse et de
passer pour radoter, et ne se contraignit pas sur son dépit
aux compliments du monde, et beaucoup moins sur sa fille,
qu'elle reçut fort mal. Elle étoit à Paris, d'où elle arriva sur
cette nouvelle et entra par derrière dans ce cabinet de Mme de
Maintenon, où, tandis que le roi travailloit dans la pièce
joignante, elle présente, Mme la duchesse de Bourgogne
jouoit avec des dames familières et les deux fils de France,
entrant quand elle vouloit, mais seule, où étoit le roi.
Mme de Ventadour y arriva donc, si transportée, si éperdue

de joie, qu'oubliant ce qu'elle étoit, elle se jeta à genoux en entrant et se traîna ainsi jusqu'à Mme la duchesse de Bourgogne, qui alla l'embrasser et la relever. Elle en fit autant lorsque, après les premiers compliments, cette princesse la mena où étoit le roi, dont la surprise de cette action fut extrême; jamais personne ne fut si hors de soi. Elle eut douze mille livres d'augmentation de pension aux huit mille qu'elle avoit déjà.

Le maréchal de Châteaurenauld eut bientôt après la lieutenance générale de Bretagne, vacante depuis la mort de Lavardin, comme je l'ai dit d'avance.

Le roi permit en même temps à Walstein, ambassadeur de l'empereur à Lisbonne, pris sur mer en s'en retournant, de s'en aller, et fit partir Vernon, ambassadeur de Savoie, toujours accompagné de son gentilhomme ordinaire, pour aller sur la frontière de Provence et des États de Savoie être échangé avec Phélypeaux.

En ce même temps mourut Harlay, conseiller d'État, qui avoit été premier ambassadeur plénipotentiaire à la paix de Ryswick, duquel j'ai assez parlé précédemment pour n'avoir plus rien à en dire.

Les ennemis perdirent le meilleur des officiers hollandois, qui de plus étoit leur Vauban pour les places et les siéges, qui étoit le général Cohorn, qui mourut à la Haye.

L'affaire des fanatiques ne finissoit point et occupoit des troupes. La Hollande et M. de Savoie les soutenoient par des armes, de l'argent et quelques hommes, et Genève par des prédicants. Villars, de retour de Bavière, étoit oisif. Il avoit été reçu comme s'il n'eût pas pris des trésors, et qu'il n'eût pas empêché les progrès des armées pour les amasser. Mme de Maintenon le protégeoit ouvertement, et conséquemment Chamillart, alors au plus haut point de la faveur. Ils vouloient remettre Villars en selle, qui, profitant de ce qu'il pouvoit sur l'un et sur l'autre, vouloit absolument être de quelque chose. L'Allemagne ne lui convenoit plus depuis qu'il s'étoit brouillé avec l'électeur de Bavière; la Flandre et l'Italie étoient occupées par Villeroy et Vendôme, plus en crédit que lui. Il ne se trouva que le Languedoc à lui donner, pour le décorer au moins de finir cette petite guerre. Montrevel n'avoit que le roi pour lui, cela lui servit au moins à ne pas demeurer par terre. On lui fit faire un troc désagréable. La Guyenne étoit entièrement paisible et n'avoit nul besoin de commandant; Montrevel y fut envoyé avec le même pouvoir et les mêmes appointements qu'il avoit en Languedoc. Ce changement l'affligea fort, mais il fallut céder et aller jouer au lansquenet à Bordeaux. Villars, avec son effronterie ordinaire, voulant faire valoir le petit emploi où il alloit, dit assez plaisamment qu'on l'y envoyoit comme un empirique où les médecins ordinaires avoient perdu leur latin. Ce mot outra Montrevel, qui fit si bien que, tandis que Villars étoit en chemin, il battit deux fois les fanatiques et la dernière fois en personne et avec un grand succès, et tout de suite s'en alla droit à Bordeaux, où il n'y avoit personne depuis que Sourdis n'y commandoit plus.

Je tombai en ce temps-là dans un fâcheux accident. Je me fis saigner parce que je sentois que le sang me portoit à la tête, et il me sembla l'avoir été fort bien. Je sentis la nuit une douleur au bras, que Le Dran, fameux chirurgien, qui m'avoit saigné, m'assura ne venir que d'une ligature trop serrée. Pour le faire court, en deux jours le bras s'enfla plus gros que la cuisse, avec la fièvre et de grandes douleurs; on me tint autres deux jours avec des applications dessus pour dissiper le mal par l'ouverture de la saignée, de l'avis des plus grands chirurgiens de Paris. M. de Lauzun, qui me trouva avec raison fort mal, insista pour avoir Maréchal, et s'en alla à Versailles le demander au roi, sans la permission duquel il ne venoit point à Paris, et il ne découchoit presque jamais du lieu où le roi étoit. Il eut permission de venir, de découcher, et même de séjourner auprès de moi. En arrivant le matin, il m'ouvrit le bras d'un bout à l'autre. Il étoit temps, l'abcès gagnoit le coffre, et se manifestoit par de grands frissons. Il demeura deux jours auprès de moi, vint après plusieurs jours de suite, puis de deux jours l'un. L'adresse et la légèreté de l'opération, des pansements, et de me mettre commodément passe l'imagination. Il prit prétexte de cet accident, pour parler de moi au roi, qui après que je fus guéri m'accabla de bontés. Chamillart étoit enfin venu à bout de me raccommoder avec lui quelque temps auparavant. Tout ce que dit Maréchal acheva. J'avois fait un léger effort du bras le jour de la saignée auquel j'attribuois l'accident, et je voulus que Le Dran me saignât dans le cours de cette opération pour ne le pas perdre. Maréchal et Fagon ne doutèrent pas que le tendon n'eût été piqué. Par des poids qu'on me fit porter, mon bras demeura dans sa longueur ordinaire, et je ne m'en suis pas senti depuis. J'avois jour et nuit un des meilleurs chirurgiens de Paris auprès de moi, qui se relevoient. Tribouleau, qui l'étoit des gardes françoises avec beaucoup de réputation, me conta qu'il falloit que M. de Marsan fût bien de mes amis, qu'il l'avoit arrêté dans les rues, qu'il lui avoit demandé de mes nouvelles avec des détails et un intérêt infini. La vérité étoit qu'il vouloit mon gouvernement et qu'il le demanda. Le roi lui demanda à son tour si je n'avois pas un fils, et le rendit muet et confus. Chamillart, sans qu'on l'en eût prié, s'en étoit assuré pour mon fils, en cas que je n'en revinsse pas, et n'y avoit pas perdu de temps. Je ne fis pas semblant dans la suite de savoir le procédé de M. de Marsan, avec qui d'ailleurs, comme avec tous ces Lorrains, je n'étois en aucun commerce.

L'Église et le siècle perdirent en ce même temps les deux prélats qui fussent alors chacun à l'une et à l'autre avec le plus d'éclat, le fameux Bossuet, évêque de Meaux, pour l'un, et le célèbre cardinal de Fürstemberg, pour l'autre. Tous deux sont trop connus pour que j'aie à rien dire de ces deux hommes si grandement et si diversement illustres, le premier toujours à regretter, et qui le fut universellement, et dont les grands travaux faisoient encore honte, dans cette vieillesse si avancée, à l'âge moyen et robuste des évêques, des docteurs, et des savants les plus instruits et les plus laborieux. L'autre, après avoir si longtemps agité et intéressé toute l'Europe, étoit devenu depuis longtemps un poids inutile à la terre. Chamillart eut la charge de premier aumônier de Mme la duchesse de Bourgogne, pour l'imbécile évêque de Senlis, son frère, et La Hoguette, archevêque de Sens, la place de conseiller d'État d'Église. Bissy, évêque de Toul, se laissa enfin persuader d'accepter Meaux. Un diocèse si près de Paris lui parut plus propre à avancer sa fortune que ses querelles avec le duc de Lorraine qui lui avoient suffisamment frayé le chemin à Rome; aussi avoit-il mieux aimé se tenir à Toul, qu'accepter Bordeaux. Mais il espéra tout de Meaux qui, en le tenant sans cesse à portée, favoriseroit son savoir-faire qu'il ne fut pas longtemps à manifester.

## CHAPITRE XIV.

L'archiduc par l'Angleterre à Lisbonne; mal secouru. — L'amirante de Castille tombé dans le mépris. — Disgrâce de la princesse des Ursins, rappelée d'Espagne avec ordre de se retirer droit en Italie; détails raccourcis de son gouvernement. — Motifs qui firent passer Berwick en Espagne et Puységur. — Négligence, impudence et crime d'Orry. — Joug étrange de la princesse des Ursins sur l'abbé d'Estrées, et son plus que surprenant abus. — Princesse des Ursins intercepte et apostille de sa main une lettre de l'abbé d'Estrées au roi. — Abbé d'Estrées obtient son rappel. — Abbé d'Estrées commandeur de l'ordre sur l'exemple de l'abbé des Chastelliers; quel étoit l'abbé des Chastelliers. — Cardinal d'Estrées abbé de Saint-Germain des Prés. — Le roi d'Espagne à la tête de son armée en

[1704] L'ARCHIDUC À LISBONNE. 257

Portugal. — Princesse des Ursins chassée; son courage; ses mesures. — Son départ vers Bayonne. — Duc de Grammont ambassadeur en Espagne; son caractère. — Son misérable mariage. — Duc de Grammont déclare son indigne mariage, et, par l'insensé raffinement d'en vouloir faire sa cour, s'attire la colère du roi et de Mme de Maintenon. — Princesse des Ursins insiste sur la permission d'aller à Versailles. — Princesse des Ursins exilée à Toulouse. — Des Pennes, confident de Mme des Ursins, rappelé d'Espagne. — Orry rappelé d'Espagne. — Folle prétention du connétable de Castille. — Conduite du duc de l'Infantado. — Appointements du duc de Grammont. — Franchise des ambassadeurs; abus qui s'en fait à Venise par Charmont. — Plaintes de la république de Venise; Charmont protégé.

L'archiduc, après un long séjour dans la basse Allemagne et la Hollande, en attendant que tout fût prêt pour son trajet, avoit essuyé une terrible tempête qui le jeta deux fois en Angleterre, où la première fois il vit la reine et ses ministres. Il étoit arrivé en Portugal avec fort peu de secours; il trouva que tout lui manquoit. Ce grand contre-temps et la fidélité des Espagnols ne répondoit pas aux promesses de l'amirante qui leur avoit persuadé que tout se révolteroit en Espagne; et comme rien n'y branla, ni à l'arrivée de l'archiduc, ni depuis, que deux ou trois particuliers au plus, mais bien longtemps dans les suites, l'amirante tomba dans un discrédit total. Le Portugal, abandonné presque à sa foiblesse, s'en prenoit à lui de l'avoir comme engagé dans ce péril, et l'archiduc d'avoir pressé son arrivée sur des espérances dont il ne voyoit aucun effet. Il se défendoit sur l'espèce d'abandon où ses alliés et l'empereur même le laissoient, qui décourageoit de lever le masque en sa faveur. Ces contrastes qui laissèrent l'amirante sans ressources, tant du côté de la cour de Portugal que de celle de l'archiduc, le mirent souvent en danger d'être assommé par le peuple, et le firent tomber dans le dernier mépris.

J'ai différé l'événement suivant et quelques autres, pour raconter tout de suite ce qui auroit été moins intelligible et moins agréable par morceaux, à mesure que les diverses choses se sont passées, d'autant que le principal de tous, et pour lequel j'ai différé les autres, ne dépasse pas la fin de mai. Il faut se souvenir de ce qui a été rapporté ci-devant de la brillante situation de la princesse des Ursins en Espagne, et de ses solides appuis à Versailles, où elle avoit trouvé moyen de sevrer les ministres du roi du secret et du maniement des affaires, qui se traitoient réciproquement d'elle à Mme de Maintenon et au roi, le seul Harcourt, ennemi de nos ministres, dans la confidence. M. de Beauvilliers, qui n'y vit point de remède, prit enfin le parti de prier le roi de le dispenser de se mêler plus d'aucune chose qui regardât l'Espagne. Le chancelier n'en entendoit plus parler il y avoit déjà quelque temps. Chamillart, trop occupé des finances et de la guerre, n'auroit peut-être pas été suspect aux deux dames, sans sa liaison intime avec les ducs de Chevreuse et de Beauvilliers, mais il n'avoit pas loisir de s'occuper de plus que de sa besogne, et on s'en tenoit à son égard, sous prétexte de ménagement, à ne lui parler d'Espagne que superficiellement pour les ordres et les expéditions qui le regardoient nécessairement pour les troupes et l'argent. Restoit Torcy qui auroit bien voulu n'en entendre jamais parler, et à qui il ne restoit que les choses sèches et résolues sur lesquelles on ne pouvoit se passer de son expédition.

En Espagne Mme des Ursins s'étoit, comme on l'a vu, défaite des cardinaux d'Estrées et Portocarrero, d'Arias qui au départ du cardinal d'Estrées s'étoit retiré une seconde fois, et étoit allé attendre dans son archevêché de Séville le chapeau auquel le roi d'Espagne l'avoit nommé, de Louville, de tous ceux qui avoient eu part au testament de Charles II, ou à quelque faveur du roi indépendamment d'elle. Rivas, qui avoit écrit ce fameux testament, le seul laissé dans le conseil, y étoit réduit aux simples expéditions, sans oser dire un mot, sans crédit ni considération, en attendant qu'elle pût le renvoyer comme les autres. La princesse et Orry gouvernoient seuls, seuls étoient maîtres des affaires et des grâces, et tout se décidoit entre eux deux, souvent d'Aubigny en tiers, et la reine présente quand elle vouloit, qui ne voyoit que par leurs yeux. Le roi dont toutes les journées étoient réglées par la reine, et qui, s'il vouloit changer quelque chose à ce qui étoit convenu pour ses heures et ses amusements comme chasse, mail ou autre chose, le lui envoyoit demander par Vaset, huissier françois, dévoué à Mme des Ursins, et qui se gouvernoit par ce qu'il lui rapportoit ; le roi, dis-je, peu à peu établi dans cette dépendance, venoit les soirs chez la reine, le plus souvent chez Mme des Ursins, où il trouvoit d'ordinaire Orry et quelquefois d'Aubigny où il apprenoit ce qui avoit été résolu, et leur donnoit les mémoriaux qu'il avoit pris au conseil pour être décidés le lendemain par eux, et portés par lui ensuite au conseil, où il n'y avoit point à opiner, mais seulement à savoir pour la forme ce que Rivas recevoit du roi pour expédier. L'abbé d'Estrées, qui depuis le départ de son oncle entroit de ce conseil, n'osoit s'y opposer à rien, et s'il avoit quelque représentation à faire, c'étoit en particulier à Mme des Ursins et à Orry, qui l'écoutoient à peine et alloient leur chemin sans s'émouvoir de ce qu'il leur pouvoit dire. La princesse régnoit ainsi en plein, et ne songeoit qu'à écarter tout ce qui pouvoit troubler ou partager le moins du monde sa puissance. Il falloit une armée sur les frontières de Portugal contre l'archiduc, par conséquent un général françois pour commander les troupes françoises, et peut-être aussi les espagnoles. Elle avoit connu de tout temps la reine d'Angleterre qui étoit Italienne, elle l'avoit extrêmement cultivée dans les longs séjours qu'elle avoit faits à Paris, elle étoit demeurée en commerce de lettres et d'amitié avec elle ; elle imagina donc de faire donner au duc de Berwick le commandement des troupes françoises en Espagne.

Elle le connoissoit doux, souple, fort courtisan, sans aucun bien, avec une famille. Elle compta par ces raisons de faire tout ce qu'elle voudroit d'un homme entièrement dépendant du roi et de la reine d'Angleterre, qui lui auroit l'obligation de sortir de l'état commun des lieutenants généraux et qui auroit un continuel besoin d'elle pour s'élever et pour s'enrichir, et s'éviter ainsi d'avoir à compter avec un François qui auroit une consistance indépendante d'elle. Elle en fit donc sa cour à Saint-Germain et le proposa à Versailles. Le roi qui, par égard pour le roi d'Angleterre et par la similitude de ses bâtards, avoit fait servir celui-ci peu de campagnes sans caractère, puis tout d'un coup [en qualité] de lieutenant général dans une grande jeunesse, fut ravi d'une occasion si naturelle de le distinguer d'eux en lui donnant une armée à commander. Il avoit toujours servi en Flandre; sa souplesse et son accortise l'avoient attaché et lié extrêmement avec M. de Luxembourg et ses amis, avec M. le Duc et M. le prince de Conti, ensuite avec le maréchal de Villeroy. Ces deux généraux d'armée l'avoient traité comme leur enfant et à la guerre et à la cour. Il avoit des talents pour l'une et pour l'autre; ils l'avoient fort vanté au roi et en avoient fait leur cour. Le roi, déjà si bien disposé, se fit un plaisir d'accorder ce général à la prière du roi et de la reine d'Angleterre, à la demande de Mme des Ursins, et aux témoignages qui lui avoient été si souvent rendus de son application et de sa capacité. Le hasard fit que Berwick, qui avoit le nez bon et qui avoit cultivé Harcourt de bonne heure, comme un homme tourné à la fortune, étoit devenu fort de ses amis, et que celui-ci, se trouvant seul dans cette bouteille d'Espagne, acheva de déterminer. C'est ainsi que ce choix fut fait; mais comme il n'avoit jamais été en chef, le roi lui voulut donner Puységur qu'il connoissoit fort pour avoir longtemps commandé son régiment d'infanterie, dans tous les détails duquel il entroit, et pour avoir été employé par lui, comme on l'a vu, en beaucoup de projets et d'exécutions importantes sur lesquels il avoit souvent travaillé avec lui, et dont Puységur lui avoit rendu bon compte. Il avoit été l'âme de l'armée de Flandre; ainsi le duc de Berwick l'avoit aussi fort courtisé et le connoissoit très-particulièrement. Avec ce secours et en chargeant Puységur du détail de toutes les troupes, comme unique directeur, et du soin supérieur des magasins et des vivres, c'est-à-dire de les diriger, de les examiner et d'en disposer, le roi crut avoir pris toutes les précautions qui se pouvoient prendre pour la guerre en Espagne.

Puységur partit le premier. Il trouva tout à merveille, depuis les Pyrénées jusqu'à la hauteur de Madrid, pour la subsistance des troupes françoises, et en rendit un compte fort avantageux. Il travailla en arrivant à Madrid avec Orry, qui, papier sur table, lui montra tous ses magasins faits, tant pour la route jusqu'à la frontière de Portugal que sur la frontière même, pour la subsistance abondante de l'armée, et tout son argent prêt pour que rien ne manquât dans le courant de la campagne. Puységur, homme droit et vrai, qui avoit trouvé tout au meilleur état du monde depuis les Pyrénées, n'imagina pas qu'Orry eût pu manquer de soins pour la frontière, dans une conjoncture si décisive que celle où l'Espagne se trouvoit d'y terminer promptement la guerre avant que l'archiduc fût mieux secouru ; et beaucoup moins qu'un ministre chargé de tout eût l'effronterie de lui montrer en détail toutes ses précautions, s'il n'en avoit pris aucune. Content donc au dernier point, il manda au roi de grandes louanges d'Orry, par conséquent de Mme des Ursins et de leur bon et sage gouvernement, et donna les espérances les plus flatteuses du grand usage qui s'en pouvoit tirer. Plein de ces idées, il partit pour la frontière de Portugal pour y reconnoître tout par lui-même et y ajuster les choses suivant les projets, afin qu'il n'y eût plus qu'à exécuter à l'arrivée des troupes françoises et de leur général. Mais quelle fut sa surprise lorsque, de Madrid à la frontière, il ne trouva rien de ce qui étoit nécessaire pour la marche des troupes, et qu'en arrivant à la frontière même, il ne trouva quoi que ce soit de tout ce qu'Orry lui avoit montré sur le papier comme exécuté ! Il eut peine à ajouter foi à ce qui lui revenoit de toutes parts d'une négligence si criminelle. Il se porta dans tous les lieux où les papiers que lui avoit montrés Orry indiquoient les magasins. Il les trouva tous vides et nul ordre même donné. On peut juger quel fut son dépit de se trouver si loin de tout ce sur quoi il avoit eu lieu de compter avec tant de certitude, et ce qu'il en manda à Madrid. Il en rendit compte au roi en même temps, et il avoua sa faute, si c'en étoit une, d'avoir cru Orry et à ses papiers, et se donna en même temps tout le mouvement qu'il put, non plus pour avoir de quoi faire, comme il l'avoit espéré, puisque la chose étoit devenue impossible, mais au moins pour que l'armée pût subsister et ne fût pas réduite à manquer de tout et à ne pouvoir entrer et agir quelque peu en campagne.

Cette conduite d'Orry, et plus, s'il se peut, son impudence à oser tromper un homme qui va incontinent après voir de ses yeux son mensonge, sont des choses qui ne se peuvent comprendre. On comprend de tout temps que les fripons volent, mais non pas qu'ils le fassent avec l'audace de persuader contre les faits sitôt et si aisément prouvés. Toutefois, c'est ce qu'Orry s'étoit promis de l'appui de la princesse et de la fascination de Versailles à leur égard.

L'aveuglement fut tel que dans ce même temps, où ils doivent être si en peine de l'effet de leur conduite, Mme des Ursins y mit le comble. Elle avoit si bien lié et garrotté le pauvre abbé d'Estrées, qui se promettoit je ne sais comment une fortune en se cramponnant comme que ce fût dans son triste emploi en Espagne, qu'il avoit consenti à l'inouïe proposition que lui, ambassadeur de France, n'écriroit au roi et à sa cour que de concert avec elle, et bientôt après qu'il n'y enverroit aucune [lettre] sans la lui avoir montrée. Une dépendance si gênante pour qui que ce fût, si folle pour un ambassadeur, et si destructive de son devoir et de son ministère, devint à la fin insupportable à l'abbé d'Estrées. Il commença donc à lui souffler quelques dépêches. Son adresse n'y fut pas telle que la princesse, si attentive à tout, si crainte, et si bien obéie, n'en eût le vent par le bureau de la poste. Elle prit ses mesures pour être avertie à temps la première fois que cela arriveroit; elle la fut, et n'en fit pas à deux fois. Elle envoya enlever la dépêche de l'abbé d'Estrées au roi. Elle l'ouvrit, et, comme elle l'avoit bien jugé, elle n'eut pas lieu d'en être contente; mais ce qui la piqua le plus, ce fut que l'abbé détaillant sa conduite et ce conseil où tout se portoit et se décidoit, composé d'elle, d'Orry et très-souvent de d'Aubigny, exagérant l'autorité de ce dernier, ajoutoit que c'étoit son écuyer, qu'on ne doutoit point qu'elle n'eût épousé. Outrée de rage et de dépit, elle mit en marge à côté, de sa main : *Pour mariée, non*, montra la lettre en cet état au roi et à la reine d'Espagne et à beaucoup de gens de cette cour avec des clameurs étranges, et ajouta à cette folie celle d'envoyer cette même lettre, ainsi apostillée, au roi, avec les plaintes les plus emportées contre l'abbé d'Estrées d'avoir écrit sans lui montrer sa lettre, comme ils en étoient convenus, et de l'injure atroce qu'il lui faisoit sur ce prétendu mariage.

L'abbé d'Estrées, de son côté, ne cria pas moins haut de la violation de la poste, de son caractère, et du respect dû au roi, méprisé au point d'intercepter, ouvrir, apostiller, rendre publique une lettre de l'ambassadeur du roi à Sa Majesté. La reine d'Espagne, animée par Mme des Ursins dont elle avoit épousé les intérêts sans bornes, éclata contre l'abbé d'Estrées de manière à mettre les choses au point que sa demeure en Espagne devint incompatible avec son autorité. Pour le roi son époux, il se mêla peu dans la querelle, mais ce peu fut en faveur de la princesse des Ursins, soit qu'avec un bon sens qu'il eut toujours et droit en toutes choses, mais qu'il retenoit lui-même captif sous sa lenteur et sa glace, il sentît l'énormité du fait, soit qu'il ne fût pas capable de prendre vivement l'affirmative pour personne, par sa tranquillité naturelle. Cette lettre, apostillée par la princesse, accompagnée de ses plaintes et de la justice exemplaire qu'elle demandoit de l'abbé d'Estrées, arriva au roi fort peu après celles de Puységur, datées de la frontière de Portugal. Ces dernières avoient étrangement indisposé le roi contre Orry et contre la princesse, qui n'étoient considérés que conjointement en tout, et qui avoit écrit pour soutenir les mensonges d'Orry de toutes ses forces. Nos ministres, qui n'avoient abandonné les affaires d'Espagne que de dépit, ne perdirent pas une occasion si essentielle de tomber sur ce gouvernement, et de profiter du mécontentement que le roi laissa échapper pour se revendiquer une portion si considérable de leurs fonctions. Harcourt, qui en sentit tout le danger, soutint tant qu'il put Mme de Maintenon à protéger Orry dans une occasion où il y alloit de tout pour lui et pour Mme des Ursins, empêcher le renversement de leur puissance et le retour naturel du maniement des affaires d'Espagne aux ministres, qui ne les lui laisseroient plus retourner, en quoi lui-même étoit le plus intéressé. Cette lutte balança jusqu'à ne savoir qui l'emporteroit, lorsque cette lettre fatale arriva, et les plaintes amères de l'abbé d'Estrées au roi et aux ministres. Le cardinal d'Estrées, déjà de retour à la cour, leur donna tout le courage qu'il put pour profiter d'une occasion unique de perdre Mme des Ursins, et de se délivrer une fois pour toutes d'une usurpation d'une portion si principale de leur ministère. L'éclat étoit trop grand et trop public pour que le roi ne leur en parlât pas. Il avoit déjà agité avec eux les plaintes de Puységur et les moyens d'y remédier au moins en partie, de manière que ce surcroît arrivé si fort en cadence forma un tout qui accabla Orry et la princesse : dès lors l'un et l'autre furent perdus. Mme de Maintenon eût trop grossièrement montré la corde d'entreprendre la protection d'un manque de respect d'une telle hardiesse, et dont le roi lui parut si offensé; toute l'adresse d'Harcourt échoua contre cet écueil. Le parti fut donc pris de la renvoyer à Rome et de rappeler Orry; mais l'embarras fut la crainte d'une désobéissance formelle, et que le roi d'Espagne ne pût résister aux cris que feroit la reine. Après le trait qui venoit d'arriver, les plus grandes extrémités étoient à prévoir; et c'est ce qui fit prendre le tour de ne rien précipiter pour frapper le coup sans risque de le manquer. Le roi fit à la princesse une réprimande sévère d'une hardiesse sans exemple, qui attaquoit si directement le respect dû à sa personne et le secret qui devoit être sacré de son ambassadeur à lui. En même temps on manda à l'abbé d'Estrées cette réprimande, qu'il avoit juste occasion de se plaindre, mais rien de plus.

L'abbé d'Estrées, qui comptoit que Mme des Ursins en seroit chassée, tomba dans le désespoir quand il l'en vit quitte pour si peu de chose, et lui sans satisfaction, exposé à la haine et aux insultes de la princesse et même de la reine, et à voir cette puissance plus établie que jamais, puisqu'elle avoit échappé à une action si inouïe, tellement que, de dépit et de désespoir de ne pouvoir plus se rien promettre de l'Espagne, il demanda son congé. Il fut pris au mot, et ce fut un nouveau triomphe pour la princesse de s'être défait si scandaleusement de lui, qui avoit toute raison, et dont l'affaire étoit celle du roi même, tandis qu'elle demeuroit pleinement maîtresse, elle qui avoit eu loisir de sentir et de craindre les suites naturelles d'un emportement si audacieux. Mais en même temps que ce panneau et cette apparente victoire amusoit Mme des Ursins, le cardinal d'Estrées, autant pour la piquer que par affection pour son neveu, soutenu des ministres par le même sentiment, et des Noailles par l'amitié et la proximité de l'alliance, se servit avantageusement du rappel de l'abbé d'Estrées, sans aucun tort de sa part, après un éclat de cette nature, pour un dédommagement de la satisfaction qu'il avoit été si fort en droit d'obtenir, et qui marquât du moins celle que le roi avoit de sa conduite. Le faire évêque? il étoit encore assez jeune et bien fait, il avoit eu des galanteries, et il étoit du nombre de ces abbés sur qui le roi s'étoit expliqué qu'il n'en élèveroit aucun d'eux à l'épiscopat. Des abbayes? cela ne remplissoit pas leur but de quelque chose d'éclatant. Ils se tournèrent tous sur l'ordre du Saint-Esprit, comme sur un honneur qui marqueroit continuellement sur sa personne la satisfaction que le roi avoit eue de sa conduite, une distinction très-grande dans le clergé par le petit nombre de ces places, et une place d'autant plus flatteuse qu'elle étoit comme sans exemple.

En effet, le seul prêtre commandeur de l'ordre qui ne fût point évêque étoit un Daillon du Lude[1], fils d'une Batarnay et du premier comte du Lude, gouverneur de Poitou, la Rochelle et pays d'Aunis, et lieutenant général de Guyenne, qui parut fort en son temps; et cet abbé, parent des Joyeuse et des Montmorency par sa mère, étoit frère du second comte du Lude, gouverneur de Poitou, sénéchal d'Anjou et chevalier du Saint-Esprit en 1581. Ses trois sœurs épousèrent trois seigneurs, tous trois chevaliers du Saint-Esprit[2] : le maréchal de Matignon; Philippe de Volvire, marquis de Ruffec, gouverneur de Saintonge et d'Angoumois; et François, seigneur de Malicorne et gouverneur de Poitou après son beau-frère. Le frère de René de Daillon, commandeur de l'ordre, fut trisaïeul du comte du Lude, mort duc à brevet et grand maître de l'artillerie. J'ai détaillé exprès cette courte généalogie pour montrer quel fut ce René de Daillon, qui de plus s'étoit jeté dans Poitiers avec ses frères, en 1569,

---

1. Guy de Daillon, comte du Lude, etc., était fils de Jean de Daillon et d'Anne de Batarnay.

2. Françoise de Daillon épousa, en 1558, Jacques Goyon, seigneur de Matignon, comte de Thorigny et maréchal de France; Anne de Daillon fut mariée à Philippe de Volvire, marquis de Ruffec; enfin une seconde Françoise de Daillon à Jean de Chourses, seigneur de Malicorne.

pour le défendre contre les huguenots. Mais il y avoit une disparité avec l'abbé d'Estrées. René de Daillon avoit été nommé évêque de Luçon; il n'en voulut point et prit en échange l'abbaye des Chastelliers, dont il porta le nom suivant l'usage de ce temps-là qui a duré longtemps depuis. Ce fut sous cette qualité qu'il eut l'ordre en la première promotion où Henri III fit des cardinaux et des prélats; et assez peu de temps après, l'abbé des Chastelliers fut fait et sacré évêque de Bayeux. Toute cette petite fortune fut fort courte, car il mourut en 1600.

Cette différence fit au roi quelque difficulté outre l'unicité de l'exemple; mais il s'en trouvoit encore plus à rencontrer quelque autre chose de compatible avec la prêtrise; et le roi, sur l'exemple d'autres occasions de promesse de la première place vacante, se détermina enfin à déclarer qu'il réservoit à l'abbé d'Estrées le premier cordon bleu dont il auroit à disposer pour un ecclésiastique. Il n'eut pas longtemps à attendre. Le cardinal de Fürstemberg mourut presque aussitôt après, qui fut une autre occasion de triomphe pour les Estrées. Le roi apprit sa mort en se levant. Aussitôt il envoya Bloin au cardinal d'Estrées, qui étoit à Versailles, lui dire que, se doutant que la modestie l'empêcheroit de demander Saint-Germain des Prés, il la lui donnoit. Ces deux grâces si considérables, et si près à près, faites à l'oncle et au neveu, les comblèrent de joie; et le cardinal, d'ailleurs tout à fait noble et désintéressé, ne se contenoit pas, et disoit franchement que toute sa joie étoit du dépit qu'auroit la princesse des Ursins. En effet, cela lui donna fort à penser.

La campagne étoit commencée en Portugal malgré tous les manquements d'Orry. Le roi d'Espagne voulut la faire; Mme des Ursins, qui ne vouloit pas le perdre de vue, mit tout son crédit et celui de la reine pour l'en empêcher, ou du moins pour mener la reine. Le roi, qui suivoit toujours son dessein, avoit déjà mandé au roi son petit-fils, qu'ayant été chercher ses ennemis jusqu'en Lombardie, et ayant son compétiteur en personne dans le continent des Espagnes, il seroit honteux et indécent qu'il ne se mît pas à la tête de son armée contre lui. Il le soutint fortement dans cette résolution, et il s'opposa nettement à ce qu'il se fît accompagner de la reine, dont l'embarras et la dépense seroient préjudiciables. Il rompit donc le voyage de la reine, qui demeura à Madrid, et pressa si bien le départ du roi son petit-fils, qu'il parut à la tête de son armée à la mi-mars, où l'abbé d'Estrées eut ordre de l'accompagner en attendant l'arrivée de son successeur. C'étoit le point où le roi avoit voulu venir. La reine avoit un tel ascendant sur le roi son mari, et elle s'étoit si éperdument abandonnée à la princesse des Ursins, qu'il n'espéra pas être obéi sans des fracas qu'il voulut éviter en tenant le roi son petit-fils éloigné de la reine. Sitôt que cela fut exécuté, il lui écrivit sur l'éloignement pour toujours de la princesse des Ursins, d'un style à lui en persuader la nécessité pressante et le parti pris à ne rien écouter. En même temps il écrivit encore avec plus d'autorité à la reine, et envoya un ordre à la princesse des Ursins de partir incontinent de Madrid, de sortir tout de suite d'Espagne, et de se retirer en Italie.

Ce coup de foudre mit la reine au désespoir, sans accabler celle sur qui il tomboit. Elle ouvrit alors les yeux sur tout ce qui s'étoit passé depuis cette lettre apostillée; elle sentit que tout s'étoit fait avec ordre et dessein pour la chasser pendant la séparation du roi d'Espagne et de la reine, et la vanité du triomphe dont elle s'étoit flattée quelques moments. Elle comprit qu'il n'y avoit nulle ressource pour lors; mais elle ne désespéra pas pour un autre temps, et n'en perdit aucun à se les préparer en Espagne, d'où elle fondoit son principal secours en attendant qu'elle pût s'ouvrir quelque porte en France. Elle ne fit remuer la reine du côté des deux rois que pour gagner quelques jours. Elle les employa à donner à la reine la duchesse de Montellano pour camarera-mayor, sûre de la déplacer si elle revenoit en Espagne. Elle étoit sœur du feu prince d'Isenghien, la meilleure, la plus douce femme du monde, mais la plus bornée, la plus timide, la plus désireuse de plaire : je l'ai connue en Espagne camarera-mayor de la reine, fille de M. le duc d'Orléans. Elle choisit une des femmes de la reine entièrement à elle et qui avoit de l'esprit et du manége, par qui elle établit son commerce avec elle, et se ménagea des voies sûres d'être instruite de tout et de donner ses ordres. Elle-même instruisit la reine de tout ce qu'elle devoit faire selon les occasions, en l'une et l'autre cour, pour obtenir son retour auprès d'elle, et conserver cependant son crédit. Elle lui nomma et lui dépeignit les divers caractères de ceux sur qui, et jusqu'à quel point elle pouvoit compter, et les divers usages qu'elle en pouvoit tirer pour en entourer le roi. En un mot elle arrangea toutes ses machines, et sous prétexte de la nécessité du préparatif d'un voyage si long et si précipité elle laissa tranquillement redoubler les ordres et les courriers, et ne partit point qu'elle n'eût achevé de dresser et d'établir tout son plan. Elle alla cependant faire ses adieux par la ville, ne regrettant, disoit-elle, que la reine, se taisant sur le traitement qu'elle recevoit, et le supportant avec un courage mâle et réfléchi, sans hauteur pour ne pas irriter davantage, encore plus sans la moindre odeur de bassesse.

Enfin elle partit une quinzaine après en avoir reçu l'ordre, et s'en alla à Alcala, que les nombreux et savants colléges que le célèbre cardinal Ximénès y a si magnifiquement bâtis et fondés pour toutes sortes de sciences ont rendue fameuse. Cette petite ville est à sept lieues de Madrid, à peu près comme de Paris à Fontainebleau. Le plus pressé étoit fait, mais elle avoit encore des mesures à prendre qui pouvoient souffrir cet éloignement, de sorte que sous toutes sortes de prétextes elle y tint bon contre les ordres réitérés qu'elle y reçut de partir. La reine la conduisit à deux lieues de Madrid, et n'oublia rien qui pût persuader qu'elle et la princesse ne seroient jamais qu'une. Elle l'avoit persuadée aussi que son éloignement, pour peu qu'il durât, seroit la fin de son autorité et le commencement de ses malheurs. Ainsi elle se pleuroit elle-même en pleurant cette séparation. On crut que d'Alcala elle avoit été plus d'une fois à Madrid, ce qui étoit très-possible. Enfin au bout de cinq semaines d'opiniâtre séjour en ce lieu, toutes ses trames bien ourdies et bien assurées, avec une présence d'esprit qui ne se peut trop admirer dans ce court espace si traversé de dépit, de rage, de douleur, et dans l'accablement d'une si profonde chute, elle s'avança vers Bayonne aux plus petites journées et aux plus fréquents séjours qu'elle put et qu'elle osa.

Cependant le successeur de l'abbé d'Estrées étoit nommé, qui ne surprit pas peu tout le monde. Ce fut le duc de Grammont qui avoit pour lui son nom, sa dignité et une figure avantageuse, mais rien de plus; fils du maréchal de Grammont si adroit à être et à se maintenir bien avec tous les personnages, par là à se faire compter de tous, surtout à ne se pas méprendre sur ceux qui devoient demeurer les maîtres des autres. Sans se détacher de personne, et néanmoins sans se rendre suspect, il étoit parvenu à la plus grande fortune et à la première considération par son intimité avec les cardinaux de Richelieu et Mazarin, dont il eut la confiance toute leur vie, conséquemment du dernier, l'amitié et la confiance de la reine et du roi son fils; en même temps il sut s'acquérir celle de Gaston et celle de M. le Prince, qui eut toujours et dans tous les temps une sorte de déférence pour lui qui ne se démentit point. Ce fut lui qui fut chargé d'aller faire la demande de la reine, qu'il exécuta avec tant de magnificence et de galanterie, puis de l'ambassade pour l'élection de l'empereur Léopold avec M. de Lyonne. Les folies galantes de son fils aîné, le comte de Guiche, devinrent la douleur de sa vie, qui ôtèrent le régiment des gardes de sa famille, où il l'avoit mis, et qu'il ne put jamais faire passer de l'aîné au cadet, qu'on appeloit Louvigny et qui est le duc de Grammont dont je parle. Avec de l'esprit, le plus beau visage qu'on pût voir et le plus mâle, la considération de son père le mit dans tous les plaisirs de la jeunesse du roi et lui en acquit la familiarité pour toujours. Il épousa la fille du maréchal de Castelnau, avec qui il avoit poussé la galanterie un peu loin. Son frère qui mourut depuis, et qui la laissa fort riche, n'entendit pas raillerie, et fit faire le mariage haut à la main. L'épouseur n'avoit point acquis bon bruit sur le courage, il ne l'avoit pas meilleur au jeu ni sur les choses d'intérêt, où dans son gouvernement de Bayonne, Béarn, etc., on avoit soin de tenir sa bourse de près. Ses mœurs n'étoient pas meilleures, et sa bassesse passoit tous ses défauts. Après les grands plaisirs du premier âge et le jeu du second, où le duc de Grammont suivit toujours les parties du roi, le sérieux qui succéda ne laissant plus d'accès particuliers et journaliers au duc de Grammont, il imagina de s'en conserver quelque chose par la flatterie et par le foible du roi pour les louanges, et se proposa à lui pour écrire son histoire. En effet, un écrivain si marqué plut au roi, et lui procura des particuliers pour le consulter sur des faits, et lui montrer quelques essais de son ouvrage. Il en fit part dans la suite, comme en grande confidence, à des gens dont il espéroit que l'approbation en reviendroit au roi, et de cette manière il se soutint auprès de lui. Sa plume toutefois n'étoit pas taillée pour une si vaste matière, et qu'il n'entreprenoit que pour faire sa cour; aussi fut-elle peu suivie.

Lié aux Noailles par le mariage de son fils, et beau-père du maréchal de Boufflers, il se mit en tête plus que jamais d'être de quelque chose. Il brigua les ambassades, même jusqu'à celle de Hollande. C'est à quoi il étoit aussi peu propre qu'à composer des histoires; mais à force de persévérance, il attrapa celle-ci dans une conjoncture où peu de gens eurent envie d'aller essuyer la mauvaise humeur de la catastrophe de Mme des Ursins. La surprise néanmoins en fut grande. On le connoissoit dans le monde, et de plus il venoit d'achever de se déshonorer en épousant une vieille gueuse qui s'appeloit La Cour. Elle avoit été femme de chambre de la femme du premier médecin Daquin, puis de Mme de Livry. Des Ormes, contrôleur général de la maison du roi, frère de Bechameil, et dont la charge a des rapports continuels avec celle de premier maître d'hôtel du roi qu'avoit Livry, alloit chez lui toute la journée. Il trouva cette créature à son gré, il lui en conta et l'entretint publiquement plusieurs années. Le duc de Grammont jouoit aussi fort chez Livry, il étoit ami de des Ormes; et tant qu'il entretint cette fille, c'est-à-dire le reste de sa vie, le duc de Grammont soupoit continuellement en tiers ou en quart avec eux, ainsi il n'ignoroit pas leur façon d'être. A la mort de des Ormes, il la prit et l'entretint, et l'épousa enfin quoique devenue vieille, laide et borgnesse. Cet épisode à l'occasion d'un particulier n'est pas assez intéressant (si ce n'est pour sa famille qui en fut aux hauts cris et au dernier désespoir), pour avoir place ici sans ce qui va suivre.

Le mariage fait en secret, puis délaré par le duc de Grammont, il se mit dans la tête d'en faire sa cour au roi par la plus délicate de toutes les approbations qui est l'imitation, et plus encore à Mme de Maintenon, puisque lui-même avoit déclaré son mariage. Il employa des barbes sales de Saint-Sulpice et de ces cagots abrutis de barbichets des Missions qui ont la cure de Versailles, pour faire goûter ce grand acte de religion et le tourner en exemple. On peut juger si le roi et Mme de Maintenon s'en trouvèrent flattés. Le moment choisi pour cela, qui fut celui de sa mission en Espagne, et le prétexte, celui d'y mener cette gentille duchesse, parut mettre le comble à cette folie, qui réussit tout au contraire de ce qu'il en avoit espéré. La comparaison prétendue mit en fureur Mme de Maintenon, et le roi si en colère, que le duc de Grammont fut plusieurs jours sans oser se présenter devant lui. Il lui envoya défendre de laisser porter ni prendre à sa femme aucune marque ni aucun rang de duchesse en quelque lieu que ce fût, et d'approcher jamais de la cour, surtout de ne s'aviser pas de lui laisser mettre le pied en Espagne. L'ambassade étoit déclarée depuis le mariage (ce ne fut que depuis l'ambassade que cette folie de comparaison et d'en faire sa cour avoit eu lieu, sous prétexte de faire prendre son tabouret à cette créature, et de la mener après en Espagne); quelque dépit qu'en eussent conçu le roi et Mme de Maintenon, il n'y eut pas moyen d'ôter l'ambassade, cela eût trop montré la corde; mais l'indignation n'y perdit rien. Il n'y avoit que le duc de Grammont au monde capable d'imaginer de plaire par une si odieuse comparaison. Il étoit infatué de cette créature qui le mena par le nez tant qu'il vécut; il étoit naturel qu'elle pensât en servante de son état, qu'elle voulût faire la duchesse, et que tout lui parût merveilleux pour y parvenir. Elle mit donc cette belle invention dans la tête de son mari, qui s'en coiffa aussitôt comme de tout ce qui venoit d'elle, et qui même après le succès ne put se déprendre de la croire aveuglément sur tout.

Il eut défense expresse de voir la princesse des Ursins, qu'il devoit rencontrer sur sa route. Quelque peu écoutée qu'elle pût espérer d'être à Versailles, dans ces moments si proches de la foudre qui en étoit partie et qui l'écrasoit, son courage ne l'y abandonna pas plus qu'à Madrid. Tout passe avec le temps dans les cours, même les plus terribles orages, quand on est bien appuyé et qu'on sait ne pas s'abandonner au dépit et aux revers. Mme des Ursins, s'avançant toujours à lents tours de roue, ne cessoit d'insister sur la permission de venir se justifier à la cour. Ce n'étoit pas qu'elle osât l'espérer, mais à force d'instances et de cris d'éviter l'Italie, et d'obtenir un exil en France, d'où avec le temps elle sauroit peut-être se tirer. Harcourt, par l'Italie, perdoit jusqu'à l'espérance de tous les secrets détails par lesquels il se maintenoit, et Mme de Maintenon toute celle de part directe au gouvernement de l'Espagne. Ils sentirent l'un et l'autre le poids de cette perte; après les premiers temps de l'éclat ils reprirent leurs esprits. Le roi étoit obéi, il jouissoit de sa vengeance. L'ordre à l'abbé d'Estrées et l'abbaye de Saint-Germain à son oncle la combloit. C'étoit un surcroît d'accablement pour une dictatrice de cette qualité aussi roidement tombée et chassée avec si peu de ménagement. La pitié put avoir lieu après une exécution si éclatante; et la réflexion qu'il ne falloit pas pousser la reine d'Espagne à bout sur des choses qui n'influoient plus sur les affaires, et qui ne compromettoient point l'autorité. Ce fut le biais que prit Mme de Maintenon pour arrêter la princesse des Ursins en France. Cela paroit l'Italie, cela suffisoit pour lors; mais il falloit ménager le roi si ferme sur l'Italie, il n'étoit pas temps de lui laisser naître aucun soupçon. C'est ce qui détermina à fixer à Toulouse le séjour qui fut accordé enfin comme une grâce à Mme des Ursins, et même avec beaucoup de peine.

C'étoit le chemin à peu près pour gagner de Bayonne, par où elle entroit en France, le Dauphiné ou la Provence, pour de là passer les Alpes, ou par mer en Italie. C'étoit une grande ville où elle auroit toutes ses commodités et la facilité nécessaire pour ses commerces en Espagne d'où elle ne l'éloignoit point, et à Versailles par le grand abord d'une capitale de Languedoc, siége d'un parlement, et un grand passage où on cache mieux ses mouvements que dans de petites villes et dans des lieux écartés. Un châtiment mis en évidence sur ce théâtre de province, qui eût été un grand surcroît de dépit et de peine dans toute autre conjoncture, parut une grâce à l'exilée et une certitude de retour. Elle comprit par ce premier pas qu'il n'y avoit qu'à attendre, et cependant bien ménager sans se décourager; et dès lors elle se promit tout de ses appuis et plus encore d'elle-même. Avec un aussi grand intérêt que celui de Mme de Maintenon; un agent aussi à portée, aussi habile, aussi audacieux que Harcourt porté par son intérêt le plus cher d'ambition et de haine des ministres, et un ami capable de tout imaginer et de tout entreprendre avec feu et suite, et l'expérience d'une vie toute tissue des plus grandes intrigues tel qu'étoit Cosnac, archevêque d'Aix, la reine d'Angleterre, pour porter de certains coups qui auroient trop démasqué Mme de Maintenon et d'autres amis en sous-ordre que son frère savoit organiser et conduire, tout aveugle qu'il étoit, il parut impossible à Mme des Ursins d'être laissée longtemps en spectacle à Toulouse, maîtresse et en commodité de faire agir le roi et la reine d'Espagne en cadence de ces grands ressorts.

On fit revenir en même temps le chevalier des Pennes, qui passoit pour la créature de Mme des Ursins la plus attachée à elle. Elle l'avoit fait enseigne des gardes du corps; il étoit à Palencia auprès du roi d'Espagne, et il étoit enfermé trois heures tête à tête avec lui tous les jours, lorsqu'il reçut cet ordre en même temps que la princesse des Ursins reçut le sien. Le roi d'Espagne lui envoya quinze cents pistoles quoiqu'il eût sûrement plus besoin qu'elle, et que, sans le crédit de l'abbé d'Estrées qui trouva cent mille écus, il n'eût pu sortir de Madrid. Orry eut ordre en même temps de venir rendre compte de l'impudence de ses mensonges et d'une administration qui sauvoit l'archiduc, et empêchoit la conquête du Portugal que les progrès des armées de France et d'Espagne, nonobstant des manquements de tout si universels, montrèrent avoir été facile et sûre, si on eût trouvé la moitié seulement de ce que cet audacieux fripon avoit dit et assuré à Puységur être partout dans les magasins établis sur cette frontière.

Plusieurs grands suivirent le roi d'Espagne. Le connétable de Castille qui en vouloit être s'en abstint, sur la folle prétention de faire à l'armée les mêmes fonctions et avec la même autorité que le connétable de France commande les nôtres. Cette charge de connétable de Castille est devenue un nom et rien davantage par une hérédité qui, sans cette sage réduction, le rendroit beaucoup plus grand que le roi d'Espagne. On parlera ailleurs plus à fond de ces titres vains et héréditaires en Espagne. Le duc de l'Infantado, du nom de Silva, partit de Madrid pour aller à une de ses terres quelques jours avant le roi, sans prendre congé de lui, et y rentra le soir même que le roi en partit. Cette conduite scandalisa fort. Je la remarque parce qu'elle a été soutenue toute sa vie, et qu'il y aura encore occasion d'en parler.

Laissons aller et demeurer la princesse des Ursins à Toulouse, qui à Bayonne avoit encore reçu ordre de s'acheminer droit en Italie, et le duc de Grammont en Espagne. Il eut soixante mille livres pour son équipage; douze mille livres par an pour le dédommager du droit de franchise que les ambassadeurs avoient pour les provisions de leurs maisons, et que l'abus qui s'en faisoit a fait retrancher; et cinq mille livres par mois. A Venise ils étoient en usage. Charmont, qui de procureur général du grand conseil s'étoit fait secrétaire du cabinet pour le plaisir de ne rien faire, d'aller à Versailles et de porter une brette, en avoit obtenu l'ambassade, et n'avoit pas résolu de s'y appauvrir. Il eut force prises sur ces franchises, tant qu'à la fin les Vénitiens attrapèrent de ses passe-ports qu'il avoit donnés à des marchands qui faisoient sortir les sels de l'État de la république, pour les porter dans ceux de l'empereur au bout du golfe sans payer aucuns droits. Ils les envoyèrent à Paris à leur ambassadeur qui les porta à M. de Torcy, et fit de grandes plaintes au roi de la part de la république, dans une audience demandée uniquement pour cela. Un homme de qualité auroit mal passé son temps, mais Charmont étoit Hennequin. Les ministres le protégèrent, et l'affaire se passa fort doucement. La fin fut pourtant qu'il fut rappelé, mais au bout de son temps achevé, et avec des ménagements admirables. Il fut même fort bien reçu à son retour, et il eut la plume de Mgr le duc de Bourgogne par le choix du roi.

## CHAPITRE XV.

Comte de Toulouse et maréchal de Cœuvres s'embarquent à Brest. — Duc de Mantoue incognito à Paris; voit le roi à Versailles. — Trente mille livres de pension au cardinal Ottobon. — Cinq cent mille livres de brevet de retenue au duc de Beauvilliers. — La Queue et sa femme, et leur chétive fortune. — Mort de l'abbé Boileau, le prédicateur. — Mort de Mélac. — Mort de Rivaroles. — Mort de la duchesse de Verneuil. — Mort de Grancey. — Quatre cent mille livres de brevet de retenue à La Vrillière. — Troisvilles élu et refusé du roi pour l'Académie; sa vie et son caractère. — Villars voit Cavalier, un des chefs des fanatiques; ses demandes; ce que devint cet aventurier. — Barbezières rendu à Casal. — Manéges de MM. de Vendôme. — Mort du fils unique de Vaudemont. — Mot du premier maréchal de Villeroy sur les ministres. — Complaisance de Tessé qui laisse La Feuillade en chef en Savoie et en Dauphiné, qui devient général d'armée, prend Suse et les vallées. — Phélypeaux salue le roi; sa conduite, son caractère; celui de son frère l'évêque de Lodève; est fait conseiller d'État d'épée. — Le duc de Grammont voit en chemin la princesse des Ursins. — Succès du duc de Berwick. — Comte d'Aguilar premier colonel du régiment des gardes espagnoles. — Mouvements des armées de Flandre et du Rhin. — Combat de Donawerth. — Comte d'Arco commande nos lieutenants généraux et obéit aux maréchaux de France. — Bruges, puis Namur bombardés. — Verceil pris par le duc de Vendôme. — Fanatiques secourus. — Abbé de La Bourlie et La Bourlie son frère; leur extraction et leur fin misérable. — Augicourt, personnage curieux; sa mort. — Fortune de Vérac et de Marillac; mort du premier. — Harley secrétaire d'État d'Angleterre. — Le Blanc intendant d'Auvergne. — Lesczinski élu roi de Pologne; depuis beau-père du roi. — Abbé de Caylus évêque d'Auxerre. — Castel dos Rios part pour le Pérou, où il meurt. — Comte d'Albret en Espagne, attaché à l'électeur de Bavière — Abbé d'Estrées de retour. — Rebours et Guyet nouveaux intendants des finances. — Mort et caractère de l'abbesse de Fontevrault; sa nièce lui succède.

Le comte de Toulouse partit dans ces temps-là, précédé de quelques jours par le maréchal de Cœuvres, pour Brest, et ils montèrent enfin tous deux sur le même vaisseau.

M. de Mantoue, mal à son aise dans son État devenu le théâtre de la guerre, qui l'avoit livré au roi de bonne grâce, et avoit en cela rendu le plus important service pour la guerre d'Italie, voulut venir faire un tour en France, où il ne pouvoit douter qu'il ne fût très-bien reçu. Il se détourna pour aller faire un tour à Charleville qui lui appartenoit, et il arriva à Paris la surveille de la Pentecôte avec une grande suite. Il descendit à Luxembourg, meublé pour lui magnifiquement des meubles de la couronne, ses gens du commun logés rue de Tournon à l'hôtel des Ambassadeurs extraordinaires, et fut servi de sept tables par jour, soir et matin, aux dépens et par les officiers du roi, pendant tout son séjour, et d'autres tables encore pour le menu domestique. Il fut incognito sous le nom du marquis de San-Salvador; mais de cet incognito dont M. de Lorraine introduisit l'étrange usage sous les auspices de Monsieur, et qu'on ne voulut pas retrancher, après cet exemple qui depuis a mené bien loin, à un prince qui, en nous livrant sa capitale, avoit donné au roi la clef de l'Italie. Le lendemain de la Pentecôte, il alla à Versailles dans des carrosses drapés avec ses chiffres seulement, qu'on fit entrer dans la grande cour où n'entrent que ceux qui ont les honneurs du Louvre. Il descendit à l'appartement de M. le comte de Toulouse, où il trouva toutes sortes de rafraîchissements servis. De là il monta par le petit degré dans les cabinets du roi, où il fut reçu sans que le roi s'avançât du tout vers lui. Il parla d'abord et assez longtemps; le roi lui répondit, le combla de civilités, et après, lui montra Monseigneur, les deux princes ses fils, M. le duc d'Orléans, M. le Duc et M. le prince de Conti, puis M. du Maine en les lui nommant : il n'y avoit outre ces princes que les entrées. Ensuite M. de Mantoue demanda permission au roi de lui présenter les principaux de sa suite. De là le roi, suivi de tout ce qui étoit dans le cabinet, sortit directement dans la galerie, et le mena chez Mme la duchesse de Bourgogne qui étoit incommodée et se trouvoit naturellement au lit où il y avoit force dames parées, à la ruelle de laquelle le roi lui présenta M. de Mantoue. La conversation y dura près d'un quart d'heure, après quoi le roi mena M. de Mantoue tout du long de la galerie qu'il lui fit voir avec les deux salons, et rentra avec lui dans son cabinet, où, après une courte conversation, mais de la part du roi toujours fort gracieuse, le duc prit congé et revint à Paris. Le roi fut toujours découvert et debout. Huit jours après il retourna à Versailles, vit les jardins et le roi par le petit degré dans ses cabinets, n'y ayant que Torcy en tiers. Quelques jours après, Monseigneur lui donna un grand dîner à Meudon, où étoient les deux princes ses fils, M. le duc d'Orléans, Mme la princesse de Conti, quelques dames et quelques courtisans. MM. d'Elfian et Strozzi, les deux principaux de sa suite, mangèrent à la table de Monseigneur, où, contre l'ordinaire de ces sortes de repas, il fut gai et M. de Mantoue de bonne compagnie. Il galantisa et loua fort la beauté de la duchesse d'Aumont. Monseigneur lui montra sa maison et le promena fort dans ses jardins en calèche. Une autre fois il alla voir les écuries et le chenil de Versailles, la Ménagerie et Trianon. Il retourna encore à Versailles, y coucha dans l'appartement de M. le comte de Toulouse, vit tous les chevaux du roi, s'alla promener à cheval dans les hauts de Marly et soupa chez Dangeau avec beaucoup de dames. Dangeau aimoit fort à faire les honneurs de la cour, et il est vrai qu'il les faisoit fort bien. M. de Mantoue vit plusieurs fois le roi, et toujours par le petit degré dans son cabinet, en tête à tête, ou Torcy en tiers.

Parlant d'étrangers, le cardinal Ottobon, qui avec des biens immenses s'étoit fort obéré, s'attacha à la France et en eut une pension de dix mille écus.

Le roi donna aussi cinq cent mille livres de brevet de retenue au duc de Beauvilliers sur sa charge.

Il fit, vers le même temps, La Queue, capitaine de cavalerie, mestre de camp par commission, grâce qu'il se fit demander par M. de Vendôme et qui n'a guère mené cet officier plus loin. Ce La Queue, seigneur du lieu dont il portoit le nom, à six lieues de Versailles et autant de Dreux, étoit un gentilhomme fort simple et assez médiocrement accommodé, qui avoit épousé une fille que le roi avoit eue d'une jardinière. Bontems, l'homme de confiance du roi pour ses secrets domestiques, avoit fait le mariage et stipulé sans déclarer aucun père ni mère, que La Queue savoit à l'oreille et s'en promettoit une fortune. Sa femme fut confinée à La Queue, et ressembloit fort au roi. Elle étoit grande, et pour son malheur elle savoit qui elle étoit, et elle envioit fort ses trois sœurs reconnues et si grandement mariées. Son mari et elle vécurent fort bien ensemble et ont eu plusieurs enfants, demeurés dans l'obscurité. Ce gendre ne paroissoit presque jamais à la cour, et comme le plus simple officier et le moins recueilli dans la foule, à qui Bontems ne laissoit pas de donner de temps en temps de l'argent. La femme vécut vingt ans tristement dans son village, sans presque voir personne, de peur que ce qu'elle étoit se divulguât, et mourut sans en être sortie.

L'abbé Boileau mourut en ce temps-ci assez promptement d'une opération au bras fort semblable à la mienne, pour avoir fait un effort en prenant un in-folio de trop haut. C'étoit un gros homme, grossier, assez désagréable, fort homme de bien et d'honneur, qui ne se mêloit de rien, qui prêchoit partout assez bien, et qui parut à la cour plusieurs avents et carêmes, et qui, avec toute la protection de Bontems dont il étoit ami intime, ne put parvenir à l'épiscopat.

Mélac, retiré avec deux valets en un coin de Paris, ne voulant voir qui que ce fût depuis sa belle défense de Landau et le bâton de Villars, mourut subitement. Le roi lui donnoit dix mille écus par an et quelque chose de plus. Il avoit près de quatre-vingts ans. Je l'ai assez fait connoître pour n'avoir rien à y ajouter.

Rivaroles, autre fort bon lieutenant général, mourut en même temps. C'étoit un Piémontois qui s'étoit attaché au service de France et qui y étoit estimé. Un coup de canon lui avoit emporté une jambe il y avoit fort longtemps; un autre lui emporta sa jambe de bois à Neerwinden et le culbuta. On le releva sans mal; il se mit à rire. « Voilà de grands sots, dit-il, et un coup de canon perdu! Ils ne savoient pas que j'en ai deux autres dans ma valise. » Il étoit grand-croix de Saint-Lazare, puis de Saint-Louis à l'institution. Il laissa des enfants peu riches, qui ont servi et qui n'ont pas fait fortune. Ce Rivaroles, qui étoit un grand homme, fort bien fait, adroit et vigoureux, étoit, avec sa jambe de bois, un des meilleurs joueurs de paume, et y jouoit souvent.

La duchesse de Verneuil les suivit à quatre-vingt-deux ans, ayant encore grande mine et des restes d'avoir été fort belle. Elle étoit fille du chancelier Séguier, dans le carrosse duquel elle voulut être quand il courut un si grand péril aux Barricades de Paris, et que le maréchal de La Meilleraye l'alla délivrer avec des troupes. Elle étoit mère du duc de Sully, fait chevalier de l'ordre en 1688, et de la duchesse du Lude. De son second mari, elle n'eut point d'enfants et devint princesse du sang longtemps après sa mère, à titre de sa veuve. Le roi en prit le deuil pour quinze jours, mais il ne lui fit faire aucun honneur particulier à ses obsèques. Mme de Laval, sa sœur aînée, mère du duc, cardinal et chevalier de Coislin en premières noces, et de la maréchale de Rochefort en secondes, jalouse de son rang et qui d'ailleurs n'aimoit rien et tomboit volontiers sur chacun, dit, en apprenant sa mort, qu'elle avoit toujours bien cru que sa sœur mourroit jeune par tous les remèdes qu'elle faisoit.

Le vieux Grancey mourut en même temps et au même âge, marié pour la quatrième fois depuis six semaines. Il étoit lieutenant général avant la paix des Pyrénées. En ces temps-là on alloit vite, puis choisi ou laissé ; et c'est ainsi qu'on fait des généraux utiles, et non pas des gens usés dont le corps ne peut plus aller. Celui-ci étoit demeuré depuis obscur et dans la débauche, toujours chez lui en Normandie, et sans avoir rien de recommandable que d'être le fils et le père de deux maréchaux de France.

Le roi donna quatre cent mille livres de brevet de retenue à La Vrillière sur sa charge de secrétaire d'État.

Il refusa en même temps Troisvilles, que l'usage fait prononcer Tréville, pour être de l'Académie françoise, où il avoit été élu ; il répondit qu'il ne l'approuvoit pas et qu'on en élût un autre. Troisvilles étoit un gentilhomme de Béarn, de beaucoup d'esprit et de lecture, fort agréable et fort galant. Il débuta très-heureusement dans le monde, où il fut fort recherché et fort recueilli par des dames du plus haut parage, et de beaucoup d'esprit et même de gloire, avec qui il fut longtemps plus que très-bien. Il ne se trouva pas si bien de la guerre que de la cour, les fatigues ne convenoient pas à sa paresse, ni le bruit des armes à la délicatesse de ses goûts. Sa valeur fut accusée. Quoi qu'il en fût, il se dégoûta promptement d'un métier qu'il ne trouvoit pas fait pour lui. Il ne put être supérieur à l'effet que produisit cette conduite ; il se jeta dans la dévotion, abdiqua la cour, se sépara du monde. Le genre de piété du fameux Port-Royal étoit celui des gens instruits, d'esprit et de bon goût. Il tourna donc de ce côté-là, se retira tout à fait, et persévéra dans la solitude et la grande dévotion plusieurs années. Il étoit facile et léger. La diversion le tenta ; il s'en alla en son pays, il s'y dissipa ; revenu à Paris, il s'y livra aux devoirs pour soulager sa foiblesse, il fréquenta les toilettes, le pied lui glissa, de dévot il devint philosophe ; il se remit peu à peu à donner des repas recherchés, à exceller en tout par un goût difficile à atteindre, en un mot il se fit soupçonner d'être devenu grossièrement épicurien. Ses anciens amis de Port-Royal, alarmés de cette vie et des jolis vers auxquels il s'étoit remis, dont la galanterie et la délicatesse étoient charmantes, le rappelèrent enfin à lui-même et à ce qu'il avoit été ; mais il leur échappa encore, et sa vie dégénéra en un haut et bas de haute dévotion, et de mollesse et de liberté qui se succédèrent par quartiers, et en une sorte de problème, qui, sans l'esprit qui le soutenoit et le faisoit désirer, l'eût tout à fait déshonoré et rendu parfaitement ridicule. Ses dernières années furent plus suivies dans la régularité et la pénitence, et répondirent mieux aux commencements de sa dévotion. Ce qu'il en conserva dans tous les temps fut en entier éloignement de la cour, dont il ne rapprocha jamais après l'avoir quittée, une fine satire de ce qui s'y passoit, que le roi lui pardonna peut-être moins que l'attachement à Port-Royal. C'est ce qui lui attira ce refus du roi pour l'Académie, si déplacée d'ailleurs avec cette haute profession de dévotion. Le roi ne lui manqua pas ce coup de verge faute de meilleure occasion. Il s'en trouvera dans la suite de voir quel crime c'étoit, non de lèse-majesté, mais de lèse-personne de Louis XIV, que faire profession de ne le jamais voir, qu'il étoit acharné à venger. Troisvilles étoit riche et ne fut jamais marié.

Les fanatiques, battus et pris en diverses rencontres, demandèrent, vers la mi-mai, à parler sur parole à Lalande, qui servoit d'officier général sous le maréchal de Villars. Cavalier, leur chef, qui étoit un [aventurier], mais qui avoit de l'esprit et de la valeur, demanda amnistie pour lui, pour

Roland, un autre de leurs chefs, pour un de leurs officiers qui avoit pris le nom de Catinat, et pour quatre cents hommes qu'ils avoient là avec eux, un passe-port et une route pour eux tous jusque hors du royaume, permission à tous les autres qui voudroient sortir du royaume d'en sortir à leurs dépens, liberté de vendre leurs biens à tous ceux qui désireroient de s'en défaire, enfin le pardon à tous les prisonniers de leur parti. Cavalier vit ensuite le maréchal de Villars avec une égalité de précautions et de gardes qui fut trouvée fort ridicule. Il quitta les fanatiques moyennant douze cents livres de pension et une commission de lieutenant-colonel; mais Roland ne s'accommoda point et demeura le chef du parti, qui continua à donner de la peine. Ce fut un concours de monde scandaleux pour voir Cavalier partout où il passoit. Il vint à Paris et voulut voir le roi, à qui pourtant il ne fut point présenté. Il rôda ainsi quelque temps, ne laissa pas de demeurer suspect, et finalement passa en Angleterre, où il obtint quelque récompense. Il servit avec les Anglois, et il est mort seulement cette année fort vieux dans l'île de Wight, où il étoit gouverneur pour les Anglois depuis plusieurs années, avec une grande autorité et de la réputation dans cet emploi.

Enfin, à la mi-mai, Barbezières, sorti des prisons de Gratz, fut remis dans Casal à M. de Vendôme. Il avoit été gardé à vue avec la dernière dureté et si mal traité qu'il en tomba fort malade. Averti de son état, il demanda un capucin; quand il fut seul avec lui, il le prit à la barbe, qu'il tira bien fort pour voir si elle n'étoit point fausse et si ce n'étoit point un capucin supposé. Ce moine se trouva un bon homme qui, gagné par la compassion, alla lui-même avertir M. de Vendôme. Outre le devoir de général, il aimoit particulièrement Barbezières, tellement qu'il manda aux ennemis qu'il étoit informé de leur barbarie sur un lieutenant général des armées du roi, et qu'il alloit traiter de même tous les prisonniers qu'il tenoit, et sur-le-champ l'exécuta. Cela fit traiter honnêtement Barbezières et en prisonnier de guerre, jusqu'à ce qu'il fut enfin renvoyé.

M. de Vendôme et son frère repaissoient le roi toutes les semaines par des courriers que chacun d'eux envoyoit de son armée, et souvent plus fréquemment de projets et d'espérances d'entreprises qui s'alloient infailliblement exécuter deux jours après, et qui toutes s'en alloient en fumée. On comprenoit aussi peu une conduite si propre à décréditer, que la persévérance du roi à s'en laisser amuser et à être toujours content d'eux ; et cette suite si continuelle et si singulière de toutes leurs campagnes prouve peut-être plus l'excès du pouvoir qu'eut toujours auprès de lui leur naissance et la protection pour cela même de M. du Maine, conséquemment de Mme de Maintenon, que tout ce qu'on lui a vu faire avant et depuis pour les bâtards comme tels. De temps en temps quelque petite échauffourée soutenoit leur langage, dans un pays si coupé où deux grandes armées jouoient aux échecs l'une contre l'autre. A la mi-mai M. de Vendôme tenta l'exploit de chasser de Trin quelques troupes impériales ; il y arriva trop tard, à son ordinaire, et trouva les oiseaux envolés. Il fit tomber sur une arrière-garde qui se trouva si bien protégée par l'infanterie postée en divers lieux avantageux sur leur retraite, qu'elle se fit très-bien malgré lui. Il leur tua quatre cents hommes et prit force prisonniers, entre autres Vaubrune, un de leurs officiers généraux, grand partisan et fort hasardeux. Qui compteroit exactement ce que M. de Vendôme mandoit au roi chaque campagne qu'il tuoit ou prenoit aux ennemis ainsi en détail, y trouveroit presque le montant de leur armée. C'est ainsi qu'en supputant les pertes dont les gros joueurs se plaignent le long de l'année, il s'est trouvé des gens qui, à leur dire, avoient perdu plus d'un million, et qui en effet n'avoient jamais perdu cinquante mille francs. La licence et la débauche, l'air familier avec les soldats et le menu officier faisoit aimer M. de Vendôme de la plupart de son armée.

L'autre partie, rebutée de sa paresse, de sa hauteur, surtout de l'audace de ce qu'il avançoit en tout genre, et retenue par la crainte de son crédit et de son autorité, laissoit ses louanges poussées à l'excès sans contradiction aucune, qui en faisoient un héros à grand marché; et le roi, qui se plaisoit à tout ce qui en pouvoit donner cette opinion, devenoit sans cesse le premier instrument de la tromperie grossière dans laquelle il étoit plongé à cet égard.

Le fils de Vaudemont, nouveau feld-maréchal de l'empereur, et qui commandoit son armée à Ostiglia, y mourut en quatre jours de temps. Ce fut pour lui, pour sa sœur et pour ses deux nièces une très-sensible affliction. La politique leur fit cacher autant qu'ils le purent une douleur inutile puisqu'il n'y a point de remède. Mlle de Lislebonne et Mme d'Espinoy ne purent s'empêcher d'en laisser voir la profondeur à quelques personnes, ou par confiance, ou peut-être plus encore de surprise. Cette remarque suffit pour fournir aux réflexions.

Le vieux maréchal de Villeroy, grand routier de cour, disoit plaisamment qu'il falloit tenir le pot de chambre aux ministres tant qu'ils étoient en puissance, et de leur renverser sur la tête sitôt qu'on s'apercevoit que le pied commençoit à leur glisser. C'est la première partie de ce bel apophthegme que nous allons voir pratiquer au maréchal de Tessé, en attendant que nous lui voyions accomplir pleinement l'autre partie. Avec la même bassesse qu'il s'étoit conduit en Italie avec le duc de Vendôme, malgré les ordres si précis du roi de prendre sans ménagement le commandement sur lui, avec la même accortise il fit la navette avec La Feuillade en Dauphiné et en Savoie, pour le laisser en chef quelque part et y accoutumer le roi. D'accord avec Chamillart, il fit le malade quand il en fut temps, le fut assez longtemps pour se rendre inutile et obtenir enfin un congé qui laissât La Feuillade pleinement en chef d'une manière toute naturelle, et en état de recevoir comme nécessairement la patente, le caractère et les appointements de général d'armée sans que le roi s'en pût dédire. C'est aussi ce qui s'exécuta de la sorte. Après ce qu'on avoit fait pour lui et la situation et la conjoncture où il se trouvoit, le roi, obsédé de son ministre, ne put reculer et ne voulut pas même le laisser apercevoir qu'il en eût envie. La Feuillade succéda donc en tout à Tessé dans les parties du Dauphiné, de la Savoie et des vallées. Il falloit en profiter pour, de ce chausse-pied, aller à mieux et en attendant faire parler de soi. Il alla donc former le siége de Suse, d'où il envoya force courriers. Le fort de la Brunette pensa lui faire abandonner cette place. Il ne manqua pas de jouer sur le mot avec un air de galanterie militaire que son beau-père sut faire valoir. Ce fort pris, Bernardi, gouverneur de Suse, se défendit si mal qu'il capitula le 16 juin, sans qu'il y eût aucune brèche, ni même qu'il pût y en avoir sitôt. Le chevalier de Tessé en apporta la nouvelle. Cette honnêteté étoit bien due à la complaisance de son père. L'exploit fut fort célébré à la cour, après lequel ce nouveau général d'armée se tourna à de nouveaux, mais ce ne fut que contre les barbets[1] des vallées. Il ne fallut pas demeurer oisif, mais peloter en attendant partie, et se conserver cependant en exercice de général d'armée pour le devenir plus solidement.

En même temps, en ce mois de juin, Phélypeaux arriva de Turin et salua le roi, qui aussitôt l'entretint longtemps dans son cabinet. C'étoit un grand homme bien fait, de beaucoup d'esprit et de lecture, naturellement éloquent, satirique, la parole fort à la main, avec des traits et beaucoup d'agrément, et quand il le vouloit de force. Il mit ces talents en usage, et sans contrainte, pour se plaindre de tout ce qu'il avoit souffert les six derniers mois qu'il avoit demeuré en Piémont, ou à Turin, ou à Coni, où il fut gardé

---

1. Les barbets étaient les Vaudois du Piémont. Ils tiraient, dit-on, leur nom de ce qu'ils avaient pour chefs des ministres, qu'ils appelaient *barbes* ou anciens.

étroitement et où on lui refusoit jusqu'au nécessaire de la vie. Ses derniers propos avec M. de Savoie furent assommants pour un prince qui se sentoit autant que celui-là, et ses réponses encore plus piquantes, par leur sel et leur audace, aux messages qu'il lui envoya souvent depuis. Il dit même aux officiers qui le gardoient à Coni qu'il espéroit que le roi seroit maître de Turin avant la fin de l'année, que lui en seroit fait gouverneur, qu'il y feroit raser d'abord la maison où il avoit été arrêté, et qu'il y feroit élever une pyramide avec une inscription en plusieurs langues, par laquelle il instruiroit la postérité des rigueurs avec lesquelles M. de Savoie avoit traité un ambassadeur de France, contre le droit des gens, contre l'équité et la raison. Il avoit fait une relation de ce qui s'étoit passé à son égard depuis les premiers événements de la rupture, très-curieuse et bien écrite, où il n'épargnoit pas M. de Savoie ni sa cour. Il en montra quelques copies, qui furent fort recherchées et qui méritent de l'être toujours. Le malheur de l'État, attaché à la fortune de La Feuillade, ne permit pas à Phélypeaux de jouir de sa vengeance, ni la longueur de sa vie de voir les horreurs dans lesquelles M. de Savoie finit la sienne. Ce Phélypeaux étoit un vrai épicurien qui croyoit tout dû à son mérite, et il étoit vrai qu'il avoit des talents de guerre et d'affaires, et tout possible par l'appui de ceux de son nom qui étoient dans le ministère; mais particulier et fort singulier, d'un commerce charmant quand il vouloit plaire ou qu'il se plaisoit avec les gens; d'ailleurs épineux, difficile, avantageux et railleur. Il étoit pauvre et en étoit fâché pour ses aises, ses goûts très-recherchés et sa paresse.

Il étoit frère d'un évêque de Lodève, plus savant, plus finement spirituel et plus épicurien que lui, plus aisé aussi dans sa caisse, qui, par la tolérance de Bâville et l'appui de ceux de son nom dans le ministère, manioit fort le Languedoc depuis la chute du cardinal Bonzi. Il survécut son frère, entretenoit des maîtresses publiquement chez lui, qu'il y garda jusqu'à sa mort, et tout aussi librement ne se faisoit faute de montrer, et quelquefois de se laisser entendre, qu'il ne croyoit pas en Dieu. Tout cela lui fut souffert toute sa vie sans le moindre avis de la cour, ni la plus légère diminution de crédit et d'autorité. Il n'avoit fait que cela toute sa vie, mais il s'appeloit Phélypeaux. Il s'en falloit bien que le cardinal Bonzi, avec tous ses talents, ses services, ses ambassades, eût jamais donné le quart de ce scandale; et il en fut perdu! Ce Lodève ne sortoit presque point de sa province, mourut riche et vieux, car il sut aussi s'enrichir, et laissa un tas de bâtards. Phélypeaux eut en arrivant la place de conseiller d'État d'épée vacante par la mort de Briord.

Le duc de Grammont avoit eu enfin la permission de voir la princesse des Ursins sur sa route. Ce fut le premier adoucissement qu'elle obtint depuis sa disgrâce. Le désir de préparer à mieux fit accorder cette liberté. Le prétexte en fut de ne pas aigrir la reine pour une bagatelle et ne pas mettre le duc de Grammont hors d'état de pouvoir traiter utilement avec elle; mais il ne sut pas en profiter. Battu de l'oiseau, à son départ, sur la déclaration de son mariage, il craignit tout, et ne fut point assez avisé pour se bien mettre avec cette femme si importante dans un tête-à-tête dont le roi ne pouvoit savoir le détail, et s'aplanir par là toutes les épines que la sécheresse de sa part en cette entrevue éleva contre lui de toutes parts à la cour d'Espagne.

Il y arriva les premiers jours de juin. Il trouva le roi avec l'abbé d'Estrées sur la frontière de Portugal, où, malgré la criminelle disette de tout ce qui est nécessaire à l'entretien des troupes, des places et de la guerre, Puységur avoit fait des prodiges pour y suppléer, dont le duc de Berwick avoit su profiter par un détail de petits avantages qui découragèrent les ennemis et lui facilitèrent les entreprises; il prit à discrétion Castelbranco, où il se trouva quantité de farines qui furent d'un grand secours, beaucoup d'armes et les tentes de la suite du roi de Portugal. De là il marcha au général Fagel, qui fut battu et fort poursuivi ; il pensa être pris ; il y eut six cents prisonniers avec tous leurs officiers ; et sans les montagnes, pour vingt hommes qu'il en coûta au duc, rien ne seroit échappé du corps de Fagel, qui s'y dispersa en désordre. Portalègre et d'autres places suivirent ces succès et augmentèrent bien le crime d'Orry, comme je l'ai dit ailleurs, par la conquête du Portugal, alors sans secours, qu'avec les précautions sur lesquelles on comptoit à l'ouverture de la campagne, il auroit été facile de faire, au lieu que les secours ayant eu le temps d'arriver avant le printemps suivant, ce côté-là devint le plus périlleux, et celui par lequel l'Espagne fut plus d'une fois au moment d'être perdue. Berwick avoit d'abord pris Salvatierra avec dix compagnies à discrétion, et fait divers autres petits exploits. Ce fut pendant cette campagne que le roi d'Espagne se forma un régiment des gardes espagnoles dont le comte d'Aguilar fut fait colonel. Ce grand d'Espagne reviendra plusieurs fois sur la scène. On le fera connoître dans la suite.

Les armées de Flandre et d'Allemagne étoient dans un grand mouvement depuis l'ouverture de la campagne : l'empereur serré de près par les mécontents de Hongrie, ce royaume tout révolté, le commerce intercepté dans la plupart des provinces héréditaires qui en sont voisines, Vienne même dans la confusion par les dégâts et les courses que souffroient non-seulement sa banlieue, mais ses faubourgs qui étoient insultés, et l'empereur qui avoit vu brûler sa ménagerie et avoit éprouvé en personne le danger des promenades au dehors ; une situation si pénible porta toute son attention sur la Bavière. Il craignit tout des succès d'un prince qui, à la tête d'une armée françoise et de ses propres troupes, pourroit donner la loi à l'Allemagne et l'enfermer entre les mécontents et lui à n'avoir plus d'issue. Le danger ne parut pas moins grand à ses alliés ; de sorte que la résolution fut prise de porter toutes leurs forces dans le cœur de l'empire. C'est ce qui rendit les premiers temps de la campagne de Flandre si incertains par le soin que les ennemis eurent de cacher leur projet pour dérober des marches au maréchal de Villeroy, et gagner le Rhin longtemps avant lui, s'il étoit possible. Le maréchal de Tallard, qui avoit passé le Rhin de bonne heure, s'avançoit cependant vers les gorges des montagnes; il n'y trouva aucune difficulté, et il passa la journée du 18 mai avec l'électeur de Bavière.

Le duc de Marlborough, avancé vers Coblentz, laissoit en incertitude d'une entreprise sur la Moselle, ou de vouloir seulement attirer le gros des troupes de ce côté-là; mais bientôt, pressé d'exécuter son projet, il marcha à tire-d'aile au Rhin et le passa à Coblentz le 26 et le 27 mai. Le maréchal de Villeroy venu jusqu'à Arlon craignit encore un hoquet, que l'Anglois, embarquant son infanterie, la portât en Flandre bien plus tôt qu'il n'y pourroit être retourné, et ne fît quelque entreprise vers la mer. Dans ce soupçon, il laissa une partie de son infanterie assez près de la Meuse pour pouvoir joindre le marquis de Bedmar à temps, et lui avec le reste de sa cavalerie se mit à suivre l'armée ennemie, tandis que M. de Bavière et le prince Louis de Bade se côtoyoient de fort près. Tallard, sur les nouvelles de la cour et du maréchal de Villeroy, avoit quitté l'électeur et fait repasser le Rhin à son armée. Il s'étoit avancé à Landau, et le maréchal de Villeroy avoit passé la Moselle entre Trèves et Thionville. Le marquis de Bedmar étoit demeuré en Flandre à commander les troupes françoises et espagnoles qui y étoient restées, et M. d'Overkerke celles des ennemis. Marlborough cependant passa le Mein entre Francfort et Mayence, et passa par le Bergstras sur Ladenbourg pour y passer le Necker. Les maréchaux de Villeroy et de Tallard se virent, et se concertèrent, les troupes du premier sur Landau, celles du second sous Neustadt, d'où Tallard remena son armée passer le Rhin sur le pont de Strasbourg le 1er juillet. Alors celle de Marlborough étoit arrivé à Ulm, et le prince Eugène, parti de Vienne, s'étoit rendu à Philippsbourg, d'où il étoit allé camper à Rothweil pour couvrir le Würtemberg, et ce dessein manqué mena son armée à Ulm, où il conféra avec le prince Louis de Bade et le duc de Marlborough qui avoient les leurs à portée.

Le maréchal de Villeroy suivit Tallard et passa le Rhin; il entra dans le commencement des vallées de manière à pouvoir communiquer avec Tallard, et de le joindre même au besoin par des détachements avancés. Tous deux avoient perdu dans le Palatinat une précieuse quinzaine en revues et en fêtes et en attente des ordres de la cour. Villeroy, accoutumé à maîtriser Tallard son cousin, son courtisan et son protégé, toute sa vie, n'en rabattit rien pour le voir à la tête d'une armée indépendante de lui. Tallard, devenu son égal au moins en ce genre, trouva cette hauteur mal placée et voulut secouer un joug trop dur, et que l'autre n'avoit aucun droit de lui imposer. Cela fit des scènes assez ridicules, mais qui n'éclatèrent pas jusque dans le gros des armées. Tallard plus sage comprit pourtant qu'à la cour leur égalité cesseroit, et le besoin de ne se pas brouiller avec son ancien protecteur les remit un peu plus en mesure. Cette perte de temps fut le commencement des malheurs que le roi éprouva en Allemagne. Tallard devoit passer et le maréchal de Villeroy garder les gorges; cela se fit, mais trop tard. Donawerth est un passage très-important sur le Danube. La ville ne vaut rien : on fit des retranchements à la hâte sur l'arrivée de tant de troupes des alliés, et le comte d'Arco, maréchal des troupes de Bavière, se mit dedans; il fut attaqué avant que ses retranchements fussent achevés. Il soutint très-bravement et avec capacité ses retranchements depuis six heures du soir jusqu'à neuf que, se voyant hors d'état d'y tenir davantage, il se retira en bon ordre à Donawerth qu'il abandonna le lendemain, passa le Danube, puis le Lech, et se retira à Rhein, d'où il compta pouvoir empêcher aux ennemis le passage de la rivière. Arco avoit du talent pour la guerre et une grande valeur ; il étoit Piémontois d'origine, et avoit toujours été attaché au service de Bavière ; il y étoit parvenu avec réputation au premier et unique grade militaire de ce pays-là, qui est maréchal, et M. de Bavière avoit obtenu qu'obéissant sans difficulté aux maréchaux de France, il commanderoit nos lieutenants généraux et ne rouleroit point avec eux, en sorte que, par cet expédient que la facilité du roi accepta par les liaisons étroites où il étoit avec l'électeur, le comte d'Arco, qui se faisoit appeler franchement le maréchal d'Arco, commandoit nos troupes jointes à celles de l'électeur en l'absence de ce prince et des maréchaux de France, qui étoit une sorte de réciproque avec eux, et pour les honneurs militaires il les avoit pareils à eux dans ses troupes, et dans les nôtres fort approchant des leurs. On prétendit que les Impériaux eurent en ce combat presque tous leurs généraux et leurs officiers tués ou blessés, six mille morts et huit mille blessés ; ce qu'il y a de plus avéré, c'est qu'on n'y perdit guère que mille François et cinq à six cents Bavarois. M. d'Arco présuma trop et se trompa. Les Impériaux passèrent le Danube tout de suite après avoir occupé Donawerth qu'il n'avoit pu tenir, traversèrent le Lech sans lui donner loisir de se reconnoître, l'obligèrent de leur quitter Rhein, où il s'étoit retiré, d'où ils dirigèrent leur marche droit sur Munich. L'électeur, effrayé de cette rapidité, et qui avoit déjà Marlborough en tête, cria au secours. Tallard, qui avoit ordre de s'établir dans le Würtemberg, et qui pour cela assiégeoit Villingen, que nous disons Fillingue, abandonna ce projet et se mit en marche droit vers l'électeur. Il faut ici faire une pause pour ne perdre pas haleine dans les tristes succès d'Allemagne en les racontant tout de suite, et retourner un peu en arrière avant de revenir au Danube.

Cependant Overkerke voulut profiter de la foiblesse dans laquelle le marquis de Bedmar avoit été laissé aux Pays-Bas.

Le Hollandois bombarda, dix heures durant, Bruges où il ne fit presque point de dommage, et se retira très-promptement tout au commencement de juillet; et, à la fin du même mois, il jeta pendant deux jours trois mille bombes dans Namur, qui brûlèrent deux magasins de fourrages et coûtèrent à la ville environ cent cinquante mille livres de dommage.

M. de Vendôme assiégea enfin Verceil. Il le promettoit au roi depuis longtemps; il y ouvrit la tranchée le 16 juin. La place capitula le 19 juillet, mais Vendôme les voulut prisonniers de guerre. Il leur permit seulement les honneurs militaires et de sortir par la brèche au bas de laquelle ils posèrent les armes. Trois mille trois cents hommes sortirent sous les armes. On trouva dedans tout le nécessaire pour le plus grand siége. Ce fut le prince d'Elbœuf qui apporta cette nouvelle.

M. de Savoie ne cessoit de secourir les fanatiques; le chevalier de Roannais prit une tartane[1] pleine d'armes et de réfugiés, et en coula une autre à fond, chargée de même. Toutes deux étoient parties de Nice; une troisième, pareillement équipée, échoua et fut prise sur les côtes de Catalogne, que le vent avoit séparée de ces deux. Il y avoit de plus un vaisseau rempli d'armes, de munitions et de ces gens-là qu'il ne put prendre. L'abbé de La Bourlie y étoit embarqué, après être sorti du royaume sans aucun prétexte ni cause de mécontentement. Il s'étoit arrêté longtemps à Genève, puis avoit été trouver M. de Savoie, qui le jugea propre à aller soutenir les fanatiques en Languedoc. Comptant y arriver incessamment, il s'y étoit annoncé en y faisant répandre quantité de libelles très-insolents et très-séditieux, où il prenoit la qualité de chef des mécontents et de l'armée des hauts alliés en France. On surprit aussi de ses lettres à La Bourlie, son frère, qu'il convioit à le venir trouver et se

---

1. Les tartanes étaient de grosses barques de pêcheurs, qui allaient à rames et à voiles. Elles étaient en usage sur la Méditerranée.

mettre à la tête de ces braves gens, et les réponses de ce frère, qui témoignoient l'horreur qu'il avoit de cette folie. Celui-ci venoit d'en faire plus d'une : c'étoit un homme d'une grande valeur, mais un brigand, et d'ailleurs intraitable. Il avoit le régiment de Normandie, qu'il quitta étant brigadier pour de fâcheuses affaires qu'il s'y fit, et se retira dans sa province. Quelque temps après il fut volé dans sa maison; il soupçonna un maître valet, à qui, de son autorité privée, il fit donner en sa présence une très-rude question. Cette affaire éclata, en renouvela d'autres fort vilaines qui s'étoient assoupies. Il fut arrêté et mené à Paris dans la Conciergerie. L'abbé avoit beaucoup de bénéfices, violent et grand débauché, comme La Bourlie. Nous les verrons finir tous deux très-misérablement, l'un en France, l'autre en Angleterre. Ces deux frères furent de cruels pendants d'oreilles pour Guiscard, leur aîné, dans sa fortune et sa richesse. Leur père, qui s'appeloit La Bourlie, qui est leur nom, étoit un gentilhomme de valeur qui avoit été à mon père et qui en eut le don de quelques métairies au marais de Blaye, lorsque mon père prit soin de le faire dessécher. La Bourlie fit fortune; il succéda à Dumont dans la place de sous-gouverneur du roi, et eut après le gouvernement de Sedan. Il conserva toute sa vie de l'attachement et de la reconnoissance pour mon père. C'étoit aussi un fort galant homme. Guiscard s'en est toujours souvenu avec moi, avec son cordon bleu et ses ambassades, ses gouvernements et ses commandements.

Augicourt mourut ayant six mille livres de pension du roi et deux mille sur l'ordre de Saint-Louis, sans ce qui ne se savoit pas et qu'on avoit lieu de croire aller haut par son peu de bien et les commodités qu'il se donnoit et avec une cassette toujours bien fournie. C'étoit un gentilhomme de Picardie, né sans biens, avec beaucoup d'esprit, d'adresse, de valeur et de courage d'esprit. M. de Louvois, qui cherchoit à s'attacher des sujets de tête et de main dont il pût se servir utilement en beaucoup de choses, démêla celui-ci dans les troupes, qui, sans bien, n'espérant pas d'y faire aucune fortune, consentit volontiers à quitter son emploi pour entrer chez M. de Louvois. Il n'y fut pas longtemps sans être employé; il s'acquitta bien de ce dont il étoit chargé, et mérita de l'être d'affaires secrètes et d'autres à la guerre en différentes occasions. Il y fit bien les siennes et parvint à une grande confiance de M. de Louvois, qui le fit connoître au roi avec qui ces affaires secrètes lui procurèrent divers entretiens pour lui rendre un compte direct ou recevoir directement ses ordres. La bourse grossissoit, mais ce métier subalterne qui ne menoit pas à une fortune marquée dégoûta à la fin un homme gâté par la confiance d'un aussi principal ministre qu'étoit Louvois et qui se mêloit de tout, et par quelque part aussi en celle du roi, et un homme devenu audacieux et né farouche. Après un assez long exercice de ce train de vie, il fut accusé de faire sa cour au roi aux dépens du maître qui le lui avoit produit. Quoi qu'il en soit, M. de Louvois le chassa de chez lui avec éclat et s'en plaignit, mais sans rien articuler de particulier, comme du plus ingrat, du plus faux, du plus indigne de tous les hommes.

Augicourt fut aussi réservé en justification que M. de Louvois en accusation. Il se contenta de dire qu'il l'avoit bien servi, mais qu'il n'y avoit plus moyen de durer avec lui. Le roi ne se mêla point du tout de cette rupture, mais il continua toujours de le voir en particulier et de s'en servir en plusieurs choses secrètes. Il ne lui prescrivit rien à l'égard de Louvois, le laissa paroître publiquement à la cour et partout, lui augmenta de temps en temps ses bienfaits publiquement, mais par mesure. En secret, il lui donnoit gros souvent, lui faisoit toutes les petites grâces qu'il lui pouvoit faire, et assez volontiers à ceux pour qui il les demandoit. Outre les audiences secrètes, Augicourt parloit au roi très-souvent et longtemps, allant à la messe ou chez Mme de

Maintenon. Quelquefois le roi l'appeloit et lui parloit ainsi en allant, et il étoit toujours bien reçu et bien écouté, et paroissoit fort libre avec le roi en l'approchant, et le roi avec lui. Il voyoit aussi, et quand il vouloit, Mme de Maintenon en particulier, et il étoit d'autant mieux avec elle, qu'elle étoit plus mal avec Louvois. Après sa mort, et Barbezieux en sa place, Augicourt vécut et fut toujours traité comme il l'avoit été jusqu'alors; il ne craignoit point de rencontrer ces ministres ni leurs parents, et ce fut un grand crève-cœur pour Louvois et pour Barbezieux ensuite et pour tous les Tellier, de voir cet homme se conserver sur le pied où il étoit. Du reste, haï, craint, méprisé comme le méritoit sa conduite avec M. de Louvois, soupçonné d'être rapporteur, et personne ne voulant se brouiller pour Augicourt avec les Tellier qui l'abhorroient, il n'entroit dans aucune maison de la cour que chez Livry et chez M. le Grand, qui étoient des maisons ouvertes, où on jouoit dès le matin, toute la journée et fort souvent toute la nuit. Augicourt étoit gros joueur et net, mais de mauvaise humeur, et au lansquenet public il jouoit chez Monsieur avec lui, et à la cour avec Monseigneur. En aucun temps, il ne fréquenta aucuns ministres ni aucuns généraux d'armée : il étoit assez vieux et point marié.

Verac venoit de mourir depuis peu. Il s'appeloit Saint-Georges, et il étoit homme de qualité : la lieutenance générale de Poitou, où il avoit des terres, fit sa fortune. Il avoit été huguenot. Lui et Marillac, intendant de Poitou, lors de la révocation de l'édit de Nantes et des barricades qui furent exercées contre les huguenots, tous deux crurent y trouver leur fortune, tous deux se signalèrent en cruautés, en conversions, tous deux donnèrent le ton aux autres provinces, tous deux en obtinrent ce qu'ils s'en étoient proposé. Verac en fut chevalier de l'ordre en 1688, et Marillac conseiller d'État, par une grande préférence sur ses anciens : il en a joui jusqu'à être doyen du conseil, mais il a vu mourir ses deux fils sans enfants, qui lui donnoient de justes et d'agréables espérances, l'un dans la robe, l'autre à la guerre, sa fille et son gendre La Fayette, lieutenant général, dont la fille unique fut grand'mère du duc de La Trémoille d'aujourd'hui, morte encore avant son grand-père. Verac a été plus heureux. Son fils est mort cette année 1741, estimé, aimé et considéré, lieutenant général et chevalier de l'ordre en 1724, dont les enfants ne sont pas tournés à la fortune, l'un par un asthme qui l'empêche de servir, l'autre par être cadet et encore capitaine de cavalerie.

Deux mois depuis la mi-juin jusqu'au 15 août de cette année, virent diverses élévations de quatre hommes qui chacun fort différents ont eu de grandes et de curieuses suites; on pourroit ajouter les plus incroyables, et de ces choses dans lesquelles paroît toute la grandeur de Dieu qui se joue des hommes, et qui prépare et tire de rien et de néant les plus grands et les plus singuliers événements, ou qui dans un ordre inféreur, selon le monde, découvre ce que c'est que la foiblesse des instruments par lesquels il daigne soutenir sa vérité et l'Église. Harley, auparavant orateur de la chambre basse, devint secrétaire d'État; Le Blanc, intendant d'Auvergne; Lesczinski, roi de Pologne; et l'abbé de Caylus, évêque d'Auxerre; qui tous quatre, chacun en son très-différent genre, peuvent fournir les plus abondantes et les plus curieuses matières aux réflexions. On en verra assez sur Harley, dans les Pièces[1], à l'occasion de la paix d'Utrecht, et de ce qui la précéda à Londres, pour que je n'aie rien [à dire] ici de lui. M. Le Blanc se trouvera en son temps ici en entier. Du roi de Pologne, devenu beau-père du roi, il n'y a qu'à admirer, et se mettre, non pas un doigt, mais tous les doigts sur la bouche, et la main tout entière; et de M. d'Auxerre, les bibliothèques sont pleines de lui, et il se trouvera lieu d'en parler.

1. Voy. sur les pièces, t. I$^{er}$, p. 437, note.

Castel dos Rios, cet heureux ambassadeur d'Espagne, qui se trouva ici lors de la mort de Charles II, eut ordre de se rendre à Cadix pour s'y embarquer et aller au Pérou, dont il avoit été nommé vice-roi, et où il mourut après avoir rempli ce grand emploi et fort dignement pendant plusieurs années.

Monasterol revint à Paris de la part de l'électeur de Bavière, et présenta le comte d'Albert venu avec lui, qui, chassé du service de France pour son duel, comme il a été dit en son temps, s'étoit attaché à celui de Bavière, où il étoit maréchal de camp. Il alloit de la part de l'électeur en Espagne, où il devoit aussi servir. L'abbé d'Estrées arriva aussi d'Espagne dans l'épanouissement, et fut très-bien reçu.

Chamillart fit en même temps deux nouveaux intendants des finances : Rebours, son cousin germain et de sa femme, et Guyet, maître des requêtes, dont la fille unique avoit malheureusement pour elle épousé le frère de Chamillart. Rien de si ignorant, ni en récompense de si présomptueux et de si glorieux que ces deux nouveaux animaux. Le premier s'étoit sûrement moulé sur le marquis de Mascarille; il l'outroit encore. Tout étoit en lui parfaitement ridicule. L'autre, grave et collet monté, faisoit grâce de prêter l'oreille, à condition pourtant qu'il ne comprenoit rien de ce qu'on lui disoit. Jamais un si sot homme que celui-ci, jamais un si impertinent que l'autre; jamais rien de plus indécrottable que tous les deux, et voilà les choix et les environs des ministres, et ce que sont leurs familles quand ils ont la foiblesse d'y vouloir trouver et avancer. Ils n'y trouvent aucun secours, ils excitent le cri public, et ils préparent de loin leur propre perte.

La mort de l'abbesse de Fontevrault dans un âge encore assez peu avancé, arrivée dans ce temps-ci, mérite d'être remarquée : elle étoit fille du premier duc de Mortemart, et sœur du duc de Vivonne, de Mme de Thianges et de Mme de Montespan; elle avoit encore plus de beauté que cette dernière, et ce qui n'est pas moins dire, plus d'esprit qu'eux tous avec ce même tour, que nul autre n'a attrapé qu'eux, ou avec eux par une fréquentation continuelle, et qui se sent si promptement, et avec tant de plaisir. Avec cela très-savante, même bonne théologienne, avec un esprit supérieur pour le gouvernement, une aisance et une facilité qui lui rendoit comme un jeu le maniement de tout son ordre et de plusieurs grandes affaires qu'elle avoit embrassées, et où il est vrai que son crédit contribua fort au succès; très-régulière et très-exacte, mais avec une douceur, des grâces et des manières qui la firent adorer à Fontevrault et de tout son ordre. Ses moindres lettres étoient des pièces à garder, et toutes ses conversations ordinaires, même celles d'affaires ou de discipline, étoient charmantes, et ses discours en chapitre les jours de fête, admirables. Ses sœurs l'aimoient passionnément, et malgré leur impérieux naturel gâté par la faveur au comble, elles avoient pour elle une vraie déférence. Voici le contraste. Ses affaires l'amenèrent plusieurs fois et longtemps à Paris. C'étoit au fort des amours du roi et de Mme de Montespan. Elle fut à la cour et y fit de fréquents séjours, et souvent longs. A la vérité elle n'y voyoit personne, mais elle ne bougeoit de chez Mme de Montespan, entre elle et le roi Mme de Thianges et le plus intime particulier. Le roi la goûta tellement qu'il avoit peine à se passer d'elle. Il auroit voulu qu'elle fût de toutes les fêtes de sa cour, alors si galante et si magnifique. Mme de Fontevrault se défendit toujours opiniâtrément des publiques, mais elle n'en put éviter de particulières. Cela faisoit un personnage extrêmement singulier. Il faut dire que son père la força à prendre le voile et à faire ses vœux, qu'elle fit de nécessité vertu, et qu'elle fut toujours très-bonne religieuse. Ce qui est très-rare, c'est qu'elle conserva toujours une extrême décence personnelle dans ces lieux et ces parties où son habit en avoit si peu. Le roi eut pour elle une estime, un goût, une amitié que l'éloignement de Mme de Montespan

[1704] DE L'ABBESSE DE FONTEVRAULT. 301

ni l'extrême faveur de Mme de Maintenon ne purent émousser. Il la regretta fort et se fit un triste soulagement de le témoigner. Il donna tout aussitôt cette unique abbaye à sa nièce, fille de son frère, religieuse de la maison et personne d'un grand mérite.

## CHAPITRE XVI.

Naissance du premier duc de Bretagne. — Progrès des mécontents. — Mesures des alliés pour la défense de l'Allemagne. — Mouvements dans nos armées. — Première faute principale. — Faute du maréchal de Villeroy. — Marche et disposition des armées. — Bataille d'Hochstedt. — Bon et sage avis de l'électeur méprisé. — Électeur de Bavière passe à Strasbourg, et par Metz à Bruxelles. — Obscurité et rareté des nouvelles d'Allemagne. — Silly, prisonnier, vient rendre compte au roi de la bataille d'Hochstedt. — Digression sur Silly et sa catastrophe. — Fautes de la bataille d'Hochstedt. — Cri public; consternation; embarras; contraste des fêtes continuées pour la naissance du duc de Bretagne.

Je devois marquer un peu plus tôt la naissance du fils aîné de Mgr le duc de Bourgogne, arrivée à Versailles à cinq heures après midi, le mercredi 25 juin. Ce fut une grande joie pour le roi, à laquelle la cour et la ville prirent part jusqu'à la folie par l'excès des démonstrations et des fêtes. Le roi en donna une à Marly et y fit les plus galants et les plus magnifiques présents à Mme la duchesse de Bourgogne, alors relevée. Malgré la guerre et tant de vifs sujets de mécontentement de M. de Savoie, le roi lui écrivit pour lui donner part de cette nouvelle, mais il adressa le courrier à M. de Vendôme pour qu'il envoyât la lettre au duc de Savoie. On eut tout lieu de se repentir de tant de joie, puisqu'elle ne dura pas un an, et de tant d'argent dépensé si mal à propos en fêtes dans les conjonctures où on étoit.

La grande alliance avoit grande raison de tout craindre pour l'empereur, et de porter toutes ses forces à sa défense. Les mécontents, devenus maîtres d'Agria et de toute l'île de Schutt une deuxième fois depuis l'avoir abandonnée, n'avoient pu en être chassés; le comte Forgatz, à la tête de trente mille hommes entré en Moravie, y avoit défait quatre mille Danois et six mille hommes des pays héréditaires, leur avoit tué deux mille hommes, pris toute leur artillerie et leurs bagages, et acculé le général Reizthaw, Danois, qui les commandoit, dans un château. Le même Forgatz défit ensuite le général Heister avec tout ce qu'il avoit pu rassembler de troupes pour s'opposer à eux et couvrir Vienne, où la consternation et la frayeur furent extrêmes. Que n'avoit-on point à espérer dans une conjoncture si singulièrement heureuse, pour peu que les armées des maréchaux de Marsin et de Tallard jointes à celle de l'électeur de Bavière eussent eu le moindre des succès que promettoient tant de forces unies au cœur de l'Allemagne, avec l'armée du maréchal de Villeroy en croupe! On va voir ce que peut la conduite et la fortune, ou pour mieux dire la Providence, qui se joue de l'orgueil et de la prudence des hommes, et qui dans un instant relève et atterre les plus grands rois.

Tallard arriva à Ulm le 28 août[1], et y séjourna deux jours pour laisser reposer son armée; l'amena le 2 août sous Augsbourg, et joignit le 4 l'électeur et le maréchal de Marsin. Dès lors l'électeur étoit poussé par Blainville, à qui les mains démangeoient d'autant plus qu'avec les grandes parties de guerre qu'il avoit fait voir durant celle-ci et la considération singulière qu'il s'étoit acquise, il n'espéroit rien moins que le bâton d'une action heureuse, porté par son

---

1. Saint-Simon a écrit 28 août pour 28 juillet.

ancienneté de lieutenant général et par la faveur de sa famille. Legal, qu'une jolie action venoit de faire lieutenant général, comme je crois l'avoir marqué en son lieu, et qui revenoit de la cour où l'électeur l'avoit envoyé comme un homme intelligent et de confiance, secondoit Blainville auprès de lui en audacieux qui espère tout et ne regarde point d'où il est parti, et l'électeur, plein de valeur et à la tête de trois armées complètes et florissantes, petilloit de lui-même d'ardeur de s'en servir et de se rendre maître de l'Allemagne par le gain d'une bataille qui auroit mis l'empereur à sa merci, entre des mécontents victorieux déjà et les armées de l'électeur triomphantes. Ces idées si flatteuses le perdirent. Il ne discerna pas l'incertitude du succès d'avec la sûreté de celui de ne rien entreprendre. Il se trouvoit dans l'abondance et dans une abondance durable, par les pays gras et neufs dont il étoit maître et qu'il avoit dans ses derrières et à l'un de ses côtés. Le vis-à-vis de lui étoit ruiné par les armées ennemies qui, par le nombre de leurs troupes, de leurs marches circulaires et croisées, de leur séjour, étoit mangé. Leur derrière ne l'étoit pas moins. Il y avoit peu de distance au delà jusqu'au ravage qu'avoient fait les courses des mécontents. En un mot, ces pays épuisés ne pouvoient fournir huit jours de subsistance à ce grand nombre de troupes des alliés, et sans rien faire que les observer, il falloit que, faute de subsistance, ils lui quittassent la partie, et se retirassent assez loin pour chercher à vivre, pour que l'électeur trouvât tout ouvert devant lui. N'avoir pas pris ce parti fut la première faute et la faute radicale.

Marsin ne songeoit, depuis qu'il étoit en Bavière, qu'à se rendre agréable à l'électeur, et Tallard, gâté par sa victoire de Spire, et cherchant aussi à plaire en courtisan, ne mit aucun obstacle à l'empressement de l'électeur de donner une bataille. Il ne fut donc plus question que de ce but, qui se trouva d'autant plus facile à atteindre, qu'une bataille étoit tout le désir et toute la ressource des alliés dans la position où ils se trouvoient. Le prince Louis de Bade assiégeoit Ingolstadt, et ne le pouvoit prendre si la faim chassoit le duc de Marlborough, qui étoit l'armée opposée à l'électeur. Le prince Eugène amusoit le maréchal de Villeroy, destiné à la garde des montagnes; il croyoit avoir tout fait que d'avoir établi la communication entre l'électeur et lui par de gros postes semés entre eux deux. Il en avoit sur le haut des montagnes, qui voyoient à revers le camp du prince Eugène. Le maréchal le comptoit uniquement occupé à garder ses retranchements de Bihel, et l'empêcher de les attaquer. Il fut averti que ce prince avoit un autre dessein; il n'en voulut rien croire. Le prince Eugène, informé de moment en moment des mouvement de l'électeur, et qui n'étoit dans ses retranchements [que] pour occuper le maréchal de Villeroy, et l'empêcher d'aller grossir les trois armées de la sienne, se mesura assez juste pour l'amuser jusqu'au bout, et partir précisément pour aller joindre Marlborough, de manière qu'il y arrivât sûrement à temps, mais sans donner au maréchal celui d'en profiter, ni sur son arrière-garde, ni par de nombreux détachements pour fortifier l'électeur; c'est ce qu'il exécuta avec une capacité qui dépassoit de loin celle du maréchal de Villeroy, qui n'y sut pas remédier après ne l'avoir pas voulu prévoir, et qui, après quelques mouvements, demeura avec toute son armée dans ces gorges.

Cependant l'électeur marchoit aux ennemis avec une merveilleuse confiance : il arriva le matin du 12 août dans la plaine d'Hochstedt, lieu de bon augure par la bataille qui y avoit été gagnée. L'ordre de celle de l'électeur fut singulier. On ne mêla point les armées : celle de l'électeur occupa le centre commandée par d'Arco, Tallard avec la sienne formoit l'aile droite, et Marsin avec la sienne l'aile gauche, sans aucun intervalle plus grand qu'entre le centre et les ailes d'une même armée. L'électeur commandoit le tout, mais Tallard présidoit, et comme il ne voyoit pas à dix pas devant lui, il tomba en de grandes fautes qui ne trouvèrent pas, comme à Spire, qui les réparât sur-le-champ. Peu d'heures après l'arrivée de l'électeur dans la plaine d'Hochstedt, il eut nouvelle que les ennemis venoient au-devant de lui, c'est-à-dire Marlborough et le prince Eugène, qui joignit son armée avec la sienne, dans la marche de la veille. Rien ne fut mesuré plus juste. Il avoit laissé dix-sept bataillons et quelque cavalerie au comte de Nassau-Weilbourg dans les retranchements de Bihel, pour continuer d'y amuser le maréchal de Villeroy tant qu'il pourroit, et se retirer dès que le maréchal désabusé tourneroit sur lui; le prince Louis de Bade étoit demeuré à son siége d'Ingolstadt. Nos généraux eurent toute la journée à choisir leur champ de bataille et à faire toutes leurs dispositions. Il étoit difficile de réussir plus mal à l'un et à l'autre. Un ruisseau assez bon et point trop marécageux couloit parallèlement au front de nos trois armées; une fontaine formoit une large et longue fondrière qui séparoit presque les deux lignes du maréchal de Tallard : situation étrange quand on est maître de choisir son terrain dans une vaste plaine, et qui devint aussi très-funeste. Tout à fait à sa droite, mais moins avancé qu'elle, étoit le gros village de Bleinheim, dans lequel, par un aveuglement sans exemple, il mit vingt-six bataillons de son armée avec Clérembault, lieutenant général, et Blansac, maréchal de camp, soutenus de cinq régiments de dragons dans les haies du même village, et d'une brigade de cavalerie derrière; c'étoit donc une armée entière pour garder ce village et appuyer sa droite, et se dégarnir d'autant. La première bataille d'Hochstedt, gagnée en ce même terrain, étoit un plan bon à suivre, et une leçon présente dont beaucoup d'officiers généraux qui se trouvoient là avoient été témoins; il paroît qu'on n'y songea pas. Entre deux partis à prendre, ou de border le ruisseau parallèle au front des armées pour en disputer le passage aux ennemis, et celui de les attaquer dans le désordre de leur passage, tous deux bons, et le dernier meilleur, on en prit un troisième : ce fut de leur laisser un grand espace entre nos troupes et le ruisseau, et de leur laisser passer à leur aise pour les culbuter après dedans, dit-on. Avec de telles dispositions, il n'étoit point possible de douter que nos chefs fussent frappés d'aveuglement. Le Danube couloit assez près de Bleinheim, qui eût été un appui de la droite, en s'en approchant, meilleur que ce village, et qui n'avoit pas besoin d'être gardé.

Les ennemis arrivèrent le 13 août, se portèrent d'abord sur le ruisseau, et y parurent presque avec le jour. Leur surprise dut être grande d'en aviser nos armées si loin, qui se rangeoient en bataille. Ils profitèrent de l'étendue du terrain qu'on leur laissoit, passèrent le ruisseau presque partout, se formèrent sur plusieurs lignes au deçà, puis s'étendirent à leur aise sans recevoir la plus légère opposition. Voilà de ces vérités exactes, mais sans aucune vraisemblance, et que la postérité ne croira pas. Il étoit près de huit heures du matin quand toute leur disposition fut faite, que nos armées leur virent faire sans s'émouvoir. Le prince Eugène avec son armée avoit la droite, et le duc de Marlborough la gauche avec la sienne, qui fut ainsi opposée à celle du maréchal de Tallard. Enfin elles s'ébranlèrent l'une contre l'autre, sans que le prince Eugène pût obtenir le moindre avantage sur Marsin, qui au contraire en eut sur lui, et qui étoit en état d'en profiter sans le malheur de notre droite. Sa première charge ne fut pas heureuse. La gendarmerie ploya, et porta un grand désordre dans la cavalerie qui la joignoit, dont plusieurs régiments firent merveilles. Mais deux inconvénients perdirent cette malheureuse armée : la seconde ligne, séparée de la première par la fondrière de cette fontaine, ne la put soutenir à propos, et par le long espace qu'il falloit marcher pour gagner la tête de cette fondrière et en faire le tour, le ralliement ne se put faire parce que les escadrons des deux lignes ne purent passer dans les intervalles les uns des autres, ceux de la seconde pour aller ou pour soutenir la charge, ceux de la première pour se rallier derrière la seconde; quant à l'infanterie, vingt-six bataillons dans Bleinheim y laissèrent un grand vide, non en espace, car on avoit rapproché les bataillons restés en ligne, mais en front et en force. Les Anglois qui s'aperçurent bientôt de l'avantage que leur procuroit ce manque d'infanterie, et du désordre extrême du ralliement de la cavalerie de notre droite, en surent profiter sur-le-champ, avec la facilité de gens qui se manioient aisément dans la vaste étendue d'un bas terrain. Ils redoublèrent les charges, et pour le dire en un mot, ils défirent toute cette armée, dès cette première charge, si mal soutenue par les nôtres que la fermeté de plusieurs régiments qui çà, qui là, ni la valeur et le dépit des officiers généraux et particuliers ne purent jamais rétablir. L'armée de l'électeur, entièrement découverte, et prise en flanc par les mêmes Anglois, s'ébranla à son tour. Quelque valeur que témoignassent les Bavarois, quelque prodige que fît l'électeur, rien ne put remédier à cet ébranlement, mais la résistance au moins y fut grande. Ainsi l'armée de Tallard battue et enfoncée dans le plus grand désordre du monde, celle de l'électeur soutenant avec vigueur, mais ne pouvant résister par devant et par le flanc tout à la fois, l'une en fuite, l'autre en retraite, celle de Marsin chargeant et gagnant sur le prince Eugène, fut un spectacle qui se présenta tout à la fois, pendant lequel le prince Eugène crut plus d'une fois la bataille fort hasardée pour eux. En même temps ceux de Bleinheim vigoureusement attaqués, non-seulement surent se défendre, mais poursuivre par deux fois les ennemis fort loin dans la plaine, après les avoir repoussés, lorsque Tallard, voyant son armée défaite, en fuite, poussa à Bleinheim pour en retirer les troupes avec le plus d'ordre qu'il pourroit, et tâcher d'en faire quelque usage. Il en étoit d'autant plus en peine, qu'il leur avoit très-expressément défendu de le quitter, et d'en laisser sortir un seul homme quoi qu'il pût arriver. Comme il y poussoit à toute bride avec Silly et un gentilhomme à lui, tous trois seuls, il fut reconnu, environné, et tous trois pris.

Pendant tous ces désordres, Blansac étoit dans Bleinheim, qui ne savoit ce qu'étoit devenu Clérembault, disparu depuis plus de deux heures. C'est que, de peur d'être tué, il étoit allé se noyer dans le Danube. Il espéroit le passer à la nage sur son cheval, avec son valet sur un autre, apparemment pour se faire ermite après; le valet passa et lui y demeura. Blansac donc, sur qui le commandement rouloit en l'absence de Clérembault qui ne paroissoit plus sans que personne sût ce qu'il étoit devenu, se trouva fort en peine de l'extrême désordre qu'il voyoit et entendoit, et de ne recevoir aucun ordre du maréchal de Tallard. L'éparpillement que cause une confusion générale fit que Valsemé, maréchal de camp, et dans la gendarmerie, passa tout près du village, en lieu où Blansac le reconnut; il cria après lui, y courut et le pria de vouloir bien aller chercher Tallard, et lui demander ce qu'il lui ordonnoit de faire et de devenir. Valsemé y fut très-franchement, mais en l'allant chercher il fut pris; ainsi Blansac demeura sans ouïr parler d'aucun ordre ni d'aucun supérieur. Je ne dirai ici que ce que Blansac allégua pour une justification qui fut également mal reçue du roi et du public, mais qui n'eut point de contradicteurs, parce que personne ne fut témoin de ce qui se passa à Bleinheim que ceux qui y avoient été mis, que les principaux s'accordèrent à un même plaidoyer, et que la voix de ces vieux piliers de bataillons qui perça ne fit pourtant pas une relation suivie, sur laquelle on pût entièrement compter, mais qui fut assez forte pour accabler à la cour, et dans le public, les officiers principaux à qui ils furent obligés d'obéir. Ceux-là donc, au milieu de ces peines et livrés à eux-mêmes, s'aperçurent que la poudre commençoit à manquer, que leurs charrettes composées s'en étoient allées doucement sans demander congé à personne, que quelques soldats en avoient pris l'alarme et commençoient à la communiquer à d'autres, lorsqu'ils virent revenir Denonville, qui avoit été pris à cette grande attaque du village dont j'ai parlé, et qui étoit accompagné d'un officier qui, le mouchoir en l'air, demandoit à parler sur parole.

Denonville étoit un jeune homme, alors fort beau et bien fait, fils aîné du sous-gouverneur de Mgr le duc de Bourgogne, et colonel du régiment Royal-infanterie, que la faveur de ce prince un peu trop déclarée avoit rendu présomptueux et quelquefois audacieux. Au lieu de parler, au moins en particulier à Blansac et aux autres officiers principaux, puisqu'il avoit fait la folie de se charger d'une mission si étrange, Denonville, dis-je, qui avoit de l'esprit, du jargon, et grande opinion de lui-même, se mit à haranguer les troupes qui bordoient le village pour leur persuader de se rendre prisonniers de guerre, pour se conserver pour le service du roi. Blansac, qui vit l'ébranlement que ce discours causoit dans les troupes, le fit taire avec la dureté que son propos méritoit, le fit retirer et se mit à haranguer au contraire; mais l'impression étoit faite, il ne tira d'acclamations que du seul régiment de Navarre, tout le reste demeura dans un triste silence. J'avertis toujours que c'est d'après Blansac que je parle.

Quelque peu de temps après que Denonville et son adjoint furent retournés aux ennemis, revint de leur part un milord, qui demanda à parler au commandant sur parole. Il fut conduit à Blansac, auquel il dit que le duc de Marlborough lui mandoit qu'il étoit là avec quarante bataillons et soixante pièces de canon, maître d'y faire venir de plus tout ce qu'il voudroit de troupes; qu'il commençoit à l'environner de toutes parts; que le village n'avoit plus rien derrière soi pour le soutenir; que l'armée de Tallard étoit en fuite, et ce qui restoit ensemble de celle de l'électeur étoit en marche pour se retirer; que Tallard même et force officiers généraux étoient pris; que Blansac n'avoit aucun secours à espérer; qu'il feroit donc mieux d'accepter une capitulation, en se rendant tous prisonniers de guerre, que de faire périr tant de braves gens et de si bonnes troupes de part et d'autre, puisqu'à la fin il faudroit bien que le plus petit nombre fût accablé par le plus grand. Blansac voulut le renvoyer tout court; mais sur ce que l'Anglois le pressa de s'avancer avec lui sur parole jusqu'à deux cents pas de son village pour voir de ses yeux la vérité de la défaite de l'armée électorale, de sa retraite et des préparatifs pour l'attaquer, Blansac y consentit. Il prit avec lui Hautefeuille, mestre de camp général des dragons, et ils s'avancèrent avec ce milord. Leur consternation fut grande lorsque par leurs yeux ils ne purent douter de la vérité de tout ce que cet Anglois venoit de leur dire. Ramenés par lui dans Bleinheim, Blansac assembla les officiers principaux à qui il rendit compte de la proposition qui leur étoit faite, et de ce que, par ses propres yeux et ceux d'Hautefeuille, il venoit de voir. Tous comprirent combien affreuse seroit pour eux la première inspection de leur reddition prisonniers de guerre; mais, tout bien considéré, celle de leur situation les frappa davantage, et ils conclurent tous à accepter la proposition qui leur étoit faite, en prenant les précautions qu'ils purent pour conserver au roi ces vingt-six bataillons et les douze escadrons de dragons, par échange ou par rançon, pour leur traitement et leurs traites. Cette horrible capitulation fut donc tout aussitôt jetée sur le papier et signée de Blansac, des officiers généraux et de tous les chefs de corps, hors de celui, je crois, de Navarre, qui fut le seul qui refusa, et tout aussitôt exécutée.

Cependant Marsin, qui avoit toujours non-seulement soutenu mais repoussé le prince Eugène avec avantage, averti de la déroute de l'armée de Tallard et d'une grande partie de celle de l'électeur, découverte et entraînée par l'autre, ne songea plus qu'à profiter à l'intégrité de la sienne pour faire une retraite et recueillir tout ce qu'il pourroit de ses débris, et il l'exécuta sans être poursuivi. Marlborough lui-même étoit surpris d'un si prodigieux bonheur, le prince Eugène ne le pouvoit comprendre, le prince Louis de Bade, à qui ils le mandèrent, ne se le pouvoit persuader, et fut outré de n'y avoir point eu de part. Il leva suivant leur avis, le siége d'Ingolstadt qui, après un événement aussi complet ne se pouvoit soutenir et tomberoit de soi-même. L'électeur fut presque le seul à qui la tête ne tourna point, et qui proposa peut-être le seul bon parti à prendre : c'étoit de se maintenir dans son pays à la faveur des postes et des subsistances commodes et abondantes. On sentit trop tard la faute de ne l'avoir pas cru. Son pays, livré à soi-même et soutenu de peu de ses troupes, se soutint tout l'hiver contre toutes les forces impériales. Mais notre sort n'étoit pas de faire des pertes à demi, l'électeur ne put être écouté; on ne songea qu'à se retirer sur l'armée du maréchal de Villeroy et à la joindre. Les ennemis n'y apportèrent pas le moindre obstacle, ravis de voir prendre à nos armées un parti d'abandon auquel, après leur victoire, ils auroient eu peine à les forcer. Cette jonction se fit donc, si différente des précédentes, le 25 août, à Doneschingen, où l'armée du maréchal de Villeroy s'étoit avancée. Chamarande y amena tout ce qu'il avoit été ramasser à Augsbourg, Ulm, etc., et Marsin ne ramena pas plus de deux mille cinq cents soldats et antant de cavaliers, dont dix-huit cents démontés, de l'armée de Tallard, qui perdit trente-sept bataillons, savoir : les vingt-six qui se rendirent prisonniers de guerre à Bleinheim, et onze tués et mis en pièces ; la gendarmerie en particulier, et en général presque toute la cavalerie de Tallard fut accusée d'avoir très-mal fait. Ils tirèrent au lieu de charger l'épée à la main, ce que fit la cavalerie ennemie, qui avoit auparavant coutume de tirer ; ainsi l'une et l'autre changea son usage et prit celui de son ennemi, qui fut une chose très-fatale. Enfin nos armées arrivèrent, le dernier août, sous le fort de Kehl, au bout du pont de Strasbourg, et le prince Eugène dans ses lignes de Stollhofen, faisant contenance de vouloir passer le Rhin.

L'électeur passa de sa personne de Strasbourg à Metz, d'où il gagna Bruxelles, tout droit comme il put. Il auroit fort voulu aller voir le roi, mais cette triste entrevue ne fut pas du goût de Sa Majesté, quoique ce prince, dans l'intervalle de la bataille à son passage du Rhin, eût refusé des propositions fort avantageuses, s'il avoit voulu abandonner son alliance. Il vit l'électrice et ses enfants en passant à Ulm, leur donna ses instructions avec beaucoup de courage et de sang-froid, et les renvoya à Munich pour s'y soutenir, avec ce qu'il laissoit de ses troupes, le plus longtemps qu'il seroit possible. Blainville, Zurlauben, lieutenants généraux, furent tués et beaucoup d'autres, les prisonniers furent infinis. Labaume, fils aîné de Tallard, survécut peu de jours à sa blessure. Le duc de Marlborough, qui avoit tout fait avec son armée, garda le maréchal de Tallard et les officiers les plus distingués qu'il envoya à Hanau, jusqu'à ce qu'il fût temps pour lui de passer en Angleterre, pour en orner son triomphe. De tous les autres, il en donna la moitié au prince Eugène. Ce fut pour eux une grande différence. Celui-ci les traita durement; le duc de Marlborough avec tous les égards, les complaisances, les politesses les plus prévenantes en tout, et une modestie peut-être supérieure à sa victoire. Il eut soin que ce traitement fût toujours le même jusqu'à leur passage avec lui, et le commun des prisonniers qu'il se réserva reçut par ses ordres tous les ménagements et toutes les douceurs possibles.

Le roi reçut cette cruelle nouvelle le 21 août par un courrier du maréchal de Villeroy, à qui les troupes laissées par le prince Eugène sous le comte de Nassau-Weilbourg dans leurs lignes de Stollhofen, envoyèrent un trompette, avec des lettres de plusieurs de nos officiers prisonniers à qui on avoit permis de donner de leurs nouvelles à leurs familles.

Par ce courrier, le roi apprit que la bataille donnée le 13 avoit duré depuis huit heures du matin jusque vers le soir; que l'armée entière de Tallard étoit tuée ou prise; qu'on ne savoit ce que ce maréchal étoit devenu; aucune lettre ne le disoit, ni n'expliquoit si l'électeur et le maréchal de Marsin avoient été à l'action. Il y en avoit de Blansac, de Hautefeuille de Montpéroux, du chevalier de Croissy et de Denonville, mais sans aucun détail, et de gens éperdus. Dans cette terrible inquiétude, le roi ouvrit ces lettres, il trouva quelque chose de plus dans celle de Montpéroux, mais pourtant sans détail : il écrivoit à sa femme, qu'il appeloit sa chère petite Palatine. Quand le roi, longtemps après, fut éclairci, il demanda au maréchal de Boufflers ce que c'étoit que ce petit nom de tendresse dont il n'avoit jamais ouï parler. Le maréchal lui apprit que le nom propre de Montpéroux étoit Palatin de Dio. Il auroit pu ajouter que *Palatin* étoit un titre familier dans ces provinces de Bourgogne et voisines, resté en nom propre après avoir été des concessions des empereurs; ainsi c'étoit palatin, ou sous un titre plus éminent, seigneur de Dio.

Le roi demeura six jours dans cette situation violente de savoir tout perdu en Bavière, et d'ignorer le comment. Le peu de gens dont il arriva des lettres se contentoient de mander de leurs propres nouvelles, tout au plus de quelques amis. Personne n'étoit pressé de raconter le désastre. On craignoit pour ses lettres, et on n'osoit s'y expliquer sur les choses ni sur les personnes. Marsin, tout occupé de sa retraite, se contenta de donner de ses nouvelles au maréchal de Villeroy, uniquement relatives à cet objet. L'électeur, outré de ses pertes et de la contradiction qu'il avoit trouvée à son avis de demeurer dans son pays, n'écrivit au roi que deux mots de respect et de fermeté dans son alliance, en passant le Rhin; tellement qu'on n'apprenoit rien que par lambeaux, et rares et médiocres, qui ne faisoient qu'augmenter l'inquiétude sur la chose générale et sur le sort des particuliers. La cruelle capitulation de Bleinheim fut pourtant démêlée la première, par deux mots qui s'en trouvèrent dans les lettres de Denonville, de Blansac et d'Hautefeuille. D'autres officiers particuliers s'échappèrent sans détail contre la gendarmerie et contre quelques officiers généraux, parmi lesquels le comte de Roucy n'étoit pas bien traité, et qui relevoient amèrement sa contusion si longuement pansée, si fort dans les derrières, pendant tout l'effort de la bataille de la Marsaille où il ne parut plus. Lui et Blansac son frère étoient fils de la sœur bien-aimée de M. le maréchal de Lorges. Ils avoient passé leur vie chez lui comme ses enfants. M. de La Rochefoucauld, aîné de leur maison, les traitoit, aux secours près, de même. Leurs femmes, avec qui je vivois fort, m'envoyèrent chercher partout, et me conjurèrent de voir Chamillart sur-le-champ pour obtenir de lui tout ce qu'il pourroit auprès du roi en leur faveur. Je le fis si efficacement qu'il leur sauva des choses fâcheuses.

Le roi, jusque par lui-même, cherchoit des nouvelles, il en demandoit, il se faisoit apporter ce qui arrivoit de la poste, et il n'y arrivoit rien, ou presque rien qui l'instruisît ; on mettoit bout à bout ce que chacun savoit pour en faire un tout qui ne contentoit guère. Le roi ni personne ne comprenoit point une armée entière placée dedans et autour d'un village, et cette armée rendue prisonnière de guerre par une capitulation signée. La tête en tournoit. Enfin les détails grossissant peu à peu, qui d'une lettre, qui d'une autre, arriva Silly à l'Étang, le matin du 29 août. Chamillart l'amena à Meudon où le roi étoit, qui s'enferma longtemps avec eux avant son dîner. Tallard, avec qui il fut pris, obtint du duc de Marlboroug la permission de l'envoyer au roi lui rendre compte de son malheur, avec parole qu'il reviendroit incontinent après où il lui ordonneroit de se rendre. Comme il n'apprit rien que je n'aie raconté ici, il servira quelques moments à faire une assez curieuse diversion à une matière aussi désagréable dont les suites se reprendront après.

Silly, du nom de Vipart, étoit un gentilhomme de Normandie des plus minces qu'il y eût, entre Lisieux et Séez, et en biens et en naissance. C'étoit un grand garçon, parfaitement bien fait, avec un visage agréable et mâle, infiniment d'esprit, et l'esprit extrêmement orné; une grande valeur et de grandes parties pour la guerre; naturellement éloquent avec force et agrément; d'ailleurs d'une conversation très-aimable; une ambition effrénée, avec un dépouillement entier de tout ce qui la pouvoit contraindre, ce qui faisoit un homme extrêmement dangereux, mais fort adroit à le cacher, appliqué au dernier point à s'instruire, et ajustant tous ses commerces, et jusqu'à ses plaisirs, à ses vues de fortune. Il joignoit les grâces à un air de simplicité qui ne put se soutenir bien longtemps, et qui, à mesure qu'il crût en espérance et en moyens, se tourna en audace. Il se lia tant qu'il put avec ce qu'il y avoit de plus estimé dans les armées, et avec la plus brillante compagnie de la cour. Son esprit, son savoir qui n'avoit rien de pédant, sa valeur, ses manières plurent à M. le duc d'Orléans. Il s'insinua dans ses parties, mais avec mesure, de peur du roi, et assez pour plaire au prince, qui lui donna son régiment d'infanterie. Un hasard le fit brigadier longtemps avant son rang, et conséquemment lieutenant général de fort bonne heure.

Silly, colonel de dragons, dès lors fort distingué, et qui depuis a pensé, et peut-être auroit dû être maréchal de France, fut fait brigadier dans cette promotion immense, où je ne le fus point, et qui me fit quitter le service, comme je l'ai dit en son temps. Chamillart arrivoit dans la place de secrétaire d'État de la guerre. C'étoit la première promotion de son temps; il ne connoissoit pas un officier. Sortant de chez Mme de Maintenon, où la promotion s'étoit faite à son travail ordinaire, il rencontre Silly et lui dit d'aller remercier le roi qui venoit de le faire brigadier. Silly, qui n'en étoit pas à portée, eut la présence d'esprit de cacher sa surprise. Il se douta de la méprise entre lui et Silly des dragons, mais il compta en tirer parti, et alla remercier le roi, sortant de chez Mme de Maintenon pour aller souper. Le roi, bien étonné de ce remercîment, lui dit qu'il n'avoit pas songé à le faire. L'autre, sans se démonter, allégua ce que Chamillart lui venoit de dire, et de peur d'une négative qui allât à l'exclusion, se dérobe dans la foule, va trouver Chamillart, et s'écrie qu'après avoir remercié sur sa parole, il n'a plus qu'à s'aller pendre s'il reçoit l'affront de n'être pas brigadier. Chamillart, honteux de sa méprise, crut qu'il y alloit du sien de la soutenir. Il l'avoua au roi dès le lendemain, et tout de suite fit si bien que Silly demeura brigadier. Il s'attacha le plus qu'il put à M. le prince de Conti et à ceux qu'il voyoit le plus. C'étoit alors le bon air comme il l'a été toujours, et Silly n'y étoit pas indifférent. Il tourna le maréchal de Villeroy; ses grandes manières et ses hauteurs le rebutèrent. Il trouva mieux son compte avec l'esprit, le liant et la coquetterie de Tallard, qui se vouloit faire aimer jusque des marmitons. Faits prisonniers ensemble, Tallard, fort en peine de soi à la cour, crut n'y pouvoir envoyer un meilleur chancelier que Silly. Il le servit si bien qu'on en verra bientôt des fruits. Mais au retour, je ne sais ce qui arriva entre eux. Ils se brouillèrent irréconciliablement, apparemment sur des choses qui ne faisoient honneur à l'un ni à l'autre, puisque chacun d'eux a tellement gardé le secret là-dessus, que leurs plus intimes amis n'y ont pu rien deviner, et que la cause de cette rupture, tous deux l'ont emportée en l'autre monde, même le survivant des deux qui fut Tallard, et qui n'avoit rien à craindre d'un mort qui ne laissoit ni famille ni amis.

Le roi mort, Silly fit un moment quelque figure dans la régence; mais, peu content de n'être d'aucun conseil, il se tourna aux richesses. Il étoit né fort pauvre, et n'avoit pu que subsister. Sa fortune alloit devant tout; mais, foncièrement avare, l'amour du bien suivoit immédiatement en lui. Il fit sa cour à Law qu'il séduisit par son esprit. La mère du vieux Lassay étoit Vipart; il étoit très-bien avec son fils, qui depuis bien des années disposoit du cœur, de l'esprit, de la conduite et de la maison de Mme la Duchesse. Mme la Duchesse, en cela seulement, une avec M. le Duc, étoit tout système. Law, après M. le duc d'Orléans, avoit mis ses espérances en la maison de Condé, dont l'avidité héréditaire se gorgea de millions par le dévouement de ce Law. Silly s'y fraya accès par Lussé, qui étoit la voie exquise auprès de Mme la Duchesse. Il y devint bientôt un favori important sous la protection du véritable, et se gorgea en sous-ordre. M. le Duc, devenu premier ministre, ne put refuser à sa mère quelques colliers de l'ordre dans la nombreuse promotion de 1724, où il fourra tant de canailles. Silly en eut un, que Mme la Duchesse arracha avec peine. Il avoit attrapé de M. le duc d'Orléans une place de conseiller d'État d'épée. Alors riche et décoré, il revêtit le seigneur. Cette fortune inespérable ne fit que l'exciter à la combler. Rien ne lui parut au-dessus de son mérite. Morville, secrétaire d'État des affaires étrangères, en fut ébloui. Silly le domina : il devint son conseil pour sa conduite et pour les affaires. Une position si favorable à son ambition lui donna d'idée de l'ambassade d'Espagne, d'y être fait grand, de revenir après dans le conseil comme un homme déjà imbu des affaires, de se faire duc et pair; et de là tout ce qu'il pourroit. Ce fut un château en Espagne et le pot au lait de la bonne femme. M. le Duc fut remercié, et Morville congédié.

Un grand homme ne s'abandonne pas soi-même. Silly comprit avec tout le monde que M. de Fréjus, incontinent après cardinal Fleury, étoit tout seul le maître des grâces et des affaires, et Chauvelin sous lui. C'étoit pour lui deux visages tout nouveaux, à qui il étoit très-inconnu. L'opinion qu'il avoit de soi le persuada qu'avec un peu d'art et de patience il viendroit à bout de faire d'eux comme de Morville ; mais ils avoient trop peu de loisirs et lui trop peu d'accès. Dans la peine du peu de succès de ses essais, il se mit dans la tête de venir à bout du cardinal, par une assiduité qui lui plût, comme il n'en doutoit pas, et qui, l'accoutumant à lui, lui frayât le chemin de son cabinet, ou, une fois entré, il comptoit bien le gouverner. Il se mit donc à ne bouger de Versailles, et quoiqu'il n'eût de logement qu'à la ville, d'y donner tous les jours un dîner dont la délicatesse attirât. Il y menoit des gens de guerre qu'il trouvoit sous sa main, le peu de gens d'âge qui, autrefois à la cour, venoient pour quelque affaire à Versailles, et des conseillers d'État. Là on dissertoit, et Silly tenoit le dé du raisonnement et de la politique, en homme qui se ménage, qui croit déjà faire une figure, et qui la veut augmenter. En même temps il s'établit tous les jours à la porte du cardinal pour le voir passer. Cela dura plus d'un an, sans rien rendre que quelques dîners chez le cardinal, encore bien rarement ; soit que le cardinal fût averti du dessein de Silly, soit que sa défiance naturelle prît ombrage d'une assiduité si remarquable. Un jour qu'il rentroit un moment avant son dîner, il s'arrêta à la porte de son cabinet, et demanda à Silly d'un air fort gracieux s'il désiroit quelque chose et s'il avoit à lui parler. Silly, se confondant en compliments et en respects, lui répond que non, et qu'il n'est là que pour lui faire sa cour en passant. Le cardinal lui répliqua civilement, mais haussant la voix pour être entendu de tout ce qui étoit autour d'eux, qu'il n'étoit pas accoutumé à voir des gens comme lui à sa porte, et ajouta fort sèchement qu'il le prioit de n'y plus revenir quand il n'auroit point affaire à lui.

Ce coup de foudre, auquel Silly s'étoit si peu attendu, le pénétra d'autant plus qu'il s'y trouva plus de témoins. Il avoit compté circonvenir le cardinal par ses plus intimes amis à qui il faisoit une cour basse et assidue, après avoir trouvé divers moyens de s'introduire chez eux, et même de leur plaire. Il sentit avec rage toutes ses espérances perdues, et s'en alla chez lui, où il trouva force compagnie. Le comte du Luc, qui me conta cette aventure, étoit à la porte du cardinal, où il entendit tout le dialogue, d'où il alla dîner chez Silly, qui auparavant l'en avoit convié, et où ils se trouvèrent plusieurs. Silly y parut outré et assez longtemps morne. A la fin il éclata à table contre le cardinal à faire baisser les yeux à tout le monde. Il continua le reste du repas à se soulager de la sorte. Personne ne répondit un mot. Il sentoit bien qu'il embarrassoit, et qu'il ne faisoit par ces propos publics que se faire à lui-même un mal irrémédiable; mais le désespoir étoit plus fort que lui. Il se passa près d'un an depuis, tantôt à Paris, tantôt à Versailles, n'osant plus approcher du cardinal, qu'il auroit voulu dévorer, et cherchant dans son esprit des expédients et des issues qu'il ne put lui fournir. A la fin, il s'en alla chez lui pour y passer l'hiver. Il avoit accru et ajusté sa gentilhommière qu'il avoit travestie en château.

Il n'y fut pas longtemps sans renvoyer le peu de gens qui venoient le voir; je dis le peu, car ses nouveaux airs de seigneur, auxquels ses voisins n'étoient pas accoutumés chez lui, en avoient fort éclairci la compagnie. Il dit qu'il étoit malade, et se mit au lit. Il y demeura cinq ou six jours. Le peu de valets qu'il y avoit se regardoient ne le voyant point malade. Son chirurgien, que j'ai vu après à M. de Lévi, ne lui trouvoit point de fièvre. Le dernier jour il se leva un moment, se recoucha, et fit sortir tous ses gens de sa chambre. Sur les six heures du soir, inquiets de cette longue solitude, et sans rien prendre, ils entendirent quelque bruit dans les fossés, plus pleins de boue que d'eau; là-dessus ils entrèrent dans sa chambre, et se mirent à la cheminée à écouter un peu. Un d'eux sentit un peu de vent d'une fenêtre; il la voulut aller fermer. En même temps un autre s'approche du lit, et lève doucement le rideau; mais quel fut l'étonnement de tous les deux, lorsque l'un ne trouva personne dans le lit, et l'autre deux pantoufles au bas de la fenêtre dans la chambre! Les voilà à s'écrier et à courir tous aux fossés. Ils l'y trouvèrent tombé de façon à avoir pu gagner le bord s'il eût voulu. Ils le retirèrent palpitant encore, et fort peu après il mourut entre leurs bras. Il n'étoit point marié, et avoit une sœur fille, qu'il laissoit à la lettre manquer de tout et mourir de faim, qui trouva dans sa riche succession une ample matière à se consoler d'une si funeste catastrophe. Avec tout son esprit il fit une sottise qui fâcha extrêmement le roi. Après l'avoir entretenu longtemps dans son cabinet en arrivant à Meudon, il l'aperçut sur le soir à sa promenade sans épée. Cela piqua le roi à l'excès, et il le marqua par le ton avec lequel il lui demanda ce qu'il en avoit fait. Silly répondit qu'étant prisonnier, il croyoit n'en devoir point porter. « Qu'est-ce que cela veut dire? reprit le roi fort ému, allez en prendre une tout à l'heure. » Cela, joint aux tristes nouvelles dont il avoit apporté le détail, ne le fit pas briller pendant ce court voyage, et ne contribua pas peu à lui donner de l'impatience d'aller retrouver Tallard à Hanau, comme il fit peu de jours après avoir été à un voyage de Marly pour la première fois de sa vie.

On n'étoit pas accoutumé aux malheurs. Celui-ci étoit très-raisonnablement inattendu; quatre armées au delà du Rhin, dont les trois dans le cœur de l'Allemagne avec la puissance des mécontents, faisoient tout attendre d'elles. Qu'on n'eût point combattu, on étoit maître de tout par la retraite forcée des ennemis, et imminente, et fort éloignée pour trouver de la subsistance. Que le maréchal de Villeroy qui n'avoit rien à faire qu'à observer le prince Eugène, le suivre, le barrer, ne s'en fût point laissé amuser, puis moquer en s'échappant, jamais Marlborough, sans sa jonction, n'eût osé prêter le collet à nos trois armées. Qu'elles eussent bordé le ruisseau de leur front, jamais ils ne se seroient commis à le passer devant elles, ou y auroient été rompus et défaits. Qu'elles n'eussent laissé que peu d'intervalle entre elles et le ruisseau pour les attaquer demi-passés, s'ils l'osoient entreprendre, ils étoient sûrement battus et culbutés dedans. Qu'elles eussent au moins pris un terrain où le vaste laissoit le choix libre, qui ne mît pas une large et longue fondrière entre les deux lignes de Tallard, encore auroient-elles eu au moins partie égale. Qu'on n'eût pas pris vingt-six bataillons et douze escadrons de dragons de cette armée pour mettre dedans et autour d'un village, pour appuyer la droite qu'on étoit maître de mettre tout près de là au Danube, on n'auroit pas affoibli cette armée, qui tenoit lieu d'aile droite, à être enfoncée, et le centre, qui étoit celle de l'électeur, à être pris en flanc. Qu'au moins une armée entière, établie dans ce village de Bleinheim, eût eu le courage de s'y défendre, elle eût donné le temps à l'armée de Marsin qui faisoit la gauche, qui étoit entière, qui avoit toujours battu, de profiter du temps et de l'occupation qu'auroit donnée ce village, de se rallier aux deux tiers de l'armée de l'électeur qui soutenoit encore, et à la faveur d'une défense de vingt-six bons bataillons et de douze escadrons de dragons, d'y porter la bataille et tout l'effort des armes qui peut-être eût été heureux. Mais il étoit écrit que la honte, les fautes, le dommage seroient extrêmes du côté du roi, et que toutes seroient comblées par le tournoiement de tête de la dernière faute, en abandonnant la Bavière si aisée à tenir, avec ses places, sa volonté, son abondance, par une armée entière qui n'avoit rien souffert, et par le débris des deux autres, en prenant des postes avantageux. En vain l'électeur ouvrit-il cet avis, la peur ne crut trouver de salut qu'à l'abri de l'armée du maréchal de Villeroy; et, quand la jonction fut faite, au lieu de profiter de ce que les passages étoient encore libres, et de ramener cette armée toute fraîche avec eux en Bavière, où tous ensemble se seroient trouvés aussi forts que devant la bataille, et plus frais que les ennemis qui avoient combattu, car il étoit resté peu de troupes avec le prince Louis de Bade devant Ingolstadt, on ne songea qu'à hâter la fuite, à presser l'abandon de tant de places et de tant de vastes et d'abondants pays. On ne se crut en sauveté qu'au Rhin, et au bout du pont de Strasbourg, pour être maître à tous moments de le passer. Ces prodiges d'erreurs, d'aveuglements, de ténèbres, entassés et enchaînés ensemble, si grossiers, si peu croyables, et dont un seul de moins eût tout changé de face, retracent bien, quoique dans un genre moins miraculeux, ces victoires et ces défaites immenses que Dieu accordoit, ou dont il affligeoit son peuple, suivant qu'il lui étoit fidèle ou que son culte en étoit abandonné.

On peut juger quelle fut la consternation générale, où chaque famille illustre, sans parler des autres, avoit des morts, des blessés et des prisonniers, quel fut l'embarras du ministre de la guerre et de la finance d'avoir à réparer une armée entière détruite, tuée ou prisonnière; et quelle la douleur du roi qui tenoit le sort de l'empereur entre ses mains, et qui, avec cette ignominie et cette perte, se vit réduit, aux bords du Rhin, à défendre le sien propre. Les suites ne marquèrent pas moins l'appesantissement de la main de Dieu. On perdit le jugement, on trembla au milieu de l'Alsace. La cruelle méprise du maréchal de Villeroy fut noyée dans sa faveur. Nous allons voir Tallard magnifiquement récompensé. Marsin demeura dans l'indifférence; on trouva qu'il ne méritoit rien, puisqu'il n'avoit point failli, car le roi ne le blâma point de ne s'être pas roidi en Bavière. Toute la colère tomba sur quelques régiments qui furent cassés, sur des particuliers dont tout le châtiment fut de n'être plus employés dans les armées, parmi lesquels quelques innocents furent mêlés avec les coupables. Denonville seul fut honteusement cassé et son régiment donné à un autre, tellement que, sa prison finie, il n'osa plus paroître nulle part. Je ne veux pas dire que la proposition qu'il eut la folie de venir faire aux barrières de Bleinheim ne l'eût bien mérité; mais ce ne fut pas à son éloquence que ce village mit les armes bas et se rendit prisonnier de guerre. Ce fut à celle d'un Anglois seul envoyé après lui. Denonville fut le seul puni, et pas un de ceux qui remirent leur armée, car c'en étoit une au pouvoir des Anglois sans tirer un seul coup depuis que la capitulation avec la condition de prisonniers de guerre leur eut été proposée; et le seul chef de troupes qui refusa de la signer n'en fut pas reconnu ni distingué le moins du monde. En échange, le public ne se contraignit, ni sur les maréchaux, ni sur les généraux, ni sur les particuliers qu'il crut en faute, ni sur les troupes dont les lettres parlèrent mal. Ce fut un vacarme qui embarrassa leurs familles. Les plus proches furent plusieurs jours sans oser se montrer, et il y en eut qui regrettèrent de n'avoir pas gardé une plus longue clôture.

Au milieu de cette douleur publique, les réjouissances et les fêtes pour la naissance du duc de Bretagne ne furent point discontinuées. La ville en donna une d'un feu sur la rivière, que Monseigneur, les princes ses fils, et Mme la duchesse de Bourgogne vinrent voir des fenêtres du Louvre avec force dames et courtisans, et force magnificence de chère et de rafraîchissements, contraste qui irrita plus qu'il ne montra de grandeur d'âme. Peu de jours après, le roi donna une illumination et une fête à Marly, où la cour de Saint-Germain fut invitée, et où tout fut en l'honneur de Mme la duchesse de Bourgogne. Il remercia le prévôt des marchands du feu donné sur la rivière, et lui dit que Monseigneur et Mme la duchesse de Bourgogne l'avoient trouvé fort beau.

## CHAPITRE XVII.

Marche des alliés. — Marlborough feld-maréchal général des armées de l'empereur et de l'empire. — Nos armées en Alsace. — Mort du duc de Montfort; son caractère. — Sa charge donnée à son frère. — Mort, famille et dépouille du comte de Verue. — Entreprise manquée sur Cadix. — Bataille navale gagnée près de Malaga par le comte de Toulouse. — Faute fatale malgré le comte de Toulouse. — Châteauneuf, ambassadeur en Portugal, arrivé d'Espagne; son frère, leur fortune, leur caractère. — Orry arrivé à Paris en disgrâce et en péril. — Aubigny bien traité à Madrid. — Berwick rappelé d'Espagne aux instances de la reine; Tessé nommé pour lui succéder. — Intrigues du mariage du duc de Mantoue, qui refuse Mlle d'Enghien, est refusé de la duchesse de Lesdiguières, et qui, contre le désir du roi et sa propre volonté, épouse fort étrangement Mlle d'Elbœuf, qu'il traite après fort mal.

Les trois chefs ennemis, maîtres de la Bavière et de tout jusqu'au Rhin, ramenèrent leurs armées auprès de Philippsbourg, dans les derrières, et y tinrent un pont tout prêt à y jeter sur le Rhin en trois heures. Tandis que les troupes marchèrent et qu'ils les laissèrent se rafraîchir dans ce camp, le prince Louis de Bade reçut dans ce voisinage au beau château de Rastadt, qu'il avoit bâti en petit sur le modèle de Versailles, le prince Eugène et le duc de Marlborough qui vinrent s'y reposer à l'ombre de leurs lauriers. Ce fut là que ce duc reçut de l'empereur les patentes de feld-maréchal général des armées de l'empereur et de l'empire, grade fort rare, pareil à celui qu'avoit le prince Eugène, et supérieur aux feld-maréchaux, qui, pour l'armée, les troupes et les places, sont comme nos maréchaux de France; et la reine d'Angleterre lui permit de l'accepter en attendant les récompenses qu'on lui préparoit en Angleterre.

Pendant ce glorieux repos nos maréchaux avoient repassé le Rhin et s'étoient avancés sur Haguenau. Tout leur faisoit craindre le siége de Landau. Le maréchal de Villeroy ne se crut pas en état de s'y opposer; il se contenta de le munir de tout le nécessaire pour un long siége, et d'y faire entrer, outre la garnison, huit bataillons, un régiment de cavalerie et un de dragons sous Laubanie, gouverneur, chargé de le défendre. Rien n'étoit pareil à la rage des officiers de cette armée.

J'avois reçu depuis peu une lettre du duc de Montfort, qui étoit fort de mes amis, qui me mandoit qu'à son retour il vouloit casser son épée et se faire président à mortier. Il avoit toujours été de l'armée du maréchal de Villeroy. Sa lettre me parut si désespérée qu'avec un courage aussi bouillant que le sien, je craignis qu'il ne fît quelque folie martiale, et lui mandai qu'au moins je le conjurois de ne se pas faire tuer à plaisir. Il sembla que je l'avois prévu. Il fallut envoyer un convoi d'argent à Landau; on fit le détachement pour le conduire. Il en demanda le commandement au maréchal de Villeroy, qui lui dit que cela étoit trop peu de chose pour en charger un maréchal de camp. Peu après il se fit refuser encore; à une troisième [fois] il l'emporta de pure importunité. Il jeta son argent dans Landau sans aucun obstacle. Au retour, et marchant à la queue de son détachement, il vit des hussards qui voltigeoient; le voilà à les vouloir courre et faire le coup de pistolet comme un carabin. On le retint quelque temps, mais enfin il s'échappa sans être suivi que de deux officiers. Ces coquins caracolèrent, s'enfuirent, s'éparpillèrent, se rapprochèrent; et l'ardeur poussant le duc de Montfort sur eux, il s'en trouva tout à coup enveloppé, et aussitôt culbuté d'un coup de carabine qui lui fracassa les reins, et qui ne lui laissa le temps que d'être emporté comme on put, de se confesser avec de grands sentiments de piété et de regret de sa vie passée, et d'arriver au quartier général, où il mourut presque aussitôt après.

Il n'avoit pas encore trente-cinq ans, et en avoit cinq plus que moi. Beaucoup d'esprit, un savoir agréable, des grâces naturelles qui réparoient une figure un peu courte et entassée, et un visage que les blessures avoient balafré; une valeur qui se pouvoit dire excessive, une grande application et beaucoup de talents pour la guerre, avec l'équité, la liberté, le langage fait pour plaire aux troupes et à l'officier, et avec cela à s'en faire respecter; une grande ambition, mais, par un mérite rare, toujours retenue dans les bornes de la probité. Un air ouvert et gai, des mœurs douces et liantes, une vérité, une sûreté à toute épreuve, jointe à une vraie simplicité, formoient en lui le caractère le plus aimable et un commerce délicieux; avec cela sensible à l'amitié et très-fidèle, mais fort choisi dans ses amis, et le meilleur fils, le meilleur mari, le meilleur frère et le meilleur maître du monde, adoré dans sa compagnie des chevau-légers, ami intime de Tallard et de Marsin, fort de M. le prince de Conti, qui l'avoit fort connu chez feu M. de Luxembourg, qui l'aimoit comme son fils; ami particulier de M. le duc d'Orléans, et si parfaitement bien avec M. le duc de Bourgogne, qu'il en devenoit déjà considérable à la cour. Monseigneur aussi le traitoit avec amitié, et le roi se plaisoit à lui parler et à le distinguer en tout, tellement qu'il étoit compté à la cour fort au-dessus de son âge, et n'en étoit pas moins bien avec ses contemporains, dont ses manières émoussoient l'envie. Une éducation beaucoup trop resserrée, et trop longtemps, l'avoit jeté d'abord dans un grand libertinage, l'avoit écarté de cette assiduité qui étoit d'un si grand mérite auprès du roi, et avoit étrangement gâté ses affaires. Il revenoit depuis quelque temps d'un égarement si commun, et ce retour lui avoit tourné à grand mérite auprès du roi. Ma liaison intime avec le duc de Chevreuse, son père, et M. de Beauvilliers, avoit formé la mienne avec lui. Une certaine ressemblance de goûts, d'inclinations, d'aversions, de vues et de manières de penser et d'être, l'avoit resserrée jusqu'à la plus grande intimité, en sorte que pour le sérieux nous n'avions rien de caché l'un pour l'autre. L'habitation continuelle de la cour nous faisoit fort vivre ensemble. Sa femme et Mme de Lévi, sa sœur, étoient amies intimes de Mme de Saint-Simon, que Mmes de Chevreuse et de Beauvilliers traitoient comme leur fille. En absence nous nous écrivions continuellement. Sa perte fut aussi pour moi de la dernière amertume, et tous les jours de ma vie je l'ai sentie depuis tant d'années. On peut juger quelle fut la douleur de sa famille. Il ne laissa que des enfants tout enfants. Sa charge fut donnée à son frère, le vidame d'Amiens, qui est parvenu depuis à tout.

La mort du comte de Verue, tué à cette funeste bataille, dégrilla sa femme, qu'il tenoit dans un couvent à Paris, depuis qu'elle y étoit revenue d'entre les bras de M. de Savoie, comme je l'ai raconté en son lieu, et lui donna toute liberté. Elle reviendra en son temps sur la scène. Verue ne laissa qu'un fils d'elle, qui le survécut peu, et des filles religieuses. Sa charge de commissaire général de la cavalerie, qu'il venoit d'acheter du maréchal de Villars, fut donnée à La Vallière, prisonnier d'Hochstedt, et ce choix fit fort crier.

Le roi ne fut pas longtemps dans la douleur du désastre d'Hochstedt sans recevoir quelque consolation, médiocre pour l'État, mais sensible à son cœur. Le comte de Toulouse, qui ne ressembloit en quoi que ce pût être au duc du Maine son frère, avoit souffert impatiemment d'avoir consumé sa première campagne d'amiral à se promener sur la Méditerranée, sans oser prêter le collet aux flottes ennemies trop fortes pour la sienne. Il en avoit donc obtenu une cette année, avec laquelle il pût se mesurer avec celle qui, ayant hiverné à Lisbonne, tenoit la mer sous l'amiral Rooke, en attendant les secours de Hollande et d'Angleterre. Il faut dire, avant que d'aller plus avant, un mot d'Espagne pour l'intelligence de ce qui va suivre.

Le prince de Darmstadt, qui avoit été à la cour de Charles II, comme on l'a vu en son lieu, et qui y avoit été si bien avec la reine sa dernière femme, s'étoit embarqué sur la flotte avec l'archiduc lorsque ce prince alla en Portugal, et avec une partie projeta de surprendre Cadix, qu'il savoit fort dégarni de toutes choses. Un marchand françois, armé pour les îles de l'Amérique, moitié guerre moitié marchandises, mais qui pour son commerce y portoit sur deux gros bâtiments beaucoup de munitions de guerre, d'armes et assez d'argent, se trouva dans ces mers, et vit à la manœuvre de l'escadre le dessein sur Cadix. Il força de voiles, y entra en présence de l'escadre, débarqua toute sa cargaison, mit ainsi la place en état de se défendre, qui, faute d'armes et de munitions et d'argent, ne pouvoit autrement résister, et demeura dedans. Darmstadt n'ayant donc pu réussir dans son dessein, après l'avoir inutilement tenté pendant plusieurs jours, mit pied à terre et pilla les environs de terre ferme. Les communes s'assemblèrent sous le capitaine général du pays, les évêques voisins se surpassèrent par le prompt secours de monde et d'argent; en un mot, après un mois de courses où les Anglois perdirent bien du monde, il fallut se rembarquer, et encore à grand'peine et faire voile vers le Portugal. On a vu les négligences d'Orry, et ce nonobstant comme Puységur en répara tout ce qui fut possible, et les succès du duc de Berwick sur la frontière de Portugal. Les chaleurs séparèrent les armées, qui mirent en quartier d'été. Berwick, Villadarias ni Serclaës, dénués de tout par cette même négligence d'Orry, n'avoient pu pourvoir à tout, ni porter leurs troupes partout où elles auroient été nécessaires. Gibraltar, cette fameuse place qui commande à l'important détroit de ce nom, avoit été pourvue comme les autres, c'est-à-dire qu'il n'y avoit quoi que ce soit dedans pour la défendre, et pour toute garnison une quarantaine de gueux. Le prince de Darmstadt, qui étoit bien averti, profita d'une faute si capitale. Y aller et s'en emparer ne fut que la même chose, et la grandeur de cette perte ne fut sentie qu'après qu'elle fut faite. D'un autre côté, le même prince de Darmstadt, qui avoit été sous Charles II vice-roi de Catalogne, avoit conservé dans cette province beaucoup d'intelligences, et dans Barcelone quantité de créatures. On y méditoit une révolte, on la soupçonna, notre flotte y toucha. Le comte de Toulouse y mit pied à terre, il y fut quelque temps, et déconcerta entièrement le projet par les bonnes mesures qui furent prises. Mais il vouloit rencontrer la flotte de Rooke et la combattre. Il en avoit la permission ; il se rembarqua et l'alla chercher.

Il la rencontra auprès de Malaga, et, le 24 septembre, il la combattit depuis dix heures du matin jusqu'à huit heures du soir. Les flottes, pour le nombre des vaisseaux, étoient à peu près égales. On n'avoit vu de longtemps à la mer de combat plus furieux et plus opiniâtre. Ils eurent toujours le vent sur notre flotte. La nuit favorisa leur retraite. Vilette, lieutenant général qui avoit l'avant-garde, défit celle des ennemis. Tout l'avantage fut du côté du comte de Toulouse, dont le vaisseau se battit longtemps contre celui de Rooke et le démâta, qui put se vanter d'avoir remporté la victoire, et qui, profitant du changement du vent, poursuivit Rooke tout le 25, qui se retiroit vers les côtes de Barbarie. Ils perdirent six mille hommes, le vice-amiral hollandois sauté, quelques-uns coulés bas et plusieurs démâtés. Notre flotte ne perdit ni bâtiment ni mât, mais la victoire coûta cher en gens distingués par leurs grades et plus encore par leur mérite, outre quinze cents soldats ou matelots tués ou blessés. Le bailli de Lorraine, fils de M. le Grand, et chef d'escadre, Bellisle et Évrard, chefs d'escadre, et un fils du maréchal de Châteaurenauld furent tués. Relingue, lieutenant général, Gabaret, chef d'escadre, sorti de France pour duel, mais que le roi d'Espagne avoit envoyé sur la flotte, un capitaine de vaisseau, neveu et du nom du maréchal de Châteaurenauld eurent chacun une cuisse emportée et moururent quelques jours après, ainsi qu'Herbault, capitaine de vaisseau, frère d'Herbault intendant des armées navales. Ce dernier fut tué aux pieds de M. le comte de Toulouse, qui empêcha qu'on le jetât à la mer avec beaucoup de présence d'esprit, jusqu'après le combat, pour ne pas perdre ce qu'il pouvoit avoir de papiers de conséquence sur lui, et avoir le temps de le visiter. Plusieurs de ses pages furent tués et blessés autour de lui. On ne sauroit une valeur plus tranquille qu'il fit paroître pendant toute l'action, ni plus de vivacité à tout voir et de jugement à commander à propos. Il avoit su gagner les cœurs par ses manières douces et affables, par sa justice, par sa libéralité. Il en emporta ici toute l'estime. Ducasse, chef d'escadre, que nous verrons aller plus loin, reçut une grande blessure et plusieurs autres de moindres.

Le 25 au soir, à force de vent et de manœuvre, on rejoignit Rooke de fort près. Le comte de Toulouse vouloit l'attaquer de nouveau le lendemain; le maréchal de Cœuvres, sans lequel il avoit défense de rien faire, voulut assembler le conseil. Relingue, qui se mouroit et qui aimoit le comte, dont il avoit bien voulu être premier écuyer, lui manda, en deux mots de sa main, qu'il battroit les ennemis et qu'il le conjuroit de les attaquer. Le comte fit valoir cette lettre écrite par un homme d'une capacité si reconnue, et le prix d'une seconde victoire, qui étoit Gibraltar. Il captiva les suffrages, il y mit de la douceur, les raisons les plus fortes, il y ajouta ce qu'il osa d'autorité. Tous s'y portoient lorsque d'O, le mentor de la flotte, et contre l'avis duquel le roi avoit très-précisément défendu au comte de faire aucune chose, s'y opposa avec un air dédaigneux et une froide, muette, et suffisante opiniâtreté, qui le dispensa, à la mer, d'esprit et de raison, comme faisoit à la cour la confiance que Mme de Maintenon et le roi avoient prise en lui. L'oracle prononcé, le maréchal de Cœuvres le confirma malgré lui et ses lumières, et chacun se retira à son bord consterné, le comte dans sa chambre outré de la plus vive douleur. Ils ne tardèrent pas à apprendre avec certitude que c'en étoit fait de la flotte ennemie s'ils l'eussent attaquée; et tout de suite de Gibraltar, qu'ils auroient trouvé dans le même état qu'il avoit été abandonné. Le comte de Toulouse acquit un grand honneur en tout genre en cette campagne, et son plat gouverneur y en perdit peu, parce qu'il n'en avoit guère à perdre. Le comte, mouillé devant Malaga, reçut dans son bord la visite de Villadarias, qui obtint de lui tout ce qu'il lui demanda pour le siége de Gibraltar. On mit à terre trois mille hommes, cinquante pièces de gros canon, et généralement tout le nécessaire pour ce siége, et Pointis fut détaché avec dix vaisseaux et quelques frégates devant Gibraltar, pour servir de maréchal de camp aussi au siége, comme étant chef d'escadre. Tous ces ordres exécutés, le comte et sa flotte appareillèrent pour Toulon.

Châteauneuf, qui avoit été ambassadeur en Portugal, et qui, depuis la rupture, s'étoit par ordre du roi arrêté à Madrid, venoit d'arriver à Paris. C'étoit un Savoyard qui, en l'autre guerre, avoit quitté son maître, et avoit été fait premier président du sénat de Chambéry par le roi, et depuis la paix, fait conseiller au parlement, et envoyé ambassadeur à Constantinople, où il avoit très-bien fait les affaires du roi. Lui et l'abbé son frère, qu'on a vu en son temps envoyé pour rectifier les fautes de l'abbé de Polignac en Pologne, étoient gens de lettres, d'infiniment d'esprit et de beaucoup d'agrément. Châteauneuf savoit se manier et s'étoit mis fort avant dans la confiance de la princesse des Ursins, à qui il ne fut pas inutile.

Sur ses pas arriva Orry. Le roi ne voulut pas le voir et fut au moment de lui faire faire son procès et de le faire pendre.

Il le méritoit bien, mais la chose auroit trop porté contre Mme des Ursins, et Mme de Maintenon fut doucement à la parade. Aubigny, resté à Madrid l'agent intime de sa maîtresse, eut en ce temps-ci deux mille ducats de pension, malgré l'épuisement des finances, et une maison dans Madrid, aux dépens du roi. La reine ne cessoit d'intercéder de toutes ses forces que la princesse des Ursins fût écoutée à Versailles et lui fût après rendue. Outrée des refus, elle se prit au duc de Berwick comme à l'auteur de la disgrâce d'Orry, par les plaintes qu'il en avoit faites, quoique dès auparavant Puységur eût vérifié et découvert au roi sa turpitude et son crime. Elle demanda si instamment le rappel de Berwick, que, pour ne la pas désespérer sur tout, on le lui accorda, et le liant, l'accort Tessé, malade ou sain suivant sa basse politique, fut nommé pour lui succéder. Harcourt et Mme de Maintenon savoient bien ce qu'ils faisoient en procurant ce choix, bien moins utile aux armes que propre à leurs desseins pour le gouvernement et le cabinet.

Le duc de Mantoue étoit toujours à Paris. La raison principale qui l'y avoit attiré étoit, comme je l'ai remarqué, d'y épouser une Françoise, et qu'elle lui vînt de la main du roi, toutefois à son gré. Cette vue n'étoit pas cachée. M. de Vaudemont étoit trop son voisin et trop bien informé pour l'ignorer, trop avisé et trop touché de l'intérêt de la maison de Lorraine pour ne pas sentir l'importance de lui faire épouser une princesse de cette maison, qui après sa mort prétendoit le Montferrat. Si ce mariage lui donnoit des enfants, encore valoit-il mieux pour eux qu'ils fussent d'une Lorraine, qui cependant seroit très-dignement mariée, et longtemps veuve par la disproportion d'âge de sa belle-sœur [avec le mari] qu'il lui destinoit, pourroit pendant le mariage prendre de l'ascendant sur ce vieux mari, et veuve, sur ses enfants et sur le pays par la tutelle, et faire compter avec soi le roi même par rapport aux affaires d'Italie. Mme d'Elbœuf, troisième femme et veuve alors du duc d'Elbœuf, étoit fille aînée de la maréchale de Navailles, dont la mère, Mme de Neuillant, avoit recueilli Mme de Maintenon à son retour des îles de l'Amérique, l'avoit gardée, nourrie et entretenue chez elle par charité, et pour s'en défaire l'avoit mariée à Scarron.

Mme de Navailles, dont le mari [fut] domestique et le plus fidèle confident de Mazarin jusque dans les temps les plus calamiteux de sa vie, avoit été dame d'honneur de la reine à son mariage; elle en avoit été chassée par le roi et avoit coûté à son mari la charge de capitaine des chevau-légers de la garde et le gouvernement du Havre-de-Grâce, pour avoir fait trouver au roi un mur au lieu d'une porte, par laquelle il entroit secrètement la nuit dans la chambre des filles de la reine. Les deux reines avoient été outrées de leur malheur, et la reine mère obtint en mourant leur rappel de leur exil en leur gouvernement de la Rochelle. Quoique le roi n'eût jamais bien pardonné ce trait à Mme de Navailles, qu'elle vînt très-rarement et très-courtement à la cour, le roi, surtout depuis sa dévotion, n'avoit pu lui refuser son estime et des distinctions qui la marquoient.

Sous ses auspices, Mme d'Elbœuf sa fille s'introduisit à la cour. Avec un air brusque et de peu d'esprit et de réflexion, elle se trouva très-propre au manége et à l'intrigue. Elle trouva moyen de faire que Mme de Maintenon se piquât d'honneur et de souvenir de Mme de Neuillant, et le roi de considération pour feu M. et Mme de Navailles. La princesse d'Harcourt rompit des glaces auprès de Mme de Maintenon; M. le Grand s'intéressa auprès du roi; Mlle de Lislebonne et Mme d'Espinoy l'appuyèrent partout (car rien n'est pareil au soutien que toute cette maison se prête); Mme d'Elbœuf joua, fut à Marly, à Meudon, s'ancra, vit Mme de Maintenon quelquefois en privance, mena sa fille, belle et bien faite, à la cour, qui fut bientôt de tout avec Mme la duchesse de Bourgogne. Elle y entra si avant et tellement encore dans le gros jeu, où elle avoit embarqué Mme la duchesse de Bourgogne avec elle en beaucoup de dettes que, soit ordre, comme on le crut, soit sagesse de la mère, elle étoit avec sa fille dans ses terres de Saintonge depuis plus de huit mois, et n'en revinrent que pour trouver M. de Mantoue à Paris. C'étoit Mlle d'Elbœuf que M. de Vaudemont vouloit lui donner, et dont il lui avoit parlé dès l'Italie, et pour elle que toute la maison de Lorraine faisoit les derniers efforts.

M. le Prince avoit une fille dont il ne savoit comment se défaire, enrichie des immenses biens de Maillé-Brézé, des connétables de Montmorency, sa mère et sa grand'mère héritières; il avoit oublié la fille de La Trémoille et l'héritière de Roye dont il étoit sorti, et tous les autres mariages de seigneurs et de leurs filles faits par les diverses branches de Bourbon. Quelque grandement honorables qu'en fussent les alliances directes, elles étoient devenues si onéreuses pour les biens, et si fâcheuses dans les suites par les procédés, qu'il y avoit pour elles maintenant aussi peu d'empressement dans la première noblesse que de dédains nouveaux dans les princes du sang, ce qui rendoit leurs enfants difficiles à marier, surtout les filles. Outre que M. de Mantoue parut un débauché pour sa fille à M. le Prince, il avoit des prétentions sur le Montferrat pour une grosse créance sur la succession de la reine Marie de Gonzague[1], tante maternelle de Mme la Princesse, dont toute son industrie n'avoit jamais pu rien tirer depuis tant d'années, ballotté sans cesse entre la Pologne et la maison de Gonzague. Il espéroit donc se procurer le payement de cette dette de façon ou d'autre par sa fille devenant duchesse de Mantoue, si elle avoit des enfants, ou, si elle n'en avoit point, d'ajouter sa dot et ses droits à sa créance, et, par l'appui de la France, mettre le Montferrat dans sa maison. Il expliqua au roi ses vues et son dessein, qui lui permit de les suivre et qui lui promit de l'y servir de toute sa protection.

1. Marie de Gonzague, et non Mme de Gonzague, comme on lit dans les précédentes éditions, avait été reine de Pologne.

M. le Prince, qui craignoit là-dessus le crédit de M. le Grand, et son habitude avec le roi de tout emporter d'assaut, fit sentir au roi, et plus encore aux ministres, les prétentions des ducs de Lorraine sur le Montferrat, fortifiées de l'engagement formel de l'empereur, pendant cette guerre, d'y soutenir le duc de Lorraine de tout son pouvoir, si le duc de Mantoue venoit à mourir sans enfants (que la nécessité lui fit changer depuis en faveur du duc de Savoie, mais en insistant sur un dédommagement au duc de Lorraine, comme on le verra dans les pièces concernant la paix d'Utrecht[1]); et le danger pour l'État de laisser mettre un pied en Italie au duc de Lorraine qui y rendroit l'empereur son protecteur d'autant plus puissant, et qui engageroit le roi à des ménagements même sur la Lorraine auxquels on n'étoit pas accoutumé, surtout en temps de guerre, et qui pouvoient devenir embarrassants. Ces raisons se firent sentir, le roi promit à M. le Prince tous les bons offices qui ne sentiroient ni la contrainte ni l'autorité; mais la laideur de Mlle d'Enghien mit un obstacle invincible à cette affaire.

M. de Mantoue aimoit les femmes, il vouloit des enfants; il s'expliqua sur les désirs de M. le Prince d'une façon respectueuse qui ne le pût blesser, mais si nette, qu'il n'osa plus espérer. La maison de Lorraine, informée par Vaudemont des démarches qu'il avoit faites, et que la timidité de ce petit souverain, à l'égard du gouverneur du Milanois, avoit fait recevoir avec quelque agrément, ne trouva pas à Paris ses dispositions si favorables. Dès avant de partir de chez lui, son choix étoit fait et arrêté. Soupant avec le duc de Lesdiguières peu de temps avant sa mort, il avoit vu à son doigt un petit portrait en bague, qu'il le pria de lui montrer; ayant la bague entre ses mains, il fut charmé du portrait, et dit à M. de Lesdiguières qu'il le trouvoit bien heureux d'avoir une si belle maîtresse. Le duc de Lesdi-

---

1. Voy., sur ces Pièces, t. Ier, p. 437, note.

guières se mit à rire, et lui apprit que ce portrait étoit celui de sa femme. Dès qu'il fut mort, le duc de Mantoue ne cessa de songer à cette jeune veuve. Sa naissance et ses alliances étoient fort convenables, il s'en informa encore secrètement, et il partit dans la résolution de faire ce mariage. En vain lui fit-on voir Mlle d'Elbœuf comme par hasard dans des églises et en des promenades : sa beauté, qui en auroit touché beaucoup d'autres, ne lui fit aucune impression. Il cherchoit partout la duchesse de Lesdiguières, et il ne la rencontroit nulle part, parce qu'elle étoit dans sa première année de veuve ; mais lui qui vouloit finir, s'en ouvrit à Torcy comme au ministre des affaires étrangères ; il en rendit compte au roi, qui approuva fort ce dessein, et qui chargea le maréchal de Duras d'en parler à sa fille. Elle en fut aussi affligée que surprise. Elle témoigna à son père sa répugnance à s'abandonner aux caprices et à la jalousie d'un vieil Italien débauché, l'horreur qu'elle concevoit de se trouver seule entre ses mains en Italie, et la crainte raisonnable de sa santé avec un homme très-convaincu de ne l'avoir pas bonne.

Je fus promptement averti de cette affaire. Elle et Mme de Saint-Simon vivoient ensemble, moins en cousines germaines qu'en sœurs ; j'étois aussi fort en liaison avec elle. Je lui représentai ce qu'elle devoit à sa maison prête à tomber après un si grand éclat par la mort de mon beau-père, la conduite de mon beau-frère, l'âge si avancé de M. de Duras, et l'état de son seul frère, dont les deux nièces emportoient tous les biens. Je lui fis valoir le désir du roi, les raisons d'État qui l'y déterminoient, le plaisir d'ôter ce parti à Mlle d'Elbœuf, en un mot tout ce dont je pus m'aviser. Tout fut inutile. Je ne vis jamais une telle fermeté. Pontchartrain, qui la vint raisonner, y échoua comme moi, mais il fit pis, car il l'irrita par les menaces qu'il y mêla que le roi le lui sauroit bien faire faire. M. le Prince se joignit à nos désirs, n'ayant plus aucune espérance pour lui-même, et qui surtout craignoit le mariage d'une Lorraine. Il fut trouver

M. de Duras, le pressa d'imposer à Mme de Lesdiguières, lui dit, et le répéta au roi, qu'il en vouloit faire la noce à Chantilly comme de sa propre fille, par sa proche parenté avec la maréchale de Duras, arrière-petite-fille comme lui du dernier connétable de Montmorency. Je ne me rebutai point, je m'adressai à tout ce que je crus qui pouvoit quelque chose sur la duchesse de Lesdiguières, jusqu'aux filles de Sainte-Marie du faubourg Saint-Jacques, où elle avoit été élevée, et qu'elle aimoit beaucoup. Je n'eus pas plus de succès. Cependant M. de Mantoue, irrité par les difficultés de voir la duchesse de Lesdiguières, se résolut de l'aller attendre un dimanche aux Minimes. Il la trouva enfermée dans une chapelle, il s'approcha de la porte pour l'en voir sortir. Il en eut peu de contentement, ses coiffes épaisses de crêpes étoient baissées, à peine put-il l'entrevoir. Résolu d'en venir à bout, il en parla à Torcy, et lui témoigna que la complaisance de se laisser voir dans une église ne devoit pas être si difficile à obtenir. Torcy en parla au roi, qui lui ordonna de voir Mme des Lesdiguières, de lui parler de sa part du mariage comme d'une affaire qui lui convenoit et qu'il désiroit, mais pourtant sans y mêler d'autorité, de lui expliquer la complaisance que le duc de Mantoue désiroit d'elle, et de lui faire entendre qu'il souhaitoit qu'elle la lui accordât. Torcy fut donc à l'hôtel de Duras lui exposer sa mission ; sur le mariage, la réponse fut ferme, respectueuse, courte ; sur la complaisance, elle dit que les choses ne devant pas aller plus loin, elle la trouvoit fort inutile ; mais Torcy insistant sur ce dernier point de la part du roi, il fallut bien qu'elle y consentît. M. de Mantoue la fut donc attendre au même lieu où il l'avoit déjà une fois si mal vue ; il trouva Mme de Lesdiguières déjà dans la chapelle, il s'en approcha comme l'autre fois. Elle avoit pris Mlle d'Espinoy avec elle ; prête à sortir, elle leva ses coiffes, passa lentement devant M. de Mantoue, lui fit une révérence en glissant, pour lui rendre la sienne, et comme ne sachant pas qui il étoit, et gagna son carrosse.

M. de Mantoue en fut charmé, il redoubla d'instances auprès du roi et de M. de Duras; l'affaire se traita en plein conseil, comme une affaire d'État : en effet c'en étoit une. Il fut résolu d'amuser M. de Mantoue, et cependant de tout faire pour vaincre cette résistance, excepté la force de l'autorité que le roi voulut bien ne pas employer. Tout fut promis à Mme de Lesdiguières de la part du roi : que ce seroit Sa Majesté qui stipuleroit dans le contrat de mariage; qui donneroit une dot et la lui assureroit, ainsi que son retour en France si elle devenoit veuve; sa protection dans le cours du mariage; en un mot, elle fut tentée de toutes les façons les plus honnêtes, les plus honorables pour la résoudre. Sa mère, amie de Mme de Creil, si connue pour sa beauté et sa vertu, emprunta sa maison pour une après-dînée, pour que nous puissions parler plus de suite et plus à notre aise à Mme de Lesdiguières qu'à l'hôtel de Duras. Nous n'y gagnâmes qu'un torrent de larmes. Peu de jours après, je fus bien étonné que Chamillart me racontât tout ce qui s'étoit dit de plus particulier là-dessus entre la duchesse de Lesdiguières et moi, et encore entre elle et Pontchartrain. Je sus bientôt après que, craignant enfin que ses refus ne lui attirassent quelque chose de fâcheux de la part du roi, ou ne fussent enfin forcés par son autorité absolue, elle s'étoit ouverte à ce ministre à notre insu à tous, pour faire par son moyen que le roi trouvât bon qu'il ne fût plus parlé de ce mariage, auquel elle ne se pouvoit résoudre; que M. de Mantoue en fût si bien averti qu'il tournât ses pensées ailleurs, et qu'elle fût enfin délivrée d'une poursuite qui lui étoit devenue une persécution très-fâcheuse. Chamillart la servit si bien que dès lors tout fut fini à cet égard, et que le roi, flatté peut-être de la préférence que cette jeune duchesse donnoit à demeurer sa sujette sur l'état de souveraine, fit son éloge le soir dans son cabinet à sa famille et aux princesses, par lesquelles cela se répandit dans le monde. M. de Duras se soucioit trop peu de tout pour contraindre sa fille, et la maréchale de Duras, qui l'auroit voulu, n'en eut pas la force. Le duc de Mantoue, informé enfin par Torcy du regret du roi de n'avoir pu vaincre la résolution de la duchesse de Lesdiguières de ne se point remarier, car ce fut ainsi qu'on lui donna la chose, cessa d'espérer, et résolut de se pourvoir ailleurs.

Il faut achever cette affaire tout de suite. Les Lorrains, qui avoient suivi de toute leur plus curieuse attention la poursuite du mariage avec la duchesse de Lesdiguières, reprirent leurs espérances, le voyant rompu, et leurs errements. M. le Prince, qui les suivoit de près, parla, cria, excita le roi, qui se porta jusque-là de faire dire à Mme d'Elbœuf de sa part que ses poursuites lui déplaisoient. Rien ne les arrêta. Ils comprirent que le roi n'en viendroit pas jusqu'à des défenses expresses, et sûrs par l'expérience de n'en être que mieux après, à force de flatteries et de souplesses, ils poussèrent leur pointe avec roideur. Un certain Casado, qui se faisoit depuis peu appeler marquis de Montéléon, créature de M. de Vaudemont, et Milanois, avoit obtenu par lui l'emploi d'envoyé d'Espagne à Gênes, puis auprès de M. de Mantoue, dont il gagna les bonnes grâces, et qu'il accompagna à Paris. C'étoit un compagnon de beaucoup d'esprit, d'adresse, d'insinuation et d'intrigue, hardi avec cela et entreprenant, qu'on verra dans la suite devenir ambassadeur d'Espagne en Hollande et en Angleterre, et y bien faire ses affaires, et pas mal celles de sa cour. Il eut pour adjoint, pour marier M. de Mantoue au gré de Vaudemont, un autre Italien subalterne, théatin renié, connu autrefois à Paris, dans les tripots, sous le nom de Primi, et qui avoit depuis pris le nom de Saint-Mayol, homme à tout faire, avec de l'esprit et de l'argent, dont il fut répandu quantité dans la maison. Avec ses mesures et le congé donné par Mme de Lesdiguières, ils vainquirent la répugnance de M. de Mantoue, qui, au fond, ne pouvoit être que caprice par la beauté, la taille et la naissance de Mlle d'Elbœuf; mais la sienne ne laissa pas de les embarrasser.

Avec un rang et du bien, initiée à tout à la cour, et avec une réputation entière, elle ne se vouloit point marier, ou se marier à son gré, et disoit toutes les mêmes raisons qu'avoit alléguées Mme de Lesdiguières pour ne point épouser M. de Mantoue. Elle avoit subjugué sa mère, qui trouvoit même son joug pesant, mais qui n'avoit garde de s'en vanter. Elle avoit donc grande envie de s'en défaire. Elle la tint à Paris, pour l'éloigner de la cour, de ses plaisirs, de ses semonces. Elle fit un présent considérable à une bâtarde de son mari qui avoit tout l'esprit du monde et toute la confiance de sa fille, et lui fit envisager une fortune en Italie. Toute la maison de Lorraine se mit après Mlle d'Elbœuf, Mlle de Lislebonne surtout et Mme d'Espinoy, qui vainquirent enfin sa résistance. Quand ils en furent venus à ce point, la souplesse auprès du roi vint au secours de l'audace d'un mariage conclu contre sa volonté qu'il leur avoit déclarée. Ils firent valoir la répugnance invincible du duc de Mantoue pour Mlle d'Enghien, celle de la duchesse de Lesdiguières pour lui, qui n'avoit pu être surmontée, et la spécieuse raison de ne pas forcer un souverain, son allié, et actuellement dans Paris, sur le choix d'une épouse, lors surtout qu'il la vouloit prendre parmi ses sujettes (car les Lorrains savent très-impudemment disputer, ou très-accortement avouer, selon leur convenance occasionnelle, la qualité de sujets du roi). Sa Majesté fut donc gagnée, avec cet ascendant de M. le Grand sur lui, à laisser faire sans rien défendre et aussi sans s'en mêler. M. le Prince obtint que le mariage ne se feroit pas en France, et il fut convenu que, le contrat signé entre les parties, elles s'en iroient chacune de leur côté le célébrer à Mantoue.

M. de Mantoue qui, en six ou sept mois qu'il fut à Paris,

ne vit le roi que cinq ou six fois *incognito* dans son cabinet, reçut du roi, la dernière fois qu'il le vit à Versailles, une belle épée de diamants que le roi avoit exprès mise à son côté, et qu'il en tira pour la lui donner, et lui mettre, lui dit-il, les armes à la main comme au généralissime de ses armées en Italie. Il en avoit eu le titre en effet depuis la rupture avec M. de Savoie, mais pour en avoir le nom et les honneurs, sans autorité dont il étoit incapable, et sans exercice dont il auroit trop appréhendé le péril. Il voulut encore aller prendre congé du roi à Marly, et lui demanda permission de le saluer encore, en passant à Fontainebleau, s'en allant à cheval avec sa suite en Italie.

Il arriva à Fontainebleau le 19 septembre, et coucha à la ville chez son envoyé. Le 20, il dîna chez M. le Grand, vit le roi dans son cabinet, et soupa chez Torcy. Le 21, il vit encore le roi un moment, dîna chez Chamillart, et s'en alla, toujours à cheval, coucher à Nemours et tout de suite en Italie. En même temps Mme et Mlle d'Elbœuf avec Mme de Pompadour, sœur de Mme d'Elbœuf, passèrent à Fontainebleau sans voir personne, suivant leur proie jusqu'où leur chemin fourchoit, pour aller, lui par terre, elles par mer, de peur que le marieur ne changeât d'avis et leur fît un affront : c'étoit pour des personnes de ce rang un étrange personnage que suivre elles-mêmes leur homme de si près. En chemin la frapper leur redoubla. Arrivées à Nevers, dans une hôtellerie, elles jugèrent qu'il ne falloit pas se commettre plus avant, sans de plus efficaces sûretés. Elles y séjournèrent un jour ; ce même jour, elles y reçurent la visite de M. de Mantoue.

Mme de Pompadour qui tant qu'elle avoit pu, avec son art et ses minauderies, s'étoit insinuée auprès de lui dans le dessein d'en tirer tout ce qu'elle pourroit, lui proposa de ne différer pas à se rendre heureux par la célébration de son mariage ; il s'en défendit tant qu'il put. Pendant cette indécente dispute elles envoyèrent demander permission à l'évê-

que. Il se mouroit ; le grand vicaire, à qui on s'adressa, la
refusa. Il dit qu'il n'étoit pas informé de la volonté du roi ;
qu'un mariage ainsi célébré ne le seroit pas avec la dignité
requise entre de telles personnes ; que, de plus, il se trouveroit dépouillé des formalités indispensablement nécessaires pour le mettre à couvert de toute contestation d'inva-
lidité. Une si judicieuse réponse fâcha fort les dames sans
leur faire changer de dessein. Elles pressèrent M. de Mantoue,
lui représentèrent que ce mariage n'étoit pas de ceux où il y
avoit des oppositions à craindre, le rassurèrent sur ce que,
se faisant ainsi dans l'hôtellerie d'une ville de province, le
respect au roi se trouvoit suffisamment gardé, le piquèrent
sur son état de souverain qui l'affranchissoit des lois et des
règles ordinaires, enfin le poussèrent tant, qu'à force de
l'importuner elles l'y firent consentir. Ils avoient dîné. Aussitôt le consentement arraché, elles firent monter l'aumônier de son équipage, qui les maria dans le moment. Dès
que cela fut fait, tout ce qui étoit dans la chambre sortit
pour laisser les mariés en liberté de consommer le mariage,
quoi que pût dire et faire M. de Mantoue pour les retenir,
lequel vouloit absolument éviter ce tête-à-tête. Mme de Pompadour se tint en dehors, sur le degré, à écouter près de la
porte. Elle n'entendit qu'une conversation fort modeste et
fort embarrassée, sans que les maris s'approchassent l'un
de l'autre. Elle demeura quelque temps de la sorte, mais
jugeant enfin qu'il ne s'en pouvoit espérer rien de mieux,
et qu'à tout événement ce tête-à-tête seroit susceptible de
toutes les interprétations qu'on lui voudroit donner, elle
céda enfin aux cris que de temps en temps le duc de Mantoue faisoit pour rappeler la compagnie, et qui demandoit
ce que vouloit dire de s'en aller tous et de les laisser ainsi
seuls tous deux. Mme de Pompadour appela sa sœur. Elles
rentrèrent ; aussitôt le duc prit congé d'elles, et quoiqu'il
ne fût pas de bonne heure, monta à cheval et ne les revit
qu'en Italie, encore qu'ils fissent même route jusqu'à Lyon.

La nouvelle de cette étrange célébration de mariage ne tarda guère à se répandre avec tout le ridicule dont elle étoit tissue.

Le roi trouva très-mauvais qu'on eût osé passer ses défenses. Les Lorrains, accoutumés de tout oser, puis de tout plâtrer, et à n'en être pas plus mal avec le roi, eurent la même issue de cette entreprise; ils s'excusèrent sur la crainte d'un affront, et il pouvoit être que M. de Mantoue, amené à leur point à force de ruses, d'artifices, de circonventions, n'eût pas mieux aimé que de gagner l'Italie, puis se moquer d'eux. Ils aimèrent donc mieux encourir la honte qu'ils essuyèrent en courant, et forçant M. de Mantoue, que celle de son dédit, accoutumés comme ils sont à tant d'étranges façons de faire des mariages. De Lyon Mme de Pompadour revint pleine d'espérance de l'ordre pour son mari à la recommandation du duc de Mantoue, qui n'eut aucun succès.

Mme d'Elbœuf et sa fille allèrent s'embarquer à Toulon sur deux galères du roi, par une mescolance[1] rare d'avoir défendu à Mme d'Elbœuf de penser à ce mariage, ou l'équivalent de cela, de n'avoir voulu dans la suite, ni le permettre, ni le défendre, ni s'en mêler, d'avoir défendu après qu'il se fît en France, et de prêter après deux de ses galères pour l'aller faire ou achever. Ces galères eurent rudement la chasse par des corsaires d'Afrique. Ce fut grand dommage qu'elles ne fussent prises pour achever le roman. Débarquées enfin à sauveté, M. de Vaudemont les joignit. Il persuada à M. de Mantoue de réhabiliter son mariage par une célébration nouvelle qui rétablît tout le défectueux de celle de Nevers. Ce prince l'avoit lui-même trouvée si contraire aux défenses précises que le roi leur avoit faites de se marier en France, qu'il l'avoit fait assurer par son envoyé qu'il n'en étoit rien, et que ce n'étoient que des bruits faux que ceux qui couroient de son mariage fait à Nevers; cette

---

1. Combinaison.

raison le détermina donc à suivre le conseil de Vaudemont. L'évêque de Tortone les maria dans Tortone publiquement, en présence de la duchesse d'Elbœuf et du prince et de la princesse de Vaudemont.

Ce beau mariage, tant poursuivi par les Lorrains, tant fui par M. de Mantoue, fait avec tant d'indécence, et refait après pour la sûreté de l'état de Mlle d'Elbœuf, n'eut pas des suites heureuses. Soit dépit de s'être laissé acculer à épouser malgré lui, soit caprice ou jalousie, il renferma tout aussitôt sa femme avec tant de sévérité, qu'elle n'eut permission de voir qui que ce fût, excepté sa mère, encore pas plus d'une heure par jour, et jamais seule, pendant les quatre ou cinq mois qu'elle demeura avec eux. Ses femmes n'entroient chez elle que pour l'habiller et la déshabiller précisément. Il fit murer ses fenêtres fort haut et la fit garder à vue par de vieilles Italiennes. Ce fut donc une cruelle prison. Ce traitement, auquel je ne m'attendois pas, et le peu de considération, pour ne pas dire le mépris, qu'on témoigna ici à ce prince toujours depuis son départ, me consolèrent beaucoup de l'invincible opiniâtreté de la duchesse de Lesdiguières. J'eus pourtant peine à croire que, prise de son choix, elle eût essuyé les mêmes duretés, ni lui les traitements qu'il reçut, s'il n'eût pas fait un mariage auquel le roi se montra si contraire. Six mois après, Mme d'Elbœuf, outrée de dépit, mais trop glorieuse pour le montrer, revint, remplie, à ce qu'elle affectoit, des grandeurs de son gendre et de sa fille, ravie pourtant au fond d'être défaite d'une charge devenue si pesante. Elle déguisa les malheurs de sa fille jusqu'à s'offenser qu'on dît et qu'on crût ce qui en étoit, et ce qui en revenoit par toutes les lettres de nos armées. Mais à la fin, Lorraine d'alliance non de naissance, le temps et la force de la vérité les lui fit avouer. Fin rare, et qui montra bien tout l'art et l'ascendant des Lorrains, elle ne fut pas moins bien traitée après ce voyage que si elle n'eût rien fait que de la volonté du roi.

Je me suis peut-être trop étendu sur cette affaire. Il m'a paru qu'elle le méritoit par sa singularité, et plus encore pour montrer par des faits de cette sorte quelle fut la cour du roi. Reprenons maintenant le courant où nous l'avons laissé.

## CHAPITRE XVIII.

Tracy; sa catastrophe; sa mort. — Reineville retrouvé. — Mort de Rigoville. — Mort et conversion de la comtesse d'Auvergne. — Mort et caractère du prince d'Espinoy. — Assassinat, extraction, caractère de Vervins; singularité de sa fin. — Voyage de Fontainebleau par Sceaux. — Maréchal de Villeroy à la cour, puis à Bruxelles. — Électeur de Bavière à Bruxelles. — Électeur de Cologne à Lille. — Petits exploits de La Feuillade. — Anecdote curieuse — État brillant de Mme la duchesse de Bourgogne. — Nangis. — Mme de La Vrillière. — Maulevrier et sa femme. — Maulevrier va avec Tessé en Espagne, passe par Toulouse, y voit la princesse des Ursins. — Tessé grand d'Espagne en arrivant à Madrid. — Comte de Toulouse chevalier de la Toison d'or. — Mort du prince de Montauban; caractère de sa femme. — Mort du fils du comte de Grignan; mot impertinent de sa mère. — Mort de Coigny. — Mort de M. de Duras; sa fortune et son caractère. — Comédies; bienséances. — Ruse d'orgueil de M. de Soubise inutile. — Régiment des gardes arraché par ruse au maréchal de Boufflers pour le duc de Guiche, et le maréchal fait capitaine des gardes du corps. — Duchesse de Guiche. — Tallard gouverneur de la Franche-Comté; mot salé de M. le duc d'Orléans. — Quarante mille livres de pension au fils enfant du prince de Conti.

La triste destinée que le pauvre Tracy acheva en ce temps-ci put servir de grande leçon aux ambitieux, même qui méritent les faveurs de la fortune. C'étoit un gentilhomme de Bretagne, d'esprit et bien fait, parent proche de la duchesse de Coislin, mais pauvre, qui fut exempt, puis enseigne des gardes du corps. Il se distingua à la cour et à la guerre par ses divers talents, et les fit servir les uns aux autres. Il devint un des meilleurs partisans de l'armée ; ce fut lui qui, étant dehors, sauva l'armée de M. de Luxembourg lors du combat de Steinkerque, comme je l'ai raconté en son lieu. Sa volonté, sa valeur, l'exécution parfaite de tout ce dont il étoit très-ordinairement chargé par les généraux, lui acquirent leur estime puis leur amitié. Il entra dans toute la confiance de M. de Luxembourg. Son service auprès de Monseigneur lui en avoit valu des bontés très-particulières. Une des filles d'honneur de Mme la princesse de Conti le voyoit de bon œil, et de meilleur encore la princesse même. Il fut recueilli et considéré ; il avoit lieu d'attendre tout de la fortune, et à la guerre et à la cour. Malheureusement elle ne le servit pas aussi rapidement qu'il l'avoit attendu. Sa tête s'altéra ; on s'en aperçut ; on s'en tut jusqu'à ce que des disparates plus fortes firent juger dangereux de le laisser approcher d'aussi près que le demandoit son service d'enseigne des gardes du corps en quartier. Il étoit brigadier, on lui donna un régiment. Ce changement d'état acheva de lui tourner la tête, tant qu'à la fin on lui fit entendre de ne plus venir à Versailles. Cela combla son malheur. Son mal redoubla et se tourna bientôt en fureur, qui obligea de le mettre à Charenton, chez les pères de la Charité, où le roi fit prendre grand soin de lui, et où il mourut en ce temps-ci, trois ou quatre ans après y avoir été mis. Il n'étoit point marié. Ce fut grand dommage, je le connoissois extrêmement, et je n'ai guère trouvé un plus galant homme. En ce même temps Reineville, lieutenant des gardes du corps, qu'on a vu (t. II, p. 262) disparoître en 1699, coulé à fond par le jeu, fut reconnu et retrouvé caché et servant pour sa paye dans les troupes de Bavière. En même temps aussi mourut Rigoville, lieutenant général, fort vieux et homme d'honneur, de valeur et de mérite, qui avoit longtemps commandé les mousquetaires noirs, sous Jouvelle et Vins. Le vieux La Rablière mourut aussi à Lille, où il commandoit depuis très-longtemps. Il étoit lieutenant général, grand-croix de Saint-Louis dès l'institution, frère de la maréchale de Créqui. Il but du lait à ses repas toute sa vie, et mangeoit bien et de tout jusqu'à quatre-vingt-sept ou huit ans, et la tête entière. Il avoit été très-bon officier, mais un assez méchant homme; il ne but jamais de vin; honorable, riche, de l'esprit et sans enfants. Le maréchal de Boufflers le protégeoit fort. Il se piquoit de reconnoissance pour le maréchal de Créqui, et rendit toute sa vie de grands devoirs à la maréchale de Créqui.

La comtesse d'Auvergne acheva aussi une courte vie par une maladie fort étrange et assez rare, qui fut une hydropisie de vents. Elle ne laissa point d'enfants. On a vu en son lieu qui elle étoit et comment se fit ce mariage. Le comte d'Auvergne, qui avoit obtenu la permission de l'amener à Paris et à la cour quoique huguenote, désiroit fort qu'elle se fît catholique. Un fameux avocat qui s'appeloit Chardon, et qui l'a été de mon père et le mien, avoit été huguenot et sa femme aussi; ils étoient de ceux qui avoient fait semblant d'abjurer, mais qui ne faisoient aucun acte de catholiques, qu'on connoissoit parfaitement pour tels, qui même ne s'en cachoient pas, mais que la grande réputation de Chardon soutenoit et le nombre des protecteurs considérables qu'elle lui avoit acquis. Ceux-là mêmes avoient fait tout ce qu'ils avoient pu pour leur persuader au moins d'écouter; ils n'en purent venir à bout : le moment de Dieu n'étoit pas venu. Il arriva enfin ; ils étoient tous deux vertueux, exacts à tout, et d'une piété dans leur religion qui auroit fait honneur à la véritable. Étant un matin dans leur carrosse tous deux arrêtés auprès de l'Hôtel-Dieu, attendant une réponse que leur laquais fut un très-long temps à rapporter, Mme Chardon porta ses yeux vis-à-vis d'elle au hasard sur le grand portail de Notre-Dame, et peu à peu tomba dans une profonde rêverie, qui se doit mieux appeler réflexion.

Son mari, qui à la fin s'en aperçut, lui demanda à quoi elle rêvoit si fort, et la poussa même du coude pour l'engager à lui répondre. Elle lui montra ce qu'elle consideroit, et lui dit qu'il y avoit bien des siècles avant Luther et Calvin que toutes ces figures de saints avoient été faites à ce portail, que cela prouvoit qu'on invoquoit donc alors les saints; que l'opposition de leurs réformateurs à cette opinion si ancienne étoit une nouveauté; que cette nouveauté lui rendoit suspects les autres dogmes qu'ils leur enseignoient contraires à l'antiquité catholique; que ces réflexions qu'elle n'avoit jamais faites lui donnoient beaucoup d'inquiétude et lui faisoient prendre la résolution de chercher à s'éclaircir. Chardon trouva qu'elle avoit raison, et dès ce même jour ils se mirent à chercher la vérité, puis à consulter, enfin à se faire instruire. Cela dura plus d'un an, pendant lequel les parties et les amis de Chardon se plaignoient qu'il ne travailloit plus, et qu'on ne pouvoit plus le voir ni sa femme. Enfin secrètement instruits et pleinement persuadés, ils se déclarèrent tous deux, ils firent une abjuration nouvelle, et tous deux ont passé depuis une longue vie dans la piété et les bonnes œuvres, surtout dans un zèle ardent de procurer à leurs anciens frères de religion la même grâce qu'ils avoient reçue. Mme Chardon s'instruisit fort dans la controverse, elle convertit beaucoup de huguenots. Le comte d'Auvergne l'attira chez sa femme. L'une et l'autre avoient de l'esprit et de la douceur. La comtesse la vit volontiers, Mme Chardon en profita, elle en fit une très-bonne catholique. Tous les Bouillon, outrés de ce mariage, l'avoient reçue fort froidement; sa vertu, sa douceur, ses manières à la fin les charma. Elle devint le lien du père et des enfants, et elle s'acquit le cœur et l'estime d'eux tous et de tout ce qui la connut particulièrement, dont elle fut extrêmement regrettée.

Le prince d'Espinoy ne le fut pas tant à beaucoup près. Il mourut de la petite vérole à Strasbourg, par l'opiniâtreté d'avoir voulu changer de linge trop tôt et faire ouvrir ses fenêtres. C'étoit un homme d'assez peu agréable figure, qui avoit beaucoup d'esprit et l'esprit fort orné, avec beaucoup de valeur. J'avois été élevé comme avec lui, c'est-à-dire à nous voir continuellement plusieurs que nous étions enfants, puis jeunes gens. Sa mère l'avoit gâté et c'étoit dommage, car il avoit des talents pour tout et beaucoup d'honneur. Mais je n'ai connu personne plus follement glorieux ni plus continuellement avantageux. Il abusa donc de tout ce qu'il avoit de bon et d'utile, ne ménagea personne, voulut surpasser chacun en tout, et fut le fléau de sa femme, parce qu'elle étoit d'une maison souveraine qui avoit un rang qu'il n'avoit pas, et un crédit et une considération à la cour et dans le monde dont il ne vouloit pas qu'on crût qu'il voulût dépendre. Avec ce rang des siens et cette faveur si déclarée de Monseigneur, elle se conduisit avec lui comme un ange, sans qu'elle ait jamais pu rendre sa condition plus heureuse avec lui ; aussi se trouva-t-elle bien délivrée, quoiqu'en gardant toutes les bienséances. Presque personne de la cour ni des armées ne le plaignit. Il laissa un fils et une fille, desquels la catastrophe mérita, trente ans après, la compassion de tout le monde, et combla les malheurs que leur mère avoit commencé d'éprouver.

 Il arriva en ce mois de septembre un étrange assassinat. Le comte de Grandpré, chevalier de l'ordre en 1661, frère aîné du maréchal de Joyeuse, chevalier de l'ordre en 1688, mort sans enfants, avoit laissé des enfants de deux lits. Sa seconde femme étoit fille et sœur des deux marquis de Vervins, l'un après l'autre premiers maîtres d'hôtel du roi. Le dernier des deux mourut jeune en 1663. Il étoit gendre du maréchal Fabert, par conséquent beau-frère du marquis de Beuvron et de Caylus, père de celui qui a passé en Espagne, du mari de Mme de Caylus, nièce à la mode de Bretagne de Mme de Maintenon, et de l'abbé de Caylus que nous venons de voir évêque d'Auxerre. Vervins avoit épousé l'aînée qu'il laissa grosse de Vervins dont il s'agit ici, et qui se remaria depuis en Flandre au comte de Mérode. Vervins eut force procès avec ses cousins germains, enfants de la sœur de son père et du comte de Grandpré, dont il fut étrangement tourmenté presque toute sa vie. Enfin il étoit sur le point d'achever de les gagner tous, lorsqu'un de ses cousins germains, qui avoit des prieurés et se faisoit appeler l'abbé de Grandpré, le fit attaquer comme il passoit dans son carrosse sur le quai de la Tournelle, devant la communauté de Mme de Miramion. Il fut blessé de plusieurs coups d'épée et son cocher aussi, qui le voulut défendre. Sur la plainte en justice, l'abbé s'enfuit en pays étranger d'où il n'est jamais revenu, et bientôt après, sur les preuves, [fut] condamné à être roué vif. Il y avoit longtemps que Vervins étoit menacé d'un mauvais coup de sa part.

Vervins se prétendoit Cominges, des anciens comtes de ce nom. Son bisaïeul, père du premier des deux premiers maîtres d'hôtel du roi, étoit ce Saubole, gouverneur de la citadelle de Metz, qui est si connu dans la vie du duc d'Épernon, et dans les Mémoires de ces temps-là, qui avoit épousé l'héritière de Vervins qui étoit Coucy. Le grand-père de ce Saubole étoit second fils d'Aimery, dit de Cominges, seigneur de Puyguilhem, dont le père, nommé aussi Aimery, étoit cru sorti des vicomtes de Conserans, mais dont l'union n'étoit pas bien prouvée. Pour ces Conserans, leur auteur Roger étoit marqué comme étant quatrième fils de Bernard II, comte de Cominges et de Diaz de Muret, qui fonda les abbayes de Bonnefonds et de Feuillans, et qui fut tué près la ville de Gaudens en 1150 : voilà pour l'extraction de Vervins. Quant à lui, c'étoit un grand homme fort bien fait, d'un visage assez agréable, de l'esprit, quelque lecture, et fort le vol des femmes; particulier, extrêmement paresseux, fort dans la liaison et les parties de M. le Duc, et fort dans le grand monde. Il quitta le service de bonne heure, fit plusieurs séjours chez lui en Picardie, toujours reçu avec empressement quand il en revenoit. A la fin, sans dire mot à personne, il se confina dans une terre en Picardie, sans aucune cause de dégoût ni de déplaisir, sans besoins du côté de ses affaires, il étoit riche, arrangé, et ne fut jamais marié ; sans vue de piété, il n'en eut pas la moindre veine ; sans occasion de santé, qu'il eut toujours parfaite ; et sans goût d'ouvriers, dont il n'employa aucun ; encore moins entraîné par le plaisir de la chasse, où il n'alla jamais. Il demeura chez lui plusieurs années sans aucun commerce avec personne, et ce qui est incompréhensible, sans bouger de son lit, que le temps de le faire faire. Il y dînoit et y soupoit tout seul, y faisoit le peu d'affaires qu'il avoit, et y recevoit le peu de gens qu'il ne pouvoit éconduire, et, depuis qu'il avoit les yeux ouverts jusqu'à ce qu'il les fermât, y travailloit en tapisserie, et lisoit quelquefois un peu, et a persévéré jusqu'à la mort dans cette étrange sorte de vie, si uniquement singulière que j'ai voulu la rapporter.

Le roi alla à Fontainebleau, où il arriva le 12 septembre, ayant séjourné un jour à Sceaux ; la cour de Saint-Germain y vint le 23, et y demeura jusqu'au 6 octobre. En y arrivant le roi apprit que les armées alliées avoient toutes passé le Rhin sur le pont de Philippsbourg, et bientôt après que Landau étoit assiégé par le prince Louis de Bade, qui attendoit le roi des Romains qui y arriva le 25 septembre, et que le prince Eugène et le duc de Marlborough commandoient l'armée d'observation qu'ils portèrent sur la Lauter. Marsin demeura avec la sienne sous Haguenau. Le maréchal de Villeroy et son fils s'en allèrent de leurs personnes en Flandre, passant à Fontainebleau, où ils demeurèrent quelques jours. Ils allèrent après trouver l'électeur de Bavière à Bruxelles, et chemin faisant virent l'électeur de Cologne à Lille, où il avoit établi sa demeure, en même temps que son frère étoit allé à Bruxelles après avoir [passé] ensemble quelques jours.

Pendant tous ces malheurs, Villars étoit venu à bout d'achever à peu près de dissiper les fanatiques; cinq ou six de leurs chefs, les autres tués ou accommodés et sortis du pays, obtinrent de se retirer à Genève; on comptoit qu'il ne restoit qu'une centaine de ces gens-là dans les hautes Cévennes, et qu'il n'étoit plus besoin de laisser de troupes en Languedoc. Peu de jours après, le roi reçut la nouvelle de la prise d'Ivrée, après un siége assez court, et qui ne coûta guère que deux cents hommes et quatre cents blessés. M. de Vendôme eut avec la place onze bataillons prisonniers de guerre.

La Feuillade n'épargnoit pas les courriers pour annoncer ses conquêtes dans les vallées des Alpes : tantôt un petit fort pris, défendu par des milices, tantôt quelque peu de troupes réglées forcées derrière un retranchement qui gardoit quelque passage. Tout cela étoit célébré, comme si c'eût été quelque chose; Chamillart, ravi, en recevoit les compliments, et savoit faire valoir ces merveilles au roi et à Mme de Maintenon.

Il se présente ici une anecdote très-sage à taire, très-curieuse à écrire à qui a vu les choses d'aussi près que j'ai fait; ce qui me détermine au second parti, c'est que le fait en gros n'a pas été ignoré, et que les trônes de tous les siècles et de toutes les nations fourmillent d'aventures pareilles. Faut-il donc le dire? nous avions une princesse charmante, qui, par ses grâces, ses soins et des façons uniques en elle, s'étoit emparée du cœur et des volontés du roi, de Mme de Maintenon et de Mgr le duc de Bourgogne. Le mécontentement extrême, trop justement conçu contre le duc de Savoie, son père, n'avoit pas apporté la plus petite altération à leur tendresse pour elle. Le roi, qui ne lui cachoit rien, qui travailloit avec les ministres en sa présence toutes les fois qu'elle y vouloit entrer et demeurer, eut toujours l'attention pour elle de ne lui ouvrir jamais la bouche de tout rien de ce qui pouvoit regarder le duc son père, ou avoir trait à lui. En particulier, elle sautoit au cou du roi à toute heure, se mettoit sur ses genoux, le tourmentoit de toutes sortes de badinages, visitoit ses papiers, ouvroit et lisoit ses lettres en sa présence, quelquefois malgré lui, et en usoit de même avec Mme de Maintenon. Dans cette extrême liberté, jamais rien ne lui échappa contre personne ; gracieuse à tous et parant même les coups, toutes les fois qu'elle le pouvoit, attentive aux domestiques intérieurs du roi, n'en dédaignant pas les moindres ; bonne aux siens et vivant avec ses dames comme une amie, et en toute liberté, vieilles et jeunes ; elle étoit l'âme de la cour, elle en étoit adorée ; tous, grands et petits, s'empressoient de lui plaire ; tout manquoit à chacun en son absence, tout étoit rempli en sa présence ; son extrême faveur la faisoit infiniment compter, et ses manières lui attachoient tous les cœurs. Dans cette situation brillante le sien ne fut pas insensible.

Nangis, que nous voyons aujourd'hui un fort plat maréchal de France, étoit alors la fleur des pois ; un visage gracieux sans rien de rare, bien fait sans rien de merveilleux, élevé dans l'intrigue et dans la galanterie par la maréchale de Rochefort, sa grand'mère, et Mme de Blansac, sa mère, qui y étoient des maîtresses passées. Produit tout jeune par elles dans le grand monde, dont elles étoient une espèce de centre, il n'avoit d'esprit que celui de plaire aux dames, de parler leur langage et de s'assurer les plus désirables par une discrétion qui n'étoit pas de son âge et qui n'étoit plus de son siècle. Personne que lui n'étoit alors plus à la mode ; il avoit eu un régiment tout enfant ; il avoit montré de la volonté, de l'application, et une valeur brillante à la guerre, que les dames avoient fort relevée et qui suffisoit à son âge ; il étoit fort de la cour de Mgr le duc de Bourgogne, et à peu près de son âge, et il en étoit fort bien traité. Ce prince, passionnément amoureux de son épouse, n'étoit pas fait comme Nangis ; mais la princesse répondoit si parfaitement à ses empressements qu'il est mort sans soupçonner jamais qu'elle eût des regards pour un autre que pour lui. Il en tomba pourtant sur Nangis, et bientôt ils redoublèrent. Nangis n'en fut pas ingrat, mais il craignit la foudre, et son cœur étoit pris.

Mme de La Vrillière qui, sans beauté, étoit jolie comme les amours et en avoit toutes les grâces, en avoit fait la conquête. Elle étoit fille de Mme de Mailly, dame d'atours de Mme la duchesse de Bourgogne; elle étoit de tout dans sa cour; la jalousie l'éclaira bientôt. Bien loin de céder à la princesse, elle se piqua d'honneur de conserver sa conquête, de la lui disputer, de l'emporter. Cette lutte mit Nangis dans d'étranges embarras : il craignoit les furies de sa maîtresse qui se montroit à lui plus capable d'éclater qu'elle ne l'étoit en effet. Outre son amour pour elle, il craignoit tout d'un emportement et voyoit déjà sa fortune perdue. D'autre part, sa réserve ne le perdoit pas moins auprès d'une princesse qui pouvoit tant, qui pourroit tout un jour et qui n'étoit pas pour céder, non pas même pour souffrir une rivale. Cette perplexité, à qui étoit au fait, donnoit des scènes continuelles. Je ne bougeois alors de chez Mme de Blansac à Paris, et de chez la maréchale de Rochefort à Versailles; j'étois ami intime de plusieurs dames du palais qui voyoient tout et ne me cachoient rien; j'étois avec la duchesse de Villeroy sur un pied solide de confiance, et avec la maréchale, tel, qu'ayant toujours été mal ensemble, je les raccommodai si bien que jusqu'à leur mort elles ont vécu ensemble dans la plus tendre intimité; la duchesse de Villeroy savoit tout par Mme d'O, et par la maréchale de Cœuvres qui étoit raffolée d'elle, et qui étoient les confidentes et quelque chose de plus; la duchesse de Lorges, ma belle-sœur, ne l'étoit guère moins et tous les soirs me contoit tout ce qu'elle avoit vu et appris dans la journée; j'étois donc instruit exactement et pleinement d'une journée à l'autre. Outre que rien ne me divertissoit davantage, les suites pouvoient être grandes, et il étoit important pour l'ambition d'être bien informé. Enfin toute la cour assidue et éclairée s'aperçut de ce qui avoit été caché d'abord avec tant de soin. Mais, soit crainte, soit amour de cette princesse qu'on adoroit, cette même cour se tut, vit tout, se parla entre elle et garda le secret qui ne lui étoit pas même confié. Ce manége, qui ne fut pas sans aigreur de la part de Mme de La Vrillière pour la princesse, et quelquefois insolemment placé, ni sans une souffrance et un éloignement doucement marqué de la princesse pour elle, fit longtemps un spectacle fort singulier.

Soit que Nangis, trop fidèle à son premier amour eût besoin de quelques grains de jalousie, soit que la chose se fît naturellement, il arriva qu'il trouva un concurrent. Maulevrier, fils d'un frère de Colbert, mort de douleur de n'être pas maréchal de France à la promotion où le maréchal de Villeroy le fut, avoit épousé une fille du maréchal de Tessé. Maulevrier n'avoit point un visage agréable, sa figure étoit d'ailleurs très-commune. Il n'étoit point sur le pied de la galanterie. Il avoit de l'esprit, et un esprit fertile en intrigues sourdes, une ambition démesurée, et rien qui la pût retenir, laquelle alloit jusqu'à la folie. Sa femme étoit jolie, avec fort peu d'esprit, tracassière, et, sous un extérieur de vierge, méchante au dernier point. Peu à peu elle fut admise, comme fille de Tessé, à monter dans les carrosses, à manger, à aller à Marly, à être de tout chez Mme la duchesse de Bourgogne, qui se piquoit de reconnoissance pour Tessé qui avoit négocié la paix de Savoie et son mariage, dont le roi lui savoit fort bon gré. Maulevrier écuma des premiers ce qui se passoit à l'égard de Nangis; il se fit donner des privances chez Mme la duchesse de Bourgogne par son beau-père; il s'y rendit assidu; enfin, excité par l'exemple, il osa soupirer. Lassé de n'être point entendu, il hasarda d'écrire; on prétendit que Mme Cantin, amie intime de Tessé, trompée par le gendre, crut recevoir de sa main des billets du beau-père, et que, les regardant comme sans conséquence, elle les rendoit. Maulevrier, sous le nom de son beau-père, recevoit, crut-on, la réponse aux billets par la même main qui les avoit remis. Je n'ajouterai pas ce qu'on crut au delà. Quoi qu'il en soit, on s'aperçut de celui-ci comme de l'autre, et on s'en aperçut avec le même silence. Sous prétexte d'amitié pour Mme de Maulevrier, la princesse alla plus d'une fois pleurer avec elle, et chez elle, dans des voyages de Marly, le prochain départ de son mari et les premiers jours de son absence, et quelquefois Mme de Maintenon avec elle. La cour rioit : si les larmes étoient pour lui ou pour Nangis, cela étoit douteux; mais Nangis toutefois, réveillé par cette concurrence, jeta Mme de La Vrillière dans d'étranges douleurs et dans une humeur dont elle ne fut point maîtresse.

Ce tocsin se fit entendre à Maulevrier. De quoi ne s'avise pas un homme que l'amour ou l'ambition possède à l'excès? Il fit le malade de la poitrine, se mit au lait, fit semblant d'avoir perdu la voix, et sut être assez maître de soi pour qu'il ne lui échappât pas un mot à voix intelligible pendant plus d'un an, et par là ne fit point la campagne, et demeura à la cour. Il fut assez fou pour conter ce projet et bien d'autres au duc de Lorges, son ami, par qui dans le temps même je le sus. Le fait étoit que, se mettant ainsi dans la nécessité de ne parler jamais à personne qu'à l'oreille, il se donnoit la liberté de parler de même à Mme la duchesse de Bourgogne devant toute la cour, sans indécence et sans soupçon que ce fût en secret. De cette sorte, il lui disoit tout ce qu'il vouloit tous les jours, et il prenoit son temps de manière qu'il n'étoit point entendu, et que parmi des choses communes dont les réponses se faisoient tout haut, il en mêloit d'autres dont les réponses courtes se ménageoient de façon qu'elles ne pouvoient être entendues que de lui. Il avoit tellement accoutumé le monde à ce manége, qu'on n'y prenoit plus garde, sinon de le plaindre d'un si fâcheux état; mais il arrivoit pourtant, que ce qui approchoit le plus

Mme la duchesse de Bourgogne en savoit assez pour ne s'empresser pas autour d'elle quand Maulevrier s'en approchoit pour lui parler. Ce même manége dura plus d'un an, souvent en reproches, mais les reproches réussissent rarement en amour; la mauvaise humeur de Mme de La Vrillière le tourmentoit; il croyoit Nangis heureux, et il vouloit qu'il ne le fût pas. Enfin, la jalousie et la rage le transportèrent au point de hasarder une extrémité de folie.

Il alla à la tribune sur la fin de la messe de Mme la duchesse de Bourgogne. En sortant il lui donna la main et prit un jour qu'il savoit que Dangeau, chevalier d'honneur, étoit absent. Les écuyers, soumis au premier écuyer son beau-père, s'étoient accoutumés à lui céder cet honneur à cause de sa voix éteinte, pour le laisser parler en chemin, et se retiroient par respect pour ne pas entendre. Les dames suivoient toujours de loin, tellement qu'en pleins appartements et au milieu de tout le monde, il avoit, depuis la chapelle jusqu'à l'appartement de Mme la duchesse de Bourgogne, la commodité du tête-à-tête, qu'il s'étoit donné plusieurs fois. Ce jour-là il chanta pouille sur Nangis à la princesse, l'appela par toutes sortes de noms, la menaça de tout faire savoir au roi, à Mme de Maintenon, au prince son mari, lui serra les doigts à les lui écraser, en furieux, et la conduisit de la sorte jusque chez elle. En arrivant, tremblante et prête à s'évanouir, elle entra tout de suite dans sa garde-robe, et y appela Mme de Nogaret, qu'elle appeloit sa petite bonne, et à qui elle alloit volontiers au conseil, quand elle ne savoit plus où elle en étoit. Là elle lui raconta ce qui venoit de lui arriver, et lui dit qu'elle ne savoit comment elle n'étoit pas rentrée sous les parquets, comment elle n'en étoit pas morte, comment elle avoit pu arriver jusque chez elle. Jamais elle ne fut si éperdue. Le même jour Mme de Nogaret le conta à Mme de Saint-Simon et à moi, dans le dernier secret et la dernière confiance. Elle conseilla à la princesse de filer doux avec un fou si dangereux et si fort hors de tout sens et de toute mesure, et toutefois d'éviter sur toute chose de se commettre avec lui. Le pis fut qu'au partir de là, il menaça, dit force choses sur Nangis, comme un homme qui en étoit vivement offensé, qui étoit résolu d'en tirer raison et de l'attaquer partout. Quoiqu'il n'en dît pas la cause, elle étoit claire. On peut juger de la frayeur qu'en conçut la princesse, de la peur et des propos de Mme de La Vrillière et de ce que devint Nangis. Il étoit brave de reste pour n'en craindre personne, et prêter le collet à quiconque, mais le prêter sur pareil sujet, il en pâmoit d'effroi. Il voyoit sa fortune et des suites affreuses entre les mains d'un fou furieux. Il prit le parti de l'éviter avec le plus grand soin qu'il put, de paroître peu, et de se taire.

Mme la duchesse de Bourgogne vivoit dans des mesures et des transes mortelles, et cela dura plus de six semaines de la sorte, sans que pourtant elle en ait eu autre chose que l'extrême peur. Je n'ai point su ce qui arriva, ni qui avertit Tessé, mais il le fut et fit un trait d'habile homme. Il persuada son gendre de le suivre en Espagne, où il lui fit voir les cieux ouverts pour lui. Il parla à Fagon, qui du fond de sa chambre et du cabinet du roi voyoit tout et savoit tout. C'étoit un homme d'infiniment d'esprit, et avec cela un bon et honnête homme. Il entendit à demi-mot, et fut d'avis qu'après tous les remèdes que Maulevrier avoit tentés pour son extinction de voix et sa poitrine, il n'y avoit plus pour lui que l'air des pays chauds; que l'hiver où on alloit entrer le tueroit infailliblement en France et lui seroit salutaire dans un pays où cette saison est une des plus belles et des plus tempérées de l'année; ce fut donc sur le pied de remède et comme l'on va aux eaux, que Maulevrier alla en Espagne. Cela fut donné ainsi à toute la cour et au roi, à qui Fagon persuada ce qu'il voulut par des raisonnements de médecine, où il ne craignit point de contradicteur entre le roi et lui, et à Mme de Maintenon tout de même, qui l'un et l'autre le prirent pour bon et ne se doutèrent de rien. Sitôt que la parole en fut lâchée, Tessé n'eut rien de plus pressé que de tirer son gendre de la cour et du royaume, et pour mettre fin à ses folies et aux frayeurs mortelles qu'elles causoient, et pour couper court à la surprise et aux réflexions sur un si long voyage d'un homme en l'état auquel Maulevrier passoit pour être.

Tessé prit donc congé les premiers jours d'octobre, et partit avec son gendre de Fontainebleau pour l'Espagne. Mais il étoit trop avisé pour y aller tout droit. Il y vouloit une fortune, il la savoit pour ce pays-là entre les mains de la princesse des Ursins, il en savoit trop de notre cour pour ignorer que Mme de Maintenon demeuroit sourdement sa protectrice; il ne crut donc pas lui déplaire de lui représenter qu'allant en Espagne pour servir, il ne le pouvoit faire utilement qu'avec les bonnes grâces du roi et de la reine d'Espagne; qu'il se gardoit bien de pénétrer dans tout ce qui s'étoit passé sur la princesse des Ursins, mais qu'il ne pouvoit ignorer avec tout le monde jusqu'à quel point elle tenoit au cœur de Leurs Majestés Catholiques; qu'une visite de sa part à Mme des Ursins ne pouvoit influer sur rien, mais que cette attention, qui plairoit infiniment au roi et à la reine d'Espagne, feroit peut-être tout le succès de son voyage en lui conciliant Leurs Majestés Catholiques, et lui aplaniroit tout pour le service des deux rois. Avec ce raisonnement il supplia Mme de Maintenon de lui obtenir la liberté de passer par Toulouse, uniquement dans la vue de se mettre en état de pouvoir bien répondre à ce qu'on attendoit de lui au pays où le roi l'envoyoit. Mme de Maintenon goûta fort une proposition qui lui donnoit le moyen de charger Tessé de lettres et de choses qui, sans le mettre dans le secret, lui étoient utiles à mander commodément et à la princesse des Ursins d'apprendre.

Le roi, qui alors étoit un peu calmé sur Mme des Ursins, entra dans les raisons du maréchal de Tessé, que Mme de

Maintenon sut doucement appuyer, et lui permit de passer à Toulouse. Tessé y demeura trois jours; il n'y perdit pas son temps. Ce premier rayon de retour de considération lui donna une grande joie et lui rendit Tessé infiniment agréable. Il se livra à elle pour tout ce qu'elle pourroit souhaiter pour les deux cours. Il partit de Toulouse chargé de ses lettres et de ses ordres pour Madrid, où en arrivant, c'est-à-dire le lendemain qu'il eut fait la première révérence au roi et à la reine, il fut fait grand d'Espagne de la première classe. Il dépêcha un courrier au roi pour lui demander la permission d'accepter cette grande grâce, qui la lui accorda aussitôt. Tel fut le lien qui les unit, Mme des Ursins et lui, intimement pour tout le reste de leur vie. En même temps le roi d'Espagne envoya au comte de Toulouse une Toison d'or de diamants admirable, et le collier de cet ordre qu'il reçut, à son retour à Versailles, des mains de M. le duc de Berry, dans la chambre de ce prince, et son portrait avec des diamants au maréchal de Cœuvres.

Un frère de M. de Guémené mourut en ce temps-ci. Il se faisoit appeler le prince de Montauban. C'étoit un homme obscur et débauché que personne ne voyoit jamais, et qui pour vivre avoit épousé la veuve de Rannes, tué lieutenant général et mestre de camp général des dragons, laquelle étoit Bautru, sœur du chevalier de Nogent, et de Nogent, tué au passage du Rhin, beau-frère de M. de Lauzun. On a vu (t. II, p. 157) comment Monsieur escroqua au roi un tabouret pour elle. C'étoit une bossue, tout de travers, fort laide, pleine de blanc, de rouge et de filets bleus pour marquer les veines, de mouches, de parures et d'affiquets, quoique déjà vieille, qu'elle a conservés jusqu'à plus de quatre-vingts ans qu'elle est morte. Rien de si effronté, de si débordé, de si avare, de si étrangement méchant que cette espèce de monstre, avec beaucoup d'esprit et du plus mauvais, et toutefois de l'agrément quand elle vouloit plaire. Elle étoit toujours à Saint-Cloud et au Palais-Royal quand

Monsieur y étoit, à qui on reprochoit de l'y souffrir, quoique sa cour ne fût pas délicate sur la vertu. Elle n'approchoit point de la cour, et personne de quelque sorte de maintien ne lui vouloit parler quand rarement on la rencontroit. Elle passoit sa vie au gros jeu et en débauches, qui lui coûtoient beaucoup d'argent. A la fin Monsieur fit tant que, sous prétexte de jeu, il obtint un voyage de Marly. Les Rohan, c'est-à-dire alors Mme de Soubise, l'y voyant parvenue, la soutint de son crédit; elle joua, fit cent bassesses à tout ce qui la pouvoit aider, s'ancra à force d'esprit, d'art et de hardiesse. Le jeu l'appuya beaucoup. Son jargon à Marly amusa Mme la duchesse de Bourgogne; la princesse d'Harcourt la protégea chez Mme de Maintenon, qu'elle vit quelquefois. Le roi la faisoit causer quelquefois aussi à table; en un mot, elle fut de tous les Marlys et, bien que l'horreur de tout le monde, il n'y en eut plus que pour elle, en continuant la licence de sa vie, ne la cachant pas, et sans se donner la peine du mérite des repenties. Elle survécut le roi, tira gros de M. le duc d'Orléans, quoiqu'il la méprisât parfaitement, et mourut tout comme elle avoit vécu. Elle avoit un fils de son premier mari qui servoit et qu'elle traitoit fort mal, et une fille du second qu'elle avoit faite religieuse.

Je perdis un ami avec qui j'avois été élevé, qui étoit un très-galant homme, et qui promettoit fort : c'étoit le fils unique du comte de Grignan et de cette Mme de Grignan si adorée dans les lettres de Mme de Sévigné, sa mère, dont cette éternelle répétition est tout le défaut. Le comte de Grignan, chevalier de l'ordre en 1688, s'étoit ruiné à commander en Provence, dont il étoit seul lieutenant général. Ils marièrent donc leur fils à la fille d'un fermier général fort riche. Mme de Grignan, en la présentant au monde, en faisoit ses excuses; et avec ses minauderies en radoucissant ses petits yeux, disoit qu'il falloit bien de temps en temps du fumier sur les meilleures terres. Elle se savoit un gré infini de ce bon mot, qu'avec raison chacun trouva impertinent, quand on a fait un mariage, et le dire entre bas et haut devant sa belle-fille. Saint-Aimant, son père, qui se prêtoit à tout pour leurs dettes, l'apprit enfin, et s'en trouva si offensé qu'il ferma le robinet. Sa pauvre fille n'en fut pas mieux traitée; mais cela ne dura pas longtemps. Son mari, qui s'étoit fort distingué à la bataille d'Hochstedt, mourut, au commencement d'octobre, à Thionville; on dit que ce fut de la petite vérole. Il avoit un régiment, étoit brigadier et sur le point d'avancer. Sa veuve, qui n'eut point d'enfants, étoit une sainte, mais la plus triste et la plus silencieuse que je vis jamais. Elle s'enferma dans sa maison, où elle passa le reste de sa vie, peut-être une vingtaine d'années, sans en sortir que pour aller à l'église et sans voir qui que ce fût.

Coigny, dont j'ai assez parlé pour n'avoir plus rien à en dire, avoit passé le Rhin avec son corps destiné sur la Moselle, lorsque le maréchal de Villeroy le passa après le malheur d'Hochstedt, et nos armées prêtes à rentrer en Alsace. Il fut renvoyé avec son corps sur la Moselle. Il n'avoit pu se consoler de n'avoir pas compris l'énigme de Chamillart, et d'avoir, sans le savoir, refusé le bâton en refusant d'aller en Bavière. Marsin l'avoit eu en sa place. Depuis l'hiver que Chamillart lui avoit achevé de dévoiler un mystère que le bâton de Marsin, déclaré à son arrivée en Bavière, lui avoit suffisamment révélé, il ne fit plus que tomber. Le chemin où il étoit, et l'espérance d'y revenir ne le put soutenir contre l'amertume de sa douleur. Il avoit déjà de l'âge. Il mourut sur la Moselle au commencement d'octobre, à la tête de ce petit corps qu'il y commandoit. Son fils fut plus heureux, et son petit-fils aussi, à qui on voit maintenant une si brillante fortune.

Précisément en même temps mourut aussi M. le maréchal de Duras, doyen des maréchaux de France, et frère aîné de huit ans de mon beau-père : c'étoit un grand homme maigre, d'un visage majestueux et d'une taille parfaite, le maître de tous en sa jeunesse et longtemps depuis dans tous les exercices, galant et fort bien avec les dames; de l'esprit beaucoup et un esprit libre et à traits perçants dont il ne se refusa jamais aucun; vif, mais poli, et avec considération, choix et dignité, magnifique en table et en équipages; beaucoup de hauteur sans aucune bassesse, même sans complaisance; toujours en garde contre les favoris et les ministres, toujours tirant sur eux, et toujours les faisant compter avec lui. Avec ces qualités, je n'ai jamais compris comment il a pu faire une si grande fortune. Jusqu'aux princes du sang et aux filles du roi, il ne contraignoit aucun de ses dits; et le roi même, en parlant à lui, en éprouva plus d'une fois et devant tout le monde, puis rioit et regardoit la compagnie, qui baissoit les yeux. Le roi, parlant un jour des majors, du détail desquels il s'étoit entêté alors, M. de Duras qui n'aimoit point celui des gardes du corps, et qui entendit que le roi ne désapprouvoit pas qu'ils se fissent haïr : « Par...., dit-il au roi derrière lequel il avoit le bâton, et traînant Brissac par le bras pour le montrer au roi, si le mérite d'un major est d'être haï, voici bien le meilleur de France, car c'est celui qui l'est le plus. » Le roi se mit à rire et Brissac confondu. Une autre fois le roi parloit du P. de La Chaise. « Il sera damné, dit M. de Duras, à tous les mille diables, mais je le comprends d'un moine dans la contrainte, la soumission, la pauvreté, qui se tire de tout cela pour être dans l'abondance, régner dans son ordre, se mêler de tout et avoir le clergé, la cour et tout le monde à ses pieds; mais ce qui m'étonne, c'est qu'il puisse, lui, trouver un confesseur, car celui-là se damne bien sûrement avec lui, et pour cela n'en a pas un morceau de plus, ni un grain de liberté, ni de considération dans son couvent. Il faut être fou pour se damner à si bon marché. » Il n'aimoit point les jésuites, il lui étoit resté un levain contre eux du commerce qu'il avoit eu avec des prêtres attachés au Port-Royal lors de sa conversion, et qu'il avoit conservé toute la vie avec eux.

Il avoit suivi M. le Prince auquel il s'étoit attaché plutôt par complaisance pour ses oncles de Bouillon et de Turenne. Il étoit le meilleur officier de cavalerie qu'eût eu le roi, et le plus brillant pour mener une aile et un gros corps séparé. A la tête d'une armée, il n'eut ni les mêmes occasions ni la même application : il mena pourtant très-bien le siége de Philippsbourg, et le reste de cette courte campagne où le roi lui avoit confié les premières armes de Monseigneur. Mal d'origine avec Louvois à cause de M. de Turenne, et dégoûté des incendies du Palatinat, et des ordres divers qu'il reçut sur le secours de Mayence, se trouvant dans la plus haute fortune, il envoya tout promener, et n'a pas servi depuis. Il avoit fort brillé en chef à la guerre de Hollande et aux deux conquêtes de la Franche-Comté, dont il eut le gouvernement à la dernière. Le roi lui avoit donné fort jeune un brevet de duc pour faciliter son mariage avec Mlle de Ventadour, qui fut longtemps heureux; un démon domestique les brouilla. Ils trouvèrent à Besançon Mlle de Beaufremont, tante paternelle de ceux-ci, laide, gueuse, joueuse, mais qui avoit beaucoup d'esprit, et qui sut leur plaire assez pour la prendre avec eux et la mener à Paris, où ils l'ont gardée bien des années. L'enfer n'étoit pas plus méchant ni plus noir que cette créature : elle s'étoit introduite dans la maison par Mme de Duras, elle s'empara du cœur du maréchal, fit entre eux des horreurs qui causèrent des éclats, et qui confinèrent la maréchale à la campagne, dont elle n'est jamais revenue que pour de courts voyages de fort loin à loin, et où elle aimoit mieux sa solitude que la vie où elle étoit réduite à l'hôtel de Duras. Mlle de Beaufremont y en fit tant dans la suite que le maréchal la congédia, mais pour se livrer à une autre gouvernante qui ne valoit pas mieux, et qui, avec de l'esprit, de l'audace, une effronterie sans pareille, des propos de garnison où pourtant elle n'avoit jamais été, et le jeu de même, le gouverna de façon qu'il ne pouvoit s'en passer, qu'elle le suivoit exactement partout à Versailles et à Paris, domina son domestique, ses enfants, ses affaires, en tira tant et plus, et jusqu'à son déjeuner le matin, l'envoyoit chercher chez lui.

C'était une commère au-dessus des scandales, et qui rioit de celui-là comme n'y pouvant avoir matière. Cela dura jusqu'à la mort du maréchal, que le curé de Saint-Paul se crut obligé en conscience de la chasser de l'hôtel de Duras avec éclat par sa résistance, quoi que pût faire la maréchale arrivée sur cette extrémité, pour sauver cet affront. Depuis que le maréchal étoit devenu doyen des maréchaux de France, on n'appeloit plus sa dame que la connétable; elle en rioit et le trouvoit fort bon. Cette dangereuse et impudente créature étoit fille de Besmaux, gouverneur de la Bastille, et femme de Saumery, sous-gouverneur des enfants de France, dont elle eut beaucoup d'enfants, et qui, avec toute son arrogance, étoit petit comme une fourmi devant elle, et lui laissoit faire et dire tout ce que bon lui sembloit. Il reviendra en son particulier sur la scène. Sa femme étoit une grande créature, sèche, qui n'eut jamais de beauté ni d'agréments, et qui vit encore à plus de quatre-vingt-dix ans.

M. de Duras, n'allant plus à la guerre, avoit presque toujours le bâton pour les autres capitaines des gardes qui servoient. Il n'aima jamais rien que son frère, et assez Mme de Saint-Simon, avec quoi j'avois trouvé grâce devant lui, en sorte que j'en ai toujours reçu toutes sortes de prévenances et de marques d'amitié. De ses enfants il n'en faisoit aucun compte; rien ne l'affecta jamais ni ne prit un moment sur sa liberté d'esprit et sur sa gaieté naturelle. Il le dit un jour au roi, et il ajouta qu'il le défioit avec toute sa puissance de lui donner jamais de chagrin qui durât plus d'un quart d'heure. Sa propreté étoit extrême et poussée même fort loin. A quatre-vingts ans il dressoit encore des chevaux que personne n'avoit montés. C'étoit aussi le plus bel homme de cheval et le meilleur qui fût en France. Lorsque les enfants de France commencèrent à apprendre sérieusement à y monter, le roi pria M. de Duras de vouloir bien les voir monter et présider à leur manége. Il y fut quelque temps, et à la grande écurie et à des promenades avec eux, puis dit au roi qu'il n'iroit plus, que c'étoit peine perdue, que ses petits-fils n'auroient jamais ni grâce ni adresse à cheval, qu'il pouvoit s'en détacher, quoi que les écuyers lui pussent dire dans la suite, et qu'ils ne seroient jamais à cheval que des paires de pincettes. Il tint parole et eux aussi. On a vu en son lieu ce qu'il décocha au maréchal de Villeroy lorsqu'il passa de Flandre en Italie. On ne finiroit pas à rapporter ses traits. Aussi les gens importants le ménageoient et le craignoient plus qu'ils ne l'aimoient. Le roi se plaisoit avec lui, et il s'étoit fait à en tout entendre, et si M. de Duras eût voulu, il en auroit tiré beaucoup de grâces. Il fut attaqué de l'hydropisie dont il mourut, ayant le bâton. Il disputa quelque temps, enfin il fallut céder, et lui-même comprit très-bien qu'il n'en reviendroit pas. Il prit congé du roi dans son cabinet, qui le combla d'amitiés, et qui s'attendrit jusqu'aux larmes. Il lui demanda ce qu'il pouvoit faire pour lui. Il ne demanda rien et n'eut rien aussi, et il est certain qu'il ne tint qu'à lui d'avoir sa charge ou son gouvernement pour son fils. Il ne s'en soucia pas.

Quelque temps après, le roi alla à Fontainebleau; il s'y fâcha de ce que les dames négligeoient de s'habiller pour la comédie et se passoient d'y aller ou s'y mettoient à l'écart pour n'être pas obligées à s'habiller. Quatre mots qu'il en dit, et le compte qu'il se fit rendre de l'exécution de ses ordres, y rendit toutes les femmes de la cour très-assidues en grand habit. Là-dessus il nous vint des nouvelles de l'extrémité de M. de Duras. On ne vivoit pas alors comme on fait aujourd'hui. L'assiduité dont le roi ne dispensoit personne de ce qui étoit ordinairement à la cour n'avoit pas permis à Mmes de Saint-Simon et de Lauzun de s'absenter de Fontainebleau; mais sur ces nouvelles, elles furent dire à Mme la duchesse de Bourgogne qu'elles s'en iroient le lendemain, et que pour la comédie elles la supplioient de les en dispenser ce soir-là. La princesse trouva qu'elles avoient raison, mais que le roi ne l'entendroit pas. Tellement qu'elles capitulèrent de s'habiller, de venir à la comédie en même temps qu'elle ou un moment après, qu'elles en sortiroient aussitôt sous prétexte de n'y avoir plus trouvé place, et que la princesse le diroit au roi. Je marque cette très-légère bagatelle, pour montrer combien le roi ne comptoit que lui et vouloit être obéi, et que ce qui n'auroit pas été pardonné aux nièces de M. de Duras en l'état où il étoit, partout ailleurs qu'à la cour, y étoit un devoir qui eut besoin d'adresse et de protection, pour ne se pas faire une affaire sérieuse en préférant la bienséance.

M. de Duras mourut en bon chrétien et avec une grande fermeté. La parenté, les amis, beaucoup d'autres et la connétablie accompagnèrent son corps à Saint-Paul. M. de Soubise alerte surtout, et dont la belle-fille étoit fille unique du duc de Ventadour, frère de la maréchale de Duras, lequel n'y étoit pas, envoya proposer à la famille de mener le deuil. Celui qui le mène est en manteau et précède toute la parenté. Je leur fis remarquer que ce n'étoit que pour cela que M. de Soubise s'y offroit, et dire après qu'il avoit précédé la famille, et ne point parler qu'il eût mené le deuil. On se moqua de moi, mais je tins ferme, et leur déclarai que si l'offre étoit acceptée, je me retirerois et ne paroîtrois à rien. Cela les arrêta. M. de Soubise fut remercié, et ce qui montra la corde, il ne vint point à l'enterrement ni son fils, et il fut fort piqué.

La longueur de la maladie de M. de Duras avoit donné le temps aux machines. Le duc de Guiche, revenu fort mal de l'armée du maréchal de Villeroy, se portoit mieux et il étoit à Fontainebleau, depuis longtemps mal avec le roi par sa conduite, et ayant reçu plusieurs dégoûts. Malgré cela les Noailles se mirent dans la tête de lui faire tomber le régiment des gardes qu'avoit son beau-frère le maréchal de Boufflers qui étoit aussi à Fontainebleau, et de le faire capitaine des gardes du corps. Quelque belle que fût cette dernière charge, celle de colonel étoit sans comparaison. Il n'y avoit donc pas moyen de faire entrer Boufflers dans cette affaire. Il vivoit intimement avec le duc et la duchesse de Guiche sa belle-sœur, et avec tous les Noailles; ils étoient lors au comble de la faveur, et le maréchal n'avoit garde de se défier d'eux. Le mariage du duc de Noailles qui avoit environné Mme de Maintenon des siens, en avoit plus approché sa sœur aînée la duchesse de Guiche que pas une.

Son âge fort supérieur à celui de ses sœurs y contribuoit. Quoiqu'elle eût quitté le rouge, sa figure étoit encore charmante. Elle avoit infiniment d'esprit, du souple, du complaisant, de l'amusant, du plaisant, du bouffon même; mais tout cela sans se prodiguer, du sérieux, du solide; raffolée de M. de Cambrai, de Mme Guyon, de leur doctrine et de tout le petit troupeau, et dévote comme un ange. Séparée d'eux par autorité, et fidèle à l'obéissance, tout cela étoit devenu des degrés de mérite auprès de Mme de Maintenon, supérieurs à celui qu'elle tiroit de l'alliance de son frère. Sa retraite la faisoit rechercher; elle n'accordoit pas toujours d'aller aux voyages de Marly, et Mme de Maintenon croyoit recevoir une faveur toutes les fois qu'elle venoit chez elle. Il pouvoit y avoir du vrai, mais ce vrai n'étoit pas sans art. Sa dévotion, montée sur le ton de ce petit troupeau à part, qui avoit ses lois et ses règles particulières, étoit, comme la leur, compatible avec la plus haute et la plus vive ambition et avec tous les moyens de la satisfaire. Quoique son mari n'eût rien d'aimable, même pour elle, elle en fut folle d'amour toute sa vie. Pour lui plaire, et pour se plaire à elle-même, elle ne songeoit qu'à sa fortune. Sa famille, si maîtresse en cet art, n'en avoit pas moins de passion; ils s'entr'aidèrent. Rien n'est pareil au trébuchet qu'ils imaginèrent pour tendre au maréchal de Boufflers et dans lequel ils le prirent; aussi tout étoit-il bien préparé à temps; et il n'y fut pas perdu une minute.

M. de Duras mourut à Paris le dimanche matin, 12 octobre, et l'après-dînée le roi le sut au sortir du salut. Le lendemain matin, comme le roi, au sortir de son lever, eut donné l'ordre, il appela le maréchal de Boufflers, le surprit par un compliment d'estime, de confiance, et jusqu'à la tendresse; lui dit qu'il ne pouvoit pas lui en donner une plus sensible marque qu'en l'approchant au plus près de sa personne, et la lui remettant entre les mains; que c'étoit ce qui l'engageoit à le préférer à qui que ce fût pour lui donner la charge de M. de Duras, persuadé qu'il l'acceptoit avec autant de joie et de sentiment qu'il la lui donnoit avec complaisance. Il n'en falloit pas tant pour étourdir un homme qui ne s'attendoit à rien moins, qui n'avoit aucun lieu de s'y attendre, qui avoit peu d'esprit, d'imagination, de repartie, pour qui le roi étoit un dieu, et qui, depuis qu'il l'approchoit et qu'il étoit parvenu au grand, n'avoit pu s'accoutumer à ne pas trembler en sa présence. Le roi bien préparé se contente de sa révérence, et sans lui laisser le moment de dire une parole, dispose tout de suite de la charge de colonel du régiment des gardes, et lui dit qu'il compte lui faire une double grâce de la donner au duc de Guiche; autre surprise, autre révérence pendant laquelle le roi tourne le dos, se retire, et laisse le maréchal stupéfait, qui se crut frappé de la foudre.

Il sortit donc du cabinet sans avoir pu proférer un seul mot, et chacun lui vit les larmes aux yeux. Il s'en alla chez lui, où sa femme ne pouvoit comprendre ce qui venoit d'arriver, et qui s'en prit abondamment à ses yeux. Les bons Noailles et la douce, humble et sainte duchesse de Guiche, leur bonne et chère sœur, avec qui ils vivoient comme telle, non contents de lui avoir arraché sa charge, eurent le front de le prier de demander au roi pour le duc de Guiche le même brevet de cinq cent mille livres qu'il avoit sur le régiment des gardes qui alloit payer le pareil de M. de Duras. Boufflers, hors de lui de douleur et de dépit, mais trop sage pour donner des scènes, avala ce dernier calice, et obtint ce brevet de retenue au premier mot qu'il en dit au roi, toujours sur le ton de lui faire des grâces pour son beau-frère. Jamais Boufflers, ni sa femme ne se sont consolés du régiment des gardes, jamais ils n'en ont pardonné le rapt au duc, et moins encore à la duchesse de Guiche; mais en gens qui ne veulent point d'éclats et d'éclats inutiles, ils gardèrent les mêmes dehors avec eux et avec tous les Noailles. Ils essayèrent de consoler le maréchal comme un enfant avec un hochet. Le roi lui dit de conserver partout le logement de colonel des gardes, et de continuer d'en mettre les drapeaux à ses armes.

Le gouvernement de la Franche-Comté fut donné à Tallard, à l'étonnement et au scandale de tout le monde. M. le duc d'Orléans dit là-dessus plaisamment qu'il falloit bien donner quelque chose à un homme qui avoit tout perdu. Comme il le dit sur-le-champ et tout haut, ce bon mot vola de bouche en bouche, et il déplut fort au roi.

Peu de jours après, le roi donna quarante mille livres de pension au petit comte de La Marche, tout enfant, fils du prince de Conti. Cela parut prodigieux et l'étoit en effet pour lors. Pour aujourd'hui, à ce qu'en ont tiré ces princes depuis la mort du roi, ce seroit une goutte d'eau.

## CHAPITRE XIX.

Siége de Verue par le duc de Vendôme. — Retour de Fontainebleau par Sceaux. — Rouillé sans caractère près l'électeur de Bavière; son caractère et ses emplois. — Progrès des mécontents. — Ragotzi élu prince de Transylvanie. — Des Alleurs. — Subsides. —

La Bavière en proie à l'empereur. — Trèves et Traarbach perdus. — Marlborough en diverses cours d'Allemagne. — Landau rendu au roi des Romains; Laubanie, aveuglé dedans, récompensé. — Séparation des armées. — Coigny colonel général des dragons. — Abbé de Pomponne ambassadeur à Venise. — Puysieux; sa famille; son caractère. — Son adresse le fait chevalier de l'ordre. — Comte de Toulouse, de retour, résolu de perdre Pontchartrain, est arrêté par sa femme. — Caractère de Pontchartrain. — Suites funestes à l'État. — Mort de Caylus; caractère de sa femme. — Cercles. — Berwick de retour d'Espagne. — Mariage du marquis de Charost et de Mlle Brûlart, depuis duchesse de Luynes et dame d'honneur de la reine. — Mort de Mme de Gamaches. — Mort du duc de Gesvres. — Mort du président Payen. — Bouligneux et Wartigny tués devant Verue. — Singularité arrivée à des masques de cire. — Mort de la duchesse d'Aiguillon; son caractère. — Marquis de Richelieu; explication de sa prétention de succéder à la dignité d'Aiguillon, rejetée par le roi. — Denonville obtient permission de venir se justifier. — Marlborough passe en Angleterre avec Tallard et les principaux prisonniers. — Villars rappelé de Languedoc, où Berwick va commander.

M. de Vendôme s'opiniâtra à vouloir assiéger Verue; il dépêcha, à son ordinaire, un courrier pour mander qu'en y arrivant, le 14 octobre, il avoit emporté trois hauteurs que les ennemis avoient négligé de retrancher, d'où il les avoit chassés à la vue de M. de Savoie et de toute sa cour, qui avoient été obligés de se retirer à toutes jambes. Avec ces fanfaronnades il repaissoit le roi à l'appui de Mme de Maintenon par M. du Maine. Jamais siége si follement entrepris, peu qui aient tant coûté de temps, d'hommes et d'argent. Il influa encore sur la campagne suivante, qu'on ne put ouvrir à temps par le délabrement de l'armée. Le terrain étoit extrêmement mauvais, même dans la belle saison, et on alloit se trouver dans la mauvaise; et tandis que la place étoit attaquée d'un côté, elle étoit soutenue de l'autre par un camp retranché de l'autre côté de l'eau, qui rafraîchissoit la place tout à son aise de troupes et de tout, et inquiétoit continuellement notre armée. L'opiniâtreté et l'autorité que M. de Vendôme s'étoit acquise par son crédit l'emportèrent sur toute raison de guerre et sur le sentiment de toute son armée, qui à peine osa-t-elle témoigner ce qu'elle en pensoit, tant le peu d'officiers généraux, de ceux qui étoient le mieux avec le duc de Vendôme, furent mal reçus dans leurs courtes et modestes représentations. Outre ces difficultés, la subsistance de la cavalerie y étoit d'une difficulté extrême, tellement qu'il fallut, dès les premiers commencements, renvoyer presque tous les équipages de l'armée du côté d'Alexandrie, où M. de Vaudemont leur fit donner des quartiers et du fourrage, mais pour de l'argent, à un prix modique. On comprend ce que ce peut être pour tous les officiers généraux et particuliers qui font un grand siége sans investiture, vis-à-vis un camp ennemi séparé d'eux par la rivière, dans un très-mauvais terrain, sans équipages, et qui sont avec cela obligés de les nourrir hors de leur portée à leurs dépens. Ce fut avec cette bonne nouvelle que le roi partit de Fontainebleau, le 23 octobre, pour retourner à Versailles par Sceaux, où il séjourna un jour. Incontinent après, il envoya Rouillé sans caractère résider à Bruxelles auprès de l'électeur de Bavière, avec vingt-quatre mille livres d'appointements. Il étoit président en la cour des aides, frère de Rouillé, qui avoit été directeur des finances et qui étoit conseiller d'État, et il étoit revenu, il y avoit deux ans, de Lisbonne, où il avoit été ambassadeur avec satisfaction. C'étoit un homme d'esprit, appliqué, capable, un peu timide, et que les ducs de Chevreuse et de Beauvilliers protégeoient fort. Il figurera dans la suite, et on le verra employé aux affaires les plus importantes et les plus secrètes, où il se conduisit toujours très-bien : il est donc bon dès ici de le connoître.

Les mécontents de Hongrie ne se laissèrent point abattre par le grand et inespéré succès de la bataille d'Hochstedt. Loin d'écouter les propositions que l'empereur leur fit faire, ils prirent Neutra, et Ragotzi fut élu prince de Transylvanie. Il en envoya donner part au Grand Seigneur, et lui offrir pour sa protection le même tribut que payoient à la Porte son bisaïeul et son grand-père en la même qualité. Ils se rendirent depuis maîtres d'Eperiez et de Cassovie, et de cent quarante pièces de canon qu'ils y trouvèrent; il y avoit déjà du temps que des Alleurs étoit secrètement, de la part du roi, auprès de Ragotzi, à qui il donnoit trois mille pistoles par mois. Il envoya en ce temps-ci un officier de confiance à l'électeur de Bavière à Bruxelles, qui le renvoya au roi. Ragotzi vouloit quelque augmentation et moins de secret dans la protection du roi pour se donner plus de crédit et à son armée plus de confiance. La vérité étoit que personne ne doutoit en Europe qu'il ne fût soutenu par la France, quelque obscurément qu'elle le fît. Ils prirent bientôt après Neuhausel, et obligèrent ensuite le général Heister de se hâter de se retirer devant eux.

L'empereur cependant fit à l'électrice de Bavière des propositions si étranges qu'elle ne les voulut pas écouter. Les Impériaux trouvant plus de difficultés qu'ils ne pensoient à leur conquête, la cour de Vienne changea de ton sans changer de volonté, et conclut un accommodement par lequel il fut convenu que l'électrice retireroit toutes ses troupes des places du Danube, et qu'elle demeureroit dans la paisible possession de la Bavière, qui ne payeroit aucune contribution; mais elle ne fut obéie qu'à Passau; les gouverneurs d'Ingolstadt, Brunau et Kufstein s'excusèrent sur leur serment à l'électeur, sans un ordre duquel, signé de sa main, ils ne sortiroient pas de leurs places; et la cavalerie bavaroise, qu'on vouloit séparer, en répondit autant. Le prince Eugène remarcha en Bavière, prit les places, et mit le pays et la famille électorale en étrange état.

Marlborough, d'autre part, suivit de près son frère, qu'il avoit envoyé sur la Moselle avec un gros détachement; ils s'emparèrent de Trèves, et tôt après firent le siége de Traarbach, et le prirent, pendant que le duc de Marlborough s'alla promener en Allemagne, et voir les électeurs de Brandebourg et d'Hanovre, le landgrave de Hesse et quelques autres princes. Chacun après quitta les armées en Flandre, qui se séparèrent incontinent pour les quartiers d'hiver. Il n'y eut que celle d'Alsace qui, sous Marsin, attendoit impatiemment la prise de Landau, pour s'aller reposer de même. Cette place capitula enfin le 23 décembre. Laubanie y avoit fait merveille, même après y avoir perdu les deux yeux. Le roi des Romains le traita avec toute la distinction que sa valeur méritoit, lui surtout et sa garnison, dont il ne sortit que la moitié de ce qu'elle étoit au commencement du siége. Le roi donna à Laubanie trente-six mille livres de pension, outre de petites qu'il avoit déjà, et sa grand'croix de Saint-Louis de six mille livres. C'étoit un excellent officier et un très-galant homme d'ailleurs, aveuglé dans Landau, et qui avoit très-bien servi toute sa vie.

Coigny, fils de celui que nous venons de voir mourir sur la Moselle, eut, par la protection de Chamillart, l'agrément d'acheter du duc de Guiche la charge de colonel général des dragons, qui fut le commencement et le fondement de la grande fortune où on le voit aujourd'hui.

Depuis le retour de Charmont de Venise, le roi, mécontent de cette république sur plusieurs griefs, n'y avoit envoyé personne, et refusé même d'admettre son ambassadeur à son audience. Par force souplesses et propos de respect peu solides, [les Vénitiens] se raccommodèrent avec le roi. L'abbé de Pomponne vieillissoit dans la charge d'aumônier de quartier. Le roi s'étoit expliqué avantageusement sur lui, mais que son nom d'Arnauld lui répugnoit trop dans l'épiscopat pour l'y faire jamais monter. Il fallut donc se tourner ailleurs. Il étoit beau-frère de Torcy. Pomponne, son père, lui avoit fait mettre le nez dans ses papiers avec l'agrément du roi, et il continuoit de même avec Torcy; il avoit déjà été à Rome et en diverses cours d'Italie. Tout cela ensemble le fit choisir pour l'ambassade de Venise, et il remit sa place d'aumônier.

Puysieux, revenu depuis peu par congé de son ambassade de Suisse, où il faisoit fort bien, avoit obtenu, ainsi que l'année précédente, la singulière faveur de rendre compte directement au roi des affaires de ce pays-là, et dans son cabinet tête à tête. Il étoit petit-fils de Puysieux, secrétaire d'État, fils du chancelier de Sillery, enveloppé dans sa disgrâce qui lui fit perdre sa charge, et de sa seconde femme qui étoit Étampes, sœur de M. de Valencey, chevalier de l'ordre en 1619, gouverneur de Montpellier, puis de Calais, et grand maréchal des logis de la maison du roi, de l'archevêque-duc de Reims, du cardinal de Valencey, de la seconde maréchale de La Châtre, tante paternelle de la maréchale d'Hocquincourt, et du grand prieur de France et ambassadeur à Rome. Elle avoit un autre frère qui s'étoit avisé de se faire de robe, et qui, après avoir été ambassadeur aux Grisons et en Hollande, étoit devenu conseiller d'État, et beau-père du comte de Béthune, chevalier d'honneur de la reine et chevalier du Saint-Esprit, en son temps un personnage. Mme de Puysieux, veuve dès 1640, ne mourut qu'en 1677, à quatre-vingts ans, avec toute sa tête et sa santé. C'étoit une femme souverainement glorieuse, que la disgrâce n'avoit pu abattre, et qui n'appeloit jamais son frère le conseiller d'État que « mon frère le bâtard. » On ne pouvoit avoir plus d'esprit qu'elle en avoit, et quoique impérieux, plus tourné à l'intrigue. Elle haïssoit mortellement le cardinal de Richelieu pour la disgrâce de son beau-père et de son mari, et elle étoit dans l'intime confiance de la reine. Revenue de Sillery dès 1640, cette amitié se resserra de plus en plus par les besoins et par les intrigues, en sorte que, lorsque la reine fut régente, chacun compta avec Mme de Puysieux, et y a compté tant qu'elle a vécu. Le roi et Monsieur, dans leur enfance, ne bougeoient de chez elle; dans leur jeunesse ils continuèrent à y aller, et tant qu'elle a été au monde, le roi l'a toujours singulièrement distinguée et considérée. Elle étoit magnifique et ruina elle et ses enfants.

On portoit en ces temps-là force points de Gênes qui étoient extrêmement chers : c'étoit la grande parure et la parure de tout âge ; elle en mangea pour cent mille écus en une année à ronger entre ses dents celle qu'elle avoit autour de sa tête et de ses bras. Elle eut des fils comblés d'abbayes, une fille abbesse, une autre mariée au fils du maréchal d'Étampes, et son fils aîné, M. de Sillery, qui épousa une fille de M. de La Rochefoucauld, si connu par son esprit, et par la figure qu'il fit dans la minorité de Louis XIV. Sillery ruiné servit peu ; il étoit fort aimable, et fort du grand monde. M. de La Rochefoucauld, son beau-frère, les retira chez lui à Liancourt où ils sont morts. Ils laissèrent plusieurs enfants, dont Puysieux, duquel je parle ici, fut l'aîné.

C'étoit un petit homme, fort gros et entassé, plein d'esprit, de traits et d'agréments, tout à fait joyeux, doux, poli et respectueux, et le meilleur homme du monde. Il savoit beaucoup, avec goût et avec une grande modestie ; il étoit d'excellente compagnie, et un répertoire de mille faits curieux ; tout le monde l'aimoit. Il servit tant qu'il put ; mais M. de Louvois le prit en aversion, et l'arrêta tout court. Il étoit maréchal de camp, et déjà gouverneur d'Huningue, fort bien avec le roi, qui se souvenoit toujours de sa grand'mère avec amitié, et d'avoir passé sa première jeunesse à jouer chez elle avec ses enfants. Après la mort de Louvois, il fut employé en haute Alsace, et fait enfin lieutenant général. Il trouva l'ambassade de Suisse tout auprès de lui et à sa bienséance. M. de La Rochefoucauld la lui obtint, et il y servit à merveille. Ses anciennes privances et M. de La Rochefoucauld lui obtinrent ces audiences du roi tête à tête à ses retours, pour lui rendre un compte direct de son ambassade, ce qui ne fut jamais accordé à nul autre. Torcy étoit le seul ministre que M. de La Rochefoucauld vît sur un pied d'amitié et de familiarité. Il falloit tout ce préambule pour comprendre ce qui va suivre.

Puysieux, arrivant de Suisse par congé, après le retour

de Fontainebleau cette année, fut fort bien traité du roi dans l'audience qu'il en eut. Comme il avoit beaucoup d'esprit et de connoissance du roi, il s'avisa tout à coup de tirer hardiment sur le temps, et comme le roi lui témoignoit de l'amitié et de la satisfaction de sa gestion en Suisse, il lui demanda s'il étoit bien vrai qu'il fût content de lui, si ce n'étoit point discours, et s'il y pouvoit compter. Sur ce que le roi l'en assura, il prit un air gaillard et assuré et lui répondit que pour lui il n'étoit pas de même, et qu'il n'étoit pas content de Sa Majesté. « Et pourquoi donc, Puysieux? lui dit le roi. — Pourquoi, sire? parce qu'étant le plus honnête homme de votre royaume, vous ne laissez pas pourtant de me manquer de parole depuis plus de cinquante ans. — Comment, Puysieux, reprit le roi, et comment cela? — Comment cela, sire? dit Puysieux, vous avez bonne mémoire et vous ne l'aurez pas oublié. Votre Majesté ne se souvient-elle pas qu'ayant l'honneur de jouer avec vous à colin-maillard, chez ma grand'mère, vous me mîtes votre cordon bleu sur le dos pour vous mieux cacher au colin-maillard, et que lorsque après le jeu je vous le rendis, vous me promîtes de m'en donner un quand vous seriez le maître; il y a pourtant longtemps que vous l'êtes, et bien assurément, et toutefois ce cordon bleu est encore à venir. » Le roi s'en souvint parfaitement, se mit à rire, et lui dit qu'il avoit raison; qu'il lui vouloit tenir parole et qu'il tiendroit un chapitre exprès avant le premier jour de l'an pour le recevoir ce jour-là. En effet, le jour même il en indiqua un pour le chapitre et dit que c'étoit pour Puysieux. Ce fait n'est pas important, mais il est plaisant. Il est tout à fait singulier avec un prince aussi sérieux et aussi imposant que Louis XIV; et ce sont de ces petites anecdotes de cour qui ont leur curiosité.

En voici une plus importante et de laquelle l'État se sent encore. Pontchartrain, secrétaire d'État de la marine, en étoit le fléau, comme de tous ceux qui étoient sous sa cruelle dépendance. C'étoit un homme qui avoit de l'esprit, du travail, de l'adresse ; mais gauche à tout, désagréable et pédant à l'excès, volontiers le précepteur grossier de tout le monde ; suprêmement noir, et aimant le mal précisément pour le mal ; jaloux jusque de son père, qui s'en plaignoit amèrement à ses plus intimes amis ; tyran cruel jusque de sa femme qui, avec beaucoup d'esprit, étoit l'agrément, la douceur, la complaisance, la vertu même et l'idole de la cour ; barbare jusqu'avec sa mère ; un monstre, en un mot, qui ne tenoit au roi que par l'horreur de ses délations de son détail de Paris, et une malignité telle qu'elle avoit presque rendu d'Argenson bon. Un amiral étoit sa bête, et un amiral bâtard du roi son bourreau. Il n'y avoit rien qu'il n'eût fait contre sa charge et pour l'empêcher de la faire ; point d'obstacles qu'il n'eût semés sur son chemin ; rien qu'il n'eût employé pour l'empêcher de commander la flotte, et, après, pour rendre cette flotte inutile, comme il y avoit réussi l'année précédente de celle-ci. Il lui disputa tous ses honneurs, toutes ses distinctions, ses pouvoirs encore davantage, et lui en fit retrancher des uns et des autres qui, par leur nature et par leur exemple, ne pouvoient être et n'avoient pas été contestés.

Cela fut hardi contre un fils de la personne bien plus que si c'eût été contre un fils de France ; mais il sut prendre le roi par son foible, balancer le père naturel par le maître, s'identifier avec le roi, et lui persuader qu'il ne s'agissoit de l'autorité qu'entre le roi et l'amiral. Ainsi le fils de l'amour disparut aux yeux d'un maître, toujours maître de préférence infinie à tout autre sentiment. Sous ce voile, le secrétaire d'État le fut entièrement, et nourrit le comte de Toulouse de contre-temps pour le faire échouer, et de dégoûts à le mettre au désespoir, sans qu'il pût que très-légèrement se défendre. Ce fut un spectacle public à la mer, et dans les ports où la flotte toucha, qui indigna toute la marine, où Pontchartrain étoit abhorré, et le comte adoré par son accès facile, sa douceur, sa libéralité, son application, sa singulière équité. Le maréchal de Cœuvres, M. d'O et tous les autres chefs de degré ou de confiance ne furent pas mieux traités, tellement qu'ils excitèrent tous le comte à ce qu'ils s'étoient déjà proposé, qui étoit de perdre Pontchartrain en arrivant, pour montrer au net les contre-temps et leurs suites, et le secrétaire d'État comme l'auteur de malices méditées, et de là, par effort de crédit auprès du roi. Il falloit l'audace de Pontchartrain pour s'être mis en ce danger, prévu et déploré souvent et inutilement par son sage père, par sa mère et par sa femme. L'ivresse dura jusqu'au retour du comte de Toulouse que la famille fut avertie de toutes parts de l'orage, et Pontchartrain lui-même par l'accueil qu'il reçut de l'amiral et des principaux de la flotte. Aussi abject dans le danger qu'audacieux dans la bonace, il tenta tout à la fois pour prévenir sa chute, et n'en remporta que des dédains.

Enfin, le jour venu où le comte devoit travailler seul à fond avec le roi pour lui rendre un compte détaillé de son voyage, et de tout faire pour perdre Pontchartrain, sa femme prit sur sa modestie et sur sa timidité naturelle de l'aller trouver chez Mme la duchesse d'Orléans, et le forcer à entrer seul avec elle dans un cabinet. Là, fondue en larmes, reconnoissant tous les torts de son mari, exposant quelle seroit sa condition à elle s'il étoit perdu selon ses mérites, elle désarma l'amiral et en tira parole de tout oublier, pourvu qu'à l'avenir le secrétaire d'État ne lui donnât pas lieu de rappeler l'ancien avec le nouveau. Il avoua qu'il n'avoit jamais pu résister à la douceur et à la douleur de Mme de Pontchartrain, et que, quelque résolution qu'il eût faite, les armes lui étoient tombées des mains, en considérant quel seroit le malheur de cette pauvre femme entre les mains d'un cyclope furieux de sa chute, qui n'auroit plus rien à faire dans son délaissement que de la tourmenter. Ce fut ainsi que Pontchartrain fut sauvé, mais il en coûta cher à l'État. La peur qu'il eut de succomber sous la gloire ou sous la vengeance d'un amiral fils du roi le détermina à perdre lui-même la marine, pour la mettre hors d'état de revoir l'amiral à la mer. Il se le promit et se tint exactement parole ; cela ne fut que trop bien vérifié depuis par les faits, et que les débris de la marine ne l'appauvrirent pas. Le comte de Toulouse ne revit plus ni ports ni vaisseaux, et il ne sortit depuis que de très-foibles escadres, et le plus rarement qu'il se put. Pontchartrain eut l'impudence de s'en applaudir devant moi.

Au commencement de novembre, mourut, sur la frontière de Flandre, un homme qui fit plaisir à tous les siens : ce fut Caylus, frère de celui d'Espagne et de l'évêque d'Auxerre, cousin germain d'Harcourt, qui avoit épousé la fille de Vilette, lieutenant général des armées navales, cousin germain de Mme de Maintenon qui avoit toujours pris soin d'elle comme de sa propre nièce. Jamais un visage si spirituel, si touchant, si parlant, jamais une fraîcheur pareille, jamais tant de grâces ni plus d'esprit, jamais tant de gaieté et d'amusement, jamais de créature plus séduisante. Mme de Maintenon l'aimoit à ne se pouvoir passer d'elle, au point de fermer les yeux sur une conduite que Mme de Montchevreuil avoit autrefois trop éclairée, et qui, n'étant pas devenue meilleure dans le fond, avoit encore des saillies trop publiques. Son mari, blasé, hébété depuis plusieurs années de vin et d'eau-de-vie, étoit tenu à servir, hiver et été, sur la frontière pour qu'il n'approchât ni de sa femme ni de la cour. Lui aussi ne demandoit pas mieux, pourvu qu'il fût toujours ivre. Sa mort fut donc une délivrance dont sa femme et ses plus proches ne se contraignirent pas de la trouver telle. Mme de Maintenon se tint toujours dans la chambre de cette belle à son mariage à recevoir les visites ; et la princesse d'Harcourt, servante à tout faire, chargée des honneurs à tout ce qui y venoit. Mme de Caylus s'échappoit tant qu'elle pouvoit chez Mme la Duchesse, où elle trouvoit à se divertir. Elle aimoit le jeu sans avoir de quoi le soutenir, encore mieux la table, où elle étoit charmante ; elle excelloit dans l'art de contrefaire, et surpassoit les plus fameuses actrices à jouer des comédies ; elle s'y surpassa à celles d'*Esther* et d'*Athalie* devant le roi. Il ne la goûta pourtant jamais et fut toujours réservé, même sévère avec elle ; cela surprenoit et affligeoit Mme de Maintenon. Je me suis étendu sur Mme de Caylus, qui, après de longs revers, fit enfin une sorte de personnage. Ce revers étoit arrivé ; plusieurs imprudences en furent cause. Il y avoit trois ou quatre ans qu'elle étoit chassée de la cour et réduite à demeurer à Paris.

Le feu roi, qui n'aimoit la dignité que pour lui et qui aimoit la majesté de sa cour, regrettoit toujours celle des cercles de la reine sa mère, parmi lesquels il avoit été nourri et dont la splendeur finit avec elle. Il essaya de les soutenir chez la reine sa femme, dont la bêtise et l'étrange langage les éteignirent bientôt. Le roi, qui ne s'en pouvoit départir, les releva du temps de Mme la Dauphine, après la mort de la reine. Elle avoit l'esprit, la grâce, la dignité et la conversation très-propres à cette sorte de cour. Mais les incommodités de ses fréquentes grossesses, celles des longues suites de ses couches, la longue maladie qui dura depuis la dernière jusqu'à sa mort, les interrompirent bientôt. L'excessive jeunesse, pour ne pas dire l'enfance, de Mme la duchesse de Bourgogne, ne permit pas d'y penser depuis son arrivée jusqu'en ce temps-ci que le roi, toujours touché des cercles, la crut assez formée pour les tenir. Il voulut donc que tous les mardis, qui est le jour que tous les ministres étrangers sont à Versailles, Mme la duchesse de Bourgogne dînât seule, servie par ses gentilshommes servants ; qu'il y eût, à son dîner, force dames assises et debout ; et qu'ensuite elle tînt un cercle où Mme la duchesse d'Orléans, les princesses du sang et toutes les dames assises et debout se trouvassent avec tous les seigneurs de la cour. Cet ordre commença à s'exécuter de la sorte à la mi-novembre de cette année, et se continua quelque temps ; mais la représentation sérieuse, et l'art d'entretenir et de faire entretenir un si grand monde, n'étoit pas le fait d'une princesse vive, timide en public, et encore bien jeune. Peu à peu elle en brûla et à la fin ils cessèrent sans qu'ils aient été rétablis depuis.

Le duc de Berwick avoit appris son rappel étant à la tête de son armée en présence des ennemis; il avoit continué à donner ses ordres sans la moindre émotion. Ils trouvèrent moyen de se retirer en lieu où ils ne purent être attaqués; alors Berwick rendit publique la nouvelle qui le regardoit, comme s'il n'eût pas été question de lui. Outre qu'il étoit froid et naturellement silencieux, fort maître de soi et grand courtisan, peut-être que, content d'avoir dépassé les lieutenants généraux par le commandement en chef d'une armée, il regretta peu un pays où il avoit trouvé tant de mécomptes et une cour si passionnée, où il n'y avoit de salut ni de résolution que par la reine, et par l'esprit absent de la princesse des Ursins. Tessé et lui se rencontrèrent arrivant à Madrid chacun de son côté. Ils conférèrent, et Berwick prit aussitôt congé et salua le roi à Versailles, le 3 décembre.

Le marquis de Charost et les ducs, ses père et grand-père, vinrent dîner dans ma chambre à Marly, où il y avoit longtemps que je retournois, venant faire signer au roi le contrat de mariage du marquis de Charost et de la fille, devenue héritière, de la duchesse de Choiseul, sœur de l'ancien évêque de Troyes Bouthillier retiré, de la maréchale de Clérembault, etc., et de son premier mari Brûlart, mort premier président du parlement de Dijon. C'est elle que nous voyons remariée au duc de Luynes et dame d'honneur de la reine, lorsque la maréchale de Boufflers, qui l'avoit été malgré elle, remit cette place et se retira à Paris.

La bonne femme Gamaches, veuve du chevalier de l'ordre, mère de Cayeux, qui alors prit le nom de Gamaches, mourut à plus de quatre-vingts ans. Elle étoit fille et sœur des deux Brienne-Loménie, secrétaires d'État, et tante paternelle de sa belle-fille. C'étoit une femme aimable, de beaucoup d'esprit toute sa vie, fort du grand monde, et qui conserva sa tête, sa santé et des amis jusqu'à la fin. Elle avoit été amie intime de Mme de Longueville, depuis son dernier retour, et dans la plus étroite confiance de la princesse de Conti Martinozzi. J'ai ouï conter à mon père que toutes les semaines, à jour pris, elles venoient toutes les deux dîner chez sa première femme, la meilleure amie qu'eût la princesse de Conti, que mon père alloit ce jour-là dîner chez ses amis, et qu'elles dînoient toutes trois la clochette sur la table et passoient ensemble le reste du jour. Toutes deux alors étoient fort belles. J'en ai trouvé, à la Ferté, deux petits portraits en pied de ce temps-là en pendants d'oreilles les plus agréables du monde que j'ai conservés avec soin.

Enfin le vieux duc de Gesvres mourut aussi et délivra sa famille d'un cruel fléau. Il n'avoit songé qu'à ruiner ses enfants et y avoit parfaitement réussi. J'ai assez parlé de cette espèce de monstre pour n'avoir rien à y ajouter. Le duc de Tresmes avoit, depuis longtemps, la survivance de sa charge et de la capitainerie de Monceaux; il eut le lendemain de cette mort le gouvernement de Paris.

Le président Payen, homme d'esprit, de bonne compagnie, et qui étoit assez parmi le grand monde et les gens de la cour, étoit en ce temps-ci chez Armenonville à Rambouillet, qu'il vendit depuis au comte de Toulouse, sortit un moment avant souper hors la cour, apparemment pour quelque nécessité; et comme il avoit de gros yeux sortants qui voyoient fort peu, il tomba dans le fossé, où on le trouva mort, la tête cassée sur la glace; il fut fort regretté. Le roi l'avoit chargé de gouverner les abbayes du grand prieur, et lui donnoit deux mille livres de pension. Il étoit vieux et point marié.

Bouligneux, lieutenant général, et Wartigny, maréchal

de camp, furent tués devant Verue; deux hommes d'une grande valeur, mais tout à fait singuliers. On avoit fait l'hiver précédent plusieurs masques de cire de personnes de la cour, au naturel, qui les portoient sous d'autres masques, en sorte qu'en se démasquant on y étoit trompé en prenant le second masque pour le visage, et c'en étoit un véritable tout différent dessous; on s'amusa fort à cette badinerie. Cet hiver-ci on voulut encore s'en divertir. La surprise fut grande lorsqu'on trouva tous ces masques naturels, frais et tels qu'on les avoit serrés après le carnaval, excepté ceux de Bouligneux et de Wartigny, qui, en conservant leur parfaite ressemblance, avoient la pâleur et le tiré de personnes qui viennent de mourir. Ils parurent de la sorte à un bal, et firent tant d'horreur qu'on essaya de les raccommoder avec du rouge, mais le rouge s'effaçoit dans l'instant, et le tiré ne se put rajuster. Cela m'a paru si extraordinaire que je l'ai cru digne d'être rapporté; mais je m'en serois bien gardé aussi, si toute la cour n'avoit pas été comme moi témoin, et surprise extrêmement et plusieurs fois, de cette étrange singularité. A la fin on jeta ces deux masques.

Le 18 octobre mourut à Paris la duchesse d'Aiguillon, sœur du duc de Richelieu, qui ne fut jamais mariée. C'étoit une des plus extraordinaires personnes du monde, avec beaucoup d'esprit. Elle fut un mélange de vanité et d'humilité, de grand monde et de retraite, qui dura presque toute sa vie; elle se mit si mal dans ses affaires, qu'elle raccommoda depuis, qu'elle cessa d'avoir un carrosse et des chevaux. Elle auroit pu, quand elle vouloit sortir, se faire mener par quelqu'un ou se faire porter en chaise. Point du tout, elle alloit dans ces chaises à roue qu'on loue, qu'un homme traîne et qu'un petit garçon pousse par derrière, qu'elle prenoit au coin de la rue. En cet équipage, elle s'en alla voir Monsieur, qui étoit au Palais-Royal, et dit à son traîneur d'entrer. Les gardes de la porte le repoussèrent;

il eut beau dire ce qu'il voulut, il ne put les persuader. Mme d'Aiguillon laissoit disputer en silence. Comme elle se vit éconduite, elle dit tranquillement à son pousseur de la mener dans la rue Saint-Honoré ; elle y arrêta chez le premier marchand de drap, et se fit ajuster à sa porte une housse rouge sur sa vinaigrette, et tout de suite retourna au Palais-Royal. Les gardes de la porte, bien étonnés de voir cet ornement sur une pareille voiture, demandèrent ce que cela vouloit dire. Alors Mme d'Aiguillon se nomma, et avec autorité ordonna à son pousseur d'entrer. Les gardes ne firent plus de difficultés, et elle alla mettre pied à terre au grand degré. Tout le Palais-Royal s'y assembla ; et Monsieur, à qui on le conta, se mit à la fenêtre, et toute sa cour, pour voir cette belle voiture houssée. Mme d'Aiguillon la trouva si à son gré qu'elle y laissa sa housse, et s'en servit plusieurs années, ainsi houssée, jusqu'à ce qu'elle pût remettre son carrosse sur pied. Elle prit et quitta plusieurs fois le voile blanc aux filles du Saint-Sacrement de la rue Cassette, à qui elle fit de grands biens, et dont elle faisoit fort la supérieure, sans avoir pu se résoudre à y faire profession ; et elle le portoit depuis plusieurs années, lorsqu'elle mourut dans ce monastère à près de soixante-dix ans. Elle avoit encore beaucoup de bien et ne se remaria jamais.

Le marquis de Richelieu, fils de son frère, et cadet du duc de Richelieu, étoit un homme obscur, ruiné, débauché, qui avoit été longtemps hors du royaume pour avoir enlevé, des filles Sainte-Marie de Chaillot, une fille du duc Mazarin, qui s'est depuis rendue fameuse par les désordres et les courses de sa vie errante, belle comme le jour. C'étoit un homme enterré dans la crapule et la plus vile compagnie, quoique avec beaucoup d'esprit, et qu'on ne voyoit ni ne rencontroit jamais nulle part. On l'annonça à Marly à Pontchartrain, comme nous allions nous mettre à table chez lui pour souper. Toute la compagnie en fut extrêmement surprise ; on jugea qu'il lui étoit survenu quelque affaire bien pressante, pour laquelle il étoit permis à tout le monde de venir à Marly, par les derrières, chez le ministre à qui on avoit à parler, en s'en allant après tout de suite et ne se montrant point. Tandis que Pontchartrain étoit allé lui parler, j'imaginai que Mme d'Aiguillon étoit morte, qu'il venoit pour faire parler au roi sur le duché, conséquemment qu'il n'y avoit ou point de droit, ou un droit litigieux ; parce qu'un fils de duc, ou un héritier nécessaire, dont le droit est certain est duc d'abord, ne demande aucune permission pour en prendre le nom et le rang, et vient seulement, comme tout autre homme de qualité, faire sa révérence au roi, etc., en manteau long, s'il ne demande la permission de se dispenser de cette cérémonie, comme fait maintenant presque tout le monde, depuis la prostitution des manteaux longs à toutes sortes de gens. En effet, Pontchartrain, de retour, nous dit que la duchesse d'Aiguillon étoit morte, qu'elle avoit fait le marquis de Richelieu son héritier, et qu'il venoit le prier d'obtenir du roi la permission d'être duc et pair.

Le roi, à qui il en rendit compte le lendemain, lui ordonna de mander au marquis de Richelieu d'instruire le chancelier de sa prétention, avec lequel Sa Majesté l'examineroit à son retour à Versailles, qui fut peu de jours après. Le fait est que le cardinal de Richelieu avoit obtenu, en 1638, une érection nouvelle d'Aiguillon en duché-pairie mâle et femelle, pour sa chère nièce de Combalet et ses enfants, etc., si elle se remarioit, car elle étoit veuve sans enfants d'un Beauvoir du Roure, avec la clause inouïe, devant et depuis cette érection, en cas qu'elle n'eût point d'enfants, de choisir qui bon lui sembleroit pour lui faire don du duché d'Aiguillon, en vertu duquel don la personne choisie seroit duc ou duchesse d'Aiguillon et pair de France, dont la dignité et la terre passeroit à la postérité. Mme de Combalet, dès-lors duchesse d'Aiguillon, et en portant le nom, mourut en 1675 sans s'être remariée, et fit un testament, par lequel elle exerça le pouvoir que lui donnoit cette clause en faveur de sa nièce, fille de son frère, non mariée, qui en conséquence fut sans difficulté duchesse d'Aiguillon, pair de France, et en porta le nom. Mme de Combalet, que je continue d'appeler ainsi pour la distinguer de sa nièce, fit une longue substitution par son testament du duché d'Aiguillon et de tous ses biens, par laquelle elle ne fait aucune mention de sa dignité qu'en faveur de sa nièce, n'en dit pas un mot sur aucun autre appelé après elle, si elle meurt sans enfants, à la terre et duché d'Aiguillon, d'où je conclus, dans le mémoire que je fis pour le chancelier : 1° Que les lois qui sont exceptions ou extensions du droit commun se prennent à la rigueur, et précisément à la lettre ; que la clause extraordinaire et inouïe de choix en faveur de Mme de Combalet n'en porte qu'un et non davantage, encore moins l'étend-elle à la personne par elle choisie pour avoir droit comme elle de faire un nouveau choix à faute d'enfants ; 2° ce choix a été fait et consommé par Mme de Combalet en faveur de Mme d'Aiguillon sa nièce, et il a eu tout son effet ; 3° que Mme d'Aiguillon, à faute d'enfants, n'a aucun droit de choix, ni de laisser à personne sa dignité, éteinte en elle faute de postérité ; 4° que Mme de Combalet, pour qui la clause de choix a été faite, a tellement senti qu'elle n'étoit que pour elle, et que son choix à elle ne se pouvoit répéter par la personne choisie par elle, ni par elle-même Mme de Combalet après le premier, que dans toute l'étendue de sa substitution elle n'a énoncé sa dignité avec le duché d'Aiguillon qu'en faveur de sa nièce ; et toutes les fois qu'elle a appelé après elle d'autres substitués au duché d'Aiguillon elle n'a jamais fait la moindre mention de la dignité, mais uniquement de la possession de la terre ; 5° que le choix est consommé dans la personne de Mme d'Aiguillon ; qu'elle n'a aucun titre pour en faire un autre ; que la clause insolite a sorti son effet et n'a plus d'existence ; que Mme d'Aiguillon, morte fille, par conséquent sans postérité, peut disposer de la terre et duché d'Aiguillon comme de ses autres biens, mais non de sa dignité qui est éteinte par le droit commun qui reprend toute sa force sitôt qu'il n'y a plus de loi expresse qui en excepte ; 6° que le marquis de Richelieu peut être seigneur et possesseur du duché d'Aiguillon, soit comme appelé à cette substitution par Mme de Combalet sa grand'-tante, soit comme héritier testamentaire de Mme d'Aiguillon sa tante, mais qu'il ne peut jamais recueillir d'elle la dignité de duc et pair d'Aiguillon.

Les ducs de La Trémoille, La Rochefoucauld et autres en parlèrent au chancelier, comme s'opposant aux prétentions du marquis de Richelieu. Je fis mon mémoire en peu d'heures, je le lus au chancelier et le lui laissai. Il avoit les pièces du marquis de Richelieu, et l'avoit amplement entretenu. Il rapporta au roi cette affaire qui tint une partie de la matinée du lendemain, sans tiers entre le roi et lui, et il en reçut l'ordre de rendre au marquis de Richelieu ses papiers, de lui défendre de sa part de prendre le nom et les marques de duc, d'en prendre aucun rang ni honneurs, ni d'en faire aucunes poursuites dans quelque tribunal que ce pût être. La chose en demeura là jusqu'en 1711 qu'elle n'eut pas un meilleur succès. Il sera temps alors de dire ce qu'elle est devenue depuis.

Denonville, qui avoit été sous-gouverneur de Mgr le duc de Bourgogne, et qui avoit marié son malheureux fils à la fille de Lavienne, premier valet de chambre du roi, qu'il n'a pas rendue heureuse, fit tant auprès du roi qu'il permit qu'il vînt tâcher de se justifier de sa belle harangue de Bleinheim. Le duc de Marlborough lui donna aussitôt un congé de quelques mois. Il étoit revenu de ses voyages d'Allemagne en Hollande, où il avoit fait venir le maréchal de Tallard et tous les prisonniers considérables. Il les fit embarquer avec lui pour orner le triomphe de son retour en Angleterre.

Villars, qui avoit à peu près vu finir l'affaire des fanatiques, tenoit par commission les états de Languedoc. Il eut ordre de revenir à Paris, et le duc de Berwick d'aller commander dans cette province après la fin des États et le retour du maréchal de Villars. Ce fut par où finit cette année. On ne voulut pas laisser Berwick sans un emploi principal en chef, après la conduite qu'il avoit eue en Espagne, et la façon dont il en étoit revenu.

## CHAPITRE XX.

1705. — Maréchaux de France subitement nommés chevaliers de l'ordre. — Abus et suite de cette promotion. — Bon mot de M. de Lauzun. — Catinat refuse l'ordre faute de pouvoir prouver. — Villars et sa naissance; fait duc vérifié. — Remarques sur la cérémonie de l'ordre où les maréchaux de France furent reçus. — Harcourt et Bedmar reçus extraordinairement chevaliers de l'ordre. — Caractère de Bedmar; ses obligations au roi. — Action devant Verue. — Combat naval et secours jeté dans Gibraltar. — Marlborough grandement reçu en Angleterre. — Tallard et les principaux prisonniers à Nottingham. — Action légère en Italie. — Lautrec tué; son caractère. — Conduite de Maulevrier à Madrid, et sa faveur. — Adresse étrange de la reine d'Espagne. — Adresse d'Harcourt et de Mme de Maintenon en faveur de Mme des Ursins. — Permission accordée à la princesse des Ursins de venir à la cour. — Réunion d'Harcourt au chancelier et à son fils, et d'eux par lui à la princesse des Ursins. — Politique de la princesse des Ursins. — Attente à la cour de la princesse des Ursins. — Princesse des Ursins à Paris. — Princesse des Ursins à Versailles.

Le premier jour de cette année, l'abbé d'Estrées et Puysieux furent reçus dans l'ordre du Saint-Esprit, et l'abbé en rochet et camail violet comme les évêques. Harcourt avoit le bâton pendant la cérémonie, parce que, au changement de quartier parmi les capitaines des gardes, celui qui sort garde le bâton jusqu'au sortir de la messe du roi, et à la porte de la chapelle le donne à celui qui le relève. Tandis que Puysieux prêtoit son serment, le roi se tourna par hasard, vit Harcourt vêtu de son justaucorps à brevet et fut choqué que ce qui l'approchoit là de si près ne fût pas chevalier de l'ordre. Cette fantaisie, qui ne lui avoit jamais pris et qui ne lui revint plus dans la suite, le frappa tellement pour lors et il le dit ensuite, que dans le moment il voulut faire Harcourt; puis, songeant qu'il y en avoit d'autres à faire s'il faisoit celui-là, il rêva qui faire et qui laisser pendant le reste de la cérémonie. Enfin il s'arrêta aux maréchaux de France, parce que, les faisant tous, aucun d'eux n'auroit à se plaindre, et que, se bornant à ce petit nombre, cette borne n'excluoit personne personnellement. Il y auroit eu grandement à répondre à un raisonnement si faux.

Jamais les maréchaux de France n'avoient eu droit à l'ordre comme tels, et plusieurs ne l'ont jamais eu. Une dignité ou plutôt un office de la couronne purement militaire, tel qu'est celui-là, et qui est la récompense du mérite militaire, est donné sans égard à la naissance, et c'est pour la naissance que l'ordre a été institué. Alors même le cas en existoit. De neuf maréchaux de France qui n'avoient pas l'ordre, il y en avoit plus d'un qui n'étoit pas né pour cet honneur-là; et plus d'un aussi qui, ayant quelque noblesse, n'étoit pas né pour porter l'ordre. En un mot, le roi le conçut et l'exécuta. En sortant de la chapelle, il fit dire de main en main aux chevaliers d'entrer dans son cabinet, au lieu de demeurer en haie dans sa chambre, et qu'il vouloit tenir chapitre. Il le tint donc tout de suite en rentrant, et nomma en bloc les maréchaux de France, d'où M. de Lauzun dit que le roi, comme les grands capitaines, avoit pris son parti le cul sur la selle. C'est depuis cette promotion, d'après laquelle on s'est infatué de croire que le bâton donne l'ordre de droit, que M. le Duc étant premier ministre, et qui haïssoit les rangs et les dignités parce qu'il leur devoit ce qu'il ne vouloit devoir ni rendre à personne, tout confondre et que tout fût égal et peuple devant les princes du sang, fit les maréchaux de France en 1724, excepté ceux qu'il fit maréchaux de France le même jour, et ne fit point les ducs que ceux qu'il lui plut de faire, tandis qu'aucun d'eux, en âge et non en disgrâce marquée, n'avoit jamais été omis comme tels en pas une grande promotion, même par Louis XIV, qui les dépouilla et les avilit tant qu'il put toute sa vie, et qui publiquement, au chapitre de la promotion de 1688, fit les excuses qu'on a vues sur les trois seules qu'il ne fit pas, et en voulut bien dire les raisons. Le cardinal Fleury, depuis son règne, a fait tous les maréchaux de France, quoiqu'il n'ait fait que de petites promotions de l'ordre; en sorte que le droit établi et suivi depuis l'institution de l'ordre en faveur de la première dignité du royaume (et qui, au contraire de l'office de maréchal de France, suppose tellement la grande naissance que les érections ont menti là-dessus quand la faveur déplacée y a élevé des gens du commun) a été pour ainsi dire aboli et transmis à un office de la couronne, qui ne suppose et qui souvent tombe sur des gens de peu ou d'aucune naissance, depuis que la fantaisie momentanée du feu roi a été prise pour une loi, parce qu'on l'a voulu de la sorte, tandis que lui-même a fait des maréchaux de France depuis, à qui il n'a jamais songé de donner l'ordre, et qui ne l'ont eu que longtemps après sa mort. Cela peut s'appeler un rare échange. Mais achevons tout de suite cette promotion du Saint-Esprit.

Ces maréchaux étoient le duc d'Harcourt, Cœuvres grand d'Espagne, Villars qui venoit d'être fait duc, Catinat, Vauban, qui s'appeloit Leprêtre, étoit du Nivernois; s'il étoit gentilhomme, c'étoit bien tout au plus. Il montra son frère aîné pour le premier qui ait servi de leur race, et qui avoit été seulement de l'arrière-ban de Nivernois, au retour duquel il mourut en 1635. Rien donc de si court, de si nouveau, de si plat, de si mince. Voilà ce que les grandes et uniques parties militaires et de citoyen ne pouvoient couvrir dans un sujet d'ailleurs si digne du bâton, et de toutes les grâces que le seul mérite doit et peut acquérir. Rosen étoit de condition, on l'a vu par ce que j'en ai rapporté sur le témoignage de M. le prince de Conti, qui s'en informa fort en son voyage de Pologne; mais je ne sais si c'étoit bien là de quoi faire un chevalier de l'ordre. Chamilly s'appeloit Bouton; il étoit de bonne noblesse de Bourgogne, dès avant 1400, chambellans des ducs de Bourgogne et baillis de Dôle. Ces emplois ne se donnoient alors qu'à des gens distingués. Ce nom assez ridicule de Bouton le fit passer mal à propos pour peu de chose. Châteaurenauld s'appeloit Rousselet, il étoit de Dauphiné. Il falloit que ce ne fût rien du tout, puisque eux-mêmes ne montrèrent rien avant le bisaïeul du maréchal, intitulé seigneur de quelques petits fiefs ou rotures, mort en 1564, et qui dut son être et celui de ses enfants à la sœur du maréchal et du cardinal de Gondi qu'il épousa en 1533, en décembre, c'est-à-dire du temps qu'Antoine de Gondi, son beau-père, étoit banquier à Lyon, et quelques mois avant que Catherine de Médicis y passât après son mariage, et qu'elle y prît Catherine de Pierrevive, sa belle-mère, à son service, qui devint sa favorite, sa confidente, la gouvernante de ses enfants, et qui fit la fortune des Gondi en France. Avec cela, le fils de Rousselet ne fut que le protégé des Gondi, gouverneur de leurs châteaux de Machecoul et de Belle-Ile, et rien de plus. Il acheta d'eux une terre en Bretagne, et Châteaurenauld en Touraine. Le père n'ayant rien été, qui étoit le beau-frère, le fils ne pouvoit guère être mieux, et cela montre le cas que le maréchal de Retz, si puissant toute sa vie, et le cardinal son frère, faisoient de cette alliance et de leur propre neveu. Leur petit-neveu, père du maréchal, ne fut rien du tout, dont le frère aîné pour tout grade fut lieutenant de la maîtrise de camp du régiment des gardes. Cela est bien neuf, bien chétif, bien éloigné de l'ordre du Saint-Esprit. Pour le bâton, Châteaurenauld l'avoit dignement mérité. Montrevel, tout au contraire, sans aucune sorte de mérite avec une grande naissance, étoit de plain-pied avec l'ordre, et d'une inégalité au bâton qui faisoit honte à le lui voir entre les mains. Harcourt, s'il étoit Harcourt, comme il le prétendoit, valoit au moins Montrevel pour la naissance. Il étoit duc, et on a vu plus d'une fois ici quel personnage ce fut.

Catinat étoit arrière-petit-fils du lieutenant général de Mortagne au Perche, mort en 1584; c'étoient apparemment des manants de là autour, puisque c'est le premier qu'on connoisse. Son fils et son petit-fils furent conseillers au parlement; le petit-fils devint doyen de cette compagnie, et eut Saint-Gratien de sa femme, fille d'un autre conseiller au parlement. De ce mariage, quantité d'enfants, dont le maréchal de Catinat fut le cinquième fils. L'aîné fut conseiller au parlement, puis conseiller d'honneur en faveur de son frère, et laissa un fils aussi conseiller au parlement. Catinat apprit de bonne heure à Paris la promotion des maréchaux de France; il alla à Versailles, et fit demander au roi à lui parler dans son cabinet, qui l'y fit entrer au sortir de son dîner. Là il remercia le roi de l'honneur qu'il venoit de lui faire, et en même temps, lui dit qu'il ne pouvoit le tromper, et lui expliqua qu'il ne pouvoit faire de preuves; il étoit extrêmement mécontent et avec grande raison. Il étoit philosophe. Il s'accoutumoit de propos délibéré à la retraite. Cela se passa de sa part très-respectueusement, mais fort froidement, jusque-là qu'il y en eut qui crurent qu'il n'avoit pas été trop fâché de faire ce refus. Le roi le loua fort, mais sans le presser, comme il avoit fait en pareil cas à l'archevêque de Sens, Fortin de La Hoguette, et toute la cour, qui sut le même jour ce refus, y applaudit extrêmement. Au sortir du cabinet du roi, il s'en alla à Paris, et s'y déroba modestement à toutes les louanges. Ce fut donc le troisième, et tous trois du règne du roi, qui refusa l'ordre, faute de pouvoir faire ses preuves : le maréchal Fabert en 1661, et ces deux-ci. Combien d'autres en auroient dû faire de même, sans parler des légers!

Venons maintenant au maréchal de Villars, le plus complétement et constamment heureux de tous les millions d'hommes nés sous le long règne de Louis XIV. On a vu ci-devant quel fut son père, sa fortune, son mérite, celui que Mme Scarron lui trouva, et que, devenue Mme de Maintenon, elle n'oublia jamais. Il passoit pour être fils du greffier de Condrieu. Son père eut pourtant un régiment, peut-être de milice, et passa, en 1635, pour sa prétendue noblesse. On sait assez comment se font ces recherches de noblesse : ceux qui en sont chargés ne sont pas de ce corps, et plus que très-ordinairement le haïssent et ne songent qu'à l'avilir. Ils dépêchent besogne, leurs secrétaires la défrichent, et font force nobles pour de l'argent; aussi est le proverbe : qu'ils en font plus qu'ils n'en défont.

La femme de ce grand-père du maréchal étoit Louvet, qui est le nom des Cauvisson, et ces Cauvisson ne sont pas grand'chose. Le père de celui-là eut, disent-ils, un guidon dans la compagnie de chevau-légers du sieur de Peyrand, c'est-à-dire d'une compagnie levée dans le pays par qui en voulut prendre la peine. On le donne encore pour avoir commandé à Montluel et à Condrieu, par commission de M. d'Alincourt, gouverneur de la province. Ce dernier eût été bien étonné, quelque fortune qu'il eût faite, s'il eût vu celle de son fils. A quel excès l'eût-il donc été, s'il eût pu prévoir celle de la postérité d'un manant renforcé, qu'il trouva sous sa main à mettre dans un colombier! Ce même homme eut une place dans les cent gentilshommes de la maison du roi, c'est-à-dire les becs-de-corbin[1], depuis longtemps dès lors anéantis par les com-

1. Les *becs-de-corbin*, ou gentilshommes à bec-de-corbin, formaient deux compagnies de la maison militaire du roi. Ils tiraient leur nom de leur

pagnies des gardes du corps, et ces places s'achetaient déjà du capitaine pour s'exempter de la taille. J'ai peine à croire que la noblesse du Lyonnois l'ait employé en 1614 à dresser ses mémoires et à les présenter aux états, peut-être comme un compagnon entendu et intrigant, car on n'ose proférer le mot de député de la noblesse, qu'on n'eût pas oublié, s'il eût eu cet honneur qui auroit constaté la sienne. On le dit aussi chevalier de Saint-Michel; mais dès lors, qu'est-ce qui ne l'étoit pas avec la plus légère protection, qui que l'on pût être? Le père de celui-ci est donné pour avoir été mis commandant dans Condrieu par le duc de Nemours; outre la petitesse de l'emploi, il ne prouve point de noblesse. Ce qu'ils ont de mieux est un oncle paternel de Villars, père du maréchal, archevêque de Vienne, duquel un oncle paternel le fut aussi. De ces temps-là de troubles encore plus que de ceux-ci, on choisissoit des évêques par d'autres raisons que par la naissance, et cette illustration, quand elle est unique, n'en est pas une. Ils prétendent en avoir eu deux antérieures, et ainsi quatre de suite. Mais on prétend aussi que ces deux précédents étoient de ces anciens Villars, seigneurs de Dombes, égaux en naissance aux dauphins[1] avec qui ils avoient des alliances directes, des filles de Savoie, et de très-grandes terres; que ce Villars du maréchal étoit aumônier du second de ces archevêques qui le prit en amitié, l'éleva, le fit évêque *in partibus*, puis son coadjuteur. En effet, il est difficile d'ajuster ces deux premiers Villars, archevêques de Vienne, oncle et neveu, qui ont tous deux fait un personnage principal dans toutes les

---

hallebarde en forme de bec-de-corbin. La première compagnie avait été instituée par Louis XI en 1478. Charles VIII établit la seconde en 1497. Supprimées sous Louis XIII, ces deux compagnies furent rétablies par Louis XIV. et définitivement licenciées sous Louis XVI, en 1776. Les gentilshommes à bec-de-corbin précédaient le roi dans les grandes cérémonies en marchant deux à deux.

1. Il s'agit ici des anciens seigneurs de Dauphiné qu'on appelait *dauphins* de Viennois.

affaires de leur temps, être fils d'un homme de rien et tout à fait inconnu, frère du juge ordinaire de Lyon devenu lieutenant particulier civil et criminel de ce siége, et celui-là père du deuxième de ces deux premiers archevêques et du lieutenant général au présidial[1] et sénéchaussée de Lyon, qui succéda après à son beau-père en la place de premier président au parlement de Dombes.

Voilà un préambule étrange de ce qui va suivre. Le roi et Chamillart étoient fort étourdis d'Hochstedt et de ses grandes suites. C'étoit le premier revers qu'il avoit essuyé, et ce revers le ramenoit de l'attaque de la Bohême et de l'Autriche à la défense de l'Alsace, qui se regardoit comme très-difficile après la perte de Landau, sans compter les États de l'électeur de Bavière et ses enfants, en proie à la vengeance de l'empereur. Tallard étoit prisonnier, Marsin sembloit trop neuf et trop futile pour se reposer sur lui d'un emploi si important. Villeroy, quel qu'il fût, étoit destiné pour la Flandre avec l'électeur. Boufflers étoit hors de gamme; et tous les autres maréchaux aussi. De princes du sang, le roi n'en vouloit pour rien à la tête de ses armées : restoit Villars, car Harcourt se gardoit bien de se vouloir éloigner de la cour, ni Mme de Maintenon de s'en défaire dans la crise où ils se trouvoient pour lors; Villars, comme on l'a vu, avoit comme Harcourt, et par les mêmes raisons paternelles, toute la protection de Mme de Maintenon, conséquemment celle de Chamillart, plus favori alors, s'il se peut encore, que ministre tout-puissant de la guerre et des

---

1. On appelait *lieutenants*, dans l'ancienne organisation judiciaire de la France, les magistrats qui remplaçaient le premier officier d'un tribunal en cas d'absence. Ainsi le lieutenant général de la sénéchaussée de Lyon, dont parle ici Saint-Simon, remplaçait le sénéchal, qui était toujours un homme d'épée, dans la présidence du tribunal, qu'on pourrait comparer au tribunal de première instance de nos jours et qu'on appelait alors présidial. Ces tribunaux, subordonnés aux parlements, avaient une juridiction tout à la fois civile et criminelle. Dans certains cas, prévus par les ordonnances, ils jugeaient sans appel. On peut consulter, pour les détails, Jousse, *De la juridiction des présidiaux*.

finances. Villars qui, dès la Bavière, avoit osé prétendre à la dignité de duc, n'avoit rien rabattu de son audace pour ses pillages et sa chute en Languedoc; il y triomphoit de la besogne qu'il y avoit trouvée faite; il en donnoit la consommation comme due uniquement à lui, et Bâville, le plus haineux des hommes, et qui n'avoit jamais pu souffrir Montrevel, secondoit du poids de son témoignage les vanteries de Villars. Ce maréchal n'avoit cessé d'écrire au roi, à Chamillart, à Mme de Maintenon sur les fautes d'Hochstedt et sur celles de ses suites, de leur mander tout ce qu'il auroit fait, de déplorer de s'être trouvé éloigné de ses armées, en un mot de fanfaronner avec une effronterie qui ne lui avoit jamais manqué, et qui le servit d'autant mieux en cette occasion qu'il parloit à des gens ébranlés et dans le dernier embarras sur le choix d'un général capable de soutenir un poids devenu si difficile du côté du Rhin et de la Moselle, et si âpres à se flatter et à se promettre.

Mme de Maintenon tira sur le temps; elle sentit l'embarras et le besoin, elle vit les pillages de Villars, et ses insolences avec l'électeur effacées; elle comprit quelles pouvoient être les grâces d'un homme devenu comme nouveau; elle en profita, et Villars, qui sentit ses lettres goûtées, fit sentir aussi combien il se trouvoit affligé sur la manière dont ses espérances d'être duc avoient été reçues. Quand le roi se fut bien laissé mettre dans la tête qu'il n'y avoit que Villars dont il se pût servir dans la conjoncture présente, il fut aisé de lui persuader qu'il ne s'en falloit pas servir mécontent et offensé, et de là, le ministre, et la dame qui le faisoit agir, parvinrent à faire qu'il seroit duc en arrivant. Il reçut donc un courrier qu'il lui porta ordre de finir le plus promptement qu'il lui seroit possible les états de Languedoc qu'il avoit la commission de tenir, et de se rendre en même temps à la cour le plus diligemment qu'il lui seroit possible. Il arriva à Versailles le 15 janvier, et fit la révérence au roi comme il arrivoit de se promener à Marly. Le roi, en descendant de carrosse, lui dit de monter en haut et qu'il lui parleroit. Étant rhabillé et entré chez Mme de Maintenon, il l'y fit appeler, et dès qu'il le vit : « Je n'ai pas maintenant, lui dit-il, le temps de vous parler, mais je vous fais duc; » ce monosyllabe valoit mieux que toutes les audiences dont aussi pour le maréchal il étoit le but. Il sortit transporté de la plus pénétrante joie, et en apprenant la grâce qu'il venoit de recevoir, causa la plus étrange surprise pour ne pas dire au delà, et la plus universelle consternation dans toute la cour, qui, contre sa coutume, ne s'en contraignit pas. Jusqu'à M. le Grand jeta chez lui feu et flammes devant tout le monde, et tous les Lorrains s'en expliquèrent avec le même ressentiment et aussi peu de ménagement. Les ducs, ceux qui aspiroient à l'être, ceux qui n'y pouvoient penser, furent également affligés. Tous furent indignés d'avoir, les uns un égal de cette espèce, les autres d'en être précédés et distingués, les princes du sang d'avoir à lui rendre, et les autres princes d'avoir à céder ou à disputer à une fortune aussi peu fondée en naissance. Le murmure fut donc plus grand pour cette fois que la politique; les compliments froids et courts, et le nouveau duc les cherchant, se les attirant, et allant assez infructueusement au-devant de chacun, montrant, au travers de beaucoup d'effronterie, grand respect aux uns et grand embarras à tous.

Le jour de la Chandeleur venu, les maréchaux furent reçus, excepté Harcourt, qui s'étoit trouvé mal, et l'abbé d'Estrées chanta la messe comme prélat de l'ordre. Pontchartrain, fort mal avec tous les Estrées, content d'avoir échappé au comte de Toulouse par la compassion qu'il avoit eue de sa femme, fit une niche à l'abbé d'Estrées, qu'il me conta en s'en applaudissant fort. Quoiqu'il ne fût pas lors ni de quatre ans depuis officier de l'ordre, il alla, comme secrétaire de la maison du roi, lui faire remarquer que l'abbé d'Estrées, n'étant point évêque, ne devoit point s'asseoir en officiant devant lui qu'au temps où les prêtres s'y asseyent, et n'avoir comme eux qu'un siége ployant et non pas un fauteuil. L'avis fut goûté et toujours exécuté depuis, à la grande amertume du pauvre abbé d'Estrées. Il fut réglé à l'occasion de cette promotion qu'encore que les grands d'Espagne n'observent entre eux aucun rang d'ancienneté, ils le garderoient en France, parce que les ducs l'avoient toujours fait entre eux, et qu'étant égalés, et par conséquent mêlés ensemble, ce mélange ne se pouvoit exécuter autrement, et cela s'est depuis toujours observé parmi eux.

Ainsi Harcourt étant malade, qui étoit duc plus ancien que le maréchal de Cœuvres étoit grand, ce maréchal fut présenté seul par les ducs de La Trémoille et de Chevreuse, et après avoir reçu l'ordre seul, prit sa place après le dernier duc n'y en ayant point de moins ancien que lui grand. Le maréchal de Villars, déclaré duc héréditaire, n'étoit pas encore enregistré au parlement. Il n'avoit point même de terre qui pût être érigée; ce ne fut que plusieurs mois après qu'il acheta Vaux, où M. Fouquet avoit dépensé tant de millions et donné de si superbes fêtes. Vaux relevoit presque toute de Nangis, avec qui il s'accommoda, pour ne relever que du roi, suivant le privilége d'y forcer les suzerains des duchés, et on peut croire que Nangis qui servoit dans son armée, où le marché se conclut, et qui étoit un de ses plus bas courtisans, de la complexion dont il le connoissoit sur la bourse, ne lui tint pas la bride haute; Villars donc jusqu'à son enregistrement n'étant considéré que comme duc à brevet, c'est-à-dire non vérifié ou enregistré, n'eut aucun rang dans l'ordre, jusqu'à ce qu'il le fût; il marcha entre les maréchaux de Chamilly et de Châteaurenauld, comme leur ancien de maréchal de France et tous trois ensemble furent présentés par le comte de Solre et par le marquis d'Effiat. Après avoir reçu l'ordre, ils prirent les dernières places après tous les chevaliers, et Villars comme eux. MM. d'Étampes et de Puysieux présentèrent après les maréchaux de Vauban, Rosen et Montrevel qui s'assirent après avoir reçu l'ordre après les trois autres maréchaux, et au retour de la chapelle chez le roi, marchèrent tous six les derniers de tous, et le maréchal de Cœuvres précéda tous les chevaliers qui n'étoient pas ducs.

Je remarque ce détail qui depuis l'institution de l'ordre a toujours été observé et pratiqué sans aucune difficulté de même, et il se trouvera dans la suite que cette remarque n'est pas inutile. J'ajouterai que les preuves de Rosen ne furent que testimoniales. Torcy, qui comme chancelier de l'ordre rapporta les preuves, ne montra que les attestations du commandant pour le roi de Suède en Livonie, et des premiers seigneurs et des principaux magistrats du pays, qu'il pouvoit entrer dans tous les chapitres nobles. Torcy s'appuya de l'exemple des maréchaux de Schomberg, père et fils, dont le dernier fut duc et pair d'Halluyn, et du cardinal de Fürstemberg, dont les preuves pour l'ordre du Saint-Esprit ne furent que testimoniales.

Achevons de sortir de la matière de l'ordre. Le marquis de Bedmar y avoit été nommé, ses preuves admises, et il le portoit en attendant qu'il fût reçu; le roi avoit été extrêmement content de lui, lorsqu'il avoit été gouverneur des armes aux Pays-Bas, sous l'électeur de Bavière, gouverneur général de ces provinces depuis l'avénement de Philippe V à la couronne d'Espagne, et encore davantage depuis que le commandement en chef roula sur lui par intérim, tandis que l'électeur fut en Allemagne. Bedmar, sorti de bonne heure d'Espagne, avoit toujours servi au dehors; il avoit de l'esprit, de la grâce, du liant, des manières douces, affables, honnêtes. Il étoit ouvert et poli avec un air de liberté et d'aisance fort rare aux Espagnols; de la valeur et du maniement des troupes; grand courtisan, qui fit son capital de plaire aux maréchaux de Villeroy et de Boufflers, qui le vantèrent fort au roi, à nos officiers généraux, particuliers, et de bien traiter partout les troupes françoises. De tout cela le roi le prit en amitié, demanda et obtint pour lui la grandesse de première classe que sa naissance comportoit fort, le fit chevalier de l'ordre, et depuis le malheur d'Hochstedt et le retour de l'électeur aux Pays-Bas, lui procura la vice-royauté de Sicile, que le cardinal del Giudice n'exerçoit que par intérim. Bedmar quitta donc les Pays-Bas. Il salua le roi le 2 mars, et en fut reçu en homme comblé de ses grâces. Le 8, il fut reçu extraordinairement chevalier de l'ordre avec Harcourt, qui le précéda comme plus ancien duc que Bedmar n'étoit grand, et ils furent présentés ensemble par le maréchal de Villeroy et le duc de Beauvilliers. Tout se passa comme aux fêtes de l'ordre, excepté qu'il n'y eut qu'une messe basse; il n'y avoit presque point d'exemple de réception hors les fêtes de l'ordre. Il se trouva pourtant que le marquis de Béthune, l'allant porter au roi de Pologne son beau-frère, avoit été reçu ainsi, et nous verrons dans la suite le duc d'Aumont l'être de même partant pour son ambassade extraordinaire d'Angleterre. Reprenons maintenant le fil ordinaire.

Il se passa une assez grande action le soir du 26 décembre devant Verue. M. de Savoie fit passer le pont de Crescentin, par un brouillard fort épais, à la plupart des troupes qu'il avoit dans ce camp, et qui, sans entrer dans Verue, dont on se souviendra qu'elles avoient la communication libre, vinrent envelopper les tranchées par la droite et par la gauche, se rejoignirent à la queue, pour couper toute retraite pendant qu'elles attaqueroient par les deux flancs et par la queue même, et qu'en même temps la tête le seroit par une sortie de la garnison. C'est ce qu'elles exécutèrent. Chartogne, lieutenant général, et Imécourt, maréchal de camp de tranchée, rassemblèrent tout ce qu'ils purent pour faire face partout et se défendre; le premier y fut blessé et pris, l'autre tué. Cependant l'attaque fut si bien soutenue partout, que M. de Vendôme, qui venoit de se coucher, eut le temps de faire prendre les armes à six brigades d'infanterie, à la tête desquelles il rechassa les ennemis de tous les postes qu'ils avoient pris; ils tinrent assez dans la batterie; mais à la fin ils cédèrent et furent poursuivis jusque dans le fossé. Il y eut force monde tué et blessé de part et d'autre, mais beaucoup plus du leur. M. de Savoie étoit cependant dans une des tours du donjon, attendant un meilleur succès. Leur surprise fut grande le lendemain, lorsque, de vingt-trois pièces de canon qu'ils avoient enclouées, ils virent et entendirent qu'on avoit trouvé le moyen d'en désenclouer vingt et une, qui tirèrent sur eux à l'ordinaire.

Le siége de Gibraltar se poussoit comme on pouvoit. Six vaisseaux anglois s'y présentèrent le 24 décembre, escortant sept frégates destinées à y entrer et à y porter du secours. Pointis les attaqua, prit quatre frégates, mais il ne put empêcher les trois autres d'entrer et de porter aux assiégés mille hommes de secours, avec les munitions et les rafraîchissements dont elles étoient chargées. Le roi d'Espagne envoya quatre mille hommes de renfort à ce siége.

Marlborough fut reçu en Angleterre avec des acclamations et des honneurs extraordinaires. La chambre basse lui envoya une députation. Son orateur le harangua; il le fut aussi par le chancelier, lorsqu'il alla prendre séance pour la première fois dans la chambre haute; ils ne voulurent point souffrir le maréchal de Tallard dans Londres, ni près de cette ville où il avoit été longtemps ambassadeur, et avoit conservé force connoissances. Ils l'envoyèrent fort loin de là et de la mer, à Nottingham, avec les prisonniers les plus distingués, et répandirent les autres ailleurs. Ils eurent tous les lieux où on les mit pour prison, avec la liberté de se promener partout, et même à la campagne, mais sans découcher, et doucement observés de fort près.

Le grand prieur, de son côté, attaqua, le 2 février, les postes que le général Patay gardoit entre le mont Baldo et l'Adige, avec mille chevaux et trois bataillons en divers endroits. Ses troupes firent une assez molle défense et furent chassées de partout. On leur prit six drapeaux et quatre cents prisonniers, et cette expédition leur ôta la communication avec le Véronois, d'où ils tiroient leurs vivres. Médavy avoit, le même jour, assemblé ses troupes de l'Oglio pour inquiéter les ennemis de ce côté-là, et les empêcher de secourir leur major général Patay. Le comte de Linange, qui commandoit l'armée depuis que le prince Eugène n'étoit plus en Italie, se sentant beaucoup supérieur à Médavy, leva tous ses quartiers pour le venir combattre, sur quoi Médavy se retira sur l'Oglio, en un poste où il ne pouvoit pas l'être, et détacha Lautrec avec cinq cents chevaux pour observer les ennemis. Il fut coupé par un corps plus fort que le sien, pendant que le gros marchoit à lui pour l'attaquer. Dans cette presse, il remarcha en arrière pour rompre les troupes qui l'avoient coupé, et se percer une retraite avant que de se trouver pris en tête et en queue. Il réussit en effet, et rejoignit Médavy avec soixante prisonniers qu'il avoit faits, mais il reçut une grande blessure dont il mourut peu de jours après à Brescia, où on l'avoit porté.

Ce fut un extrême dommage; il étoit fort bien fait, avec infiniment d'esprit, de grâces dans l'esprit, et du savoir, une grande application, une grande volonté et beaucoup de talents pour la guerre; doux, poli et très-aimable. Le traitement plus que très-dur d'Ambres, son père, lui avoit [fait] prendre le parti depuis plusieurs années de ne bouger de sa garnison et des frontières, faute de subsistance et de pouvoir soutenir ses humeurs. Cette vie et une santé assez délicate l'avoit rendu très-particulier et très-studieux, et il s'étoit enfin fort accoutumé à ce genre de vie, quoique fait pour la meilleure compagnie, qu'il aimoit beaucoup et dont aussi il étoit fort recherché.

Maulevrier, dans le dessein où nous l'avons laissé, s'étoit chargé de force lettres importantes pour la princesse des Ursins et de celles de Mme la duchesse de Bourgogne pour la reine d'Espagne. Au succès qu'on a vu de Tessé, fait grand le lendemain de son arrivée à Madrid, on peut juger si lui et son gendre avoient bien travaillé à Toulouse. Mme des Ursins regarda cette visite et les nouvelles qu'elle en reçut comme les avant-coureurs de sa délivrance, et Tessé et son gendre livrés à elle comme des gens qu'il falloit combler, et qui lui seroient également utiles aux deux cours. Elle gagnoit tout à l'échange de Berwick pour Tessé. Maulevrier n'oublia rien pour se rendre considérable. Il n'avoit que trop de quoi jeter de la poudre aux yeux. Mme des Ursins y fut prise. Elle étoit trop bien informée pour ignorer les visites continuelles à Marly de Mme de Maintenon et de Mme la duchesse de Bourgogne à Maulevrier, sous prétexte d'aller chez sa femme, et quantité d'autres détails. Mais quand Maulevrier lui eut raconté son roman en beau, et que Tessé en appuyoit la croyance, elle ne crut pouvoir trop acheter un homme aussi initié dans le plus intérieur et capable de si profondes et de si hardies intrigues; elle lui donna donc sa confiance ainsi qu'à Tessé, et leur assura ainsi toute celle du roi et de la reine d'Espagne avant que d'être arrivés auprès d'eux. De Toulouse, elle gouvernoit leur esprit et leurs affaires plus despotiquement encore, s'il se peut, et plus sans partage que le cardinal Mazarin, chassé du royaume, ne gouverna jamais la reine mère et les affaires de France de chez l'électeur de Cologne, où il étoit retiré.

Tessé et Maulevrier, annoncés à Madrid sur le pied de ce que je viens d'expliquer, et chargés encore des lettres de la princesse des Ursins, trouvèrent une ouverture entière dans le roi et la reine d'Espagne. La première conversation fut un épanchement de cœur de leur part, surtout de celle de la reine; c'étoit par eux qu'elle fondoit ses plus grandes espérances du retour de la princesse des Ursins, sans laquelle elle ne croyoit pouvoir subsister ni vivre. Tessé, pressé d'aller sur la frontière donner ordre à tout, et par la chose même, et par les ordres réitérés du roi, ne put différer, dès qu'il eut conféré avec Berwick à Madrid, et fait sa couverture. Maulevrier, allé en Espagne comme un malade aux eaux, demeura à Madrid pour suppléer à l'absence de son beau-père dans tout ce qui regardoit l'intime confidence du palais sur Mme des Ursins. Avec de l'esprit, la connoissance qu'il avoit de notre cour, les lumières qu'il avoit tirées de la confiance de la princesse des Ursins à Toulouse, il donna à la reine des conseils pour des démarches dont elle éprouva l'utilité. Elle, Mme des Ursins, Mme de Maintenon, tout marchoit en cadence.

Maulevrier sut profiter de ce que la reine n'avoit personne de notre cour à qui elle pût s'ouvrir de son désir le plus ardent, ni plus instruit, ni de qui elle fût là-dessus plus sûre. Elle prit tant de goût à ces entretiens secrets, qu'elle fit donner les entrées à Maulevrier par le roi d'Espagne, qui, par chez ce prince, entroit chez la reine à toute heure. Il avoit pour cautions son beau-père, Mme la duchesse de Bourgogne et la princesse des Ursins. Avec ces avantages, il sut pousser les privances bien loin. En sous-ordre, la reine vouloit aussi le rappel du duc de Grammont, coupable du crime irrémissible à ses yeux d'être contraire au retour de Mme des Ursins, et de ne l'avoir vue que froidement dans sa route. Par là il étoit devenu insupportable au roi et à la reine. Les affaires les plus pressantes périssoient entre ses mains. Il y avoit plus : par un conseil profond, la reine d'Espagne avoit persuadé au roi son mari de choquer en tout les volontés du roi son grand-père, et de négliger en tout ses conseils avec affectation. Le roi s'en plaignoit avec amertume. Le but étoit de le lasser par là, et de lui faire comprendre qu'il n'y avoit que Mme des Ursins, bien traitée et renvoyée toute-puissante, qui pût remettre les choses dans le premier état, et le faire obéir en Espagne comme dans les premiers temps.

Quand tout fut bien préparé, et que le roi [fut] adouci par le temps de l'exil, par les grâces faites aux Estrées, par les insinuations éloignées, par les artifices des lettres qui lui venoient de Tessé, où il n'étoit pas toutefois question de la princesse; qu'il fut jugé qu'il étoit temps d'agir plus à découvert, et que le roi [étoit] lassé des dépits de la reine, de la mollesse pour elle de son petit-fils et de la résistance qu'il trouvoit à tout ce qu'il proposoit de plus utile et de plus raisonnable en Espagne, où il avoit longuement éprouvé avec tant de complaisance qu'on n'y cherchoit qu'à prévenir son goût et sa volonté, surtout à lui marquer une complaisance et une obéissance parfaite, on se garda bien de lui laisser entrevoir qu'on songeât, ni Mme des Ursins elle-même, à aucun retour en Espagne; comme pour obtenir Toulouse au lieu de l'Italie on avoit pris le même soin de l'empêcher de s'apercevoir qu'il pût être jamais question de la revoir à Paris et à la cour. Ce changement de l'Italie à Toulouse, que la mollesse ou le peu de lumières des ministres souffrit dans un temps de colère, à eux si favorable pour l'empêcher, fut le salut de toute la grandeur de leur ennemie qui, une fois en Italie et à Rome, eût été trop éloignée d'Espagne et de France pour machiner à temps et utilement, et, revenue là en son premier état de consistance, y seroit demeurée pour toujours. On se garda donc bien, je le répète, de laisser entrevoir au roi aucun désir, aucune idée de retour en Espagne.

Mais Harcourt, d'une part, qui, avec art et hardiesse, s'étoit toujours conservé la liberté de parler au roi des choses d'Espagne, et Mme de Maintenon, de l'autre, lui représentèrent peu à peu le pouvoir sans bornes de la reine d'Espagne sur le roi son mari; le dépit extrême dont elle donnoit des marques jusqu'à la contradiction la plus continuelle et la plus aigre pour tout ce qui venoit du roi aux dépens de ses propres affaires, par une humeur dont elle n'étoit plus maîtresse, et qui en effet avoit bien sa cause dans la dureté qu'éprouvoit une personne pour qui elle avoit déployé tout ce qui étoit en elle pour adoucir l'ignominie de son sort; qu'après tout il n'étoit question, pour la contenter, que d'une complaisance entièrement étrangère et indifférente aux affaires, qui n'y pouvoit rien influer, de permettre à Mme des Ursins de venir à la cour y dire tout ce qu'il lui plairoit pour sa justification, et devenir après tout ce qu'il lui plairoit, excepté d'y demeurer et de retourner en Espagne, retour dont la reine même ne parloit plus et se bornoit à ce que son amie pût être entendue elle-même; que ce qui ne se refusoit pas aux plus coupables pouvoit bien s'accorder à une personne de son sexe et de cette qualité; que, quelles que fussent les fautes qu'elle eût commises, sa chute de si haut et si prompte, l'exil où depuis si longtemps elle en donnoit le spectacle, le contraste des récompenses si marquées du cardinal et de l'abbé d'Estrées, étoient une pénitence qui méritoit bien qu'enfin le roi, content de lui avoir fait sentir le poids de son indignation, et à la reine d'Espagne celui de son autorité paternelle, voulût bien marquer à une princesse, par les mains de qui on étoit réduit à passer pour toutes les affaires, et qui étoit outrée, une considération qui sûrement l'adouciroit, la charmeroit même, et la feroit rentrer dans le chemin d'où le dépit l'avoit égarée; qui, s'il étoit continué, pouvoit, par de mauvais conseils d'humeur et de colère, porter les affaires en de fâcheuses extrémités qui, après les malheurs d'Hochstedt, de Gibraltar, de la révolte de la Catalogne, demandoient des soins et une conduite qui ne pouvoient réussir que par un grand concert.

L'archevêque d'Aix, maître consommé en intrigues, l'homme le plus hardi, le plus entreprenant, le plus plein d'esprit et de ressources, et qui, depuis le temps de Madame et le retour de son exil[1], s'étoit conservé une sorte de liberté avec le roi qu'il connoissoit parfaitement, rompit les premières glaces, et ne parla que de l'état malheureux de

---

1. Les Mémoires de cet archevêque d'Aix (Daniel de Cosnac) ont été publiés par la *Société de l'Histoire de France* (Paris, 1852, 2 vol. in-8). On y trouve tous les détails de ces intrigues.

Mme des Ursins, qu'une folie sans excuse (il vouloit parler de la lettre apostillée) avoit précipitée dans l'abîme de l'humiliation. Il exagéra sa douleur d'avoir déplu et de ne pouvoir être écoutée après n'avoir été appliquée en Espagne qu'à y faire obéir le roi et cherché en tout à lui plaire. A mesure qu'Harcourt, d'une part, et Mme de Maintenon, de l'autre, avec qui il agissoit de concert, et à qui dans cette crise il donna d'utiles et fermes conseils, il retournoit à la charge. Le roi, dont la vérité n'approcha jamais dans la clôture où il s'étoit emprisonné lui-même, fut le seul des deux monarchies qui ne se douta du tout point que l'arrivée de Mme des Ursins à sa cour fût le gage assuré de son retour en Espagne et de celui d'une puissance plus grande que jamais. Fatigué des contradictions qu'il y éprouvoit, inquiet du désordre dangereux qui en résultoit aux affaires, dans un temps où leur changement de face demandoit un parfait unisson entre les deux couronnes, lassé des instances qui lui étoient faites et des réflexions qui lui étoient présentées, il accorda enfin la grâce qui lui étoit si pressamment demandée, dont les ministres se trouvèrent fort étourdis.

Harcourt profita de ce court intervalle. Il étoit irréconciliable avec Torcy et avec le duc de Beauvilliers. Chamillart n'étoit son homme que parce qu'il étoit celui de Mme de Maintenon. Il n'auroit pas voulu moins se mêler de ses deux départements que de celui de Torcy : ce n'étoit donc pas là où il pouvoit compter de se réunir réellement. L'esprit, le tour, la capacité du chancelier lui plaisoient. La malignité et l'inquisition de Pontchartrain lui pouvoient être utiles. Leur département n'avoit rien qui pût le tenter ni leur en donner ombrage ; ils étoient ennemis déclarés de Chamillart, et le chancelier mal avec Beauvilliers de tout temps et même avec peu de mesure. Tout cela plaisoit fort à Harcourt et lui donna le désir de se réunir au père et au fils, avec qui il n'avoit point eu d'occasion de prises particu-

lières. Cela pouvoit lui servir pour les choses du conseil, et
ôter au roi l'idée fâcheuse qu'il ne pouvoit vivre avec pas un
de ses ministres. Je fus surpris qu'il m'accueillît avec une
attention très-marquée et suivie, qu'il entamât des propos
avec moi pour voir comment j'y prendrois cette recherche ;
je me tins en garde avec un homme ennemi de ce que
j'avois de plus intime et qui ne faisoit rien qu'avec des vues.
Ma politesse ne lui suffit pas. L'affaire de Mme des Ursins
s'avançoit dans les ténèbres. Il étoit pressé de s'unir aux
Pontchartrain ; c'étoit sur moi qu'il avoit jeté les yeux pour
la former. Il se dégoûta et tourna court sur le premier
écuyer, déjà de ses amis et qui, n'ayant pas mes raisons,
devint bientôt son homme et fit en un instant l'union qui
leur convenoit à tous.

Le chancelier, mal avec Beauvilliers, brouillé ouvertement avec Chamillart, sans liaison avec Torcy, contre lequel
son fils crevoit de jalousie, totalement déchu auprès de
Mme de Maintenon, avec peu d'affaires (rares et souvent
plutôt embarrassantes pour lui qu'agréables) directement
avec le roi, et ne tenant plus à lui que par l'habitude et par
l'esprit et l'agrément, il fut ravi de se lier à un homme tel
qu'étoit Harcourt, et tel qu'il pouvoit si naturellement devenir, qui avoit avec lui des aversions et des raisons communes d'éloignement, avec qui d'ailleurs il ne pouvoit entrer en compromis ni en soupçon pour son ministère ni pour
celui de son fils, lequel, abhorré de tout le monde et de ses
confrères même, ne faisoit que prendre haleine de la peur
que le comte de Toulouse lui avoit faite, et étoit trop heureux de se pouvoir lier avec un homme aussi considérable
que l'étoit Harcourt au dehors, et plus encore en dedans,
dont la protection et les conseils lui pouvoient être d'un
usage si utile. Mais, en faisant cette union, Harcourt, qui
tout en douceur donnoit la loi, voulut à découvert que
Mme des Ursins y fût comprise, et qu'il pût lui répondre
pour toujours à l'avenir de leur amitié et de leurs services.

Ce point fut gagné avec la même facilité, et toutes les grâces du chancelier s'y déployèrent. C'étoit l'ennemie de ceux qu'il haïssoit, ou avec qui il vivoit sans liaisons. Ni lui ni son fils n'étoient pas à portée qu'on leur demandât de rompre des glaces. S'engager à vouloir du bien à une personne éloignée sans moyen de la servir, étoit s'engager à peu de chose ; et si elle venoit à reprendre le dessus elle leur devenoit une protection. L'union entre eux venoit donc d'être conclue, et Harcourt, le premier écuyer et les Pontchartrain s'étoient vus, promis et convenus de leurs faits, précisément quelques jours devant que le roi eût lâché la grande parole sur laquelle il fut dépêché un courrier à Toulouse portant permission de venir quand elle voudroit à Paris et à la cour. Quelque informée qu'elle fût de tout ce qui se brassoit pour elle, la joie surpassa l'espérance. Mais le coup d'œil de son retour à la toute-puissance en Espagne, conséquent à cette permission, ne la dérangea pas plus qu'avoit fait la chute de la foudre sur elle à Madrid : toujours maîtresse d'elle-même et attentive à tirer tout le parti qu'elle pourroit de son admission à se justifier, elle conserva l'air d'une disgraciée qui espère, mais qui est humiliée ; elle avoit prévenu ses intimes amis de s'en tenir exactement à ce ton ; elle craignit surtout de laisser rien apercevoir au roi qui le fronçât et qui le tînt en garde ; elle prit avec une grande présence d'esprit ses mesures en Espagne ; elle ne se précipita point de partir et partit néanmoins assez promptement pour ne rien laisser refroidir et marquer son empressement à profiter de la grâce qu'elle recevoit et qu'elle avoit toujours tant souhaitée.

A peine le courrier fut-il parti vers elle, que le bruit de son retour se répandit sourdement et devint public et confirmé peu de jours après. Le mouvement qu'il produisit à la cour fut inconcevable ; il n'y eut que les amis intimes de Mme des Ursins qui demeurèrent dans un état tranquille et modéré. Chacun ouvrit les yeux et comprit que l'arrivée d'une personne si importante n'auroit rien d'indifférent. On se prépara à une sorte de soleil levant, qui alloit changer et renouveler bien des choses dans la nature. On ne voyoit que gens, à qui on n'avoit jamais ouï proférer son nom, qui se vantoient de son amitié et qui exigeoient des compliments sur sa prochaine arrivée. On en trouvoit d'autres, liés avec ses ennemis, qui n'avoient pas honte de se donner pour être transportés de joie et de prodiguer les bassesses à ceux de qui ils se flattoient qu'elles seroient offertes en encens à la princesse des Ursins. Parmi ces derniers, les Noailles se distinguèrent. Leur union intime avec les Estrées, et par leur gendre favori avec le duc de Grammont, ne les arrêta point : ils se publièrent ravis du retour d'une personne qu'ils avoient, disoient-ils, dans tous les temps, aimée et honorée, et qui étoit de leurs amies depuis toute leur vie. Ils le voulurent persuader à ses meilleurs amis, à Mme de Maintenon, à elle-même.

Elle arriva enfin à Paris le dimanche 4 janvier. Le duc d'Albe, qui avoit cru bien faire en s'attachant fortement aux Estrées, espéra laver cette tache en lui prodiguant tous les honneurs qu'il put. Il alla en cortége fort loin hors Paris, à sa rencontre avec la duchesse d'Albe, et la mena coucher chez lui, où il lui donna une fête. Plusieurs personnes de distinction allèrent plus ou moins loin à sa rencontre : les Noailles n'y manquèrent pas et les plus loin de tous. Mme des Ursins eut lieu d'être surprise d'une entrée si triomphante : il lui fallut capituler pour sortir de chez le duc d'Albe. Il lui importoit de se mettre en lieu de liberté. De préférence à la duchesse de Châtillon, sa propre nièce, elle alla loger chez la comtesse d'Egmont qui ne l'étoit qu'à la mode de Bretagne, mais nièce de l'archevêque d'Aix, qu'elle avoit eue autrefois longtemps chez elle avec la duchesse de Châtillon, et qu'elle y avoit mariées l'une et l'autre. Cette préférence étoit bien due à la considération de l'archevêque d'Aix, qui, dans les temps les plus orageux, n'avoit trouvé rien de difficile pour son service jusqu'à cet agréable moment. Le roi étoit à Marly, et nous étions, Mme de Saint-Simon et moi, de ce voyage, comme, depuis que Chamillart m'avoit raccommodé, cela nous arrivoit souvent. Pendant le reste de ce Marly, ce fut un concours prodigieux chez Mme des Ursins, qui, sous prétexte d'avoir besoin de repos, ferma sa porte au commun, et ne sortit point de chez elle. M. le Prince y courut des premiers, et, à son exemple, tout ce qu'il y eut de plus grand et de moins connu d'elle. Quelque flatteur que fût ce concours, elle n'en étoit pas si occupée qu'elle ne le fût beaucoup plus de se mettre bien au fait de tout ce que les dépêches n'avoient pu comporter, et de la carte présente. La curiosité, l'espérance, la crainte, la mode, y attiroit cette foule dont plus des trois quarts n'entroient pas. Les ministres en furent alors effrayés. Torcy eut ordre du roi de l'aller voir. Il en fut étourdi : il ne répliqua pas; en homme qui vit la partie faite et le triomphe assuré, il obéit. La visite se passa avec embarras de sa part, et une froideur haute de l'autre : ce fut l'époque qui fit changer de ton à Mme des Ursins. Jusque-là modeste, suppliante, presque honteuse, elle en vit et en apprit tant, que, de répondante qu'elle s'étoit proposé d'être, elle crut pouvoir devenir accusatrice et demander justice contre ceux qui, abusant de la confiance du roi, lui avoient attiré un traitement si fâcheux et si long, et mise en spectacle aux deux monarchies. Tout ce qui lui arrivoit passoit de bien loin ses espérances; elle-même s'en est étonnée avec moi plusieurs fois, et avec moi s'est moquée de force gens, et souvent des plus considérables, ou qu'elle ne connoissoit comme point, ou qui lui avoient été fort contraires, et qui s'empressoient bassement auprès d'elle.

Le roi revint à Versailles le samedi 10 janvier; Mme des Ursins y arriva le même jour; elle logea à la ville chez d'Alègre. J'allai aussitôt la voir, n'ayant pu quitter Marly à cause des bals de presque tous les soirs. Ma mère l'avoit fort vue à Paris, où Mme de Saint-Simon et moi lui avions envoyé témoigner notre joie et notre empressement de la voir. J'avois toujours conservé du commerce avec elle, et j'en avois reçu en toute occasion des marques d'amitié. Sandricourt, qui étoit de ma maison, et qui servoit en Espagne, duquel j'aurai un mot à dire en son temps, en avoit reçu à ma prière toutes sortes de distinctions, et elle l'avoit fort recommandé aux principaux chefs espagnols. Je fus très-bien reçu. Cependant je m'étois promis quelque chose de plus ouvert. J'y fus peu. Harcourt, qui habilement ne l'avoit pas encore vue, y arriva et me fit retirer discrètement ; elle m'arrêta pour me charger de quelques bagatelles avec un air de liberté, et tout de suite reprenant toute son ouverture, elle me dit qu'elle se promettoit bien de me revoir bientôt et de causer avec moi plus à son aise : j'en vis Harcourt surpris. Sortant de la maison, j'y vis entrer Torcy. Il avoit fait en sorte, dès Paris, par sa mère, qu'elle iroit souper chez lui. Elle étoit contente de l'avoir humilié, [et qu'il fût] venu chez elle par ordre du roi. Il n'étoit pas temps de faire des éclats et contre un ministre : elle n'avoit encore vu ni le roi ni Mme de Maintenon, et ce qui se passeroit avec eux devoit être la boussole de sa conduite. Le lendemain dimanche, huitième jour de son arrivée à Paris, elle dîna seule chez elle, se mit en grand habit, et s'en alla chez le roi, avec lequel elle fut dans son cabinet deux heures et demie tête à tête ; de là chez Mme la duchesse de Bourgogne, avec qui elle fut aussi assez longtemps seule dans son cabinet. Le roi dit le soir, chez Mme de Maintenon, qu'il y avoit encore bien des choses dont il n'avoit point encore parlé à Mme des Ursins. Le lendemain elle vit Mme de Maintenon en particulier fort longtemps et fort à son aise. Le mardi elle y retourna et y fut très-longtemps en tiers entre elle et le roi ; le mercredi, Mme la duchesse de Bourgogne, qui avoit dîné et joué chez Mme de Mailly, y fit venir la princesse des Ursins à la fin du jeu, passa

seule avec elle dans un cabinet et y demeurèrent très-
longtemps.

Un mois après arriva un colonel dans les troupes d'Espagne, Italien appelé Pozzobuono, dépêché exprès et uniquement par le roi et la reine pour venir apporter leurs remer-
cîments au roi sur la princesse des Ursins, et ordre au duc
d'Albe d'aller avec tout son cortége lui faire une visite de
cérémonie, comme la première fois qu'il fut chez les princesses du sang. De ce moment il fut déclaré qu'elle demeureroit ici jusqu'au mois d'avril pour donner ordre à ses
affaires et à sa santé. C'étoit déjà un grand pas que d'être
maîtresse d'annoncer ainsi son séjour. Personne, à la vérité,
ne doutoit de son retour en Espagne, mais la parole n'en
étoit pas lâchée; elle évitoit de s'en expliquer, et on peut
juger qu'elle n'essuya pas là-dessus de questions indis-
crètes. Elle se mesura fort à voir Monseigneur, Madame,
Monsieur et Mme la duchesse d'Orléans et les princesses du
sang; donna plusieurs jours au flot du monde, puis se renferma sous prétexte d'affaires, de santé, d'être sortie, et tant
qu'elle put ne vit à Paris que ses amis ou ses plus familières
connoissances, et les gens que par leur place elle ne pouvoit refuser.

Tant d'audiences et si longues, suivies de tant de sérénité
et de foule, fit un grand effet dans le monde, et augmenta
fort les empressements. Deux jours après ma première visite
à Versailles, je retournai chez elle, je lui retrouvai avec
moi son ancienne ouverture avec laquelle elle me fit quelques reproches d'avoir été plus intimement de ses amis
avant ses affaires que depuis. Cela ne servit qu'à nous
réchauffer dans la conversation même, où elle s'ouvrit et me
parut avoir envie de me parler. Je ne laissai pas d'être en
garde par rapport à M. de Beauvilliers; je savois le raccommodement du chancelier, je ne la craignois pas sur Chamillart, et je ne me souciois point de Torcy, avec qui je n'étois
en aucune liaison. Elle ne me fit point d'embarras, elle sa-

voit trop la carte de la cour pour ignorer mon intimité avec
M. de Beauvilliers; et sa politesse, et je puis dire son amitié,
car elle m'en donna des marques dans tout son séjour, m'épargna là-dessus toute délicatesse. Le nonce nous interrompit. Mais je la revis bientôt, et elle me parla de mille choses
et d'ici et d'Espagne avec confiance, et de la cour, et d'autres
qui la regardoient. Elle fit à Mme de Saint-Simon toutes
sortes d'amitiés et d'avances, et on verra bientôt que cela
ouvrit fort les yeux de toute la cour sur nous. Laissons-la
triompher et besogner à son aise, et retournons en arrière,
dont ce long et curieux récit nous a distrait. Mais il ne faut
pas oublier que cette réception du roi à Mme des Ursins, au
retour de laquelle Tessé s'étoit tant livré, plut tellement au
roi et à la reine d'Espagne, qu'ils donnèrent à Tessé toutes
sortes de pouvoirs et de distinctions militaires, de confiance
et de faveur personnelle, et à son gendre toutes celles de
leur cour.

## CHAPITRE XXI.

Pension du roi à Mme de Caylus, à condition de quitter le P. de La
Tour. — Caractère de ce père. — Mort de Pavillon. — Brevets de
retenue à Livry et au comte d'Évreux. — Duc de Tresmes reçu à
l'hôtel de ville. — Mariage de Rupelmonde avec une fille d'Alègre.
— Caractère et audace de Mme de Rupelmonde; extraction de son
mari, etc. — Duc d'Aumont gagne contre le duc d'Elbœuf une affaire
piquante. — Petits exploits de La Feuillade. — Mort de l'électrice
de Brandebourg. — Mort de Courtebonne. — Filles de Saint-Cyr.
— Mariage de Mlle d'Osmont avec Avrincourt. — Mort de Tressan,
évêque du Mans. — Tracasserie entre Saint-Pierre et Nancré pour
les Suisses de M. le duc d'Orléans. — Brevet de retenue à Grignan.
— Mariage du chevalier de Grignan avec Mlle d'Oraison. — Mariage
de Montal avec la sœur de Villacerf, et d'Épinay avec une fille d'O.

— Rivas chassé; Mejorada en sa place. — Ronquillo. — Dégoûts à Madrid du duc de Grammont, qui demande son rappel et a la Toison. — Triomphe éclatant et solide de la princesse des Ursins, assurée de retourner en Espagne. — Amitié de la princesse des Ursins pour Mme de Saint-Simon et pour moi, et ses bons offices. — Duc et duchesse d'Albe à un bal à Marly; singularités. — Amelot ambassadeur en Espagne; son caractère. — Orry retourne en Espagne. — Bourg; son caractère, ses aventures, sa chétive fortune. — Melford rappelé à Saint-Germain et déclaré duc. — Middleton se fait catholique. — Mort de Mme du Plessis-Bellière. — Mort, caractère et fortune de Magalotti. — Albergotti et son caractère. — Mort du duc de Choiseul, qui éteint son duché-pairie. — Mort du président de Maisons. — Mort de Mlle de Beaufremont. — Mort de Seissac. — Mort et deuil du duc Maximilien de Bavière. — Mort de Beuvron. — Mort du petit duc de Bretagne; son deuil. — Longue goutte du roi; son coucher retranché au public pour toujours. — Mort de Rubantel. — Mort de Breteuil; Armenonville conseiller d'État. — Mort du fils unique d'Alègre. — Angervilliers intendant de Dauphiné et des armées. — Bouchu; son caractère; singularité de ses dernières années.

Quelque occupée que pût être Mme de Maintenon du retour et de la réception de Mme des Ursins, rien ne la put distraire de la maladie antijanséniste. Mme de Caylus avoit mis son exil à profit. Elle étoit retournée à Dieu de bonne foi; elle s'étoit mise entre les mains du P. de La Tour, qui fut ensuite, s'il ne l'étoit déjà, général des pères de l'Oratoire. Ce P. de La Tour étoit un grand homme, bien fait, d'un visage agréable, mais imposant, fort connu par son esprit liant mais ferme, adroit mais fort, par ses sermons, par ses directions. Il passoit, ainsi que la plupart de ceux de sa congrégation, pour être janséniste, c'est-à-dire réguliers, exacts, étroits dans leur conduite, studieux, pénitents, haïs de Saint-Sulpice et des jésuites, et par conséquent nullement liés avec eux; enviés des uns dans leur ignorance, et des autres par la jalousie du peu de colléges et de séminaires qu'ils gouvernoient, et du grand nombre d'amis et illustres qui les leur préféroient. Depuis que le P. de La Tour conduisoit Mme de Caylus, la prière continuelle et les bonnes œuvres partagèrent tout son temps, et ne lui en laissèrent plus pour aucune société; le jeûne étoit son exercice ordinaire, et depuis l'office du jeudi saint jusqu'à la fin de celui du samedi, elle ne sortoit point de Saint-Sulpice; avec cela toujours gaie, mais mesurée et ne voyant plus que des personnes tout à fait dans la piété, et même assez rarement. Dieu répandoit tant de grâces sur elle, que cette femme si mondaine, si faite aussi pour les plaisirs et pour faire la joie du monde, ne regretta jamais dans ce long espace que de ne l'avoir pas quitté plus tôt, et ne s'ennuya jamais un moment dans une vie si dure, si unie, qui n'étoit qu'un enchaînement sans intervalle de prières et de pénitences. Un si heureux état fut troublé par l'ignorance et la folie du zèle de sa tante, pour se taire sur plus haut; elle lui manda que le roi ni elle ne se pouvoient accommoder plus longtemps de sa direction du P. de La Tour; que c'étoit un janséniste qui la perdoit; qu'il y avoit dans Paris d'autres personnes doctes et pieuses dont les sentiments n'étoient point suspects; qu'on lui laissoit le choix de tous ceux-là; que c'étoit pour son bien et pour son salut que cette complaisance étoit exigée d'elle; que c'étoit une obéissance qu'elle ne pouvoit refuser au roi; qu'elle étoit pauvre depuis la mort de son mari; enfin que, si elle se conformoit de bonne grâce à cette volonté, sa pension de six mille livres seroit augmentée jusqu'à dix.

Mme de Caylus eut grand'peine à se résoudre; la crainte d'être tourmentée prit sur elle plus que les promesses; elle quitta le P. de La Tour, prit un confesseur au gré de la cour, et bientôt ne fut plus la même; la prière l'ennuya, les bonnes œuvres la lassèrent, la solitude lui devint insupportable; comme elle avoit conservé les mêmes agréments dans l'esprit, elle trouva aisément des sociétés plus amusantes, parmi lesquelles elle redevint bientôt tout ce qu'elle avoit été. Elle renoua avec le duc de Villeroy pour lequel elle avoit été chassée de la cour. On verra bientôt que cet inconvé-

nient ne parut rien aux yeux du roi et de Mme de Maintenon, en comparaison de celui de se sanctifier sous la conduite
d'un janséniste. Le P. de La Tour, qui excelloit par un esprit
de sagesse, de conduite et de gouvernement, étoit guetté
avec une application à laquelle rien n'échappoit, sans qu'il
fît jamais un faux pas. Le roi qui, poussé par les jésuites et
Saint-Sulpice, lui cherchoit noise de tout son cœur, s'est
plusieurs fois écrié avec dépit, mais avec admiration, sur
la sagesse de cet homme, avouant que depuis fort longtemps qu'il l'épioit, il n'avoit jamais pu le trouver en faute.
Sa conversation étoit gaie, souvent salée, amusante, mais
sans sortir du caractère qu'il portoit. C'étoit un homme imposant et dans la plus grande considération ; avec tout cela
ses lumières le trompèrent à la fin, et on le verra dans la
suite tomber dans un terrible panneau, où son autorité,
croyant éviter un grand mal, entraîna le cardinal de Noailles
et le chancelier d'Aguesseau, et eut de funestes suites. Le
P. de La Tour étoit gentilhomme de bon lieu, d'auprès d'Eu,
et avoit été page de Mademoiselle.

Pavillon, neveu du célèbre évêque de Pamiers, si connu
dans les affaires du jansénisme et de la régale, mourut
vieux à Paris, où il étoit de l'Académie des sciences et des
inscriptions, assez pauvre et point marié. C'étoit un homme
infirme, de beaucoup d'esprit et fort agréable, qui avoit toujours chez lui une compagnie choisie, mais excellente, où
alloient même des gens considérables, un fort honnête
homme, et qui fut fort regretté.

Livry eut en ce même temps quatre cent mille livres de
brevet de retenue sur sa charge, et le comte d'Évreux bientôt
après une augmentation de cent mille livres du sien, qui
étoit déjà de trois cent cinquante mille livres.

Le duc de Tresmes fut reçu en grande pompe à l'hôtel de
ville, comme gouverneur de Paris ; il y fut harangué par le
prévôt des marchands, qui le traita toujours de *monseigneur*. M. de Montbazon et les gouverneurs de Paris qui

l'avoient précédé, avoient eu ce traitement, qui s'étoit perdu ensuite. Le duc de Créqui. le fit rétablir, et les ducs de Gesvres et de Tresmes en profitèrent. La ville lui donna le même jour un grand festin, où il mena quantité de gens de la cour et de Paris, qui furent placés, à la droite d'une table longue, dans trente fauteuils; vis-à-vis, sur trente chaises à dos, furent les échevins, les conseillers de ville et les conviés du prévôt des marchands, qui étoit seul avec le duc de Tresmes; et à sa gauche, au haut bout de la table, dans deux fauteuils, le prévôt des marchands et tous les officiers de la ville en habit de cérémonie. On parla fort de la magnificence du repas, qui fut en poisson, parce que c'étoit un samedi 24 janvier. Le duc de Tresmes jeta de l'argent au peuple en entrant et en sortant de l'hôtel de ville.

Mme d'Alègre maria en ce même mois sa fille à Rupelmonde, Flamand et colonel dans les troupes d'Espagne, pendant que son mari étoit employé sur la frontière; elle s'en défit à bon marché, et le duc d'Albe en fit la noce. Elle donna son gendre pour un grand seigneur, et fort riche, à qui elle fit arborer un manteau ducal. Sa fille, rousse comme une vache, avec de l'esprit et de l'intrigue, mais avec une effronterie sans pareille, se fourra à la cour, où avec les sobriquets de *la blonde* et de *vaque-à-tout*, parce qu'elle étoit de toutes foires et marchés, elle s'initia dans beaucoup de choses, fort peu contrainte par la vertu et jouant le plus gros jeu du monde. Ancrée suffisamment, à ce qu'il lui sembla, non contente de son manteau ducal postiche, elle hasarda la housse sur sa chaise à porteurs. Le manteau, quoique nouvellement, c'est-à-dire depuis vingt ou vingt-cinq ans, se souffroit à plusieurs gens, qui n'en tiroient aucun avantage, mais pour la housse, personne n'avoit encore jamais osé en prendre sans droit. Celle-ci fit grand bruit, mais ne dura que vingt-quatre heures. Le roi la lui fit quitter avec une réprimande très-forte.

Le roi, lassé des lettres de Mme d'Alègre, qui tantôt

pour Marly, tantôt pour une place de dame du palais, exaltoit sans cesse les grandeurs de son gendre, chargea Torcy de savoir par preuves qui étoit ce M. de Rupelmonde. Les informations lui arrivèrent prouvées en bonne forme, qui démontrèrent que le père de ce gendre de Mme d'Alègre, après avoir travaillé de sa main aux forges de la véritable dame de Rupelmonde, en étoit devenu facteur, puis maître, s'y étoit enrichi, en avoit ruiné les possesseurs, et étoit devenu seigneur de leurs biens et de leurs terres en leur place. Torcy me l'a conté longtemps depuis en propres termes. Mais l'avis étoit venu trop tard, et avoit trouvé Mme de Rupelmonde admise à tout ce que le sont les femmes de qualité. Le roi ne voulut pas faire un éclat.

Jamais je ne vis homme si triste que ce Rupelmonde ni qui ressemblât plus à un garçon apothicaire. Je me souviens qu'un soir que nous étions à Marly, et qu'au sortir du cabinet du roi Mme la duchesse de Bourgogne s'étoit remise au lansquenet, où étoit Mme de Rupelmonde qui y coupoit, un suisse du salon entra quelques pas et cria fort haut : « Madame Ripilmande, allez coucher; votre mari est au lit qui envoie vous demander. » L'éclat de rire fut universel. Le mari, en effet, avoit envoyé chercher sa femme, et le valet, comme un sot, avoit dit au suisse la commission, au lieu de demander à parler à Mme de Rupelmonde, et la faire appeler à la porte du salon. Elle ne vouloit point quitter le jeu, moitié honteuse, moitié effrontée; mais Mme la duchesse de Bourgogne la fit sortir. Le mari fut tué bientôt après. Le deuil fini, la Rupelmonde intrigua plus que jamais, et à force d'audace et d'insolence, de commodités et d'amourettes, parvint longtemps depuis à être dame du palais de la reine à son mariage, et par une longue et publique habitude avec le comte depuis duc de Grammont, à faire le mariage de son fils unique avec sa fille rousse et cruellement laide, sans un sou de dot.

Les ducs d'Elbœuf, père et fils, gouverneurs de Picardie,

avoient une dispute avec le maréchal et les ducs d'Aumont, gouverneurs de Boulogne et de Boulonois, qui étoit devenue fort aigre, et qui avoit été plus d'une fois sur le point de leur faire mettre l'épée à la main l'un contre l'autre. M. d'Elbœuf disoit que Boulogne et le Boulonois étoient du gouvernement de Picardie, et le prouvoit, parce qu'il étoit en usage de présenter au roi les clefs de Boulogne quand il y étoit venu, et d'y donner l'ordre, M. d'Aumont présent; mais il prétendoit de là mettre son attache aux provisions de gouverneur de Boulogne et du Boulonois, et c'est ce que MM. d'Aumont lui contestoient. Le roi enfin jugea cette affaire en ces temps-ci, et M. d'Aumont la gagna de toutes les voix du conseil de dépêches.

La Feuillade, arrivé au commencement de janvier, présenté par Chamillart, et reçu en conquérant, ne dédaigna pas de danser à Marly avec nous. Il avoit laissé sa petite armée en Savoie, dans les vallées voisines, et au blocus de Montméliant. Le voyage fut court et brillant; un mois après il travailla avec le roi et Chamillart chez Mme de Maintenon, comme les généraux d'armée, prit congé et s'en retourna. Il ne tarda pas à marcher à Nice et à Villefranche, et détacha Gévaudan pour s'emparer de Pignerol tout ouvert. Le marquis de Roye, lieutenant général des galères, les mena devant Villefranche avec des vaisseaux chargés de munitions; elle fut bientôt prise l'épée à la main. Il fut de là à Nice, où il ouvrit la tranchée le 17 mars, et cependant le château de Villefranche se rendit aux troupes qu'il y avoit laissées. Nice se rendit le 17 avril, et la garnison se retira au château, qu'on ne songea pas à attaquer, entre lequel et la ville on fit une trêve indéfinie, à laquelle M. de Savoie consentit.

L'électrice de Brandebourg mourut au commencement de février. Elle étoit sœur du duc d'Hanovre, fait neuvième électeur, et qui depuis a succédé à la reine Anne à la couronne d'Angleterre. Cette princesse mérite d'être remarquée pour n'avoir jamais approuvé que l'électeur son mari prît le titre de roi de Prusse. On n'en prit point le deuil, parce qu'il n'y avoit point de parenté avec le roi.

Villars, après avoir travaillé avec le roi, prit congé de lui les premiers jours de février. Il revint un mois après; il avoit été faire un tour sur la Moselle; quinze jours après il s'en alla à Metz en attendant qu'il pût assembler son armée.

Marsin arriva d'Alsace, et Arco de Flandre, pour y retourner bientôt.

Courtebonne, lieutenant général, mourut. Il étoit excellent officier et gouverneur d'Hesdin, frère de la femme de Breteuil, conseiller d'État, mère de Breteuil que nous verrons deux fois secrétaire d'État de la guerre. Le roi se servit de ce gouvernement pour faire plaisir à Mme de Maintenon. Elle trayoit d'ordinaire une demoiselle ou deux de Saint-Cyr des plus prêtes à en sortir, pour se les attacher, écrire ses lettres et la suivre partout. Le roi, qui les voyoit là sans cesse, prenoit souvent de la bonté pour elles et les marioit. Mlle d'Osmont se trouva dans ce cas-là, avec plus d'esprit et d'agrément que la plupart des autres. On lui trouva un parti, d'Avrincourt, qui avoit quelque peu servi de colonel de dragons en Italie. Il avoit du bien en Artois; Hesdin lui convenoit, il en donna vingt-cinq mille écus aux enfants de Courtebonne, et on lui donna cent mille livres sur l'hôtel de ville. Ce fut un homme d'esprit et adroit qui, au lieu de se laisser étranger et sa femme, sut plaire et en tirer les meilleurs partis, moyennant quoi il s'enrichit extrêmement, et trouva moyen, même longtemps depuis la mort du roi, d'avoir un régiment royal de cavalerie, et son gouvernement pour son fils. Mme la duchesse de Bourgogne s'amusa fort de cette noce, et donna la chemise pour se divertir et faire sa cour à Mme de Maintenon.

Il mourut en même temps un autre homme qui avoit fait bien des manéges en sa vie, qui avoit succédé à l'archevêque d'Aix dans la charge de premier aumônier de Monsieur : c'étoit Tressan, qui ne put aller plus loin que l'évêché du Mans, et qui enfin, de guerre lasse, s'y confina et vendit sa charge à l'abbé de Grancey.

Cela me fait souvenir d'une tracasserie qui arriva lors entre M. et Mme la duchesse d'Orléans. Saint-Pierre, qui avoit beaucoup d'esprit et de l'intrigue, et qui, très-bon marin, avoit été cassé pour n'avoir pas voulu prendre du petit Renault les leçons publiques de marine que le roi avoit ordonnées, avoit amené sa femme de Brest, plus intrigante encore que lui et fort vive. Elle avoit été jolie quoique jeune encore, et avoit été fort sur le trottoir à Brest, d'où elle étoit. Je ne sais qui la produisit à Mme la duchesse d'Orléans. Elle devint sa favorite, s'établit partout à sa suite, quoique sans emploi chez elle, et vécut comme à Brest. Elle avoit de l'esprit, de la gaieté, de la douceur. Elle plut et s'insinua fort avec le monde sous la protection de la princesse.

Saint-Pierre étoit un homme froid, se piquant de lecture, de philosophie et de sagesse. A la dévotion près, et dans le bas étage, c'étoit un ménage tout comme celui de M. et de Mme d'O, de chez qui aussi ils ne bougeoient. M. le duc d'Orléans n'en faisoit pas grand cas, et ne trouvoit ni l'importance du mari à son gré, ni le fringant et le petit état de la femme propre à figurer favorite de Mme la duchesse d'Orléans. Ils vouloient une place à se fourrer, à quelque prix que ce fût, qui leur donnât quelque consistance. Liscoët mourut qui avoit les Suisses de M. le duc d'Orléans, et la place est lucrative. Saint-Pierre et sa femme se mirent après. Mme la duchesse d'Orléans prétendit que M. le duc d'Orléans la lui avoit promise. Nancré, qui étoit Dreux comme le gendre de Chamillart, étoit un garçon de beaucoup d'esprit, d'agrément et fort orné ; il avoit quitté le service, lassé d'être lieutenant-colonel, où il avoit percé par ancienneté. Son père étoit mort lieutenant général et gouverneur de...., qui en secondes noces avoit épousé une fille de La Bazinière, sœur de la mère du président de Mesmes, mort premier président, et intimement avec lui et avec son beau-fils. Celui-ci s'étoit trouvé dans des parties de M. le duc d'Orléans à Paris. Il étoit appuyé auprès de lui de l'abbé Dubois et de Canillac, qui lui firent donner la charge. Voilà la Saint-Pierre aux grands pleurs, son mari aux grands airs de dédain, et à dire que c'étoit l'affaire de Mme la duchesse d'Orléans, qui s'en brouilla avec M. le duc d'Orléans. Jamais elle ne l'a pardonné à Nancré; jamais, ce qui est bouffon à dire, Saint-Pierre ne l'a pardonné à M. le duc d'Orléans, quoiqu'il ait eu mieux dans la suite, et à peine en aucun temps a-t-il pris la peine de mettre le pied chez lui. Ce détail de Palais-Royal semble maintenant fort fade et fort peu ici en sa place. Les suites feront voir qu'il ne devoit pas être omis. Le rare est que Saint-Pierre arracha, sans se donner la peine de s'en remuer, quatre mille livres d'augmentation de pension d'une de six mille livres que Mme la duchesse d'Orléans lui avoit déjà obtenue, et que M. le duc d'Orléans n'en fut pas mieux dans ses bonnes grâces.

A propos de grâces pécuniaires, Grignan, fort endetté à commander en Provence, obtint deux cent mille livres de brevet de retenue sur sa lieutenance générale de cette province. Lui et sa femme, se voyant sans garçons, tourmentèrent tant le chevalier de Grignan, qu'ils lui firent épouser Mlle d'Oraison. C'étoit un homme fort sage, de beaucoup d'amis, très-considéré, avec beaucoup d'esprit et du savoir. Une goutte presque sans relâche lui fit quitter le service où il s'étoit distingué, et la cour où il auroit figuré même sans place. Il étoit menin de Monseigneur, des premiers qui furent faits. Il étoit retiré depuis longtemps en Provence, d'où il ne sortit plus. Ce mariage fut fort inutile, il n'en vint aucun enfant. Mais ils n'avoient pas à craindre l'extinction de leur maison tant il subsistoit encore de branches de Castellane.

En même temps, le petit-fils de Montal, mort chevalier

de l'ordre, et qui auroit mieux été maréchal de France, épousa une sœur de Villacerf, premier maître d'hôtel de Mme la duchesse de Bourgogne, et M. d'O maria sa fille aînée à M. d'Épinay assez pauvre.

Mme des Ursins, triomphante à Paris fort au-dessus de ses espérances, faisoit en même temps bien des choses en Espagne. Rivas, autrefois Ubilla, secrétaire des dépêches universelles, célèbre pour avoir dressé le testament de Charles II, fut chassé; il ne s'en releva jamais, et Mejorada fut mis en sa place. Le père de ce dernier l'avoit eue avant Rivas. Il consentit à détacher pour Ronquillo le département de la guerre, que celui-ci refusa : ce dernier étoit corrégidor de Madrid, avec grande réputation. Il vouloit une plus haute fortune, et il parvint en effet quelque temps après à être gouverneur du conseil de Castille. D'un autre côté, le duc de Grammont étoit accablé de dégoûts. Poussé à bout sur toutes les affaires, qui ne réussissoient que lorsqu'il ne s'en mêloit pas, il demanda une audience à la reine, quoique le roi fût à Madrid, dans l'espérance de réussir par elle. Il l'obtint, lui exposa diverses choses importantes et pressées, par rapport au siége de Gibraltar. La reine l'écouta paisiblement, puis, avec un sourire amer, lui demanda s'il convenoit à une femme de se mêler d'affaires, et lui tourna le dos. Mme des Ursins qui, à cause de Mme de Maintenon, ménageoit les Noailles, ne vouloit pas elle-même demander son rappel. Mais, outre qu'elle ne lui pardonnoit point les choses passées, il lui étoit important d'avoir un ambassadeur dont elle pût disposer. Il falloit réduire celui qui l'étoit à demander son rappel lui-même, et c'est à la fin ce qui arriva. Les Noailles, qui faisoient tout, comme on a vu, pour son fils, leur gendre, ne se soucioient point de lui; mais, par honneur pour eux-mêmes, ils désiroient au moins qu'il fût honnêtement congédié. C'est ce que la maréchale de Noailles négocia avec la princesse des Ursins, qui lui fit valoir la Toison qu'elle demandoit comme le comble de la con-

sidération du roi et de la reine pour eux, et tout l'effort de
son amitié et de son crédit. Elle en fit sa cour à Mme de
Maintenon, pour lui témoigner combien tout ce qui approchoit de son alliance l'emportoit sur les raisons les plus
personnelles, et lui en faire valoir le sacrifice particulier
que la reine d'Espagne lui faisoit de tout son mécontentement. Cette grâce fut donc assurée, mais seulement conférée peu avant le départ du duc de Grammont.

On retourna à Marly, où il y eut force bals. On peut croire
que Mme des Ursins fut de ce voyage. Son logement fut à la
Perspective; rien de pareil à l'air de triomphe qu'elle y prit,
à l'attention continuelle en tout qu'eut le roi à lui faire les
honneurs, comme à un diminutif de reine étrangère à sa
première arrivée, et à la majestueuse façon aussi dont tout
étoit reçu avec une proportion de grâce et de respectueuse
politesse dès lors fort effacée, et qui faisoit souvenir les
vieux courtisans de la cour de la reine mère. Jamais elle ne
paroissoit que le roi ne se montrât tout occupé d'elle, de
l'entretenir, de lui faire remarquer les choses, de rechercher son goût et son approbation, avec un air de galanterie,
même de flatterie, qui ne foiblit point. Les fréquents particuliers qu'elle avoit avec lui chez Mme de Maintenon, et qui
duroient des heures et quelquefois le double, ceux qu'elle
avoit les matins fort souvent avec Mme de Maintenon seule,
la rendirent la divinité de la cour. Les princesses l'environnoient dès qu'elle se montroit quelque part, et l'alloient
voir dans sa chambre. Rien de plus surprenant que l'empressement servile qu'avoit auprès d'elle tout ce qu'il y avoit
de plus grand, de plus en place, de plus en faveur. Jusqu'à
ses regards étoient comptés; et ses paroles, adressées aux
dames les plus considérables, leur imprimoient un air de
ravissement.

J'allois presque tous les matins chez elle : elle se levoit
toujours de très-bonne heure, et s'habilloit et se coiffoit tout
de suite, en sorte que sa toilette ne se voyoit jamais. Je pré-

venois l'heure des visites importantes, et nous causions avec
la même liberté qu'autrefois. Je sus par elle beaucoup de
détails d'affaires, et la façon de penser du roi, de Mme de
Maintenon surtout, sur beaucoup de gens. Nous riions souvent ensemble de la bassesse qu'elle éprouvoit des personnes
les plus considérées, et du mépris qu'elles s'en attiroient
sans qu'elle le leur témoignât, et de la fausseté d'autres fort
considérables qui, après lui avoir fait, et nouvellement à
son arrivée, du pis qu'elles avoient pu, lui prodiguoient les
protestations, et tâchoient à lui vanter leur attachement
dans tous les temps, et à faire valoir leurs services. J'étois
flatté de cette confiance de la dictatrice de la cour. On y fit
une attention qui m'attira une considération subite, outre
que force gens des plus distingués me trouvoient les matins
seul avec elle, et que les messages qui lui pleuvoient rapportoient qu'ils m'y avoient trouvé, et très-ordinairement
qu'ils n'avoient pu parler à elle. Elle m'appeloit souvent
dans le salon, ou d'autres fois j'allois lui dire un mot à
l'oreille, avec un air d'aisance et de liberté fort envié et fort
peu imité. Elle ne trouvoit jamais Mme de Saint-Simon sans
aller à elle, la louer, la mettre dans la conversation de ce
qui étoit autour d'elle, souvent de la mener devant une
glace, et de raccommoder sa coiffure ou quelque chose de
son habit, comme en particulier elle auroit pu faire à sa
fille; assez souvent elle la tiroit de la compagnie, et causoit
bas à part longtemps avec elle, toujours quelques mots bas
de l'une à l'autre, et d'autres haut, mais qui ne se comprenoient pas. On se demandoit avec surprise, et beaucoup
avec envie, d'où venoit une si grande amitié, dont personne
ne s'étoit douté; et ce qui achevoit de tourmenter la plupart,
c'est que Mme des Ursins, sortant de la chambre de Mme de
Maintenon, d'avec le roi et elle, ne manquoit guère d'aller à
Mme de Saint-Simon, si elle la trouvoit dans le premier cabinet où elle avoit la liberté d'entrer avec quelques autres
dames privilégiées, et la mener en un coin et de lui parler

bas. D'autres fois la trouvant dans le salon, sortant de ces particuliers, elle en usoit de même. Cela faisoit ouvrir les yeux à tout le monde, et lui attiroit force civilités.

Ce qu'il y eut de plus solide fut tout le bien qu'elle dit d'elle au roi et à Mme de Maintenon, à plusieurs reprises; et nous avons su, par des voies sûres et tout à fait éloignées de Mme des Ursins, qu'il n'y avoit sortes de bons offices qu'elle ne lui eût rendus, sans jamais les lui avoir demandés, et souvent, et avec art et dessein, et qu'elle avoit dit au roi et à Mme de Maintenon plus d'une fois qu'ils n'avoient aucune femme à la cour, et de tout âge, si propre, ni si faite exprès en vertu, en conduite, en sagesse, pour être dame du palais, et dès lors même, quoique si jeune, dame d'honneur de Mme la duchesse de Bourgogne, si la place venoit à vaquer, ni qui s'en acquittât avec plus de sens, de dignité, ni plus à leur gré et à celui de tout le monde. Elle en parla de même à Mme la duchesse de Bourgogne plusieurs fois, et ne lui déplut pas, parce que dès lors aussi cette princesse avoit jeté ses vues sur elle, si la duchesse du Lude, qui la survécut, venoit à manquer. Je suis persuadé que, outre la bonne opinion qu'avec toute la cour le roi et Mme de Maintenon en avoient déjà, ces témoignages de Mme des Ursins, dans la confiance qu'ils avoient prise en elle, leur firent l'impression dont toujours depuis les effets se sont fait sentir, et à la fin, comme on le verra en son temps, beaucoup plus que nous n'aurions voulu. Mme des Ursins ne m'oublia pas non plus; mais une femme étoit plus susceptible de son témoignage, et faisoit aussi plus d'impression. Cette façon d'être avec nous et pour nous ne se ralentit point jusqu'à son départ pour l'Espagne.

Entre plusieurs bals où Mme des Ursins fut toujours traitée avec les mêmes distinctions, je veux dire un mot de celui où Mme des Ursins obtint avec quelque peine que le duc et la duchesse d'Albe fussent conviés. Je dis avec peine, parce qu'aucun ambassadeur, ni étranger, n'avoit jamais été admis à Marly, excepté Vernon une fois, lors du mariage de Mme la duchesse de Bourgogne, pour faire cette distinction à M. de Savoie dont il étoit envoyé, et dans les suites les ambassadeurs d'Espagne.

La séance du bal dans le salon étoit un carré long fort vaste. Au haut bout, c'est-à-dire du côté du salon qui séparoit l'appartement du roi de celui de Mme de Maintenon, étoit le fauteuil du roi, ou les fauteuils quand le roi et la reine d'Angleterre y étoient, laquelle étoit entre les deux rois. Les fils de France et M. le duc d'Orléans étoient les seuls hommes dans ce rang, que les princesses du sang fermoient. Vis-à-vis étoient assis les danseurs et avec eux M. le comte de Toulouse, et dans les commencements que j'y ai dansé, M. le Duc qui dansoit encore; des deux côtés les dames qui dansoient, les titrées les premières des deux côtés sans aucun mélange entre elles d'aucune autre, non plus qu'à table avec le roi, ou avec Monseigneur, ou chez Mme la duchesse de Bourgogne; derrière le roi le service, M. le Prince quelquefois, et ce qu'il y avoit de plus distingué, et derrière encore; derrière les danseuses les dames qui ne dansoient point, et derrière elles les hommes de la cour spectateurs, et quelques autres derrière les danseurs; M. le Duc ne dansant plus, et M. le prince de Conti toujours derrière les dames spectatrices. En masque ou non c'étoit de même, excepté que, à visage couvert, les fils de France se mêloient au bas bout parmi les danseurs. Le roi d'Angleterre et la princesse sa sœur ouvroient toujours le bal, et tant qu'il dansoit, le roi se tenoit debout. Après deux ou trois fois de ce cérémonial, le roi demeuroit assis à la prière de la reine d'Angleterre.

Le duc et la duchesse d'Albe arrivèrent sur les quatre heures et descendirent chez la princesse des Ursins, qui avoit eu permission de les mener chez Mme de Maintenon avant que le roi y entrât : ce fut une grande faveur de Mme des Ursins. Mme de Maintenon ne voyoit jamais aucun étranger ni aucun ambassadeur, et le duc et la duchesse d'Albe n'avoient pas encore vu son visage. On fit pour eux une chose sans conséquence. Le roi fit mettre la duchesse d'Albe au premier rang du fond, à côté et au-dessous de Mme la princesse de Conti, pour qu'elle vît mieux le bal, et Mme des Ursins à côté et au-dessous d'elle. A souper on fit mettre la duchesse d'Albe auprès de Mme la Duchesse à la table du roi, et Mme des Ursins auprès d'elle. Le maréchal de Boufflers fut chargé du duc d'Albe au bal, et de prier des courtisans distingués à une table particulière qu'il tint pour le duc d'Albe, servie par les officiers du roi. Il y en eut une autre pareille pour le duc de Perth et pour les Anglois. Après souper, Mme la duchesse de Bourgogne fit jouer la duchesse d'Albe au lansquenet avec elle. Le roi, à son coucher, donna le bougeoir au duc d'Albe[1], et lui fit son compliment sur la peine de s'en retourner coucher à Paris. Il parla fort à lui et à Mme d'Albe.

Aux autres bals, Mme des Ursins se mettoit auprès du grand chambellan, et avec sa lorgnette regardoit un chacun. A tout moment le roi se tournoit pour lui parler, et Mme de Maintenon, qui à cause d'elle venoit quelquefois avant le souper un quart d'heure ou une demi-heure à ces bals, déplaçoit le grand chambellan qui se mettoit derrière elle. Ainsi, elle étoit joignante Mme des Ursins, et tout près du roi de l'autre côté en arrière, et la conversation entre eux trois étoit continuelle; Mme la duchesse de Bourgogne s'y

1. Il a déjà été question plus haut de ce cérémonial. Le roi seul, d'après l'*État de la France*, avait un bougeoir à deux bobèches et par conséquent à deux bougies. L'aumônier de jour tenait le bougeoir pendant que le roi faisait ses prières. Le premier valet de chambre prenait ensuite le bougeoir des mains de l'aumônier. Quand le roi était arrivé au fauteuil où il se déshabillait, il désignait une personne de l'assemblée pour tenir le bougeoir. C'était ordinairement un prince ou seigneur étranger. Le roi déshabillé, le premier valet de chambre reprenait le bougeoir, et les huissiers de la chambre criaient tout haut : *Allons, messieurs, passez*. Alors toute la cour se retirait, à l'exception de ceux qui avaient droit d'assister au petit coucher du roi.

mêloit beaucoup, et Monseigneur quelquefois. Cette princesse aussi n'étoit occupée que de Mme des Ursins, et on voyoit qu'elle cherchoit à lui plaire. Ce qui parut extrêmement singulier, ce fut de voir celle-ci paroître dans le salon avec un petit épagneul sous le bras, comme si elle eût été chez elle. On ne revenoit point d'étonnement d'une familiarité que Mme la duchesse de Bourgogne n'eût osé hasarder, encore moins à ces bals de voir le roi caresser le petit chien, et à plusieurs reprises. Enfin, on n'a jamais vu prendre un si grand vol. On ne s'y accoutumoit pas, et à qui l'a vu, et connu le roi et sa cour, on en est surpris encore quand on y pense après tant d'années. Il n'étoit plus douteux alors qu'elle ne retournât en Espagne[1]. Ses particuliers si fréquents avec le roi et Mme de Maintenon rouloient sur les affaires de ce pays-là.

Le duc de Grammont demandoit son retour, la reine d'Espagne le pressoit avec ardeur. Le roi et Mme de Maintenon, intérieurement blessés contre lui, et peu contents de sa gestion en ce pays-là, ne s'y opposoient pas; mais il falloit choisir un ambassadeur. Amelot fut choisi. C'étoit un homme d'honneur, de grand sens, de grand travail et d'esprit. Il étoit doux, poli, liant, assez ferme, de plus un homme fort sage et modeste. Il avoit été ambassadeur en Portugal, à Venise, en Suisse, et avoit eu d'autres commissions au dehors. Partout il avoit réussi, s'étoit fait aimer, et avoit acquis une grande réputation. Il étoit de robe, conseiller d'État, par conséquent point susceptible de Toison ni de grandesse. Mme des Ursins ne crut pas pouvoir trouver mieux pour avoir sous elle un ambassadeur sans famille et sans protection ici autre que son mérite, qui, sous le nom de son caractère, l'aidât mieux dans toutes les affaires, et qui, en effet, ne fût sous elle qu'un secrétaire renforcé, qui,

---

1. Le retour de la princesse des Ursins en Espagne était résolu dès le 13 janvier 1705. Voy. notes à la fin du volume.

témoin ici de sa gloire, lui fût souple, et à l'abri du nom duquel elle agiroit avec toute autorité en Espagne et toute confiance de ce pays-ci. Il étoit bien avec le roi et avec Mme de Maintenon, à portée de recevoir d'elle des ordres et des impressions particulières qui le retiendroient du côté des ministres. Elle s'arrêta donc à lui, et le fit choisir, avec ordre très-exprès de n'agir que de concert avec elle, et, pour trancher le mot, sous elle. La déclaration suivit de près la résolution prise. Amelot eut plusieurs entretiens longs et près à près avec Mme des Ursins; il reçut immédiatement du roi des ordres particuliers, plus encore de Mme de Maintenon. Dès que la nouvelle en fut arrivée en Espagne, le duc de Grammont fut traité avec plus de ménagement, et fut fait chevalier de la Toison, suivant l'engagement que Mme des Ursins en avoit bien voulu prendre.

Elle obtint une autre chose bien plus difficile, parce que le roi s'étoit peu à peu laissé aller à la résolution de ne lui rien refuser. Ce fut le retour d'Orry en Espagne, sous prétexte de la grande connoissance qu'il avoit des finances de ce pays-là, et des lumières qu'Amelot ne pouvoit tirer de personne plus sûrement, ni avec plus d'étendue et de détail que de lui sur ces matières. On se persuada que, sous les yeux d'Amelot, il ne pourroit plus retomber dans les manquements qui, avec ses mensonges, avoient fait son crime. Il fut donc effacé. Amelot partit sur la fin d'avril, et Orry incontinent après, c'est-à-dire un mois après la déclaration de son ambassade. Mme des Ursins obtint encore d'emmener en Espagne le chevalier Bourg, avec caractère public d'envoyé du roi d'Angleterre, et six mille livres d'appointements payés par le roi. C'étoit un gentilhomme irlandois, catholique, qui, faute de pain, s'étoit intrigué à Rome et fourré chez le cardinal de Bouillon, qui alors étoit ami intime de Mme des Ursins.

Bourg étoit homme de beaucoup d'esprit, entièrement tourné à l'intrigue, homme d'honneur pourtant, et malade de politique et de raisonnement. Le cardinal de Bouillon, qui l'avoit trouvé propre à beaucoup de choses secrètes, l'y avoit fort employé. Il avoit fait sa cour à Mme des Ursins, qui l'avoit goûté. Il y eut je ne sais quelle petite obscure négociation sur le cérémonial entre les cardinaux et les petits princes d'Italie. Le cardinal de Bouillon fit envoyer Bourg vers eux avec une lettre de créance du sacré collège. Il s'élevoit aisément et avoit besoin d'être contenu. Il réussit, fut connu et caressé de plusieurs cardinaux. L'état de domestique du cardinal de Bouillon commença à lui peser, il s'en retira avec ses bonnes grâces et une pension. Fatigué dans les suites de ne trouver point d'emploi à Rome, il revint en France, s'y maria à une fille de Varenne, que nous avons vu ôter du commandement de Metz, et bientôt après s'en alla vivre à Montpellier. Voyant le règne de Mme des Ursins en Espagne, il alla l'y trouver et en fut très-bien reçu. Elle s'en servit en beaucoup de choses, et lui donna un accès fort libre auprès du roi et de la reine d'Espagne. Il eut lieu de nager là en grande eau. Il aimoit les affaires et l'intrigue. Il l'entendoit bien, et, avec l'esprit diffus et quelquefois confus, il étoit fort instruit des intérêts des princes, et passoit sa vie en projets. Avec tout cela et ses besoins, rien ne l'empêchoit de dire la vérité à bout portant aux têtes principales, à Orry, à Mme des Ursins, à la reine d'Espagne et dans les suites au roi et à l'autre reine sa femme, à Albéroni, aux ministres les plus autorisés, qui tous l'admirent dans leur familiarité, s'en servirent au dedans, le consultèrent et l'estimèrent, mais le craignirent assez pour ne lui jamais donner d'emploi, ni de subsistance que fort courte. Je l'ai fort vu en Espagne et m'en suis bien trouvé. Bourg avoit eu un fils, qui mourut, et une fille fort jolie. Il la voulut faire venir avec sa mère le trouver en Espagne; elles s'embarquèrent en Languedoc et furent prises par un corsaire. La mère se noya, la fille fut menée à Maroc, où elle montra beaucoup d'esprit et de vertu; elle y fut bien traitée, mais gardée longtemps, puis à grand'peine renvoyée en France. Bourg, quelque temps après mon retour d'Espagne, lassé d'y espérer en vain, revint trouver sa fille qui étoit à Paris dans un couvent. Il y trouva encore moins son compte qu'en Espagne, où au moins il voyoit familièrement les ministres. Il me dit son ennui, et qu'il s'en alloit à Rome avec sa fille retrouver son amie Mme des Ursins, et son roi naturel. Il y fut bien reçu de l'un et de l'autre, et sa fille entra fille d'honneur chez la reine d'Angleterre; mais le pauvre Bourg ne trouva pas plus de jointure à Rome qu'en France et en Espagne. Ainsi cet homme propre à beaucoup de choses, et qui avoit été de part à quantité d'importantes, trouva toujours les portes fermées partout à la moindre fortune.

Parlant d'Anglois catholiques, le feu roi Jacques crut en mourant devoir faire acte de miséricorde ou de justice, je ne sais trop lequel. Le comte de Melford, frère du duc de Perth, avoit été son ministre. Il l'avoit exilé à Orléans. Middleton étoit entré en sa place, dont personne n'avoit d'opinion. Il étoit protestant, plein d'esprit et de ruse, avec force commerces en Angleterre pour le service de son maître, disoit-il; mais on prétendoit que c'étoit pour le sien, et qu'il touchoit tous ses revenus. Sa femme, qui avoit pour le moins autant d'esprit que lui, et beaucoup de manége, étoit catholique et gouvernante de la princesse d'Angleterre. Elle le soutint fort, par la reine avec qui elle étoit fort bien. Melford étoit revenu à Paris. Ce ne fut qu'en ce temps-ci qu'il fut rappelé à Saint-Germain et déclaré duc. Le feu roi d'Angleterre l'avoit ordonné ainsi en mourant. Le duc de Perth, son frère, avoit été gouverneur du roi. Middleton craignit à ce retour que Melford ne reprît son ancienne place qu'il occupoit en son absence; il tourna court. Il fut trouver la reine, lui dit que la sainte vie, et surtout la sainte mort du feu roi son mari, et l'exhortation qu'il avoit faite en mourant à ses domestiques protestants, l'avoit converti. Il se fit catholique, et reverdit en crédit et en confiance à Saint-Germain. Melford ne fut de rien, mais lui et sa femme eurent en France le rang et les honneurs de duc et de duchesse comme tous ceux qui l'avoient été faits à Saint-Germain, ou qui y étoient arrivés tels.

Plusieurs personnes marquées ou connues moururent en ce même temps comme à la fois :

Mme du Plessis-Bellière, la meilleure et la plus fidèle amie de M. Fouquet, qui souffrit la prison pour lui et beaucoup de traitements fâcheux, à l'épreuve desquels son esprit et sa fidélité furent toujours. Elle conserva sa tête, sa santé, de la réputation, des amis jusqu'à la dernière vieillesse, et mourut à Paris chez la maréchale de Créqui sa fille, avec laquelle elle demeuroit à Paris.

Magalotti, un de ces braves que le cardinal Mazarin avoit attirés auprès de lui, quoique fort jeune, par le privilége de la nation. Il avoit vu le roi jeune chez le cardinal, et conservé liberté avec lui. Le roi avoit pour lui de la bonté et de la distinction, qui pourtant ne le put soustraire à la haine de M. de Louvois, acquise par son intimité avec M. de Luxembourg. C'étoit un homme délicieux et magnifique, aimé et considéré, et qui avoit été toute sa vie dans les meilleures compagnies des armées où il avoit servi. Il étoit lieutenant général, gouverneur de Valenciennes, et avoit le régiment Royal-Italien qui vaut beaucoup ; dans sa vieillesse le plus beau visage du monde, et le plus vermeil, avec des yeux italiens et vifs, et les plus beaux cheveux blancs du monde, et portoit toujours le jupon à l'italienne. Louvois, qui l'ôta du service, l'empêcha aussi d'être chevalier de l'ordre, quoique bon gentilhomme florentin. C'étoit d'ailleurs un très-bon homme, avec bien de l'esprit, de l'entendement et de l'agrément.

Albergotti, son neveu, eut le Royal-Italien. Il avoit plus d'esprit que son oncle, de grands talents pour la guerre et beaucoup de valeur, plus d'ambition encore, et tous moyens lui étoient bons. C'étoit un homme très-dangereux, très-intimement mauvais, et foncièrement malhonnête homme, avec un froid dédaigneux, et des journées sans dire une parole. Son oncle l'avoit initié dans la confiance de M. de Luxembourg, et par là dans la compagnie choisie de l'armée, qui lui fraya celle de la cour. Il étoit intimement aussi avec M. le prince de Conti par la même raison, et fort bien avec M. le Duc. Il fut accusé, et sa conduite le vérifia, d'avoir passé d'un camp à l'autre, c'est-à-dire d'avoir toujours tenu à un filet à M. de Vendôme, lors et depuis sa rupture avec M. de Luxembourg, M. le prince de Conti et leurs amis, et après la mort de M. de Luxembourg, de s'être jeté de ce côté-là sans mesure. M. de Luxembourg fils, M. le prince de Conti et leurs amis s'en plaignoient fort en particulier, en public ils gardèrent des dehors. Albergotti devint un favori de M. de Vendôme, qui lui valut la protection de M. du Maine, laquelle l'approcha de Mme de Maintenon. Je me suis étendu sur ce maître Italien; on verra dans la suite qu'il étoit bon de le connoître.

J'ai assez parlé en plusieurs occasions du duc de Choiseul pour n'avoir rien à ajouter, sinon que, par sa mort, il ne vaqua qu'un collier de l'ordre, et que ce duché-pairie fut éteint.

On a suffisamment vu, à propos du procès de préséance avec M. de Luxembourg, quel étoit le président de Maisons, pour n'avoir rien à en dire de plus, sinon qu'il mourut fort vieux en ce temps-ci, démis de sa charge en faveur de son fils, duquel il sera fort mention dans la suite.

Mlle de Beaufremont suivit de près M. de Duras, à propos duquel je l'ai fait connoître.

Seissac, dont j'ai suffisamment parlé aussi, finit son indigne vie, et laissa une belle, jeune et riche veuve fort consolée, qui perdit bientôt après le fils unique qu'elle en avoit eu et hérita de tous ses biens. En lui s'éteignit l'illustre maison de Clermont-Lodève. Comme il avoit la fantaisie de ne porter jamais aucun deuil, personne aussi ne le prit de lui, non pas même le duc de Chevreuse, son beau-frère.

Le roi le porta quelques jours du duc Maximilien, oncle paternel de l'électeur de Bavière, uniquement pour gratifier ce prince. Ce duc Maximilien avoit épousé une sœur de M. de Bouillon, dont il n'eut point d'enfants, et avec qui il vivoit depuis longtemps à la campagne, en Bavière, dans une grande piété et dans une grande retraite.

M. de Beuvron, chevalier de l'ordre et lieutenant général de Normandie, y mourut à plus de quatre-vingts ans, chez lui, à la Meilleraye, avec la consolation d'avoir vu son fils Harcourt arrivé à la plus haute et à la plus complète fortune, et son autre fils Sézanne en chemin d'en faire une, et déjà chevalier de la Toison d'or. On a vu comment elle étoit due aux agréments de la jeunesse du père. C'étoit un très-honnête homme, et très-bon homme, considéré et encore plus aimé.

Enfin on perdit Mgr le duc de Bretagne d'une manière très-prompte. Mgr le duc de Bourgogne et Mme la duchesse de Bourgogne surtout, en furent extrêmement affligés. Le roi marqua beaucoup de religion et de résignation. Aussitôt après, c'est-à-dire le 24 avril, le roi s'en alla à Marly, où il mena qui il lui plut, sans que personne eût demandé. Nous en fûmes, Mme de Saint-Simon et moi. La goutte qui y prit au roi, et qui fut extrêmement longue, y fit demeurer plus de six semaines, et c'est depuis cette goutte qu'on ne vit plus le roi à son coucher, qui devint pour toujours un temps de cour réservé aux entrées. Il n'y eut point de cérémonies, sinon que le corps du petit prince fut porté dans un carrosse du roi non drapé, environné de gardes et de pages avec des flambeaux. Dans ce même carrosse étoient le cardinal de Coislin à la première place, parce qu'il portoit le cœur sur un carreau sur ses genoux, M. le Duc, comme prince du sang, à côté de lui, M. de Tresmes, comme duc, et non comme premier gentilhomme de la chambre, au devant avec Mme de Ventadour comme gouvernante; une sous-gouvernante et un aumônier du roi étoient aux portières. Le roi, Monseigneur, ni M. et Mme la duchesse de Bourgogne, n'en prirent point le deuil. M. le duc de Berry et toute la cour le porta comme d'un frère. De Saint-Denis, ils rapportèrent le cœur au Val-de-Grâce. Paris et le public fut fort touché de cette perte.

Rubantel, vieux, retiré, disgracié, comme je l'ai rapporté en son temps, mourut aussi à Paris quelques jours après.

Breteuil, conseiller d'État, qui avoit été intendant des finances, et dont le fils est aujourd'hui secrétaire d'État de la guerre pour la seconde fois, ne tarda pas à les suivre; sa place de conseiller d'État fut donnée à Armenonville, déjà directeur des finances. Je le remarque, parce que nous le verrons aller bien plus haut. En même temps aussi, d'Alègre perdit son fils unique.

Bouchu, conseiller d'État et intendant de Dauphiné, perdu de goutte et toujours homme de plaisir, voulut quitter cette place; je le remarque parce qu'elle fut donnée à Angervilliers, quoique fort jeune, et seulement encore intendant d'Alençon. Nous le verrons secrétaire d'État de la guerre, et aurons occasion d'en parler plus d'une fois.

Puisque j'ai parlé de Bouchu, il faut que j'achève l'étrange singularité qu'il donna en spectacle, autant qu'un homme de son état en peut donner. C'étoit un homme qui avoit eu une figure fort aimable, et dont l'esprit, qui l'étoit encore plus, le demeura toujours. Il en avoit beaucoup, et facile au travail, et fertile en expédients. Il avoit été intendant de l'armée de Dauphiné, de Savoie et d'Italie, toute l'autre guerre et celle-ci. Il s'y étoit cruellement enrichi, et il avoit été reconnu trop tard, non du public, mais du ministère; homme d'ailleurs fort galant et de très-bonne compagnie. Lui et sa femme qui étoit Rouillé, sœur de la dernière duchesse de Richelieu, et de la femme de Bullion, se passoient très-bien l'un de l'autre. Elle étoit toujours demeurée à Paris, où il étoit peu touché de la venir rejoindre, et peu flatté d'aller à des bureaux et au conseil, après avoir passé tant d'années dans un emploi plus brillant et plus amusant. Néanmoins il n'avoit pu résister à la nécessité d'un retour honnête, et il avoit mieux aimé demander que de se laisser rappeler. Il partit pour ce retour le plus tard qu'il lui fut possible, et s'achemina aux plus petites journées qu'il put. Passant à Paray[1], terre des abbés de Cluni, assez près de cette abbaye, il y séjourna. Pour abréger, il y demeura deux mois dans l'hôtellerie. Je ne sais quel démon l'y fixa, mais il y acheta une place, et, sans sortir du lieu, il s'y bâtit une maison, s'y accommoda un jardin, s'y établit et n'en sortit jamais depuis, en sorte qu'il y passa plusieurs années, et y mourut sans qu'il y eût été possible à ses amis ni à sa famille de l'en tirer. Il n'y avoit, ni dans le voisinage, aucun autre bien que cette maison, qu'il s'y étoit bâtie; il n'y connoissoit personne, ni là autour auparavant. Il y vécut avec des gens du lieu et du pays, et leur faisoit très-bonne chère, comme un simple bourgeois de Paray.

1. Parai ou Paray-le-Monial, que les anciens éditeurs ont changé en Pavé, est situé dans le département de Saône-et-Loire. Il y avait autrefois un prieuré de bénédictins dépendant de Cluni.

FIN DU QUATRIÈME VOLUME.

# NOTES.

I. NOTE RECTIFICATIVE REMISE A M. LE DUC DE SAINT-SIMON PAR M. DE CHANTÉRAC POUR ÉTABLIR QU'URANIE DE LA CROPTE-BEAUVAIS ÉTAIT FILLE LÉGITIME DE LA CROPTE-BEAUVAIS ET DE CHARLOTTE MARTEL.

Page 8.

Le récit du duc de Saint-Simon repose tout entier sur une erreur principale. Par contrat du 23 décembre 1653, passé à Marennes, devant Baige, notaire héréditaire de Saintonge, dont la grosse, signée *Baige*, est conservée dans les archives de la Cropte-Chantérac, M. de La Cropte-Beauvais avait épousé Charlotte Martel, fille de Gédéon Martel, comte de Marennes, et d'Élisabeth de La Mothe-Foucqué (voir dans le P. Anselme, t. VIII, p. 209, la généalogie de Martel). Uranie de La Cropte de Beauvais, née de cette union légitime, n'était donc point bâtarde.

Ce n'était pas non plus « en mauvaise compagnie » que le comte de Soissons l'avait connue, mais au Palais-Royal, chez Madame, dont elle était demoiselle d'honneur (*État de la France*, MDCLXXVIII, t. I$^{er}$, p. 484, et *Lettres de Mme de Sévigné*). Louis XIV était devenu très-amoureux d'elle, mais « sa vertu inébranlable » lui avait résisté, et il s'étoit alors tourné vers sa compagne, Mlle de Fontange (*Mémoires de la duchesse d'Orléans, princesse palatine*).

Dans un autre endroit de ses Mémoires, M. de Saint-Simon parle encore d'une manière inexacte de la situation de la comtesse de Soissons après la mort de son mari, quand il dit qu'elle vécut pauvre, malheureuse, errante, etc. La comtesse de Soissons, outre son héritage paternel et les avantages considérables de son contrat de mariage, possédait, du chef de sa mère, les terres des comté de Marennes et baronnie de Tonnay-Boutonne (Lettre de la comtesse de Soissons au comte de Chantérac, son cousin, publiée dans le *Bulletin de la Société de l'Histoire de France* de janvier 1856). Elle avoit de plus, de Madame, une pension de douze mille livres, et n'avait par conséquent pas besoin de recevoir, « de fois à autre, quelque gratification de M. le duc d'Orléans. » Enfin ce ne fut pas le fils d'Uranie de La Cropte, mais bien son petit-fils, qui mourut au moment où il allait épouser l'héritière de Massa-Carrara, de la maison de Cibo. Son fils Thomas-Emmanuel-Amédée de Savoie, comte de Soissons, chevalier de la Toison d'or, etc., avait épousé Thérèse-Anne-Félicité, fille du prince de Lichtenstein.

## II. LETTRE DU MARÉCHAL DE VILLARS AU ROI.

Page 26.

La lettre de Villars, que Saint-Simon avait placée parmi les Pièces de ses Mémoires, se trouve dans les archives du Dépôt de la guerre, vol. 1582, lettre 103. Elle a été publiée dans le tome II, pages 409 et suivantes des *Mémoires militaires relatifs à la succession d'Espagne*, qui font partie de la collection des *Documents inédits relatifs à l'histoire de France*. En voici le texte :

« Du camp de Friedlingen, 15 octobre 1702.

« J'avois l'honneur de rendre compte à Votre Majesté, par une assez longue dépêche du 14, de tout ce qui regardoit la prise de Neubourg, qui a coûté M. de La Petitière, capitaine des grenadiers de Crussol. C'est à la valeur de cet officier et à celle du sieur Jorreau, lieutenant-colonel de Béarn, qu'est dû l'heureux succès de cette entreprise. M. le marquis de Biron s'y est conduit à son ordinaire. J'y avois envoyé M. le comte du Bourg pour donner tous les ordres nécessaires, ce qui lui a causé le malheur de ne pouvoir se trouver à la bataille, dont M. de Choiseul aura l'honneur de donner la première nouvelle à Votre Majesté.

« Je fus informé que l'armée de l'empereur, commandée par M. le prince de Bade, se mettoit en marche le 14, et quittoit ses retranchements. Dès le 13, l'infanterie de Votre Majesté et la brigade de Vivans avoient passé le Rhin. Le prince de Neubourg nous faisant voir un mouvement fort vif dans le camp des ennemis, l'on crut qu'il étoit bon de se mettre en mesure, ou d'empêcher leur armée de troubler notre établissement dans notre nouveau poste, ou de l'attaquer, si l'on en détachoit quelque corps d'infanterie pour aller vers Neubourg.

« Sa Majesté comprendra que son armée, ayant été placée au delà du Rhin dès le 13, par les raisons que j'ai eu l'honneur de lui exposer, fut promptement en bataille dans (devant?) les retranchements des ennemis. Dans la matinée du 14, MM. Desbordes et de Chamarande s'étoient mis à la tête de l'infanterie, laquelle marcha très-diligemment pour gagner la crête d'une montagne assez élevée.

« La cavalerie des Impériaux, plus forte de deux mille chevaux que la nôtre, étoit en bataille dans la plaine; et celle de Votre Majesté fut placée, la gauche au fort de Friedlingen, malgré un assez gros feu de l'artillerie de ce fort, et la droite appuyée à cette montagne que l'infanterie avoit occupée.

« On aperçut en ce moment que l'infanterie des ennemis faisoit tous ses efforts pour gagner la crête de la hauteur, avec cette circonstance qu'elle y montoit en bataille, et que celle de Votre Majesté traversoit des vignes et des hauteurs escarpées qui ralentissoient sa marche.

« Je dois faire observer à Votre Majesté que l'on avoit envoyé à Neubourg deux mille hommes de son infanterie, parmi lesquels étoient plusieurs compagnies de grenadiers, et les deux régiments de dragons de la reine et de Gévaudan. Cependant MM. Desbordes et de Chamarande, qui pressoient les mouvements de l'infanterie, le premier peut-être avec trop d'ardeur, marchoient aux ennemis avec les brigades de Champagne, de Bourbonnois, de Poitou et de la reine. Ils les trouvèrent postés dans un bois assez épais. Les ennemis avoient leur canon, et, malgré une très-vive résistance, ils furent renversés et leur canon fut pris. Pendant ce temps-là, M. de Magnac, qui étoit dans la plaine à la tête de la cavalerie, vit celle des ennemis s'ébranler pour venir à la charge; celle de Votre Majesté étoit dans tout l'ordre convenable. On avoit, dès le matin, recommandé aux cavaliers de ne point se servir d'armes à feu, et de ne mettre l'épée à la main qu'à cent pas des ennemis; et, à la vérité, ils n'ont pas tiré un seul coup.

« Les Impériaux ont fait les trois quarts du chemin; M. de Magnac, suivi de M. de Saint-Maurice, qui commandoit la seconde ligne, et s'est conduit en bon et ancien officier, s'est ébranlé de deux cents pas. La charge n'a été que trop rude par la perte de très-braves officiers, dont j'aurai l'honneur d'envoyer une liste à Votre Majesté par le premier ordinaire.

« La cavalerie impériale a été entièrement renversée, sans que les escadrons de celle de Votre Majesté se soient démentis; ils ont mené les ennemis jusqu'à un défilé qui les a fait perdre de vue, sans qu'ils se soient écartés pour le pillage ni pour faire des prisonniers.

« Les nouveaux régiments n'ont pas cédé aux anciens; et pour nommer ceux qui se sont distingués, il n'y a qu'à voir l'ordre de bataille : M. de Vivans, commandant de la cavalerie; M. Dauriac; M. de Massenbach, colonel réformé, commandant par son ancienneté la brigade de Condé, a fait des merveilles; M. le marquis du Bourg, colonel du régiment royal; M. le prince de Tarente, capitaine dans ce même régiment; M. de Saint-Pouange; Fourquevaux, qui a sept étendards des ennemis dans son nouveau régiment; M. de Conflans, brigadier. En un mot, je puis dire à Votre Majesté qu'elle peut compter que cette cavalerie s'est surpassée, et elle peut juger de la perte des Impériaux par la prise de trente étendards et de trois paires de timbales. Nous voyons, par des ordres de bataille pris aux ennemis, qu'ils avoient cinquante-six escadrons. Votre Majesté en avoit trente-quatre, les six de la reine et de Gévaudan ayant été détachés la veille pour marcher vers Neubourg.

« Notre infanterie avoit défait et renversé, par trois charges différentes, celle des ennemis, et pris leur canon ; mais sa trop grande ardeur, jointe à la mort de M. Desbordes, lieutenant général, et à celle de M. de Chavannes, brigadier, la porta à sortir dans la plaine, après avoir chassé les ennemis du bois, et à perdre ainsi son avantage. M. de Chamarande, qui dans tout le cours de cette action s'est parfaitement distingué, MM. de Schelleberg et du Tot ne purent empêcher qu'elle ne revînt. Cependant on peut juger de l'avantage qu'elle a eu sur les ennemis, puisqu'elle leur a pris plusieurs drapeaux sans en avoir perdu un seul.

« Tous les jeunes colonels y ont montré une valeur infinie. MM. de Seignelay, de Nangis, de Coetquen, le jeune Chamarande, le comte de Choiseul, de Raffetot, ont toujours été dans le plus grand péril et le plus gros feu. Les ennemis ont eu plus de trois mille hommes tués sur le champ de bataille; ils n'ont pas de nos prisonniers. Nous savons que le général Stauffemberg y a été tué. On dit aussi que le comte de Fürstemberg-Stühlingen, les comtes de Hohenlohe, Kœnigseck et deux autres colonels sont prisonniers, avec vingt-cinq autres officiers.

« Le comte de Hohenlohe demande de pouvoir aller à Bâle sur parole. Nous avons été aujourd'hui sur le champ de bataille, et les endroits où leurs bataillons ont été défaits sont marqués par quantité d'armes abandonnées.

« Cependant le temps qu'il a fallu pour remettre quelque ordre dans notre infanterie a sauvé celle des ennemis. Le chevalier de Tressemane, major général, y a parfaitement bien servi, aussi bien que le sieur de Beaujeu, maréchal des logis de la cavalerie. On a poussé les ennemis une lieue et demie au delà du champ de bataille, sur lequel l'armée de Votre Majesté a campé. On croyoit quatre petites pièces de canon égarées, mais elles ont été retrouvées ce matin. Jusqu'à présent on n'en a que deux de celles des ennemis; mais j'en ai vu sept ou huit autres derrière notre infanterie. Il est rare et heureux, dans une affaire aussi rude et aussi disputée, que l'armée de Votre Majesté n'ait perdu ni drapeaux, ni étendards, ni timbales, et que l'on en ait plus de trente-quatre de ceux des ennemis. Voilà, Sire, le compte que je dois avoir l'honneur de rendre à Votre Majesté d'un avantage bien ordinaire à ses armes toujours victorieuses.

« Nous apprenons dans le moment que le comte de Fürstemberg est mort de ses blessures. Ce seroit une grande perte pour l'empereur et pour M. le prince de Bade, dont il étoit l'homme de confiance. »

## III. RETOUR DE LA PRINCESSE DES URSINS EN ESPAGNE.

### Pages 414 et 431.

Les papiers du duc de Noailles, conservés en partie à la bibliothèque impériale du Louvre, fournissent d'utiles renseignements pour contrôler les Mémoires de Saint-Simon, principalement en ce qui concerne les affaires d'Espagne. Voici, entre autres, deux lettres se rattachant au retour de la princesse des Ursins, dont Saint-Simon parle (t. IV, p. 414 et 431). La première est une dépêche de Louis XIV au duc de Grammont, ambassadeur en Espagne, et la seconde une lettre du duc de Grammont au maréchal de Noailles.

*Dépêche de Louis XIV au duc de Grammont*[1].

« Versailles, le 13 janvier 1705.

« Mon cousin, depuis que j'ai parlé à la princesse des Ursins, il m'a paru nécessaire de la renvoyer en Espagne, et d'accorder enfin cette

---

1. La copie de cette lettre se trouve à la bibl. imp. du Louvre, ms. F, 325, t. XXI, lettre 4.

grâce aux instances pressantes du roi mon petit-fils et de la reine. J'ai jugé en même temps qu'il convenoit au bien de mon service de vous charger de donner à la reine une nouvelle qu'elle désire avec autant d'empressement. Ainsi je fais partir le courrier qui sera chargé de cette dépêche avant même que d'annoncer à la princesse des Ursins ce que je veux faire pour elle. Je ne vous prescris point ce que vous avez à dire sur ce sujet. Il vous donne assez de moyens par lui-même de faire connoître au roi et à la reine d'Espagne la tendresse que j'ai pour eux, et combien je désire de contribuer à leur satisfaction.

« Je dirai encore à la princesse des Ursins que vous m'avez toujours écrit en sa faveur. Je suis persuadé qu'elle connoît l'importance dont il est, pour le bien des affaires et pour elle-même, de bien vivre avec vous, et qu'elle n'oubliera rien pour maintenir cette bonne intelligence. Si vous en jugez autrement, je serai bien aise que vous me mandiez, avec toute la vérité que je sais que vous ne me déguisez jamais, ce que vous en pensez, et même si vous croyez qu'il ne vous convienne pas de demeurer en Espagne après son retour.

« Cette sincérité de votre part confirmera ce que j'ai vu en toutes occasions de votre zèle pour mon service et de votre attachement particulier à ma personne. Vous devez croire aussi que ces sentiments me sont toujours présents, et que je serai bien aise de vous faire connoître en toutes occasions combien ils me sont agréables.

« Je renverrai incessamment le courrier par qui j'ai reçu votre lettre du 1er de ce mois, et je vous ferai savoir par son retour mes intentions sur ce qui regarde le siège de Gibraltar. Sur ce, etc.

*Lettre du duc de Grammont au maréchal de Noailles sur Mme des Ursins*[1]. (Copie du temps.)

« 15 janvier 1705.

« Vous me demandez, monsieur, de la franchise et un développement de cœur au sujet de Mme des Ursins. Je vais vous satisfaire; car je vous honore et vous aime trop pour y manquer. Je commencerai par vous détailler quelle est ma situation à cet égard. Le roi me mande, par sa lettre du 30 novembre dernier, qu'il a permis à Mme des Ursins de venir à la cour, mais que son retour ici seroit très-contraire à son service. M. de Maulevrier, qui vient de quitter le

---

1. Bibl. imp. du Louvre, ms. F, 325, t. XXI, lettre 8.

maréchal de Tessé, sort de me dire qu'il est vrai que M. de Tessé a donné des espérances à la reine du retour de Mme des Ursins auprès d'elle; mais tout ce qu'il a fait à cet égard, il l'a fait par ordre. Si j'ajoutois une foi entière à ce qu'il m'a fait dire, la chose seroit décidée; mais comme mon ordre est contraire, et que vous voulez que je vous dise précisément ce que je pense sur ce retour, je vais le faire avec toute la vérité dont je suis capable.

« S'il étoit dans la nature de Mme des Ursins de pouvoir revenir ici avec un esprit d'abandon et de dévouement entier aux volontés et aux intérêts du roi, et que l'ambassadeur de Sa Majesté, je ne dis pas moi, mais qui que ce pût être, et elle, ne fussent qu'un, et que tous deux agissent de concert sur toutes choses, sans bricoles quelconques, et que, par ce moyen, la reine d'Espagne ne se mêlant plus de rien que de ce que l'on voudroit, et qu'il pût paroître par là aux Espagnols que ce n'est plus la reine et sa faction qui gouvernent l'Espagne, qui est la chose du monde qu'ils ont le plus en horreur, et la plus capable de leur faire prendre un parti extrême, rien alors, selon moi, ne peut être meilleur que de faire revenir Mme des Ursins; mais comme ce que je dis là n'est pas la chose du monde la plus certaine, et que le roi d'Espagne me l'a dit, et qu'il craint de retomber où il s'est trouvé, le tout bien compensé, je crois que c'est coucher gros et risquer beaucoup que de s'y commettre, et je dois vous dire que les trois quarts de l'Espagne seront au désespoir, que les factions renouvelleront de jambes, et que, de tous les Espagnols, celui qui sera le plus fâché intérieurement sera le roi d'Espagne, de se revoir tomber dans le temps passé, qui est sa bête.

« La reine d'Espagne le force d'écrire sur un autre ton, et il ne peut le lui refuser, parce qu'il est doux et qu'il ne veut point de désordre; mais en même temps il me charge par la voie secrète d'écrire au roi naturellement ce qu'il pense, et il le lui confirme par la lettre ci-jointe de sa main, que je vous envoie[1]. En un mot, monsieur, le roi ne sera jamais maître de ce pays-ci qu'en décidant sur tout par lui-même, qui est tout ce que le roi son petit-fils désire, pour se tirer de l'esclavage où il est, d'avoir une espèce de *salve l'honor* à l'égard de la reine; et les Espagnols ne demandent autre chose que d'être gouvernés par leur roi. Je vous parlerois cent ans que je ne vous dirois pas autre chose; c'est ce que vous pouvez dire au roi tête à tête, sans que cela aille au conseil, par les raisons que je vous ai déjà dites. Je vous mande la vérité toute nue, et comme si j'étois prêt à paroître devant mon Dieu. C'est ensuite au roi, qui a meilleur esprit que tous tant que nous sommes, de prendre sur cela le parti qui lui conviendra.

1. Lettre du 15 janvier 1705.

. . . . . . . . . . . . . . . . . . . . . . . . . . . . . . . . . . . . . . . . . . . . . . .

« Il faut que le roi porte par une autorité absolue le correctif nécessaire. Toute l'Espagne parle comme moi, et c'est à la veille de débonder si le gouvernement despotique de la reine subsiste, et il n'est ni petit ni grand qui n'en ait par-dessus la tête, et le roi d'Espagne et tout ce que vous connoissez ici d'honnêtes gens ne respirent que les ordres absolus du roi pour s'y soumettre aveuglément. Mon honneur, ma conscience, mon zèle et ma fidélité intègre et incorruptible pour le bien du service de mon maître, m'obligent à lui parler de la sorte; quiconque sera capable de lui parler autrement le trompera avec indignité. L'Espagne est perdue sans ressource si le gouvernement reste comme il est, et que le roi notre maître n'en prenne pas seul le timon. Le cardinal Portocarrero, Mancera, Montalte, San-Estevan, Monterey, Montellano[1], et généralement tout ce qu'il y a de meilleur et de véritablement attaché à la monarchie, concertent tous le moyen d'en parler au roi et de lui en parler clairement. Que le roi ne se laisse donc pas abuser par les discours, et qu'il s'en tienne à la vérité, que j'ai l'honneur de lui mander par vous. Le marquis de Monteléon, qui est un homme plein d'honneur et d'esprit, part incessamment pour vous aller confirmer de bouche ce que j'ai l'honneur de mander au roi.

« De l'argent, nous en allons avoir, même considérablement, et l'on vient de faire une affaire de quatorze millions de livres, qu'on n'imaginoit pas qui s'osât jamais tenter, et que, depuis Charles-Quint, nul homme n'avoit eu la hardiesse de proposer. Nous aurons la plus belle cavalerie qu'on puisse avoir; quant à l'infanterie, l'on ne perd pas un instant à songer aux moyens de la remettre; il y aura des fonds fixes et affectés pour la guerre, qui seront inaltérables; et si nous pouvons reprendre Gibraltar, on sera en état de faire une campagne heureuse. J'espère pareillement venir à bout du commerce des Indes. Après cela, si le roi imagine que quelqu'un fasse mieux à ma place, je m'estimerai très-heureux de me retirer, et je ne lui demande pour toute récompense que de me rapprocher de sa personne, d'avoir encore le plaisir, avant de mourir, de lui embrasser les genoux, et de songer ensuite à finir comme un galant homme le doit faire.

« Tout ce que je vous demande là, monsieur, est d'une si terrible conséquence pour le roi d'Espagne et pour moi, que je vous supplie qu'il n'y ait que le roi, et vous, et Mme de Maintenon qui le sachent. J'ai raison, monsieur, de vous en parler de la sorte. Tout ce qui regarde la reine d'Espagne lui revient dans l'instant, je n'en puis douter; ainsi les précautions doivent renouveler de jambes. Depuis le

---

1. Voy., dans le tome III des Mémoires de Saint-Simon, p. 4 et suiv., le caractère des principaux membres du conseil de Philippe V.

retour de Mme des Ursins, vous ne sauriez avoir trop d'attention et trop de secret sur ce que j'ai l'honneur de vous dire.

« Montoléon part qui vous mettra bien nettement au fait de toutes ces petites bagatelles.

« Si le roi savoit à fond la manière fidèle et pleine d'esprit dont le P. Daubenton le sert, et de laquelle j'ai toujours été témoin oculaire, il ne se peut que Sa Majesté ne lui en sût un gré infini : je dois ce témoignage à la vérité et au zèle d'un sujet bien attaché par le cœur à son maître. »

FIN DES NOTES DU QUATRIÈME VOLUME.

# TABLE DES CHAPITRES

## DU QUATRIÈME VOLUME.

CHAPITRE PREMIER. — Le roi de Pologne défait par le roi de Suède qui y perd le duc d'Holstein-Gottorp, son beau-frère. — Landau investi par les Impériaux. — Désertion du prince d'Auvergne, pendu en Grève en effigie. — Artifices inutiles des Bouillon. — Siége de Landau par le prince Louis de Bade, défendu par Mélac, où le roi des Romains arrive et le prend. — Électeur de Bavière se déclare pour la France et l'Espagne. — Mort du comte de Soissons; son caractère et sa famille. — Canaples et son mariage avec Mlle de Vivonne. — Mort du duc de Coislin; son caractère; ses singularités. — Duc de Coislin et Novion, premier président du parlement, à une thèse. — Novion premier président. — Mélac; sa récompense; son caractère; sa fin. — Mort de Petit, médecin de Monseigneur; Boudin en sa place. — Maréchal de Villeroy libre sans rançon. — Madame à la comédie publique................................................. 1

CHAPITRE II. — Situation de Catinat. — Disposition de Villars. — Bataille de Friedlingen. — Villars fait seul maréchal de France. — Retour de Catinat et sa retraite. — Caractère de Villars. — Mort de M. le maréchal de Lorges. — Son éloge..................................... 22

CHAPITRE III. — Mort de la duchesse de Gesvres. — Trianon. — Retour de Fontainebleau. — Mort du comte de Noailles. — Succès des alliés en Flandre. — Marlborough pris et ignoramment relâché. — Vendôme court la même fortune. — Prince d'Harcourt salue enfin le roi. — Sa vie et son caractère, et de sa femme. — Retour brillant du maréchal de Villeroy après une dure captivité; sa lourde et vaine méprise; est déclaré général de l'armée en Flandre. — Mort du chevalier de Lorraine. — Retour et opération du comte d'Estrées. — Comte d'Albert, Pertuis et Conflans sortent de prison. — Charmois et du Héron chassés de Ratisbonne et de Pologne. — Catinat retiré ne sert plus. — Mgr le duc de Bourgogne entre dans tous les conseils. — Ubilla assis au conseil. — Régiments des gardes espagnole et wallonne. — Orry et sa fortune. — Marsin de retour. — Dispute entre le chancelier et les évêques pour le privilége de leurs ouvrages doctrinaux. — Chamilly de retour de Danemark; sa fâcheuse méprise; celle de d'Avaux. — Mort du cardinal Cantelmi; [du duc d'Albemarle; de Champflour, évêque de la Rochelle; de Brillac, premier président du parlement de Bretagne. — Mariage du duc de Lorges avec la troisième fille de Chamillart. — Mon intime liaison avec Chamillart, qui me demande instamment mon amitié.................. ............ 49

CHAPITRE IV. — 1703. — Marsin, chevalier de l'ordre. — Marlborough duc d'Angleterre, etc. — Mariage de Marillac avec une sœur du duc de Beauvilliers. — Mariage du duc de Gesvres avec Mlle de La Chénelaye. — Rétablissement de M. le duc d'Orléans dans l'ordre de succession à la couronne d'Espagne, où il envoie l'abbé Dubois. — Promotion de dix maréchaux de France; leur fortune et leur caractère. — Chamilly. — Estrées. — Châteaurenauld. — Vauban. — Rosen. — Huxelles. — Tessé. — Montrevel. — Tallard. — Harcourt........................ 75

CHAPITRE V. — Comte d'Évreux colonel général de la cavalerie; son caractère. — Mariage de Beaumanoir avec une fille du duc de Noailles. — Généraux des armées. — Ridicules de Villars sur sa femme. — Fanatiques; Montrevel en Languedoc. — Encouragements aux officiers. — Gouvernement d'Aire à Marsin, à vendre cent mille livres au maréchal de Villeroy. — Harcourt capitaine des gardes du corps. — Électeur de Bavière déclaré pour la France et l'Espagne. — Kehl pris par Villars. — Générosité de Vauban. — Barbezières pris déguisé; sa ruse heureuse. — Grand prieur en Italie sous son frère. — Duc de Guiche et Hautefeuille colonel général et mestre de camp général des dragons. — Comte de Verue commissaire général de la cavalerie. — Bachelier. — Trois cent mille livres de brevet de retenue à M. de La Rochefoucauld. — Mort et héritage de la vieille Toisy. — Mme Guyon en liberté, mais exilée en Touraine. — Procès sur la coadjutorerie de Cluni, gagné par l'abbé d'Auvergne. — Vertamont plus que mortifié. — *Fanatiques*; raison de ce nom. — Bâville; son caractère; sa puissance en Languedoc. — Ressources secrètes des fanatiques; triste situation du Languedoc. — Bals à Marly............................................................ 102

CHAPITRE VI. — Honteux délais de Villars de passer en Bavière; jaloux de sa femme, refuse de la mener avec lui; joint enfin l'électeur. — Mort de la comtesse Dalmont à Saint-Germain. — Mort du baron d'Hautefeuille, ambassadeur de Naples. — Mort de Bechameil; sa fortune et son caractère. — Prince d'Auvergne pendu en Grève en effigie. — Défection du duc Molez. — Duc de Bourgogne déclaré pour l'armée sur le Rhin, avec Tallard sous lui et Marsin près de lui. — Duchesse de Ventadour quitte Madame; ses vues. — Duchesse de Brancas dame d'honneur de Madame pour son pain; son caractère et ses malheurs. — Mort de Félix : Maréchal premier chirurgien du roi en sa place; son caractère. — Curieux fait d'un voyage de Maréchal à Port-Royal des Champs. — Comtesse de Grammont; son caractère; sa courte disgrâce; le roi lui donne Pontali. — Mort d'Aubigné. — Aversion du roi pour le deuil. — Maladie du comte d'Ayen, singulièrement visité. — Papiers du P. Quesnel pris et lui arrêté, qui s'échappe. — Disgrâce de l'archevêque de Reims et son raccommodement. — Mort de Gourville; son mariage secret et sa sage disposition. — Bonn rendu par d'Alègre. — Combat d'Eckeren. — Toison d'or à Boufflers. — Bedmar conseiller d'État en Espagne. — Trois cent mille livres de brevet de retenue, outre trois cent mille autres, à Chamillart. —

# TABLE DES CHAPITRES. 453

Walstein, ambassadeur de l'empereur en Portugal, prisonnier. — Succès de mer.................................................... 114

Chapitre VII. — Cardinal Bonzi; son extraction, son caractère, sa fortune, sa mort. — Mort du duc de La Ferté. — P. de La Ferté jésuite. — Maréchal de Joyeuse gouverneur des Évêchés. — Bailli de Noailles ambassadeur de Malte. — M. de Roye lieutenant général des galères. — Comte de Toulouse à Toulon. — Duc de Bourgogne sur le Rhin. — Villars fait demander par l'électeur de Bavière d'être duc; est refusé; remplit ses coffres. — Villars échoue encore à faire venir sa femme le trouver; se brouille avec l'électeur. — Vues et conduite pernicieuse de Villars. — Projet insensé du Tyrol. — Le roi amusé par Vendôme. — Legal bat à Minderkingen le général Latour; est fait lieutenant général. — Triste succès du projet du Tyrol. — Conduite de Vaudemont. — Duquesne brûle les magasins d'Aquilée. — Naissance du duc de Chartres; sa pension. — Duc d'Orléans tire du roi plus d'un million par an. — Règlement sur l'artillerie. — Trésor inutilement cherché à Meudon. — Président de Mesmes prévôt et grand maître des cérémonies de l'ordre................. 133

Chapitre VIII. — Digression sur les charges de l'ordre. — Grand aumônier; pourquoi sans preuves. — Amyot privé de sa charge de grand aumônier. — Grands officiers des grands ordres n'en portent point de marques comme ceux du Saint-Esprit. — Différence des grands officiers d'avec les chevaliers, et des grands officiers entre eux, et de l'abus du titre de commandeurs; d'où venus. — Origine des honneurs du Louvre et de la singulière distinction du chancelier de l'ordre. — Distinction unique de l'archevêque de Rouen, frère bâtard d'Henri IV. — Vétérans de l'ordre et leurs abus; comment introduits. — Origine de la première fortune solide de MM. de Villeroy. — Râpés de l'ordre. — Collier de l'ordre aux armes des grands officiers. — Abus des couronnes. — Abus des grands officiers de l'ordre représentés en statues sur leurs tombeaux avec le collier et le manteau de l'ordre, sans nulle différence d'un chevalier. — Plaisante question d'une bonne femme. — Méprise des Suédois et leur instruction sur le cordon bleu de d'Avaux, nuisible à son ambassade.  147

Chapitre IX. — Siége et prise de Brisach par Mgr le duc de Bourgogne, qui revient à la cour. — Le Portugal se joint aux alliés. — Infidélité du duc de Savoie. — Changement entier en Espagne; vues de la princesse des Ursins; routes qui la conduisent à régner en Espagne. — Princesse des Ursins s'empare de la reine d'Espagne. — Caractère de la reine d'Espagne. — Princesse des Ursins gagne les deux rois. — Caractère de Philippe V. — Junte ou despacho devenu ridicule. — Discrédit des deux cardinaux et leur conduite. — Personnage d'Harcourt. — Artifice de retraite en Italie demandée par la princesse des Ursins. — Louville écarté. — Aubigny; son énorme progrès et sa licence. — Retraite des cardinaux. — Chute du despacho. — Louville a ordre de revenir tout à fait. — Abbé d'Estrées ambassadeur de France. — Princesse des Ursins règne pleinement avec Orry sous elle et Aubigny par elle. — Valouse et sa fortune. — La Roche à l'estampille. — Peu de François demeurent à Madrid. — Chute de Rivas. 164

Chapitre X. — Desmarets enfin présenté au roi. — Voyage de Fontainebleau. — Desmarets directeur des finances, et Rouillé conseiller d'État surnuméraire. — Cour de Saint-Germain à Fontainebleau. — Mort du duc de Lesdiguières ; son caractère. — Canaples duc de Lesdiguières. — Mort de Saint-Évremond ; sa disgrâce, sa cause. — Barbezières relâché. — L'archiduc déclaré roi d'Espagne, sous le nom de Charles III, par l'empereur. — Prince Eugène président du conseil de guerre de l'empereur. — Ragotzi. — Bataille d'Hochstedt gagnée sur les Impériaux. — Grand Seigneur déposé. — Rupture avec le duc de Savoie ; ses troupes auxiliaires arrêtées et désarmées. — Traitement des ambassadeurs à Turin et en France. — Usage de les faire garder par un gentilhomme ordinaire. — Phélypeaux. — Tessé en Dauphiné. — Siége de Landau. — Villars ouvertement brouillé avec l'électeur de Bavière. — Origine de l'intimité de Chamillart avec les Matignon. — Famille des Matignon. — Coigny ; son nom, sa fortune. — Coigny refuse de passer en Bavière et [perd] par là, sans le savoir, le bâton de maréchal. — Marsin passe en Bavière malgré lui, et est fait maréchal de France. — Retour en France de Villars bien muni. — Augsbourg pris par l'électeur. — Armées du Danube et de Flandre en quartiers d'hiver. — Maréchal de Villeroy reste à Bruxelles. — Retour de Fontainebleau par Villeroy et Sceaux. — Mme de Mailly se fait préférer pour le carrosse aux dames titrées, comme dame d'atours. — Disgrâce, retour, faveur et élévation de la marquise de Senecey. — Duchesses ôtoient le service de la chemise et de la *sale* à la dame d'honneur de la reine, et la préférence du carrosse. — Surintendante ; invention et occasion de cette charge............................................. 181

Chapitre XI. — L'archiduc en Hollande, non reconnu du pape. — Marcilly à Lyon, dégradé à Vienne. — Bataille de Spire gagnée sur les Impériaux. — Landau rendu à Tallard, qui met son armée en quartiers d'hiver. — Tessé à Chambéry ; conduite de Vaudemont ; Tessé destiné à commander son armée. — Vendôme, refusé du bâton, tente en vain de commander les maréchaux de France, mais [il l'obtient pour] ses cadets de lieutenant général. — La Feuillade en Dauphiné. — Retour du comte de Toulouse et du maréchal de Cœuvres. — Retour de Villars. — Retour de Tallard. — Retour du cardinal d'Estrées. — Retour de Rouillé ; son caractère. — Berwick général en Espagne. — Puységur y va ; son caractère. — Troupes françoises en Espagne. — Nouvelle junte en Espagne. — Caractère de l'abbé d'Estrées. — Quatre compagnies et quatre capitaines des gardes du corps en Espagne. — Duc d'Albe ; son extraction ; son caractère ; ambassade en France. — Sa première réception particulière et de la duchesse sa femme. — Étrange singularité du duc d'Albe, père de l'ambassadeur................................................................. 199

Chapitre XII. — Mariage du duc de Mortemart avec la fille du duc de Beauvilliers. — Mariage du marquis de Roye et de la fille de Ducasse. — Fortune et caractère de Ducasse. — Mariage du duc de Saint-Pierre avec la sœur de Torcy, veuve de Rénel. — Prince de Rohan capitaine des gens d'armes de la garde. — Mort de la duchesse de Mantoue. — Mort de La Rongère. — Mort de Briord. — Mort de Courtin ; ses emplois, son caractère. — Curiosité sur le vêtement des gens de plume et de robe. — Mme de Varangeville. — Étrange vol procuré à Courtin par Fieubet. — Caractère et retraite de Fieubet. — Dispute pour le décanat du conseil entre La Reynie et l'archevêque de Reims, qui le gagne. — Affaire de la

# TABLE DES CHAPITRES.

quête. — Colère du roi contre les ducs, en particulier contre moi. — Audience que j'eus du roi, dont je sortis content. — Raisons de m'être étendu sur l'affaire de la quête. — Effroi de l'empereur des mécontents. — Fanatiques soutenus par la Hollande et Genève. — Rochegude arrêté.................................................................. 213

Chapitre XIII. — 1704. — Duchesse de Nemours rappelée. — Mariage de Nangis et de Mlle de La Hoguette. — Mariage du vidame d'Amiens et de Mlle de Lavardin. — Visite du roi, de la reine et des filles de France, etc.; époque de leur cessation. — Deuils d'enfants et leur cause. — Messages ou envois. — Réception d'un valet de pied envoyé par le roi au duc de Montbazon. — Comte d'Ayen duc par démission de son père. — Mort de Sainte-Mesme. — Mort du baron de Bressé. — Mort de Mme de Boisdauphin. — Mort de Termes et sa cruelle aventure. — Mort de l'infante de Portugal. — Tessé en Italie; sa bassesse. — Petit combat en Italie. — Conduite de Vendôme. — Flatterie artificieuse de Vaudemont. — Autre action en Italie. — Tessé en Savoie. — La Feuillade en Dauphiné, fait lieutenant général seul. — Grand prieur général d'armée. — Le fils unique de Vaudemont feld-maréchal des armées de l'empereur. — Maréchal de Villeroy et la marquise de Bedmar à Versailles. — Grande sévérité du conseil de guerre de Vienne. — Progrès des mécontents de Hongrie. — Villeroy en Flandre. — Baron Pallavicin. — Mariage du fils aîné de Tallard avec la fille unique de Verdun. — Tallard sur le Rhin; Coigny sur la Moselle. — Deux cent mille livres d'augmentation de brevet de retenue au maréchal de Boufflers sur sa charge, qui ne sert point. — Adoration de la croix ôtée aux ducs. — Mort du duc d'Aumont; sa dépouille. — Mort du cardinal Norris. — Mort de Mme de Lyonne; ses enfants. — Mort et deuil d'un fils de l'électeur de Bavière. — Duchesse de Ventadour gouvernante survivancière des enfants de France. — Maréchal de Châteaurenauld lieutenant général de Bretagne. — Walstein mis en liberté. — Phélypeaux et Vernon échangés. — Mort d'Harlay, conseiller d'État. — Mort de Cohorn. — Villars en Languedoc et Montrevel en Guyenne. — On me fait une opération pour une saignée. — Chamillart m'avoit raccommodé avec le roi; Maréchal achève. — Avidité mal reçue du comte de Marsan. — Mort du célèbre Bossuet, évêque de Meaux, et du cardinal de Fürstemberg; leur dépouille....................... 235

Chapitre XIV. — L'archiduc par l'Angleterre à Lisbonne; mal secouru. — L'amirante de Castille tombé dans le mépris. — Disgrâce de la princesse des Ursins, rappelée d'Espagne avec ordre de se retirer droit en Italie; détails raccourcis de son gouvernement. — Motifs qui firent passer Berwick en Espagne et Puységur. — Négligence, impudence et crime d'Orry. — Joug étrange de la princesse des Ursins sur l'abbé d'Estrées, et son plus que surprenant abus. — Princesse des Ursins intercepte et apostille de sa main une lettre de l'abbé d'Estrées au roi. — Abbé d'Estrées obtient son rappel. — Abbé d'Estrées commandeur de l'ordre sur l'exemple de l'abbé des Chastelliers; quel étoit l'abbé des Chastelliers. — Cardinal d'Estrées abbé de Saint-Germain des Prés. — Le roi d'Espagne à la tête de son armée en Portugal. — Princesse des Ursins chassée; son courage; ses mesures. — Son départ vers Bayonne. — Duc de Grammont ambassadeur en Espagne; son caractère. — Son misérable mariage. — Duc de

Grammont déclare son indigne mariage, et, par l'insensé raffinement d'en vouloir faire sa cour, s'attire la colère du roi et de Mme de Maintenon. — Princesse des Ursins insiste sur la permission d'aller à Versailles. — Princesse des Ursins exilée à Toulouse. — Des Pennes, confident de Mme des Ursins, rappelé d'Espagne. — Orry rappelé d'Espagne. — Folle prétention du connétable de Castille. — Conduite du duc de l'Infantado. — Appointements du duc de Grammont. — Franchise des ambassadeurs; abus qui s'en fait à Venise par Charmont. — Plaintes de la république de Venise; Charmont protégé..................... 266

CHAPITRE XV. — Comte de Toulouse et maréchal de Cœuvres s'embarquent à Brest. — Duc de Mantoue incognito à Paris; voit le roi à Versailles. — Trente mille livres de pension au cardinal Ottobon. — Cinq cent mille livres de brevet de retenue au duc de Beauvilliers. — La Queue et sa femme, et leur chétive fortune. — Mort de l'abbé Boileau, le prédicateur. — Mort de Mélac. — Mort de Rivaroles. — Mort de la duchesse de Verneuil. — Mort de Grancey. — Quatre cent mille livres de brevet de retenue à La Vrillière. — Troisvilles élu et refusé du roi pour l'Académie; sa vie et son caractère. — Villars voit Cavalier, un des chefs des fanatiques; ses demandes; ce que devint cet aventurier. — Barbezières rendu à Casal. — Manéges de MM. de Vendôme. — Mort du fils unique de Vaudemont. — Mot du premier maréchal de Villeroy sur les ministres. — Complaisance de Tessé qui laisse La Feuillade en chef en Savoie et en Dauphiné, qui devient général d'armée, prend Suse et les vallées. — Phélypeaux salue le roi; sa conduite, son caractère; celui de son frère l'évêque de Lodève; est fait conseiller d'État d'épée. — Le duc de Grammont voit en chemin la princesse des Ursins. — Succès du duc de Berwick. — Comte d'Aguilar premier colonel du régiment des gardes espagnoles. — Mouvements des armées de Flandre et du Rhin. — Combat de Donawerth. — Comte d'Arco commande nos lieutenants généraux et obéit aux maréchaux de France. — Bruges, puis Namur bombardés. — Verceil pris par le duc de Vendôme. — Fanatiques secourus. — Abbé de La Bourlie et La Bourlie son frère; leur extraction et leur fin misérable. — Augicourt, personnage curieux; sa mort. — Fortune de Vérac et de Marillac; mort du premier. — Harley secrétaire d'État d'Angleterre. — Le Blanc intendant d'Auvergne. — Lesczinski élu roi de Pologne; depuis beau-père du roi. — Abbé de Caylus évêque d'Auxerre. — Castel dos Rios part pour le Pérou, où il meurt. — Comte d'Albret en Espagne, attaché à l'électeur de Bavière. — Abbé d'Estrées de retour. — Rebours et Guyet nouveaux intendants des finances. — Mort et caractère de l'abbesse de Fontevrault; sa nièce lui succède..................... 277

CHAPITRE XVI. — Naissance du premier duc de Bretagne. — Progrès des mécontents. — Mesures des alliés pour la défense de l'Allemagne. — Mouvements dans nos armées. — Première faute principale. — Faute du maréchal de Villeroy. — Marche et dispositions des armées. — Bataille d'Hochstedt. — Bon et sage avis de l'électeur méprisé. — Électeur de Bavière passe à Strasbourg, et par Metz à Bruxelles. — Obscurité et rareté des nouvelles d'Allemagne. — Silly, prisonnier, vient rendre compte au roi de la bataille d'Hochstedt. — Digression sur Silly et sa catastrophe. — Fautes de la bataille d'Hochstedt. — Cri public; consternation, embarras; contraste des fêtes continuées pour la naissance du duc de Bretagne.................................................................. 301

Chapitre XVII. — Marche des alliés. — Marlborough feld-maréchal général des armées de l'empereur et de l'empire. — Nos armées en Alsace. — Mort du duc de Montfort; son caractère. — Sa charge donnée à son frère. — Mort, famille et dépouille du comte de Verue. — Entreprise manquée sur Cadix. — Bataille navale gagnée près de Malaga par le comte de Toulouse. — Faute fatale malgré le comte de Toulouse. — Châteauneuf, ambassadeur en Portugal, arrivé d'Espagne; son frère, leur fortune, leur caractère. — Orry arrivé à Paris en disgrâce et en péril. — Aubigné bien traité à Madrid. — Berwick rappelé d'Espagne aux instances de la reine; Tessé nommé pour lui succéder. — Intrigues du mariage du duc de Mantoue, qui refuse Mlle d'Enghien, est refusé de la duchesse de Lesdiguières, et qui, contre le désir du roi et sa propre volonté, épouse fort étrangement Mlle d'Elbœuf, qu'il traite après fort mal........ 324

Chapitre XVIII. — Tracy; sa catastrophe; sa mort. — Reineville retrouvé. — Mort de Rigoville. — Mort et conversion de la comtesse d'Auvergne. — Mort et caractère du prince d'Espinoy. — Assassinat, extraction, caractère de Vervins; singularité de sa fin. — Voyage de Fontainebleau par Sceaux. — Maréchal de Villeroy à la cour, puis à Bruxelles. — Électeur de Bavière à Bruxelles. — Électeur de Cologne à Lille. — Petits exploits de La Feuillade. — Anecdote curieuse. — État brillant de Mme la duchesse de Bourgogne. — Nangis. — Mme de La Vrillière. — Maulevrier et sa femme. — Maulevrier va avec Tessé en Espagne, passe par Toulouse, y voit la princesse des Ursins. — Tessé grand d'Espagne en arrivant à Madrid. — Comte de Toulouse chevalier de la Toison d'Or. — Mort du prince de Moutauban; caractère de sa femme. — Mort du fils du comte de Grignan; mot impertinent de sa mère. — Mort de Coigny. — Mort de M. de Duras; sa fortune et son caractère. — Comédies, bienséances. — Ruse d'orgueil de M. de Soubise inutile. — Régiment des gardes arraché par ruse au maréchal de Boufflers pour le duc de Guiche, et le maréchal fait capitaine des gardes du corps. — Duchesse de Guiche. — Tallard gouverneur de la Franche-Comté; mot salé de M. le duc d'Orléans. — Quarante mille livres de pension au fils enfant du prince de Conti... 345

Chapitre XIX. — Siége de Verue par le duc de Vendôme. — Retour de Fontainebleau par Sceaux. — Rouillé sans caractère près l'électeur de Bavière; son caractère et ses emplois. — Progrès des mécontents. — Ragotzi élu prince de Transylvanie. — Des Alleurs. — Subsides. — La Bavière en proie à l'empereur. — Trèves et Traarbach perdus. — Marlborough en diverses cours d'Allemagne. — Landau rendu au roi des Romains; Laubanie, aveuglé dedans, récompensé. — Séparation des armées. — Coigny, colonel général des dragons. — Abbé de Pomponne ambassadeur à Venise. — Puysieux; sa famille, son caractère. — Son adresse le fait chevalier de l'ordre. — Comte de Toulouse, de retour, résolu de perdre Pontchartrain, est arrêté par sa femme. — Caractère de Pontchartrain. — Suites funestes à l'État. — Mort de Caylus; caractère de sa femme. — Cercles. — Berwick de retour d'Espagne. — Mariage du marquis de Charost et de Mlle Brûlart, depuis duchesse de Luynes et dame d'honneur de la reine. — Mort de Mme de Gamaches. — Mort du duc de Gesvres. — Mort du président Payen. — Bouligneux et Wartigny tués devant Verue. — Singularité arrivée à des masques de cire. — Mort de la duchesse d'Aiguillon; son caractère. — Marquis de Richelieu; explication de sa prétention de succéder à la dignité d'Aiguillon, rejetée par le roi. — Denonville obtient permission de venir se justifier. — Marlborough passe en Angleterre avec Tallard et les principaux prisonniers. — Villars rappelé de Languedoc, où Berwick va commander.............. 370

Chapitre xx. — 1705. — Maréchaux de France subitement nommés chevaliers de l'ordre. — Abus et suites de cette promotion. — Bon mot de M. de Lauzun. — Catinat refuse l'ordre faute de pouvoir prouver. — Villars et sa naissance; fait duc vérifié. — Remarques sur la cérémonie de l'ordre où les maréchaux de France furent reçus. — Harcourt et Bedmar reçus extraordinairement chevaliers de l'ordre. — Caractère de Bedmar; ses obligations au roi. — Action devant Verue. — Combat naval et secours jeté dans Gibraltar. — Marlborough grandement reçu en Angleterre. — Tallard et les principaux prisonniers à Nottingham. — Action légère en Italie. — Lautrec tué; son caractère. — Conduite de Maulevrier à Madrid, et sa faveur. — Adresse étrange de la reine d'Espagne. — Adresse d'Harcourt et de Mme de Maintenon en faveur de Mme des Ursins. — Permission accordée à la princesse des Ursins de venir à la cour. — Réunion d'Harcourt au chancelier et à son fils, et d'eux par lui à la princesse des Ursins. — Politique de la princesse des Ursins. — Attente à la cour de la princesse des Ursins. — Princesse des Ursins à Paris. — Princesse des Ursins à Versailles................................................ 389

Chapitre xxi. — Pension du roi à Mme de Caylus, à condition de quitter le P. de La Tour. — Caractère de ce père. — Mort de Pavillon. — Brevets de retenue à Livry et au comte d'Évreux. — Duc de Tresmes reçu à l'hôtel de ville. — Mariage de Rupelmonde avec une fille d'Alègre. — Caractère et audace de Mme de Rupelmonde; extraction de son mari, etc. — Duc d'Aumont gagne contre le duc d'Elbœuf une affaire piquante. — Petits exploits de La Feuillade. — Mort de l'électrice de Brandebourg. — Mort de Courtebonne. — Filles de Saint-Cyr. — Mariage de Mlle d'Osmont avec Avrincourt. — Mort de Tressan, évêque du Mans. — Tracasserie entre Saint-Pierre et Nancré pour les Suisses de M. le duc d'Orléans. — Brevet de retenue à Grignan. — Mariage du chevalier de Grignan avec Mlle d'Oraison. — Mariage de Montal avec la sœur de Villacerf, et d'Épinay avec une fille d'O. — Rivas chassé; Mejorada en sa place. — Ronquillo. — Dégoûts à Madrid du duc de Grammont, qui demande son rappel et à la Toison. — Triomphe éclatant et solide de la princesse des Ursins, assurée de retourner en Espagne. — Amitié de la princesse des Ursins pour Mme de Saint-Simon et pour moi, et ses bons offices. — Duc et duchesse d'Albe à un bal à Marly; singularités. — Amelot ambassadeur en Espagne; son caractère. — Orry retourne en Espagne. — Bourg, son caractère, ses aventures, sa chétive fortune. — Melford rappelé à Saint-Germain et déclaré duc. — Middleton se fait catholique. — Mort de Mme du Plessis-Bellière. — Mort, caractère et fortune de Magalotti. — Albergotti et son caractère. — Mort du duc de Choiseul, qui éteint son duché-pairie. — Mort du président de Maisons. — Mort de Mlle de Beaufremont. — Mort de

Seissac. — Mort et deuil du duc Maximilien de Bavière. — Mort de Beuvron. — Mort du petit duc de Bretagne; son deuil. — Longue goutte du roi; son coucher retranché au public pour toujours. — Mort de Rubantel. — Mort de Breteuil; Armenonville conseiller d'État. — Mort du fils unique d'Alègre. — Angervilliers intendant du Dauphiné et des armées. — Bouchu; son caractère; singularité de ses dernières années........  415

## NOTES.

I. Note rectificative remise à M. le duc de Saint-Simon par M. de Chantérac pour établir qu'Uranie de La Cropte-Beauvais était fille légitime de La Cropte-Beauvais et de Charlotte Martel............  441

II. Lettre du maréchal de Villars au roi......................  442

III. Retour de la princesse des Ursins en Espagne................  445
    *Dépêche de Louis XIV au duc de Grammont*................  445
    *Lettre du duc de Grammont au maréchal de Noailles sur Mme des Ursins*......................................  446

FIN DE LA TABLE DES CHAPITRES.

Ch. Lahure, imprimeur du Sénat et de la Cour de Cassation,
rue de Vaugirard, 9, à Paris.

A LA MÊME LIBRAIRIE.

MÉMOIRES DE FLÉCHIER SUR LES GRANDS-JOURS D'AUVERGNE EN 1665, annotés et augmentés d'un Appendice par M. *Chéruel*, maître de conférences à l'École normale supérieure, et précédés d'une Notice par M. *Sainte-Beuve* de l'Académie française. 1 volume in-8, orné d'une gravure.

*Le même ouvrage*, grand papier vélin superfin, tiré à cent exemplaires numérotés.

MARIE STUART ET CATHERINE DE MÉDICIS, par M. *Chéruel*. 1 volume in-8.

Ch. Lahure, imprimeur du Sénat et de la Cour de Cassation (ancienne maison Crapelet), rue de Vaugirard, 9.

www.ingramcontent.com/pod-product-compliance
Lightning Source LLC
Chambersburg PA
CBHW070210240426
43671CB00007B/607